동아시아
부패의
기원

동아시아 부패의 기원

초판 1쇄 펴낸날 2016년 9월 28일
초판 2쇄 펴낸날 2016년 12월 20일
지은이   유종성
펴낸이   한성봉
편집   박소현 · 안상준 · 이지경 · 박연준
교정·교열   조경영
디자인   유지연 · 신용진
본문 디자인   김경주
마케팅   박신용
경영지원   국지연
펴낸곳   도서출판 동아시아
등록   1998년 3월 5일 제301-2008-043호
주소   서울시 중구 퇴계로 20길 31 [남산동 2가 18-9번지]
페이스북   www.facebook.com/dongasiabooks
전자우편   dongasiabooks@naver.com
블로그   blog.naver.com/dongasia1998
트위터   www.twitter.com/dongasiabooks
전화   02) 757-9724, 5
팩스   02) 757-9726

ISBN   978-89-6262-159-4 93300

이 도서의 국립중앙도서관 출판예정도서목록(CIP)은
서지정보유통지원시스템 홈페이지(http://seoji.nl.go.kr)와
국가자료공동목록시스템(http://nl.go.kr/koilsnet)에서
이용하실 수 있습니다.(CIP제어번호: CIP2016021858)

잘못된 책은 구입하신 서점에서 바꿔드립니다.

동아시아 부패의 기원

문제는 불평등이다.
한국 타이완 필리핀
비교연구

동아시아

유종성 교수는 중요한 연구를 통해 불평등이 엘리트 부패를 조장하고 국가 정통성의 기반을 약화시킨다고 주장한다. 이 연구는 특히 아시아에서 부패가 민주주의, 빈곤, 그리고 성장에 미치는 영향에 관한 논쟁에 핵심적인 기여를 했다.

수전 로즈-애커맨 예일대학교 교수

불평등에 대한 우려는 선진국뿐 아니라 개발도상국에서도 커지고 있다. 이러한 우려는 경제에 국한되는 것이 아니라 정치 영역까지 확대된다. 민주주의는 소득과 자산의 불평등한 분배로 인해 훼손될 수 있다. 유종성 교수는 한국과 타이완, 필리핀에 대한 국가 간 자료를 기반으로 하는 강력한 비교연구를 통해 불평등이 어떻게 부패를 조장하는지를 보여주었다.

스테펀 해거드 캘리포니아대학교 샌디에이고 캠퍼스 교수

그동안 학계의 상식과는 반대로, 유종성 교수는 한국, 필리핀, 타이완에 대한 비교연구를 통해, "불평등은 후견주의적 정치, 엽관주의적 관료제, 엘리트 포획을 통해서 민주주의 국가에서 부패를 증가시킨다"라는 점을 입증하고 있다. 당연히 불평등에 의해 증가된 이러한 부패는 경제 성장에도 부정적인 영향을 미친다. 나는 그의 학술적 연구 속에서 '경제 성장의 지속을 위해서도 우리는 경제적 불평등을 감소시키려는 노력을 해야 하고, 이는 부패의 하락과 청렴의 증대로 이어질 것'이라는 현실적 함의를 읽었다. 김영

란법을 둘러싼 '수준 낮은' 논란이 이어져온 한국 사회에서 큰 사회적 의미를 갖는 책으로 권장하지 않을 수 없다.

조희연 서울특별시 교육감

유종성 교수는 이 책에서 한국, 타이완, 필리핀 사례의 비교 분석을 통해 불평등과 빈곤이 부정부패를 심화시킨다는 획기적인 연구 결과를 제시하고 있다. 참신한 이론적 시각, 심층적 경험 분석, 그리고 정책적 함의가 돋보이는 근래 보기 드문 역작이다. 동아시아 정치와 비교정치·경제 연구가들은 물론 정책실무자들에게도 강력히 권하고 싶은 책이다.

문정인 연세대학교 명예특임교수

역설적이게도, 성공이 실패의 씨앗이 된다. 성장과 분배를 동시에 이루었다는 박정희식 낙수 효과 모델이 수명을 다해 악순환을 낳고 있다. 개혁이 필요한데, 어디서부터 시작해야 할지가 문제다. 유종성 교수의 책에 그 해답이 있다. 불평등 해소이다. 이는 민주 질서와 시장 질서를 재정립하기 위한 출발점이다.

김상조 한성대학교 교수

| 차례 |

그림 및 표

한국어판 발간에 부쳐

책은 한국, 타이완, 필리핀, 3개국의 비교역사적 분석을 수행하고 있지만, 사실 필자의 주된 관심은 한국에 있다. 그래서 책에 담긴 연구 결과가 한국에 대해 어떤 함의를 가지는지 간략하게 논하고자 한다.

먼저 핵심적인 이론적 주장과 경험적 발견을 요약하면 다음과 같다. 경제적 불평등은 후견주의적 선거electoral clientelism(이념과 정책이 아닌 개별적 특수혜택 제공으로 표를 얻는 선거), 엽관주의 관료제bureaucratic patronage(능력에 따른 임용이 아닌 연고와 정치적 영향에 따른 관료의 임용), 국가 포획state capture(국가의 정책이 엘리트 등 특수이익에 의해 포획됨)의 위험성을 증가시켜 정치 부패, 관료 부패, 기업 부패를 증가시킨다. 또한 불평등은 부패를 심화시킴으로써 결국 경제 성장에도 부정적인 영향을 미친다.

한국, 타이완, 필리핀은 제2차 세계대전 직후 독립 당시 비슷한 사회·경제적 조건을 갖추고 있었다. 3개국 모두 가난하고 불평등했으며 부패가 극심했다. 당시 필리핀은 다른 두 나라보다 1인당 소득과 교육 수준이 높았다. 하지만 독립 초기, 토지개혁에 실패한 필리핀과 토지개혁에 성공한 한국과 타이완 사이에는 경제적 불평등 수준의 차이가 생기기 시작했다. 이 차이는 부패 수준의 차이로 이어졌고, 나아가 경제 성장에도 차이를 가져왔다. 필리핀은 토지개혁의 거듭된 실패로 대지주 가문들이 산업·금융 자본까지 소유하는 재벌이 되었다. 이들은 정치에도 침투했기 때문에 후견주의적 선거와 엽관주의 관료제가 만연해졌다. 이들에게 포획된 국가, 필리핀은 일관성 있는 경제·산업정책을 수립·집행하지 못해 저성장과 빈곤의 늪에 빠졌다. 반면 한국과 타이완은 성공적인 토지개혁을 통해 지주 계급을 해체했다. 이로 인해 소득과 부의 분배가 이루어짐으로써 비교적 평등한 사회가 되어 후견주의와 엽관주의가 어느 정도 제한되었고, 프로그램적 정치programmatic politics(이념과 정책에 따라 경쟁하는 정치)와 능력주의 관료제meritocratic bureaucracy(공개경쟁시험 등을 통해 능력을 기준으로 관료를 임용함)가 발전하여 발전국가developmental state(자유방임국가, 약탈국가 등과 대비되는 개념으로 국가가 경제 발전에 적극적이고 능동적인 역할을 함)의 토대를 만들 수 있었다.

그런데 오늘날 각종 데이터를 분석해보면 한국은 필리핀보다 부패 수준이 훨씬 덜하지만 타이완보다는 부패 수준이 심한 것으로 나타난다. 이것은 과거 중소기업 위주였던 타이완의 산업화와 달리 재벌 위주로 진행된 한국의 산업화 때문이다. 한국의 재벌 위주 산업화는 경제력 집중을 심화시켰기 때문에 재벌에 의한 국가 포획이 초래한 정치 및 기업 부패가 타이완보다 극심해졌다. 또한 한국은 1997년 외환 위기를 겪고 상당한 수준의 경제 개혁을 시도했음에도 불구하고 미완의 개혁에 그쳐버렸다. 그 결과 지금까지도 재벌 경제력 집중과 소득 분배의 악화가 갈수록 심해지고 있다.

국제투명성기구Transparency International의 부패인식지수Corruption Perceptions Index·CPI를 비롯해 부패에 관해 국제적으로 비교 가능한 여러 지표들을 살펴보면, 한국은 대부분의 발전도상국보다는 부패가 덜하지만 대부분의 선진국보다는 높은 부패 수준을 보이고 있다. 특히 금품이나 향응 수수 등 사소한 선거 부패 및 사소한 관료 부패는 비교적 낮은 수준으로 드러난다. 그럼에도 삼성 비자금 사건, 성완종 씨 유서 사건, 세월호 참사 등에서 나타난 구조적 비리는 아직도 한국에서 부패가 심각한 문제임을 입증한다. 특히 세월호 참사의 원인이 된 규제 포획regulatory capture(규제기관이 규제 대상 기업이나 산업 등에 포획당함)은 뇌물, 횡령 등 좁은 의미의 공직 부패를 넘어 후견주의, 엽관주의와 포획이 초래하는 광의의 '부패'에 대한 관심을 가질 필요성을 일깨운다(You and Park 2017 예정).

부패의 원인과 부패 억제를 어렵게 하는 요인에는 여러 가지가 있다. 따라서 반反부패 개혁은 매우 포괄적인 접근이 필요하다. 필자는 책에서 불평등이 부패에 미치는 영향을 중요하게 부각시켰지만, 이는 불평등 해소가 곧바로 부패를 없애는 지름길이 된다는 뜻은 아니다. 그러나 불평등, 즉 소득 불평등과 경제력 집중의 심화는 부패 척결을 더욱 어렵게 한다. 또한 불평등은 부패를 만연하게 하는 주요 요인 중 하나이다. 그렇기 때문에 우리에게는 불평등과 부패에 대한 종합적인 대책이 필요하다. 기존 부패 관련 문헌의 다수가 불평등에 대해 무관심했을 뿐 아니라 큰 정부가 부패를 유발한다는 이유로 민영화와 규제 완화 등 작은 정부를 위시하는 신자유주의적 처방을 제시한 경우가 많았다. 필자의 연구는 이러한 접근이 편협하고 잘못된 것임을 밝힌 것이라 큰 의미가 있다고 믿는다.

한국이 20세기 후반 개발도상국 중에서 드물게 성공적인 사례로 세계적인 찬사를 받은 것은 단지 높은 성장을 이룩했기 때문이 아니라 공평한 성장growth with equity을 해냈기 때문이다(World Bank 1993). 한국이 1990년대에 이르기까지 비교적 공평한 성장을 이룰 수 있었던 것은 복지 제도를 통해서가 아니었다. 독립 초기, 토지개혁이라는 엄청난 사회·경제적 구조 변혁을 이룬 바탕 위에서 산업화를 추진했기 때문이었다(You 1998).

필자는 이 책을 위한 연구 과정에서 한국의 발전이 박정희에 의해 하루 아침에 만들어진 것처럼 인식하고 있는 기존의 한국 발전국가론 문헌이 사실과 다르다는 것을 발견하게 되었다. 기존 문헌의 중요한 논거 중 하나가 박정희에 의해 능력주의에 입각한 전문 직업 관료제의 확립이 이루어졌으며, 5·16 이전에는 엽관주의 임용이 만연하여 전문 직업 관료제 확립을 가로막고 있었다는 것이었다.

그러나 이 책의 6장을 보면 한국에서 정당하고 경쟁적인 시험을 통한 능력주의 임용은 이승만 정권부터 점진적인 진전을 이루었다는 것을 알 수 있다. 이것은 특히 4·19 학생혁명을 기점으로 중요한 진전이 있었는데, 이 배경에는 토지개혁으로 인한 교육의 급격한 팽창과 고시 제도의 확대를 요구한 교수와 학생들의 압력이 중요하게 작용했다. 한국의 발전은 박정희라는 뛰어난 지도자에 의해 어느 날 갑자기 만들어진 것이 아니다. 토지개혁과 이에 따른 교육의 확대로 인해 능력주의 관료제가 확립되었고 산업화에 필요한 양질의 노동력도 제공되면서 상대적인 국가 자율성state autonomy(국가 포획에 반대되는 개념으로 국가가 엘리트나 강력한 특수 이익집단에 의해 좌우되지 않고 자율성을 유지하는 것을 의미함) 및 발전국가의 기반이 만들어진 것이다(You 2017 예정).

오늘날 한국은 피被원조국으로부터 원조 공여국으로 탈바꿈한 세계 최초의 사례로서 한국의 발전 경험을 후발 개발도상국들에게 전수한다면서 새마을 운동 수출을 강조하고 있는데, 필자의 견해로는 농지개혁의 경험을 나누는 것이 더 중요하다고 본다. 가난뿐 아니라 극심한 부와 소득의 불평등을 겪고 있는 많은 나라에게 한국, 타이완, 일본 등 동아시아 발전국가들이 공통으로 경험했던 농지개혁이 이후 '공평한 성장'을 가능하게 한 밑바

탕이 되었다는 점을 널리 알리는 것이 필요하다고 보는 것이다. 그런 점에서 그런 점에서 지난해 가을, 50여 년간의 내전 종식을 위한 정부와 반군 간 막바지 협상이 진행되던 콜롬비아에서 개최된 '토지와 평화'라는 주제의 콘퍼런스에서 한국의 성공적인 농지 개혁 경험과 교훈에 대한 발표 요청을 받았을 때 필자는 큰 보람을 느꼈다. 2016년 8월 24일, 콜롬비아 정부와 반군 간의 평화 협상이 최종적으로 타결을 이루었고 합의 사항 중 농지개혁에 대한 내용도 들어있다는 소식이 들려오니, 비록 국민투표 승인 과정이 남아있기는 하지만, 더욱 반갑기 짝이 없다.

책의 영문 원고를 탈고한 직후에 토마 피케티Thomas Piketty의 『21세기 자본Capital in the Twenty-First Century』 영어판이 출판되었다. 이 책은 지난 수십 년 동안 미국을 비롯한 선진국들의 최상위 1%에 소득이 집중되는 불평등 심화가 부의 세습을 초래하고 있다고 경고했다. '세습 자본주의'에 대한 전 세계적인 관심이 촉발된 것이다. 문제는 한국도 미국 못지않게 불평등 심화가 심각하게 진행되고 있다는 것이다. 김낙년과 김종일의 연구(2014)에 의하면, 한국의 최상위 1%의 국민소득 점유율이 일제 강점기인 1930년대와 1940년대 초에 20% 전후에 달하는 극심한 불평등을 보였다가 1970년대에서 1990년대까지는 7% 내외의 비교적 낮은 수준을 유지했으며, 이후 급속히 상승하여 2010년에는 12%를 초과하기에 이르렀다(1940년대 중반부터 1960년대까지는 데이터가 없으나, 이 기간 중에 이처럼 최상위층 소득 점유율이 크게 떨어진 것은 해방 후 농지개혁의 성과를 빼고는 설명할 수 없을 것으로 보임) 이후 급속히 상승하여 2010년에 12%를 초과했는데, 특단의 조치가 없는 한 한국의 불평등 수준은 급격한 상승 추세가 계속되어 조만간 미국의 불평등 수준을 따라잡을 것으로 보인다. 이는 한국에서 농지개혁의 성과인 '개천에서도 용 날 수 있다'라는 기회균등의 관념이 사라졌음을 의미한다. 필자의 박사 논문

지도 교수였던 로버트 D. 퍼트넘Robert D. Putnam의 신간 『우리 아이들-빈부 격차는 어떻게 미래 세대를 파괴하는가Our Kids: The American Dream in Crisis』에는 다음과 같은 내용이 나온다. 저자의 고등학생 시절인 1950년대, 미국 젊은이들이 비교적 균등한 기회를 누렸던 것과 달리 오늘날 미국 사회는 부모의 사회·경제적 배경에 따라 엄청난 기회의 차이가 발생하는, 극심하게 양극화된 세습 사회가 되고 있다는 것이다. 꼭 오늘날의 한국 사회를 말하는 것 같다.

만학으로 뒤늦게 박사 학위를 받고 학계에 들어선 지 10년이 지났다. 필자가 공공정책학으로 학위를 받고 비교정치와 정치경제학을 연구하는 이유는 궁극적으로 한국 사회에 기여하기 위해서이다. 필자는 민주화를 위한 학생 운동에 투신했던 때와 경제 정의와 사회 정의를 위한 시민 운동에 참여했던 때의 그 마음을 지금도 간직하고 있다.

한국 학생들에게 한국어로 강의하지 못하고 타지에서 서툰 영어로 강의하고 연구해야만 하는 작금의 현실은 아쉽기 짝이 없다. 그러나 해외 유수의 대학에서 끊임없이 학문적 경쟁을 해야만 하는 상황이 도움을 준 면도 있다. 불평등이 부패에 인과적 영향을 끼친다는 경험적 증거를 최초로 제시한 「불평등과 부패에 관한 비교연구」라는 필자의 논문이 2005년 「미국 사회학 리뷰American Sociological Review」에 게재된 이후 많은 후속 연구들에 인용될 수 있었고, 한국, 타이완, 필리핀 세 나라의 역사적 경험을 비교 분석하는 데 초점을 둔 이 책을 꼭 10년 만에 케임브리지대학교 출판부에서 출판할 수 있었던 것 또한 이러한 학문적 환경 덕분에 가능했다고 생각한다.

책은 영문으로 쓰여진 초간본을 100% 직역하지 않았다. 경우에 따라서는 원뜻을 살리되 조금 다른 한국어 표현을 사용했다. 또 일부 기술적인 부분이나 덜 중요한 부분은 본문에 있던 것을 각주로 돌리기도 했고, 불필요하게 중복된 표현은 삭제한 경우도 있다. 특히 3장과 8장에서 일부 본문 내용을 각주로 돌리고 축약을 한 부분들이 있음을 밝힌다. 또한 한국어와 영어의 구조와 표현이 다르고 어떤 용어들은 한국어로 정확한 단어를 찾기가 어려워 번역자가 최선을 다해 번역한 것을 일부 고치는 과정을 여러 번 거쳤다. 그럼에도 불가피하게 일부 만족스럽지 못한 부분이 있다는 점을 인정하며, 독자 여러분께 양해를 구한다.

끝으로, 책의 초간본이 나오기까지 격려해주고 지원해준 여러 기관과 개인에 대한 고마움을 초간본 서문에서 밝힌 것에 덧붙여 전하고자 한다. 상업성을 따지지 않고 한국어 번역판의 출판을 흔쾌히 허락해주신 도서출판 동아시아 한성봉 대표, 어려운 번역을 훌륭하게 해주신 경향신문 김재중 기자, 그리고 한국어 번역판 출판을 적극 권장하고 주선해준 프레시안 강양구 기자에게 깊은 감사를 드린다.

2016년 9월

유종성

감사의 말

　책의 주제인 민주주의, 불평등과 부패는 필자가 활동가 시절 집중했던 이슈이다. 학문적 경력을 추구하기 전까지 한국의 군사독재하에서 민주주의를 위해 투쟁했고, 민주화 이후로는 불평등과 부패에 맞서 싸웠다.

　그 시절 필자는 박정희와 전두환의 권위주의 정권 퇴진과 민주화를 위해 학생운동에 적극적으로 가담했다. 이로 인해 한국의 경찰과 중앙정보부, 계엄사령부로부터 여러 차례 추적을 당했고 신문을 받았으며 심지어 고문까지 받았다. 또한 대통령 긴급조치 제9호와 계엄령을 위반한 혐의로 세 차례 법원과 군사법정에서 유죄 선고를 받았고 서울대학교에서 두 차례나 쫓겨났으며 교도소에서 2년간 복역했다. 민주화 이후에는 당시 새로 설립된 시민단체인 경제정의실천시민연합(약칭 경실련)에서 정책연구실장과 사무총장으로 일하면서 사회적, 경제적 정의를 위해 싸웠다. 이 조직은 재벌 중심의 양극화된 경제의 개혁과 반부패 개혁을 위해 활동했는데 주요 활동 내용은 금융실명제 실시, 기업지배구조 개선과 공정 과세, 정치자금 공개 요구, 정책 수립의 투명성 제고 등이었다. 따라서 민주주의와 불평등, 부패가 필자의 지적 탐구의 주제가 된 것은 우연이 아니다.

　이 책은 필자가 2006년 하버드대학교에서 공공정책학 박사 학위를 취득하기 위해 제출한 논문「부패, 불평등, 사회적 신뢰의 비교연구」의 한 장에서 비롯되었다. 이 논문의 핵심은 '부패에 대한 경제적 불평등의 인과적 영향을 입증하기 위한 국가 간 양적 연구'였다. 당시 지도 교수였던 로버트 D. 퍼트넘은 이러한 양적 연구를 보완하는 장으로 한국에 대한 사례 연구를 포함할 것을 권유했다. 이 조언을 받아들여 필자는 불평등과 부패에 관한 한국, 타이완, 필리핀의 비교 사례연구를 추가했다. 그 보충 장이 이 책으로 발전한 것이다. 그의 조언이 없었다면 이 책을 위한 지적 여정은 시작되지도 않았을 것이다. 그의 중요 저작『사회적 자본과 민주주의』로부터 방법론적 영감을 받았다. 그는 뛰어난 연구자일 뿐 아니라 훌륭한 교육자이자 멘토였다. 이처럼 훌륭한 지도 교수를 만난 것은 큰 행운이었다.

　불평등과 부패 사이의 인과관계에 대한 연구는 기존의 경험적 연구들에 대한 실망에서 시작되었다. 필자에게 있어서 부패는 경제 발전에 미치는 부정적 영향을 고려하지 않더라도 규범적으로 수용할 수 없는 것이었다. 이 때문에 나는「불의로서의 부패」라는 장을 썼다. 필자는 부패의 기능성을 주장한 일부 부패 관련 초기 연구들의 문헌에 동의할 수 없었다. 부패가 사회적, 경제적 발전에 부정적 영향을 미칠 뿐만 아니라 불평등을 증가시키는 경향이 있다는 것을 보여주는 후기 연구들의 경험적 발견에 안도했다. 또한 기존 연구에 따르면 경제 발전은 부패의 결정 인자는 아닐지라도 가장 중요한 예측인자가 될 수 있다. 하지만 불평등은 부패 수준에 영향을 미치는 유의미한 인자가 아니라고 주장하는 경험적 연구 결과들이 만족스럽지 않았다. 그렇기 때문에 나는 기존 연구들에서 방법론과 데이터의 일부 결함을 확인하고 도구변수를 사용해 보다 신뢰할 만하고 확장된 모델을 만들었고,

부패에 대한 불평등의 현저하고도 중요한 인과적 영향을 발견했다.

이러한 경험적 발견의 중요성을 알아본 산제브 카그람Sanjeev Khagram 교수는 제2저자로서 이 논문이 학술지에 출판될 수 있도록 발전시키는 데 도움을 주었다. 이 논문은 2005년 일류 학술지인 「미국 사회학 리뷰」에 수록되었다. 우리는 불평등이 어떻게 부패를 증대시키는지에 대해 정책 결정 과정의 엘리트에 의한 포획에 기초를 둔 정치경제학적 설명을 제시했다.

필자는 학위 논문의 보충 장을 쓰기 위한 사례연구를 할 때 현지 조사 없이 2차 자료에만 의존했다. 당시에는 이 장이 책으로 발전되리라고는 상상하지 못했다. 하버드의 케네디정부대학원에서 양적 방법론에 집중된 훈련을 받았기 때문에 질적 연구보다 양적 연구에 더 중심을 두는 편이었다.

2006년부터 캘리포니아대학교 샌디에이고 캠퍼스UCSD의 국제관계 및 태평양연구대학원(IR/PS)에서 한국-태평양 프로그램에 소속되어 강의를 시작한 이래로 필자는 한국과 동아시아의 부패와 발전의 문제에 점점 더 흥미를 갖게 되었다. 그 후 현대 한국의 정치경제 연구를 위한 한국학중앙연구원 한국학진흥사업단의 연구지원금에 힘입어 한국, 타이완, 필리핀의 비교역사적 연구를 통해 불평등과 부패 사이의 인과 기제에 대한 좀 더 심층적인 연구를 하기 시작했다. 필자는 대한한국 교육부와 한국학중앙연구원 한국학진흥사업단의 이 연구에 대한 지원(AKS-2007-CB-2001)에 감사할 뿐 아니라 당시 한국학중앙연구원의 한국학진흥사업단 초대 단장이었던 한도현 교수의 강력하고도 열정적인 지원과 격려에도 특별한 감사 인사를 드린다. 한 교수와 그의 후임인 권희영 교수가 책임을 맡았던 한국학진흥사업단의 지원으로 필자와 동료인 스테펀 해거드Stephan Haggard가 각각 자신의 책을 저술할 수 있었을 뿐 아니라 여러 학자들의 연구서 집필을 지원할 수 있었다. 이것은 지금까지 5권의 책 발간으로 이어졌고, 한국의 정치·경제에 관한 다양한 주제를 다루는 4건의 프로젝트가 진행 중이다.

2008년 5~6월에 타이완 현지 연구 및 한국, 타이완, 일본을 방문하여 현지의 학자들과 토론할 수 있는 기회를 제공해 준 동아시아연구원의 이숙종 원장과 김하정 사무국장, 타이완국립대학교의 추윤한 교수, 게이오대학교의 요시히데 소이야 교수에게 감사드린다. 곧이어 2008년 여름 필자는 UCSD 평의원회의 지원금을 받아 필리핀으로 현지 연구를 다녀왔는데, 당시 필자를 위해 여러 인터뷰를 주선하고 편의를 제공해준 필리핀대학교의 봉 멘도사Bong Mendoza 교수에게 감사의 마음을 전하고 싶다.

데이비드 강David Kang 교수는 2009년 10월 서던캘리포니아대학교에서 개최한 '정치학의 떠오르는 별 학술회의Rising Stars in Political Science Conference'에서 많은 학자들에게 필자의 초기 논문을 발표하고 교류할 수 있는 기회를 주었다. 그러나 여러 이유로 한국에 대한 본격적인 현지 연구를 시작하지 못했다. 그러던 중 2010년 가을 한국국제교류재단의 방한 연구 팔로우십을 받아 고려대학교 아세아문제연구소 이내영 소장의 지원 아래 방문학자로 4개월 간 머무르는 기회를 가졌다. 이 기간 동안 고려대학교와 국회도서관에서 귀중하고 흥미로운 자료들을 다량 발견했다. 특히 이승만 정부와 장면 정부에서 능력주의 관료제가 점진적으로 발전했다는 증거를 발견했는데, 이는 기존의 한국 발전국가 문헌들이 제대로 인식하지 못했던 부분이었다. 이후로도 필자는 1년에 몇 달씩 연세대학교와 한성대학교의 방문학자로 한국에 머무를 수 있었는데, 연세대학교의 양재진·이삼열 교수, 한성대학교의 김상조 교수가 많은 도움을 주었다.

한국과 타이완, 필리핀에 관한 방대한 분량의 1차 자료와 2차 자료를 축적하긴 했지만 막상 책 원고를 집필하기란 쉽지 않았다. 그 이유는 바로 이론적 취약성 때문이었다. 포획 이론만으로는 세 국가에서 일어난 다양한 순차적 사건들을 설명하기에 충분하지 않았다. 또 1개 또는 2개의 국가가 아니라 3개의 국가를 비교하는 데다가 특정 시기가 아닌 통시적 비교를 한다는 것은 생각보다 매우 까다로운 일이었다. '지나치게 포부가 컸던 것이 아닌가' 하는 생각이 들기도 했으며, 한국에 대한 단일 사례연구로 범위를 좁히고 국가 간 양적 비교로 보충하는 방안을 고려하기도 했다. 그러던 중 후견주의를 또 하나의 중요한 인과 채널로 생각하기 시작했다. 포획과 후견주의가 결합된 인과 메커니즘의 확장된 이론적 틀을 가지고 각 장을 재구성하고 다시 쓰기 시작하게 된 것이다. 이를 통해 필자의 주장에 더욱 확신을 가지게 되었으며, 2012년 초가을에 결론을 제외한 전체 초고를 완성했다.

이처럼 긴 과정을 거치는 동안 동료이자 조언자인 IR/PS의 한국-태평양 프로그램 책임자 스테펀 해거드 교수로부터 끊임없는 지적 지원을 받았다. 그는 초고에서부터 최종본까지 여러 버전의 원고를 읽고 유용한 논평과 제안을 해주었다. 이뿐만 아니라 IR/PS의 후원 아래 2012년 11월에 열린 책원고 회의에서도 상당한 도움을 받았다. IR/PS의 수전 셔크Susan Shirk, 크리스러트 샘판사락Krislert Samphantharak, 스테펀 해거드 교수와 방문학자로 와 있던 신재은 교수 외에 존 리John Lie, 게브리엘라 몬티놀라Gabriella Montinola 교수는 온종일 진행되는 회의에 참석하기 위해 멀리서 샌디에이고 날아오는 수고를 마다하지 않았다.

이 밖에도 셸리 리거Shelley Rigger 교수가 인터넷 화상 채팅으로 이 회의에 참여했으며, T. J. 쳉T. J. Cheng 교수는 이메일로 피드백을 보내주었다. 아프리카의 부패에 관해 학위 논문을 쓰고 있던 브리지트 짐머먼Brigitte Zimmerman을 비롯한 몇몇 대학원생도 이 회의에 참석했다. 특히 존 리(한국), 게브리엘라 몬티놀라(필리핀), 셸리 리거(타이완)와 T. J. 쳉(타이완) 같은 지역 전문가들의 피드백은 필자가 이런 국가들의 세부사항에 관해 틀리지 않았다는 확신을 갖도록 도와주었다. 그러나 더 중요한 피드백은 장들의 구성에 관한 것이었다. 이 피드백 덕분에 필자는 이 회의 몇 달 뒤 상당한 수정을 거쳐 출판사에 보낼 최종 원고를 완성할 수 있었다.

책을 쓰기 위한 긴 여정을 회상하다보니 다양한 종류의 도움과 지원을 해준 여러 분들이 떠오른다. 앞서 언급한 학자들 외에도 수전 로즈-애커맨Susan Rose-Ackerman, 에릭 우슬러너Eric Uslaner, 보 로스스타인Bo Rothstein, 문정인 교수는 다양한 형태의 지적 지원을 아끼지 않았다. 이처럼 훌륭한 학자들과 많은 지적 교류를 나누는 행운을 누렸다. 카를로스 웨이스먼Carlos Waisman, 자크 하이먼스Jacque Hymans, 김의영, 양재진, 에일린 바비에라Elieen Baviera 교수 또한 여러 세미나에서 초기 원고에 대해 훌륭한 조언을 해주었다. 허버트 키셸트Herbert Kitschelt, 유코 카스야Yuko Kasuya 교수는 친절하게도 자신의 원자료를 제공했다. 케임브리지대학교 출판부의 익명의 심사자 세 분에게도 감사드린다. 또한 지난 수년간 문지명, 정지아, 페이 첸Pai Chen, 연광석, 구윤정 등 유능한 연구조교들의 도움을 받았다. 브리지트 짐머먼과 셰넌 콜린Shannon Colin은 전체 원고의 영어를 다듬는 것을 도와주었고, 제프리 페티그Geoffrey Fattig는 최종 단계의 영문 교정을 도와주었다. 특히 케임브리지대학교 출판부의 편집자 루시 라이머Lucy Rhymer에게 깊은 감사를 드린다. 그녀는 책 출간 과정에서 편집자가 수행하는 중요한 역할을 알 수 있게 해주었다.

마지막으로 필자의 긴 지적 여정에서 폭넓은 정신적 지지를 제공해준 UCSD 인문학부 교수들과 가족에게 감사드린다. UCSD 인문학부의 한국학 교수, 특히 이진경 교수와 토드 헨리Todd Henry 교수는 다양한 측면에서 지원을 해주었다. 아내 승희, 형제 종수, 종근, 종일, 그리고 자매 순자, 명숙은 필자가 활동가로서, 학자로서 살아온 삶의 한결같은 지지자들이었다. 특히 필자가 반독재 학생운동을 할 때부터 동지였던 승희와 종일은 한국 정치와 학계에서 민주주의와 평등, 반부패를 위해 중요한 역할을 하고 있다. 출간 작업을 시작하기 훨씬 전부터 우리는 민주주의가 불평등과 부패 문제를 해결할 수 있어야 하며, 불평등과 부패는 민주주의의 정상적 작동을 저해한다는 신념을 공유했었다. 대학원에서 공공정책을 공부하며 날이 갈수록 민주주의와 불평등, 부패 관련 이슈에 관심을 보이고 있는 딸 수선에게도 감사하다.

필자의 삶에서 가장 큰 빚은 돌아가신 부모님에게 지고 있다. 학생운동을 하던 시절 아들이 끊임없이 감시받고 투옥되는 모습을 보면서 큰 고통을 겪으셨다. 이 책을 그분들께 바친다.

일러두기

- 이 책은 2006년 케임브리지대학교 출판부cambridge university press에서 출간한 『Democracy, Inequality and Corruption』을 번역한 것입니다.
- 국가명 중 일반적으로 흔히 쓰이는 '대만'과 '태국'은 국립국어원의 어법에 따라 각각 '타이완'과 '타이'로 표기했습니다.

1장

서론

문제 제기, 핵심 주장과 방법론

세계경제포럼의 연례 경영자 설문조사(2003~2011)에서 동아시아의 신생 민주주의 국가인 필리핀, 타이완, 한국은 매우 상이한 모습을 보인다. 필리핀에서는 기업가의 22.9%가 부패가 경영의 가장 큰 걸림돌이라고 규정했다. 부패는 비효율적인 관료제(16.3%), 부적절한 사회기반시설(14.9%), 불안정한 정책(12.7%)을 능가하는 문제로 지적되었다. 반면 타이완과 한국 기업가 가운데 부패를 경영의 가장 큰 걸림돌로 꼽은 비율은 각각 2.4%과 5.5%에 불과했다. 국제투명성기구의 부패인식지수CPI와 세계은행World Bank 의 부패통제지수Control of Corruption Index·CCI에서도 비슷한 양상이 나타난다. 2011년 필리핀의 부패인식지수는 2.6이었고, 한국은 5.4, 타이완은 6.1이었다. 부패인식지수는 0(가장 부패)과 10(가장 덜 부패) 사이에서 매겨지는데, 우리의 직관과는 반대로 점수가 높을수록 부패의 수준이 낮음을 의미한다. 2011년 부패통제지수(괄호 안은 백분위점수)는 필리핀 −0.78(백분위 23), 한국 0.45(백분위 70), 타이완 0.90(백분위 78)이었다. 부패통제지수는 평균은 0이고 표준편차는 1로서 값이 높을수록 부패 수준이 낮다는 뜻이다. 필리핀의 부패 수준은 세계 평균보다 0.78 표준편차만큼 높다. 이와 대조적으로 한국과 타이완의 부패 수준은 각각 0.45, 0.90 표준편차만큼 세계 평균보다 낮다.

이러한 데이터는 세 국가에 관한 명확한 상을 그려준다. 즉, 세 국가 중 필리핀이 가장 부패했고, 타이완이 가장 덜 부패했으며, 한국은 두 국가 사이에 위치하지만 타이완 쪽에 더 가깝다는 것이다. 그렇다면 무엇이 세 국가의 부패 수준에 광범위한 차이를 만들었는가? 좀 더 일반적으로 말해 국가 간, 특히 신생 민주주의 국가 간 부패 수준의 차이를 설명해주는 요인은 무엇인가?

필자는 이 책에서 경제적 불평등이 후견주의clientelism와 엘리트 포획의 위험성을 증대시켜, 선거 등 민주적 책임성을 담보하는 제도의 효율성을 제약하고 정책 결정과 정책 수행 과정을 부패하게 만든다고 주장한다. 따라서 불평등은 국가 간 부패의 차이, 특히 민주주의 국가 간 부패 수준의 차이를 결정하는 주요 요인이 된다. 필자는 한국, 타이완, 필리핀 이 세 국가를 대상으로 비교역사 연구와 국가 간 계량적 분석을 동시에 수행함으로써 이 같은 이론을 뒷받침하는 경험적 증거를 제시할 것이다.

부패와 발전

한국, 타이완, 필리핀의 상이한 부패 수준에 관한 일견 그럴듯한 설명 중 하나는 경제 발전 수준의 차이이다. 일반적으로는 가난한 국가들의 부패가 심하다고 알려져 있다. 따라서 필리핀의 높은 부패 수준과 상대적으로 낮은 한국과 타이완의 부패 수준은 이상할 게 하나도 없는 것처럼 보인다. 그러나 우리는 '인과적 방향성 문제'를 생각해야 한다. 필리핀의 높은 부패 수준은 빈곤한 경제 상태에서 기인했는가, 아니면 필리핀의 높은 부패가 빈곤한 경제 상태를 초래했는가? 이 질문에 답하려면 부패와 경제 발전 양자의 역사적 추세에 대한 철저한 분석이 필요하다.

한국, 타이완, 필리핀 연구에 있어 부패와 경제 발전 간 인과적 방향성 문제는 대단히 중요하다. 제2차 세계대전 직후 세 국가가 식민 지배로부터 독립할 당시 1인당 국민소득은 필리핀이 다른 두 국가보다 높았다. 필리핀의 1인당 국민소득은 1960년대 후반까지 한국과 타이완보다 높은 상태를 유지했다. 만약 경제 발전이 부패 수준을 결정한다면 필리핀은 한국과 타이완보다 부패 수준이 낮아야 한다. 그러나 경험적 증거는 필리핀이 1950년대 또는 1960년대 이래로, 아니면 적어도 1980년대부터 한국과 타이완보다 높은 부패 수준에 시달려 왔다는 것을 보여준다(3장 참조). 경제 발전이 부패에 미치는 영향이 장기간에 걸쳐 서서히 나타난다는 점을 감안하면, 경제 발전은 필리핀의 높은 부패 수준을 설명할 수 없다. 오히려 부패가 경제 발전에 영향을 미쳤을 가능성이 크다. 극도로 부패한 필리핀의 경제가 정체되어 있는 동안 상대적으로 덜 부패한 한국과 타이완의 경제는 1960년대에 도약과 성장을 계속했으며, 그 이후로는 필리핀을 훨씬 능가했다.

파올로 마우로(Paolo Mauro 1995)의 '부패가 경제 발전에 미치는 부정적 영향에 대한 국가 간 연구' 이후 수많은 연구들이 이 발견의 견고성을 재확인했다(Bentzen 2012; Halkos and Tzeremes 2010; Johnson, LaFountain and Yamarik 2011; Kaufmann and Kraay 2002; Keefer and Knack 1997; Mo 2001; Wei 2000). 일부 연구들은 부패가 경제 성장에 미치는 뚜렷한 영향을 확인하는 데 실패하기는 했지만(Glaeser and Saks 2006; Svensson 2005), 경제 성장에 대한 부패의 긍정적인 영향을 발견한 국가 간 연구는 전혀 없었다. 반면 부패

가 교육, 의료, 소득 분배 등 주관적인 삶의 질에 부정적인 영향을 끼친다는 것이 관찰된 연구는 있었다(Lambsdorrf 2005). 무엇보다 과거 연구에서 부패는 경제 성장에 긍정적 영향을 미치는 사회적 신뢰, 또는 일반화된 대인 간 신뢰에 부정적 영향을 미치는 것으로 나타났다(You 2012a; Zak and Knack 2001). 부패 수준에 대한 국가 간 측정이 공식적으로 가능해지기 전에는 부패의 긍정적 기능 여부에 관한 논쟁이 컸지만 완전히 해결되지는 않았다. 새뮤얼 헌팅턴(Samuel Huntington 1968)과 너새니얼 레프(Nathaniel Leff 1964)는 부패의 기능주의적 관점을 주장했다. 그들은 부패가 기업들로 하여금 지나치게 성가신 규제와 관료에 의한 지연을 피할 수 있게 해줌으로써 경제 성장을 증진시키는 역할을 하는데, 특히 개발도상국에서 그렇다고 주장했다. 그러나 부패의 긍정적인 기능에 대한 주장은 국가 간 양적 연구에 의해 대체로 기각되었다. 부패가 사회적, 경제적 발전에 미치는 부정적인 영향에 대한 뚜렷한 증거가 쌓인 것이다.

부패가 경제 성장에 악영향을 미친다는 경험적인 연구 결과물의 뒷받침에 힘입어 세계은행, 국제연합UN, 경제협력개발기구OECD 등 국제 개발 공동체와 여러 국제 기구, 국제투명성기구 같은 NGO들은 1990년대 중반부터 부패와의 싸움을 심화시켜 왔다. 그러나 학자들 사이에 인과적 방향성에 대한 확고한 합의가 없었다는 점에 주목해야 한다. 여러 연구들이 경제 성장 수준은 부패에 관해 독립적인 예측변수라고 주장한다(Ades and Di Tella 1999; La Porta et al. 1999; Pellegrini and Gerlagh 2004; Treisman 2007). 한편으로 부패가 경제 발전을 저해하고, 다른 한편으로 경제가 발전한 사회일수록 부패를 약화시키는 데 성공할 가능성이 높다면 상호간 쌍방향의 인과관계가 있을 수 있다. 부패와 발전에 대한 기존의 연구들은 장기간의 통시적인 자료나 신빙성 있는 도구변수가 없어 내생성의 문제들endogeneity problems을 해결하지 못하는 한계에 시달려왔다. 이 연구들에 따르면 아시아 세 국가, 즉 한국, 타이완, 필리핀의 역사적 경험은 부패가 경제 성장에 영향을 미친다는 관점을 지지하는 것처럼 보인다. 신빙성 있는 증거를 제공하고 있는 카우프만과 크라이(Kaufmann and Kraay 2002)의 정교한 경험적 연구 역시 인과관계의 방향이 기본적으로 부패로부터 경제 발전으로 향한다.

사회 및 경제 발전에 대한 부패의 역기능에 대한 국제 개발 공동체 내 의견의 일치, 이런 견해를 뒷받침하는 국가 간 상당한 증거와 동아시아 3개국의 역사적 경험을 감안한다면 부패의 원인을 밝히는 것은 중요한 문제가 된다. 효과적인 반부패 전략과 프로그램을 수립하려면 부패를 증가시키거나 감소시키는 원인이 되거나 영향을 미치는 요인이 무엇인지 이해할 필요가 있다. 최근 부패 문제에 대한 관심이 갈수록 증대되고 있는데, 이는 개발도상의 여러 신생 민주주의 국가들이 부패 문제에 신음하고 있기 때문이다. 또한 부패는 경제 발전의 장애물이라는 것과 별개로 민주정부의 정통성을 약화시키고 선출된 지도자에 대한 공공의 신뢰를 저하시킴으로써 신생 민주주의에 심각한 도전을 제기하기 때문에 중대한 정치적 우려를 낳고 있다(Seligson 2006).

동아시아의 부패와 발전

대부분의 발전국가론 연구들은 한국이나 타이완과 같이 고도 경제 성장을 이룩한 동아시아 국가들은 개인의 능력을 중시하는 전문적인 베버식 관료제 때문에 상대적으로 부패와 포획에서 자유롭다고 가정했다(Amsden 1989; Evans 1995; Johnson 1987; Wade 1990). 하지만 데이비드 강(2002), 앤드류 웨더맨(Andrew Wedeman 1997; 2012), 무스타크 칸(Mushtaq Khan 2000;

2006) 같은 학자들은 사실 이 국가들이 심한 부패에도 불구하고 높은 경제 성장을 성취했다고 주장하면서 여러 동아시아 국가에서 부패가 경제적 실적에 미친 영향들이 다르게 나타난 현상을 설명하려고 했다. 데이비드 강은 한국과 필리핀의 정실 자본주의crony capitalism 비교연구를 통해 한국이 필리핀보다 더 자율적이고 일관성 있는 국가였다거나 부패가 덜했던 것은 아니라고 주장했다. 오히려 각 국가의 경제 발전에 다른 영향을 미친 것은 부패의 수준 차이가 아니라 부패의 유형이 서로 달랐다는 것이다. 그는 더 나아가 상호인질mutual-hostage 부패 유형은 경제 발전에 효율적일 수 있는 반면, 지대 추구rent-seeking와 약탈국가predatory state 부패 유형은 경제 성장에 해롭다고 주장했다. 한국은 박정희, 전두환의 권위주의 정권 동안 일관성 있는 국가와 집중화된 재벌들 사이의 상호인질 부패의 상황이었고, 이런 정실주의cronyism가 거래비용을 줄이는 데 도움이 되었다는 주장이다. 반대로 필리핀에서는 부패가 경제 성장을 저해했는데, 이는 부패가 기업 부문의 지대 추구 활동(마르코스 이전)과 국가의 약탈적 행동(마르코스 치하)을 촉진시켰기 때문이라는 것이다.

웨드맨(1997)은 한국의 부패는 배당금 수집dividend collection이라는 효율적 형태를 대표한다고 주장했는데, 이런 형태에서는 사기업이 거둔 이익의 일부가 정부 관료들에게 이전된다. 반면 필리핀은 비효율적인 지대 긁어내기rent scraping 사례를 대표하는데, 이런 형태에서는 지대를 만들어내기 위해 의도적으로 거시경제 요소들을 조작하고, 뒤이어 관료들이 이 지대를 긁어 간다. 웨드맨(2012)은 퇴행적 부패와 발전적 부패를 구분하고 후자는 한국과 타이완의 발전국가로 대표된다고 했다. 같은 맥락에서 마이클 존스턴(Michael Johnston 2008)은 아시아에서 부패의 네 가지 유형을 제시하면서 정치와 기업 엘리트 간 유착을 특징으로 하는 한국의 엘리트 카르텔 부패 유형은 상당한 정도의 예측 가능성과 정치적 안정을 제공함으로써 경제 성장에 도움이 되었을 수도 있다고 했다. 반면 필리핀은 과두 지배와 혈족이 특징인데, 힘 있는 가문과 측근들이 약한 국가를 강탈하며 이는 성장을 저해한다. 칸(2000; 2006) 또한 어떤 형태의 지대 추구와 부패는 효율적일 수 있으며 1960년대 한국과 현재의 중국처럼 고성장 개발 국가들이 이런 사례에 해당한다고 주장했다.

이와 같이 한국과 타이완을 자율적이며 상대적으로 덜 부패한 국가로 묘사하는 발전국가론 문헌들에 대해 비판적인 학자들의 주장은 부패가 경제 성장에 해롭다는 필자의 가정에 배치될 뿐만 아니라 한국과 타이완의 정치 체계가 필리핀과 비교했을 때 상대적으로 청렴하다는 평가에 관해서도 의문을 제기한다. 필자는 상이한 부패의 유형에 따라 경제와 사회 발전에 미친 영향이 달랐을 수 있다는 점을 인정하지만, 필리핀을 포함한 개도국의 저성장과 한국과 타이완의 고성장을 구분해 준 것은 단지 부패의 유형이 아니라 부패 수준의 차이였다고 주장한다. 필리핀이 한국과 타이완보다 부패 수준이 확실히 높았다는 것을 극명하게 보여주는 사례들은 앞에서 소개한 바 있거니와, 필자는 3장에서 세 국가의 상대적 부패 수준에 대해 보다 심도 깊게 검토할 것이다.

동아시아 국가에서도 부패가 경제 성장에 부정적인 영향을 미친다는 상당한 경험적 증거들이 존재한다. 이재형(2006)은 1986년부터 2001년까지 연도별 자료들을 이용하여 한국에서 기업과 공공 분야의 부패가 1인당 실질 소득 성장률에 해로운 영향을 미쳤다는 것을 보여주었다. 우와 추(Wu and Zhu 2011)는 '중국 내 군county 사이의 소득 격차에 관한 경험적 연구'에서 보다 높은 수준의 반부패 대책을 수행하는 군들이 보다 높은 소득 수준(군 단위의 1인당 GDP)을 누리는 경향이 있음을 보여주었다. 웨드맨(2012)은 중국의 높은 부패와 고성장의 공존에 초점을 두고는 있지만, 중국의 지속적인 고성장은 고도의 부패 때문이 아니라 이 문제를 억제하는 정권의 능력에 기인한다는 점을 인정한다. 또한 수많은 연구들이 필리핀과 동남아시아 국가에서 부패가 성장에 미친 악영향에 대해서 보여주었다 (Hutchcroft 1998; Montinola 2012).

부패와 민주주의

이용 가능한 다양한 데이터들을 검토해보면 독립 초기에는 세 국가 모두 매우 부패했지만 이후 몇십 년에 걸쳐 타이완은 상당히, 한국은 약간 부패가 감소했다. 반면 필리핀은 부패가 증가했다. 이것은 이 책과 관련된 또 다른 질문을 불러일으킨다. 왜 한국과 타이완은 독립 후 필리핀에 비해 점점 덜 부패해졌는가? 그리고 필리핀은 한국과 타이완보다 더 발전된 상태였음에도 불구하고 왜 더 부패해졌는가? 보다 일반적으로 말해서, 어떤 국가 또는 정권 유형이 부패와 더 잘 싸우는가?

어떤 사람들은 싱가포르 전 총리 리콴유李光耀를 예로 들면서 부패를 억제하는 데 있어 권위주의적 지배의 미덕을 주장하고 싶어 할지도 모른다. 리콴유는 경제 성장뿐 아니라 부패 제어를 위해서는 권위주의 지배가 필수적이라고 주장했다(Zakaria 1994). 세 국가가 모두 1980년대 후반에 민주주의로 이행했지만, 독립 이후 초기 민주주의에 대한 경험은 필리핀이 가장 강하고 길었던 반면 한국은 약하고 짧았으며, 타이완은 전무했다. 필리핀인들은 1972년 페르디난드 마르코스Ferdinand E. Marcos 독재에 빠지기 전까지 민주주의를 향유했다. 타이완은 1980년대 후반까지 강력한 권위주의 정권 아래에 있었다. 한국은 독립 후 짧은 기간 동안 형식적인 민주주의를 경험했지만 1972년까지는 대체로 연성 권위주의 아래에 있었고, 1972년부터 1987년까지는 강성 권위주의의 지배를 받았다. 그러나 마르코스의 권위주의 정부는 부패를 줄이기는커녕 증가시켰다. 그리고 이들 국가가 민주화된 이후 부패는 증가하지 않았다. 특히 타이완과 한국에서는 민주화 이후 부패가 감소했음을 보여주는 다양한 증거들이 있다(3장 참조).

이것은 정반대의 이론, 즉 민주주의가 낮은 부패와 연결된다는 쪽으로 우리의 관심을 돌리게 한다. 사실 민주주의가 왜 독재에 비해 덜 부패하는 것인가에 대해서는 타당한 이유들이 많이 있으며, 민주주의와 부패 사이에는 국가 간에 강한 음의 상관관계가 있다. 민주주의에서 수직적 책임성 기제인 경쟁적 선거는 공중이 정치인들로 하여금 책임감을 유지하도록 강제할 수 있게 해준다. 독재에서는 사람들이 민중 봉기를 통해서만 정권에 책임을 유지하도록 할 수 있지만, 민중 봉기는 집단행동 문제collective action problem 때문에 매우 어렵고, 진압되었을 때 큰 희생을 치를 위험이 높다. 게다가 민주주의는 수평적 책임성 기제로서 감시와 균형의 정교한 체제를 보유한 반면 독재에서는 권력이 지배자에게 집중되어 있다. 따라서 민주주의 국가들이 평균적으로 독재국가들보다 덜 부패하다는 것은 놀라운 일이 아니다. 그러나 민주주의의 장점은 세 국가 간 부패 정도의 차이를 설명하지 못한다. 이들 중 독립 초기에 가장 민주적이었던 국가는 필리핀이었으나 필리핀은 결국 가장 부패가 심한 국가가 되었다. 게다가 세 국가는 민주화 이후 부패개선의 정도도 상이하다. 특히 필리핀의 부패 수준은 1990년대 중반 이래로 한국과 타이완이 부패와의 전쟁을 통해 진전을 이루는 동안 오히려 더 악화되었다.

그러므로 민주주의와 부패의 관계는 단순하지 않다. 세 국가 간 부패 수준의 차이를 설명하기 위해서는 민주주의와 부패의 관계에 대한 심도 깊은 이해가 필요하다. 왜 필리핀의 민주주의는 독립 초기와 마르코스 집권 이후 부패를 억제하지 못했는가? 왜 민주주의는 필리핀보다 한국과 타이완에서 윤리적인 정부를 만들어냈는가? 보다 일반적으로 말하자면 우리는 '어떤 민주주의 국가들이 다른 민주주의 국가들보다 부패를 잘 제어하는가?'라는 질문에 직면하게 된다.

국가 간 계량적 연구들은 민주주의의 여러 제도적 특징들이 부패 수준에 미치는 다양한 영향을 보여주었다. 일부 연구들은 대통령제가 내각책임제보다 더 부패하다는 것을 발견했다(Gerring and Thacker 2004; Lederman et al. 2005; Kunicová and Rose-Ackerman 2005; Panizza 2001). 어떤 연구들은 정당명부 비례대표제가 단순다수 선거제보다 더 높은 부패와 연계된다는 것을 발견했고(Kunicová and Rose-Ackerman 2005; Persson, Tabellini and Trebbi 2003), 선거구의 규모도 부패에 영향을 미친다는 것을 발견했다(Chang and Golden 2007). 그러나 제도적 효과들은 통제 변수들을 도입하면 통계적 유의미성을 잃거나 약화된다. 국가 간 언론의 자유와 낮은 부패 사이에는 강력한 상관관계가 있지만(Adsera et al. 2003; Brunetti and Weder 2003; Chang et al. 2010), 부패한 정치인들에 의한 검열을 감안하면 인과관계 방향성은 모호하다. 여러 연구들은 민주주의의 지속 기간 또는 수준과 관련하여 민주주의의 비선형적 효과를 발견했는데, 완전하거나 성숙한 민주주의는 확실히 독재보다 덜 부패하지만, 부분적이거나 신생 민주주의는 부패에 있어 권위주의와 다른 점이 분명하지 않다(Bäck and Hadenius 2008; Manow 2005; Montinola and jackman 2002; Sung 2004; Treisman 2007). 한편 샤론과 라퓨언트 (Charron and Lapuente 2010)는 민주주의와 부패, 또는 보다 광범위하게 말해서 정부의 질quality of government과의 관계는 일정하지 않고 경제 발전 수준에 따라 달라진다는 국가 간 증거를 일부 제공한다.

그러나 기존의 국가 간 연구들은 부패를 통제하는 데 있어 민주주의가 보여주는 다양성을 설명하는 데 제한적인 능력을 지녔다. 민주주의의 나이를 비롯해 부패에 대한 민주주의의 다양한 효과를 설명하기 위해 제시된 다른 여러 요인들을 모두 감안해도 설명되지 않는 수많은 부패 수준의 유형이 여전히 존재한다. 특히 이러한 요인들은 이 책의 목적인 세 국가 간 차이를 설명하는 데 사용될 수 없다. 이 국가들은 모두 단순다수 선거제를 주된 선거제도로 채택한 대통령제이다. 민주적 정부가 단절 없이 연속된 기간의 측면에서 보았을 때 세 국가의 민주주의의 지속 기간은 비슷하다. 초기 민주주의 경험까지 포함한다면 필리핀은 한국과 타이완보다 덜 부패해야 한다. 경제적 발전의 수준은 세 국가의 민주적 제도의 상이한 효과를 부분적으로 설명해준다. 그러나 이것의 설명력은 한국과 필리핀 민주주의의 초기를 볼 때, 의문을 낳는데, 이 기간 동안 필리핀은 한국에 비해 더 발전했지만 부패 통제는 덜 성공적이었기 때문이다.

부패가 많은 신생 민주주의에 가장 큰 도전이라고 한다면, 부패에 대한 민주적 통제의 성과에 영향을 미치는 요소들이 무엇인지 파악하는 것은 매우 중요하다. 따라서 우리는 왜 민주적 기제가 어떤 조건하에서는 부패를 잘 통제하지만 어떤 조건하에서는 그렇지 못한가에 대한 이론적 원인을 고찰할 필요가 있다.

부패, 후견주의 그리고 포획

부패는 다양한 방식으로 정의될 수 있지만, 이 책에서 필자는 가장 보편적으로 사용되는 정의인 '사적 이득을 얻기 위한 공직의 남용'을 채택했다 (Rose-Ackerman 2008; Treisman 2007). 부패는 좁게는 불법적 행동만을 뜻하는 것으로 정의될 수도 있고, 넓게는 이해관계의 상충, 거대 자본의 정치적 영향력 같은 합법적 행동이나 관행들도 부패로 간주될 수 있다. 필자는 협의의 정의를 채택하지만, 이처럼 합법적 형태를 띤 부적절한 영향력과 행동이 흔히 불법적 형태의 부패로 이어진다는 점을 인정한다. 부패는 뇌물 수수, 공금 횡령, 강탈 등 다양한 형태를 띤다. 친족 등용이나 편애의 일정한 형태들도 이런 범주에 들 수 있다. 또한 부패는 행위자가 속한 유형에 따라 정치, 관료, 사법, 기업 부패 등으로 분류될 수 있으며, 부정한 거래의 규모에 따라 사소한 부패나 대형 부패로 구분할 수 있다. 필자는 정치, 관료, 기업 부패와 같은 다양한 영역에 속한 사소한 부패와 대형 부패를 모두 검토할 것이다.

부패에 대한 민주적 통제의 효율성을 검토할 때 우리는 선거, 견제와 균형과 같은 민주적 책임성 기제의 기능을 방해할 수 있는 두 가지 주요한 문제들을 생각할 수 있다. 이 문제들은 후견주의와 포획인데, 두 가지 모두 책임성을 담보하기 위한 민주적 제도의 효율성을 떨어뜨릴 수 있다. 후견주의 정치는 정치인과 유권자가 배타적 이익을 위해 표를 교환하는 정치를 의미한다. 이론상 후견주의가 반드시 불법적이거나 부패한 것은 아니다. 여기에는 정보 제공, 결혼식이나 장례식 참석, 취업 추천서 작성처럼 선거구민을 위한 적법한 서비스가 포함될 수 있다. 그러나 신생 민주주의에서 후견주의는 보통 돈이나 선물, 향응, 무료 여행 등을 제공하고 표를 사는 것과 같은 불법적 부패 행위들을 포함한다. 따라서 신생 민주주의의 맥락에서 후견주의는 일반적으로 선거 부패 형태로 나타난다. 포획은 국가 또는 특정한 정부 기관이 자율성을 잃고 엘리트나 특수 이익집단의 이익을 위해 봉사하는 것을 뜻한다. 국가 포획은 불법적 부패 없이도 발생할 수 있지만(예를 들어 연줄과 합법적인 선거 기부금을 통해서), 사적 이익집단에 의한 포획은 전형적으로 불법 선거 기부금 또는 뇌물과 정부의 특혜 제공 간의 불법적 교환을 포함한다. 포획은 정부 또는 정부 기구의 자율성을 빼앗는 높은 수준의 정치적 부패를 나타낸다.

신생 민주주의에서의 선거들은 정책을 중심으로 한 경쟁보다 후견주의적 경쟁의 성격을 띠는 경향이 있다(Keefer 2007; Keefer and Vlaicu 2008). 따라서 후견주의는 왜 신생 민주주의 국가가 성숙한 민주주의 국가보다 더 부패하는 경향이 있는지를 부분적으로 설명해준다. 후견주의는 부패에 대한 민주적 통제를 심각하게 위태롭게 만들 수 있다. 선거가 유권자에 대한 후견주의적 동원 또는 유권자와 정치인 사이의 배타적인 이익을 위한 교환으로 특징지어지면, 유권자는 선거를 통해 정치인들의 부패를 심판할 수 있는 능력을 잃어버리기 쉽다. 더구나 후견주의는 종종 매표 행위와 같은 선거 부패를 포함한다. 후견주의는 정책 수립 과정에서 정치적 부패를 증가시킬 수 있는데, 정치인들은 정부 자금 또는 사적 후원으로부터의 후견주의적 자원을 필요로 하고, 이러한 자금들은 종종 부패한 수단에서 나오기 때문이다 (Hicken 2011; Stokes 2007). 무엇보다 후견주의적 정치인들은 부패와 싸우려는 진정한 정치적 의지가 부족하다. 따라서 많은 반부패 개혁은 단지 수사에 그친다. 이에 더해 후견주의는 종종 표와 공공 부문 일자리의 교환을 포함한다. 이러한 교환은 관료제에서 공개경쟁시험 등 능력에 따른 임용이 아니라 정치적 영향에 의해 관료가 임용되는 엽관직patronage job을 증가시키고, 이러한 엽관주의는 관료 부패를 조장하게 된다(Calvo and Murillo 2004).

강력한 사적 이익들에 의한 정책 과정 포획은 부패에 대한 민주적 통제가 실패하는 또 다른 원인이다. 민주주의하에서 시민들은 독재하에서보다 정책 수립 과정에서 강력한 힘을 발휘할 수 있는데, 그들이 선출한 대표들이 이를 실행한다. 또한 민주주의에서 시민들은 입법부에서의 정책 생산 과정과 행정부 안에서의 정책 수행 과정을 모두 잘 감시할 수 있어야 한다. 정부 부처들과 감독 기구들 사이의 견제와 균형을 위한 다양한 기제들은 권력 남용 기회를 감소시킨다. 그러나 민주적 정책 과정은 포획으로부터 완전히 차단되어 있지는 않다. 포획은 합법적인 로비를 통해 발생할 수도 있지만, 흔히 뇌물과 같은 부패한 수단을 포함한다. 따라서 포획은 왜 일부 민주주의 국가가 다른 국가보다 더 부패했는지를 설명하는 데 있어 중요한 구성요소가 된다. 이처럼 민주적 부패의 증가에 후견주의와 포획이 영향을 미쳤다는 것은 이해되지만, 여전히 우리에게는 왜 어떤 민주주의 국가에서 후견주의와 포획이 더 많이 발생하는지를 설명해야 하는 숙제가 남아 있다.

동아시아 부패의 원인들

동아시아 국가의 부패 원인에 관해서는 비교연구가 상대적으로 적고, 초기 문헌들은 문화적 또는 사회적 규범의 역할에 초점을 맞추는 경향이 있었다. 유교적 권위주의, 확대 가족과 선물 증여에 대한 아시아적 문화의 강조, 또는 중국인들의 콴시關係(개인적 연계망이나 특정한 유대)에 대한 강조는 족벌주의, 정실주의, 부패를 번성하게 하는 것으로 지적되었다(Gold 1986; 김경일 1999; Lande 1965; Pye 1985). 부패에 대한 문화적 설명은 단지 동아시아에 대해서뿐 아니라 에드워드 밴필드(Edward Banfield 1958)의 이탈리아의 비도덕적 가족주의에 대한 논의와 같이 세계의 다른 곳에 대해서도 인기가 있었다. 문화적 설명의 중요한 약점은 프라나브 바단(Pranab Bardhan 2005; 152-3)이 지적한 것처럼 동어반복적("어떤 국가는 더 부패했다. 왜냐하면 이 국가의 규범들이 부패에 더 우호적이기 때문이다")이라는 것이다. 더 나은 설명을 하려면 어떻게 비슷한 국가들(또는 북부 이탈리아와 남부 이탈리아처럼 한 국가의 다른 지역들)이 다른 사회적 규범을 균형 상태in equilibrium로 갖게 되었는지, 또는 어떻게 한 사회가 하나의 규범적 균형 상태에서 다른 규범적 균형 상태(서구 선진국들, 그리고 일정 정도까지는 한국과 타이완이 경험했던 것처럼)로 옮겨가는지에 대한 연구 결과물을 필요로 한다.

리슬리 팔미어(Leslie Palmier 1985)의 홍콩, 인도, 인도네시아의 부패에 대한 비교연구에 근거해 존 S. T. 쿠아(Jon S. T. Quah 1999)는 부패의 주요 원인으로 세 가지 요소를 조사했는데, 관공서의 불필요한 요식들이 제공하는 부패의 기회, 관료의 급여, 부패 행위의 탐지 및 처벌 가능성 등이 그것이다. 그는 몽골, 인도, 필리핀, 싱가포르, 홍콩, 한국의 반부패 노력들을 연구한 뒤 구조적인 부패를 없애려는 정치적 의지가 매우 중요하다고 주장했다(Quah 2003). 분명 정치 지도자의 의지는 부패에 대한 효율적인 통제에 있어 매우 중요하다. 그러나 다음과 같은 질문이 제기된다. 어떤 종류의 정치 제도와 사회적 조건들이 이러한 정치적 의지를 발생시킬 것인가?

바로 여기서 후견주의와 포획의 중요성이 드러난다. 후견주의적 정치인들은 후견주의적 자원의 상당 부분이 부패한 수단에서 오기 때문에 부패와 맞서 싸우려는 진정한 정치적 의지가 부족할 개연성이 높다. 또한 포획된 정치인들은 당연히 어떤 형태의 부패가 포함되었더라도 포획자의 이득에 봉사하려고 할 것이다. 이러한 의미에서 카를 랜드(Carl Lande 1965)의 필리핀의 후견주의에 대한 고전적인 연구는 만연한 후견주의가 정책을 중심으로 경쟁하는 프로그램적 정치programmatic politics의 발전을 어떻게 방해하는지를 보여주고, 제임스 스콧(James Scott 1972)의 정치 부패에 대한 연구는 후견주의적 경쟁이 지배하는 선거 부패의 모델 사례로 필리핀을 지목한다. 게다가 한국과 타이완의 국가 자율성 또는 엘리트 포획으로부터의 자유의 결정적인 중요성을 강조하는 발전국가론 저작들은 이 사례에 힘을 실어주고 있다(Amsden 1989; Cheng et al. 1998; Evans 1995; Johnson 1987; Wade 1990). 따라서 후견주의와 포획은 동아시아 부패 연구의 매우 중요한 구성 요소로 보인다. 그러나 기존 연구는 후견주의와 포획이 동아시아 국가들 사이에서 다양한 수준으로 나타나는 원인에 대해 엄밀한 연구를 하는 대신 부패의 유형에 대한 사회적, 문화적 요인에 집중했다.

출발점: 민주주의에서의 불평등과 부패

필자는 경제적 불평등이 후견주의와 포획의 가능성을 증가시키고, 이에 따라 민주주의 사회에서 부패를 증가시킨다고 주장한다. 다시 말해, 부패 수준에 대하여 불평등과 민주주의는 상호작용 효과가 있다. 불평등 수준이 낮을 때 민주화는 부패 통제에 긍정적인 기여를 할 것이다. 반대로 불평등 수준이 높으면 후견주의와 포획 때문에 민주화가 부패 통제에 부정적인 영향을 미칠 가능성이 있다.

첫째, 높은 불평등은 후견주의를 증가시키고 강화시킬 것이다. 후견주의에 대한 문헌들은 중간 계급보다 가난한 사람들이 후견주의에 대한 취약성이 높다는 것을 발견했다(Brusco et al. 2004; Calvo and Murillo 2004; Hicken 2011; Kitschelt and Wilkinson 2007; Scott 1972; Stokes 2007). 불평등이 높다는 것은 주어진 경제 발전 단계에서 상대적으로 가난한 사람들의 비중이 높다는 것을 의미하기 때문에 불평등 수준이 높은 국가에는 후견주의에 취약한 인구가 더 많을 것이다. 이와 동시에 불평등이 높은 곳에서는 부자들이 후원을 확보하기 위해 프로그램적 경쟁programmatic competition을 발달시키기보다는 후견주의에 의존할 것이다. 높은 수준의 불평등에서는 중위 소득 수준의 중도적 유권자가 광범위한 재분배를 지지할 것이다. 이는 일반적으로 오른쪽 꼬리가 긴right-skewed 소득 분포에서는 불평등이 증가할수록 평균 소득과 중위 소득 사이의 격차가 커지기 때문이다(Meltzer and Richard 1981). 따라서 높은 수준의 불평등하에서 프로그램적 경쟁은 소득과 부의 현저한 재분배를 추구하는 좌파 정당들을 강화시킬 것이다. 부자들은 프로그램적 정치가 발전하는 것을 막기 위해서 가난한 사람들로부터 표를 사려고 할 것이다. 따라서 후견주의적 정치의 공급 측면(부자 엘리트)과 수요 측면(빈자)에서 모두 경제적 불평등이 후견주의를 고무하고 프로그램적 정치의 발전을 가로막는다. 그렇다고 낮은 수준의 불평등하에서는 후견주의가 발생하지 않는다는 뜻은 아니다. 단지 불평등이 높아질수록 후견주의의 만연 정도와 지속성을 증가시키고 프로그램적 정당의 발전을 지연시킬 가능성이 커진다는 뜻이다.

둘째, 불평등은 강력한 사적 이익에 의한 국가 포획 가능성을 증가시킨다. 불평등 수준이 높을수록 엘리트에게 돌아가는 몫과 기대수익이 커지기 때문에 포획이 일어날 가능성도 더 커지기 때문이다. 불평등이 높을수록 재분배 압력은 증가하고, 이에 따라 부자들은 정부를 부패시키고 포획할 수 있는 능력뿐 아니라 정부를 포획할 더 큰 동기를 가지게 될 것이다(You 2006; You and Khagram 2005). 부자들은 입법 과정에서 정치적 영향력을 매수하여 세금과 고비용 규제들을 줄이고, 정책 집행 과정에서는 관료들을 매수하여 특혜를 얻으려고 할 것이다. 높은 수준의 불평등 국가에는 극히 소수의 부유한 사람들이 존재할 것이다. 따라서 부자들은 가난한 사람들이나 중산층보다 집단행동의 문제를 잘 극복할 가능성이 높은데, 상대적으로 규모는 적은 반면 더 풍부한 물적 자원을 보유하고 있기 때문이다.

요약하면, 높은 경제적 불평등은 후견주의적 정치의 만연 정도와 지속성을 증가시키는 동시에 강력한 사적 이익에 의한 포획의 위험성도 증가시킨다. 후견주의는 일반적으로 사소한 선거 부패, 실력에 따른 채용 원칙을 위반하는 엽관직 제공 등을 포함하며, 정치 부패와 관료 부패를 촉진한다. 포획은 정부 또는 정부 기구가 엘리트의 이익에만 봉사하도록 하는 높은 수준의 기업 부패와 정치 부패로 나타난다. 높은 불평등에서는 부패에서 이득을 보는 후견주의 정치인, 관료, 사적 이익단체들의 저항 때문에 반부패 개혁이 무력화될 가능성이 높다. 따라서 불평등이 높은 상황에서는 부패에 대한 민주적 통제가 효율적으로 작동하지 않을 뿐 아니라 민주화가 오히려 부패를 더욱 증가시킬 수도 있다. 그림 1.1은 위에서 설명한 인과관계 기제causal mechanisms를 나타낸 것이다.

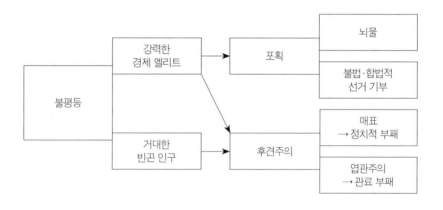

그림 1.1 민주주의하에서 불평등이 부패를 조장하는 인과적 메커니즘

권위주의 정권에서 불평등이 부패에 미치는 영향은 어떠할까? 권위주의에서는 권력이 지배자 또는 지배 정당에 집중되어 있기 때문에 지배자나 지배 정당의 선호가 정치 고위층의 부패의 정도를 결정하는 데 가장 중요한 영향을 끼칠 것이다(Hollyer and Wantchekon 2012). 권위주의 체제에서 포획

을 정의하기는 쉽지 않은데, 권위주의적 지배자 또는 지배 정당이 종종 경제 엘리트와 지배 연합을 형성하는 것 자체를 반드시 부패로 간주할 수 없기 때문이다. 따라서 독재국가에서 불평등이 부패에 미치는 영향은 민주주의 국가보다 적을 가능성이 높다. 그러나 많은 권위주의 정권들은 다양한 목적을 위해 민주적 제도인 국가 수준 또는 지방 정부 수준의 선거제도를 채택하고 있는데, 이 경쟁적 선거로 인해 후견주의가 발달할 수 있다. 따라서 권위주의 국가에서 불평등은 민주주의 국가에서와 같이 후견주의가 만연하는 데 잠재적으로 영향력을 행사할 수 있다. 따라서 선거가 있는 권위주의 국가에서 불평등은 후견주의와 부패에 영향을 미칠 것이다.

이상의 논의를 바탕으로 필자는 부패를 줄이는 데 있어 민주적 제도의 영향력이 경제적 불평등의 수준과 음의 관계가 있다고 주장한다. 다시 말해, 민주주의 국가와 선거제도가 있는 권위주의 국가에서 부패는 불평등의 정도와 함께 증가할 것이다. 또한 필자는 인과관계 기제에 관해 다음과 같은 하위 가설을 제안한다. 즉, 높은 불평등은 후견주의적 정치(선거 부패), 관료제에서 엽관적인 채용, 강력한 사적 이익에 의한 포획을 증가시키고, 이로 인해 정치, 관료, 기업 부패의 만연 정도가 더 커진다.

비교역사 분석을 위한 논거

앞서 필자가 도구변수를 사용해 실시한 국가 간 연구는 불평등이 부패를 상당히 높인다는 것을 보여준다(You 2006; You and Khagram 2005). 한편, 다른 연구들은 부패가 불평등에 유의미한 영향을 미친다는 것을 발견했다 (Dincer and Gunalp 2012; Guta et al. 2002; Li et al. 2000). 총과 그래드스테인 (Chong and Gradstein 2007), 애퍼기스 등(Apergis et al. 2010)은 불평등과 제도의 질이 상호 강화하는 관계라고 주장한다. 유슬래너(2008)와 로스스타인 (2011)은 낮은 신뢰-부패-불평등의 덫이 존재한다는 것을 보여준다. 그러나 문헌들 사이에는 차이가 존재한다. 불평등이 부패를 증가시키는지, 부패가 불평등을 증가시키는지, 아니면 양자가 서로에게 영향을 미치는지가 명확하지 않다. 부패의 원인에 대한 연구들은 대부분 국가 간 분석과 양적 방법론에 의존하는데, 이런 연구들은 모두 내생성 문제에 시달린다. 일부 연구들이 도구변수 방법론을 채택하지만, 도구변수들의 타당성이 자주 논란의 대상이 된다. 어떤 연구들은 패널 분석을 수행했지만, 부패에 대한 장기적 통시 자료의 질과 신뢰성에 의심을 받는다(3장의 부패 측정에 대한 논의 참조).

국가 간 연구에서 인과관계 기제를 검증하거나 밝혀내는 것은 더욱 어렵다. 필자가 앞서 수행한 연구들은 권위주의 국가들 사이에서보다 민주주의 국가들 사이에서 불평등과 부패의 상관관계가 훨씬 더 높다는 것을 발견했다. 그러나 이 연구들에서는 왜 민주주의 국가에서 불평등이 부패와 더 강하게 연결되는지 이유를 밝혀내지 못했다. 필자는 책에서 선거 후견주의, 관료적 엽관제, 엘리트 포획 등에 관해 사용 가능한 데이터를 가지고 국가 간 분석을 함으로써 인과관계 기제 가설을 최대한 검증할 것이다. 그러나 신빙성 있는 도구변수가 부족해 이런 분석 결과들이 견고하다고 주장하기에는 한계가 있다.

필자는 이번 연구에서 국가 간 분석의 결함을 극복하기 위해 동아시아 세 국가인 한국, 타이완, 필리핀에 대한 비교역사 분석을 주요 연구 방법론으로 사용할 것이다. 비교역사 분석이 부패의 원인을 탐구하기 위해 사용된 적은 거의 없지만, 이 방법론은 인과관계 연구에서 강력한 수단이 될 수 있다(Mahoney and Rueschemeyer 2003). 유사하거나 대조적인 사례들에 대해 체계적이고 또한 맥락에 비추어보는 비교systematic and contextualized comparisons와 일련의 연속적인 역사적 사건들에 대한 명확한 분석을 결합하면 관심 요인들 사이의 인과관계 방향성뿐 아니라 인과관계 기제를 밝히는 데에도 도움이 될 것이다. 따라서 비교역사 연구는 부패 원인 연구에 있어서 국가 간 양적 연구의 약점을 극복하거나 보완할 수 있다.

예를 들어, 존 스튜어트 밀J. S. Mill의 일치법method of agreement과 차이법method of difference은 비교역사 연구에서 인과 분석을 위해 사용될 수 있다(Mahoney 2003).[1] 필자는 부패의 잠재적 원인들 중에서 설명력이 없는 것들을 제거하기 위해서 세 국가의 종속변수(부패)와 잠재적 원인 요소들을 비교하는 차이법을 사용한다. 또한 인과 과정을 연구하기 위해서 세 국가 내에서 독립변수(원인 요소)들과 종속변수가 변화하는 추이를 분석하는 '과정 추적process tracing'을 사용한다. 과정 추적은 겉으로 보이는 상관관계를 인과관계로 오인하는 실수를 피할 수 있게 해줄 뿐 아니라 인과관계 기제를 찾아내는 것을 도와준다. 필자는 사례 간 비교와 사례 내부의 과정 추적을 결합해 인과관계에 관해 신빙성 있는 설명을 제공하고자 한다.

이 책에서 필자가 사용한 주요 접근법은 비교역사 분석이지만, 국가 간 양적 분석을 통해 이를 보완할 것이다. 비교역사 분석이 인과관계 메커니즘을 밝혀내는 데에는 유용하지만, 이런 접근법으로 발견된 사항들은 직접 연

---

1 존 스튜어트 밀은 1843년 저서 『논리의 구조』에서 인과관계를 밝히는 귀납적 방법으로 일치법과 차이법을 제안하였다. 일치법은 만일 조사대상 현상이 나타나는 복수의 경우들에서 오직 하나의 상황만이 공통적으로 존재한다면, 그 유일한 공통의 상황이 조사대상 현상의 원인 또는 결과임을 유추하는 것을 말한다. 가령 A B C D가 w x y z와 함께 일어나고, A E F G가 w t u v와 함께 일어난다면, A가 w의 원인 또는 결과라고 유추하는 것이다. 차이법은 조사대상 현상이 일어나는 경우와 일어나지 않는 경우 사이에 단 하나의 상황만 빼고는 모든 상황이 공통적으로 존재한다면, 그 유일하게 다른 상황이 조사대상 현상의 원인 또는 결과라고 유추하는 것을 말한다. 가령 A B C D가 w x y z와 함께 일어나고 B C D가 x y z와 함께 일어난다면, A가 w의 원인 또는 결과라고 유추할 수 있다.

구된 사례들을 뛰어넘어 일반화시키기는 어렵다. 국가 간 분석을 병행하는 것은 일반화에 대한 필자의 주장을 강화시켜줄 수 있을 것이다.

사례 선택: 왜 한국, 타이완, 필리핀인가?

오늘날 한국, 타이완, 필리핀이 매우 다르게 보이기 때문에 어떤 독자들은 왜 이들을 사례로 선택했는지 궁금해할지도 모르겠다. 세 국가는 '가장 비슷한 사례들'이라는 요구 조건을 충족시키기 위해 선택되었다.[2] 이상적으로 선택된 사례들은 관심변수, 즉 종속변수(부패)와 주요 설명변수(민주주의와 불평등)들을 제외하고 모든 면에서 비슷해야 한다(Gerring 2007: 131-134). 이러한 사례들을 선택해야만 연구자가 인과관계 기제들을 포착하기 위해 차이법을 이용할 수 있다.

세 국가는 여러 가지 초기 환경들이 비슷하기 때문에 이상적인 비교 사례들이다. 로버트 루카스(Robert Lucas 1993)와 데이비드 강(2002)은 독립 초기 한국과 필리핀의 사회·경제적 환경이 놀라우리만치 비슷하다고 지적했다. 이것은 타이완에도 적용된다. 세 국가는 모두 독립할 당시 가난의 수준이 비슷했다. 표 1.1에서 보듯 필리핀은 경제 발전과 교육 정도가 다소 높은 수준이었다.

헤스턴 등(Heston et al. 2009)의 자료에 의하면 한국과 타이완은 1968년까지 1인당 소득이 필리핀에 뒤쳐져 있었다. 1960년 한국과 타이완의 초등

---

2 밀의 차이법을 적용하기 위해서는 종속변수와 독립변수(설명변수)를 빼고는 모든 변수들에서 차이가 없는 유사한 사례들을 선택해서 연구하는 것이 필요하다. 따라서 비교정치학에서 이상적인 사례선택의 방법으로 가장 유사한 사례들을 선택하는 것이 선호된다.

표 1.1 한국, 타이완, 필리핀의 유사한 초기 상황들

	한국	타이완	필리핀
1953년 1인당 GDP(2005년 불변PPP $)	1,586	1,243	1,730
1950년 초등 교육기관 입학률(%)	83	79	91
1950년 중등 교육기관 입학률(%)	16	11	27
1950년 고등 교육기관 입학률 (인구 1만 명당 명)	18	9	88
1950년대 도시 인구(%)	18	–	15
1950년대 비농업 인구(%)	30	–	29

자료: Heston et al.(2009); McGinn et al.(1980: 150-151); Vanhanen(2003).

교육기관 입학률은 거의 보편적인 수준에 도달했지만 중등과 고등 교육기관 입학률은 여전히 필리핀에 뒤쳐졌다(McGinn et al. 1980: 150-151). 필리핀이 지녔던 초기의 강점은 이후 필리핀이 보여준 높은 수준의 부패에 대한 궁금증을 키운다. 1950년대의 도시화와 산업화에 있어서도 세 국가들 사이에 큰 차이가 없었다. 이들은 모두 제2차 세계대전이 끝날 때까지 식민 지배를 경험했다. 모두 일본의 지배를 받았고, 냉전 시기에는 미국으로부터 강력한 지원과 영향을 받았다.

종속변수인 부패에 관해 말하자면, 세 국가는 국가 간 또는 국가 내에서 시간의 흐름에 따라 광범위한 편차를 보인다. 필리핀은 가장 부패한 국가로 간주되고, 타이완은 상대적으로 부패가 적으며, 한국은 그 중간에 위치하지만 스펙트럼상 타이완에 더 가깝다. 이러한 국가 간 부패 순위의 증거는 최소 1980년대 초까지, 아마도 훨씬 더 이른 시기까지 거슬러 올라간다. 하지만, 독립 직후 초창기에는 한국과 타이완도 필리핀 못지않게 만연한 부패로 고통을 받았다. 이것은 독립 후 몇십 년 동안 필리핀에서는 부패가 증가한

반면, 같은 기간 한국은 약간, 타이완은 상당히 부패가 줄어들었다는 것을 의미한다. 필리핀은 1980년대 후반 민주주의로의 이행 이후 부패를 줄이려고 노력했지만 이러한 시도는 무척이나 흔들렸고 또한 약화되었다. 반면 한국과 타이완은 부패를 감소시키는 데 실질적인 성과를 보여주었다. 이와 같이 세 국가는 민주화 이전과 이후 모두 부패의 수준과 변화 추이에서 상당한 차이가 있다.

본 연구에서는 민주주의와 불평등을 두 가지 주요 독립변수로 채택한다. 세 국가는 1980년대 후반 민주주의로 이행했지만 초기 정권의 성격은 상당한 차이가 있다. 이 기간 동안 타이완은 강력한 권위주의 지배하에 있었지만 정권은 주기적으로 지방선거를 실시했다. 1972년까지 한국과 필리핀은 공식적으로는 '선거 민주주의'에 해당되었지만 한국 정치 체계는 필리핀보다 훨씬 더 권위주의적인 방식으로 수행되었다. 비록 좌파는 배제되었지만 필리핀에서는 국가와 지방 수준에서 경쟁적이고 자유로운 선거가 실시되었다. 한국에서는 좌파가 배제된 채 국가 수준의 경쟁적인 선거가 주기적으로 시행되었으나 지방선거는 짧은 기간 동안만 실시되었다. 따라서 정권 유형(민주주의, 약하거나 또는 강한 권위주의)과 선거의 범위(지방, 국가, 또는 둘 다)에 의하면 세 국가 간, 그리고 각 국가 내에서 시간의 흐름에 따라 상당한 차이가 있었다.

마지막으로 세 국가는 독립 후 불평등 수준이 비슷했으나 시간이 흐르면서 차이가 생겼다. 소득 분배는 한국과 타이완에 비해 필리핀이 상당히 덜 평등했다. 그러나 한국과 타이완도 독립할 당시에는 소득 불평등 수준이 상당히 높았다는 증거가 있다. 1950년 즈음에 실시된 광범위한 토지개혁은 한국과 타이완에서 부와 소득의 분배를 상당히 평등하게 만들었다. 반면 필리핀은 이 기간 동안 토지개혁 실패가 반복되었기 때문에 부와 소득의 높은 불평등이 유지되었다. 이에 더해 한국의 재벌(가족이 지배하는 거대 복합 기업) 중심 산업화는 시간이 흐르면서 타이완의 중소기업SME에 기반한 경제보다 높은 산업 집중과 소득 불평등으로 이어졌다. 이것은 세 국가 간 불평등의 수준과 변화 추이에서 차이를 초래했다.

세 국가는 독립 초기, 비슷한 조건이었음에도 불구하고 이처럼 독립변수와 두 가지 설명변수가 실질적으로 차이를 보인다. 그래서 세 국가는 민주주의 국가와 선거가 있는 권위주의 정권들에서 불평등과 부패를 연결시켜주는 인과관계 기제 연구를 위한 비교역사 연구의 이상적인 사례의 조합이 된다. 그러나 불평등이 부패의 변화 추이에 대해 외생적이라는 것을 보여주지 못한다면, 인과관계의 방향성은 여전히 불확실할 것이다. 한국, 타이완, 필리핀에 대한 필자의 비교역사 분석은 독립 이후 불평등 수준의 외생성과 관련하여 다음과 같은 주장에 기반하고 있다. 토지개혁의 성공과 실패는 외부의 공산주의 위협과 미국의 압력과 같은 외생적 요소에 의해 주로 결정되었다. 결국 토지개혁은 서로 다른 수준의 불평등을 만들어냈고, 이것은 다시 부패의 실질적인 수준에 영향을 미쳤다. 또한 한국이 초기에 선택한 재벌 중심 산업정책과 타이완의 중소기업 중심 전략이 기업의 로비 또는 부패에 대해 외생적이며, 이처럼 상이한 산업정책의 선택은 이후 장기간에 걸쳐 불평등과 부패의 수준에 차이를 만들었다는 것을 보여줄 것이다.

책의 구성

2장은 민주주의 국가와 선거가 있는 권위주의 국가들에서 왜 경제적 불평등이 부패를 증가시키는지에 관해 주인-대리인-고객principal-agent-client 모델에 기반한 필자의 이론적 주장을 제시한다. 주인-대리인-고객 모델은 왜 후견주의와 포획이 민주적 책임성 기제에서 큰 장애물인지를 독자들이 이해할 수 있도록 도와줄 것이다. 또한 서론에서 밝힌 후견주의와 포획에 미치는 불평등의 영향에 대한 필자의 주장을 좀 더 상세하게 설명하고, 세 가지 기제에 관한 가설을 제안할 것이다. 불평등은 후견주의적 정치, 엽관주의적 관료제, 엘리트 포획을 통해 민주주의 국가에서의 부패를 증가시킨다.

3장에서는 세 국가의 부패의 상대적 수준과 변화 추세를 살펴보고, 존 스튜어트 밀의 차이법을 사용하여 여러 대안적 설명들의 타당성에 대해 간단한 테스트를 할 것이다. 부패의 측정치 중 어느 하나도 완벽하지 않기 때문에 부패 인식과 부패 경험에 대한 다양한 국가 간 측정치들을 검토할 것이다. 이 장은 세 국가 모두 독립 초기에는 부패 수준이 높았지만, 타이완과 한국은 독립 후 처음 몇십 년간 그리고 민주화 이후에 부패를 줄일 수 있었다는 것을 보여준다. 이 장은 또한 한국이 타이완보다 약간 더 부패했고, 필리핀은 전후 역사의 전 기간에 걸쳐 부패가 더 악화되어 왔다는 것을 보여준다. 부패와 부패를 유발할 가능성이 있는 다양한 원인에 대한 단순 상관관계에 대한 검토는 세 국가에서 불평등이 부패와 양의 상관관계에 있다는 것을 보여주지만, 앞서 여러 문헌들이 부패의 원인이라고 제시했던 다른 요인들은 그렇지 않다는 것을 보여준다. 그다음 필자는 다른 수준의 불평등이 세 국가에서 선거 후견주의, 엽관주의적 관료제, 그리고 산업정책에서의 엘리트 포획에 어떻게 영향을 미쳤는지에 대한 잠정적인 주장을 제시한다.

4장은 독립 초기 세 국가 모두 불평등 수준이 높았으나, 토지개혁 정책의 성공과 실패가 이들 국가 간 불평등의 차이를 초래했다는 것을 보여준다. 한국과 타이완의 전면적인 토지개혁은 토지 귀족을 해체하고, 부와 소득에 있어 대단히 평등한 분배를 만들어냈다. 그러나 필리핀은 토지개혁에 실패했다. 그런데 토지개혁의 성공(한국과 타이완)과 실패(필리핀)가 미국의 개혁 압력뿐 아니라 북한, 중국 본토로부터의 공산주의 위협과 같은 외생적 요인들에 의해 주로 결정되었다는 점을 발견해냈다. 개혁의 성공과 실패는 불평등 수준의 극명한 차이를 낳았을 뿐만 아니라 이 국가들의 정치·경제 구조에 심대한 영향을 미친 것이다.

이어지는 3개의 장에서 필자는 세 국가에서 세 가지 기제, 즉 후견주의적 정치, 엽관주의적 관료제, 엘리트 포획이 어떻게 작동했는지를 검토한다. 5장은 불평등이 민주주의와 권위주의적 선거의 맥락에서 후견주의와 정치적 부패에 어떻게 영향을 미쳤는지를 탐구한다. 정치적 후견주의는 한국과 타이완보다 불평등 수준이 훨씬 높았던 필리핀에서 더 만연하고 오래 존속했는데, 이에 따라 한국과 타이완에서는 상대적으로 프로그램적 정치가 발달했고 반부패 노력이 더 효과적이었다. 필리핀에서 후견주의적 자원 동원에 대한 요구는 정치적 부패를 조장하고 부패와 싸우려는 정치적 의지를 약화시킴으로써, 수많은 반부패기구들을 비효율적으로 만들었다. 더욱이 필리핀 유권자들은 만연하는 매표 행위와 후견주의적 관행 때문에 부패한 정치인들을 선거로 응징할 수 없었다. 반면 한국과 타이완 유권자들은 선거를 통해서 부패한 정치인들에게 책임을 물을 수 있었다.

6장에서는 불평등이 관료제의 구조와 부패에 어떤 영향을 미쳤는지를 고찰한다. 불평등이 높은 필리핀에서는 강력한 사적 이익들이 관료 체계에 침투했을 뿐 아니라, 후견주의적 관직 제공을 통한 엽관직에 의해 지속적으로 부패했다. 한국과 타이완에서는 낮은 불평등과 빠르게 확대된 교육이 능력주의 관료제의 점진적인 발달에 기여했는데, 경쟁적인 공무원 시험을 통한 관료 채용을 늘려감으로써 이것이 가능할 수 있었다. 또, 능력주의로의 점진적인 발전은 관료 부패의 점진적인 약화를 동반했다는 증거가 있다.

7장에서는 경제력 집중이 산업정책, 정부-기업 관계, 지대 추구 및 포획과 상호작용한 방식들을 추적한다. 전후 역사를 통틀어 필리핀의 산업정책 수립과 집행은 토지를 소유한 강력한 토지-산업 과두의 영향을 강하게 받았고, 일관성이 없었으며 지대 추구 성향이 강했다. 그러나 한국과 타이완의 산업정책은 훨씬 일관성이 있었고 기업들의 영향도 덜 받았다. 더욱이 수출 지향 산업화였기 때문에 기업은 정부의 규율뿐 아니라 국제 시장의 규율을 받게 되었다. 토지개혁의 성공과 실패는 필리핀과 한국, 타이완 사이의 경제력 집중과 엘리트 포획 정도의 중요한 차이를 결정했지만, 한국의 재벌 중심 정책 대 타이완의 중소기업 중심 정책이라는 산업정책의 차이 때문에 한국과 타이완 사이에도 상당한 차이가 발생했다. 동아시아 금융위기 여파로 기업과 금융 부분에 상당한 개혁이 이루어지기 전까지 박정희의 재벌 선호 전략은 경제력 집중은 물론 정부와 기업 간의 유착을 증가시켰다.

앞의 세 장은 불평등이 선거 후견주의, 엽관주의적 관료제, 엘리트 포획 등 부패에 영향을 미친다는 필자의 이론적 주장을 입증할 신빙성 있는 증거를 제공하지만, 이 결과물이 세 국가를 넘어서서 일반화되기에는 어려운 문제이다. 8장에서 필자는 이 연구의 일반화 가능성의 논거를 강화시키기 위해 다양한 국가 간 분석 결과들을 제시할 것이다. 도구변수 회귀분석과 다른 분석들은 민주주의가 부패 축소에 미치는 영향은 불평등 수준과 음의 관계가 있다는 주요 가설을 뒷받침하는 강력한 국가 간 증거를 제공한다. 흥미롭게도 부패에 대한 불평등의 영향, 민주주의와 불평등의 상호작용이 부패에 미치는 영향은 모두 최소제곱법OLS 회귀분석보다 도구변수 회귀분석에서 더 크게 측정된다. 그러나 경제 발전의 영향, 민주주의와 경제 발전 간의 상호작용이 부패에 미치는 영향은 최소제곱법 회귀분석에서는 강하고 통계적으로 유의미하지만, 도구변수 회귀분석에서는 통계적으로 유의미하지 않았다. 이것은 부패 통제에 대한 민주주의의 영향력이 경제 발전 수준보다는 경제 불평등 정도에 좌우된다는 것을 암시한다. 신빙성 있는 도구변수가 부족하여 내생성 문제를 완전히 해결할 수는 없지만 기제 가설도 시험할 것이다. 필자는 민주주의 국가에서 경제적 불평등이 선거 후견주의 및 엽관주의적 관료제와 유의미하게 연관되며, 이는 다시 정치 및 관료 부패와 각각 유의미하게 연관된다는 증거를 제시할 것이다. 필자는 또한 공산주의에서 자본주의로의 이행 경제transition economy들을 표본으로 한 분석에서 불평등이 엘리트 포획과 연결되고, 이것은 다시 기업 부패와 연결된다는 것을 발견했다.

마지막으로 9장은 이 책의 주요 연구 결과의 요약, 세 국가의 부패 통제 전망, 그리고 본 연구의 이론적, 정책적 함의를 논의하면서 마무리할 것이다.

2장

민주주의, 불평등, 그리고 부패

이론과 가설

부패와 관련하여 세계적으로 제기되는 의문은 다음과 같다. 왜 민주적 책임성 기제를 갖추고 있는 많은 국가들이 만연한 부패로 고통을 받고 있으며, 왜 민주주의 국가들, 특히 신생 민주주의 국가들 간 부패 통제 효율성 수준은 서로 다른 것일까. 필자는 불평등이 후견주의와 엘리트 포획의 위험을 증가시키고, 이를 통해 부패에 전염된 민주국가들이 부패를 통제할 수 있는 국가들로부터 고립된다고 주장한다.

부패가 발전을 저해하는 중대한 걸림돌이라는 인식이 점점 더 확산되었고, 많은 연구들이 국가 간 계량적 분석을 통해 그 원인을 탐구했다. 그러나 수많은 국가 간 연구에도 불구하고 부패의 원인에 대한 우리의 이해는 여전히 매우 제한적이다. 인과관계의 방향성은 종종 불분명하고, 인과관계 기제는 더욱 모호하다. 특히 본 연구의 주제인 부패에 대한 경제적 불평등과 민주주의의 인과관계와 관련해 이전의 국가 간 연구들은 인과관계 방향성과 기제를 명확하게 수립하지 못했다. 인과관계 방향성과 기제 도출에 있어 이전의 연구들이 지닌 약점을 극복하기 위해서는 타당한 이론과 그 이론을 바탕으로 한 가설을 먼저 명확하게 제시하고, 이것들을 경험적으로 검증하는 것이 중요할 것이다.

이 책에서 필자는 민주적 제도의 맥락에서 부패에 대한 경제적 불평등의 영향에 대해 각별히 관심을 기울였다. 정치 제도는 공중이 부패한 관료들을 선발, 감시, 제재할 수 있는 능력에 영향을 미칠 뿐 아니라, 부패에 대해 정치인과 관료들이 느끼는 동기와 기회에도 영향을 미칠 수 있다. 경쟁 선거, 견제와 균형 같은 민주주의적 제도는 이론상 권위주의적 제도와 비교하면 부패를 감소시켜야 마땅하다. 그러나 기존의 국가 간 연구들은 민주주의와 부패 사이의 어떠한 단순한 관계도 밝혀내지 못했다. 필자는 민주주의가 부패에 미치는 영향이 경제적 불평등에 의해 강화된다고 주장한다. 왜냐하면 높은 불평등은 민주적 제도의 책임성이 올바르게 작동하는 것을 방해할 수 있기 때문이다. 불평등 수준이 낮으면 민주적 제도는 부패를 줄어들게 할 것이다. 그러나 불평등 수준이 높으면 부패에 대한 민주적 제도의 영향은 전무하거나 심지어 마이너스가 된다.

필자는 민주적 제도를 통해 불평등을 부패에 연결시키는 주요한 인과 기제 두 가지를 제안한다. 첫째, 필자는 불평등이 강력한 사적 이익들이 정책 결정과 정책 수행 과정을 포획할 가능성을 증가시킨다고 주장한다. 입법 및 행정 과정의 포획과 국가 자율성 침식은 영향력(예를 들어, 입법 로비와 연줄) 또는 부패(예를 들어, 뇌물과 같은 불법 수단)를 통해서 성취될 수 있다. 둘째, 필자는 불평등은 프로그램적 정치의 발전을 방해하고 후견주의적 정치의 지속성과 만연 정도를 증가시킨다고 주장한다. 후견주의는 일반적으로 매표 등 다양한 형태의 선거 부패를 포함한다. 후견주의적 정치인들은 막대한 선거 비용을 회수하고 다음 선거에서 후견주의적 자원을 더 많이 동원하기 위해 정책 형성 과정에서 부패에 관여할 가능성이 높다. 또한 후견주의는 선거 지원의 대가로 공공 부문에서의 엽관직 제공을 포함한다. 엽관주의 채용은 능력 위주의 채용 원칙을 위반하는 부패의 한 형태이다. 더구나 후견주의적 관료는 능력보다 엽관주의를 통한 승진을 추구하는 경향이 높기 때문에 정책 수행 과정에서 부패가 증가한다.

무엇보다 부패에 대한 경제 불평등의 효과는 독재 체제보다 민주주의에서 더 뚜렷할 것이다. 왜냐하면 민주주의적 선거는 후견주의로 흐르는 경향이 더 강하고, 민주적 정책 과정은 권위주의에서보다 특수 이익에 의한 포획에 더 취약하기 때문이다. 권위주의 정권들은 일반적으로 경쟁적인 선거를 피하거나 조작 가능한 범위 내에서만 선거를 허용하기 때문에 후견주의적 정치가 이루어질 기반이 약하다. 권위주의적 정책 과정은 독재자에게 집중되어 있기 때문에 포획 범위가 좁다. 즉, 불평등이 후견주의와 포획의 개연성과 정도를 높이기 때문에 부패 축소에 대한 민주주의의 효과는 불평등에 달려 있다.

민주주의 국가에서 경제적 불평등이 후견주의와 포획에 미치는 효과를 엄격하게 살펴보기 위해서 필자는 부패의 주인-대리인-고객 모델을 사용하여 이론적 주장을 정교화할 것이다. 부패에 관한 문헌들은 일반적으로 주인-대리인 모델로 부패를 이해해왔다. 이 모델은 부패를 이해하는 데 있어서 중요하다. 동시에 주인-대리인 관계의 후견인-고객 관계로의 왜곡, 주인-대리인의 구조 안에서 제3자 고객들의 역할에 대한 검토를 할 수 있어서 후견주의와 포획에 대한 중요한 통찰력을 제공한다. 필자는 우선 부패의 주인-대리인-고객 모델을 기반으로 하여 왜 후견주의와 포획이 민주적 책임성 기제들에 중요한 위협이 되었는지를 연구할 것이다. 그런 다음 왜 경제적 불평등이 포획과 후견주의의 개연성을 증가시키는지 설명할 것이다. 민주주의 국가에서 불평등이 부패에 미치는 효과는 물론 높은 수준의 부패가 높은 수준의 불평등을 유지하는 상호 강화의 악순환이 될 수 있다는 것을 유념해야 할 것이다.

부패의 주인-대리인-고객 모델

부패는 흔히 '사적 이득을 얻기 위한 공직의 남용'으로 정의된다(Rose-Ackerman 2008; Treisman 2007). 주인-대리인 모델은 부패 현상을 설명하기 위해 자주 사용되는데, 이 모델에서 주인은 공공이고 대리인은 공무원이다. 이 공무원은 자신의 이익을 위해 공공의 이익을 희생시킴으로써 주인을 배반한다(Klitgaard 1988; Rose-Ackerman 1978). 이러한 타락은 주인-대리인 관계에서 정보의 비대칭 문제 때문에 발생한다. 대리인은 재량권을 남용하고 주인에 관한 정보의 강점을 부당하게 이용하지만, 주인이 대리인의 행동을 감시하려면 비용이 많이 든다. 이 모델을 확대한 것이 대리인이 주인을 대신해 고객과 상호작용을 하는 주인-대리인-고객 모델이다(Klitgaard 1988). 대리인은 주인(또는 공공의 이익)을 배반할 수도 있고, 자신의 사적 이익을 위해 고객과 공모할 수도 있다. 예를 들어, 세무 공무원은 납세자로부터 뇌물을 받고 과세 가능한 그의 수입을 축소시켜주기 위해 재량권을 악용할 수 있다.

대리인 문제로서의 부패

정치 체제에는 여러 층위의 주인-대리인 관계가 존재한다. 민주주의에서는 이러한 관계들을 유권자에서 정치인, 그리고 관료까지 이어지는 연계 망으로 간주할 수 있다. 대통령은 국민 또는 그 연합의 대리인으로 볼 수 있다. 장관들은 대통령의 대리인들이다. 각 부처의 관료들은 장관의 대리인들이다. 주인-대리인 관계의 각각의 층위에서 주인은 권력을 대리인에게 위임하지만, 대리인은 주인에 관한 자신의 정보 강점을 악용하여 재량권을 남용할 수 있다. 부패는 정치인들과 관료들이 사적 이익을 얻기 위해 공익을 훼손하면서 그들의 주인을 배반하는 대리 손실~agency loss~ 문제로 이해된다. 무엇보다 부패의 두 가지 유형은 주인-대리인 관계의 여러 층위에서 나오는데, 정책 형성 과정에서의 정치적 부패와 정책 수행 과정에서의 관료 부패가 그것이다.

학자들은 대리 손실이 가장 많이 일어나는 조건에 대해 광범위하게 분석해 왔다. 이것은 정보 비대칭의 정도와 주인-대리인 관계의 유인 구조에 따라 달라진다. 정치와 행정 절차에서의 투명성 부족은 정보 비대칭성 문제와 부패의 기회를 증가시킬 것이다. 공무원의 광범위한 재량권도 부패의 기회를 증가시킬 수 있다. 발각될 가능성과 처벌의 정도는 예상되는 부패의 비용에 영향을 미칠 것이다. 따라서 부패의 정도는 대리인의 부패에 대한 유인과 기회뿐 아니라 대리인의 부패 행위에 대한 주인의 감시와 제재의 능력에 의해서도 결정될 것이다.

후견주의, 역선택과 부패

대리 손실 문제가 부패를 이해하는 데 중요한 것만큼 필자는 역逆선택 문제도 똑같이 중요하다고 주장한다. 부패하거나 부패하기 쉬운 개인이 처음으로 공직에 선택되면, 그들은 재직 중 대리 손실을 발생시킬 가능성이 훨씬 높다. 기대되는 물질적 이득과 부패의 비용 같은 기회와 유인 구조가 같다면 정직한 공무원보다 부패하거나 부패하기 쉬운 공무원이 느끼는 심리적인 비용, 평판 비용은 더 낮을 것이다. 따라서 부패를 효율적으로 통제하기 위해서는 양질의 대리인을 공직에 선택하는 것과 공직자들을 감시하기 위한 제도를 제공하는 것 모두가 중요하다. 다시 말해, 역선택과 대리 손실의 감소는 부패를 감소시킬 것이다.

민주주의 국가와 권위주의 국가는 정치인들을 선택하는 방법이 서로 다르다. 민주주의 국가에서는 수직적 책임성 기제인 경쟁적 선거에서 공중이 후보들을 선택할 수 있고, 이를 통해 정치인들이 책임성을 유지하도록 강제할 수 있다. 하지만 권위주의 국가에서는 사람들이 민중 봉기를 통해서만 정권에 책임을 지울 수 있는데, 민중 봉기는 집단행동의 문제뿐만 아니라 탄압의 위험으로 인한 비용이 매우 높아 발생 자체가 지극히 어렵다. 따라서 일반적으로 민주주의 국가가 권위주의 국가보다 덜 부패한 것은 당연하다.

그럼에도 불구하고 민주주의 국가와 권위주의 국가 사이의 부패 수준에는 거대한 편차가 존재한다. 많은 권위주의 국가들이 부패했지만 모두 다 그런 것은 아니다. 일부 학자들과 정치인들, 특히 싱가포르 전 총리였던 리콴유는 권위주의 정권들이 부패를 통제하고 경제 성장을 이룩하는 데 있어 민주주의 국가보다 우월하다고 주장한다(Zakaria 1994). 싱가포르는 부패가 없는 것으로 유명한 권위주의 정권 사례로 자주 인용되곤 한다. 하지만 싱가포르는 아주 예외적인 사례이며 권위주의 국가의 압도적 대다수는 부패 수준이 높다. 권위주의 국가에서는 독재자의 선호가 부패를 억제하려는 정치적 의지를 결정하는 데 있어 절대적인 역할을 하는 것으로 보인다. 외부의 제약들이 독재자들의 선호에 상당한 영향을 미칠 수 있지만, 독재자들은 민주적 지도자들보다 국내 정치의 제약을 덜 받는다.

부패는 권위주의 국가보다 민주주의 국가에서 편차가 훨씬 더 크다. 민주주의 국가들이 보이는 부패의 큰 편차는 대부분 선거 경쟁의 형태로 설명할 수 있다(예를 들어, 선거가 프로그램적 경쟁인지 후견주의적 경쟁인지). 많은 민주주의 국가에서 만연한 후견주의는 프로그램적 정치의 기반을 약화시키고, 책임성 기제인 선거를 방해한다. 후견주의는 프로그램적 재분배 정치와 대조되는데, 프로그램적 재분배 정치에서는 "자원을 비수혜자 계급으로부터 수혜자 계급으로 재분배하는데, 수혜자 계급 내에서는 자격이 있는 사람들은 누구도 배제되지 않는다." 후견주의적 이득은 "오직 고객이 정치적 지지를 제공함으로써 순응한다는 조건하에서만 사용가능"하다(Stokes 2007).

민주적 선거에서 정치인을 선택한다는 것은 선거 과정 동안의 후견주의적 부패 행동을 통해 복잡해질 수 있다. 공중(유권자)과 정치인 사이의 '주인-대리인' 관계는 후견주의를 기반으로 한 후견인-고객 관계로 전환된다. 주인-대리인 관계에서 정치인들은 공익을 대변하거나 그들 연합의 이익을 넓히려 한다고 여겨진다. 그리고 유권자들은 선거를 통해 정치인들의 책임성을 유지시키고자 한다고 여겨진다. 그러나 후견주의적 정치에서는 유권자들이 후견인 역할을 하는 정치인들의 고객이 된다. 유권자들은 선거에서 그들의 후견인을 지지하고, 후견인은 현금, 선물, 공공 부문의 일자리 약속과 같은 배타적 이득으로 피후견인에게 보상한다. 그러므로 후견주의는 유권자와 정치인 모두를 부패하게 만든다. 주인이지만 고객으로 변한 유권자들과, 유권자들의 대리인이지만 후견인이 된 정치인들은 부패의 교환에 참여한다. 따라서 부패한 정치인들은 부패한 선거 과정을 통해 선출될 가능성이 높다.

의심할 여지 없이 후견주의는 역선택을 증가시킬 뿐 아니라 대리 손실을 증가시킬 수 있다. 후견주의적 자원에 대한 수요는 정치인들이 국가 자원을 유용하거나 불법적 수단을 통해 자금을 조성하려는 유인을 증가시킬 것이다(Chang and Golden 2007; Kitschelt 2007; Magaloni 2006; Singer 2009). 싱어(2009)는 비록 후견주의가 사소한 관료 부패와 유의미할 정도로 연결되어 있지는 않지만 불법 자금 모금, 고도의 부패와는 상당히 연결되어 있음을 발견했다. 또한 후견주의는 부패한 공직자가 책임성을 유지하도록 하는 시민들의 능력을 약화시키고 면책 문화를 육성한다. 유권자들의 주요 관심사는 보편적 또는 광범위한 이익(유권자들을 광범위하게 돕기 위한 공공재나 정책의 제공과 같은)보다는 배타적인 이익이기 때문에, 유권자들은 부패한 정치인들이 배타적 이익을 제공하는 한 계속 그들을 지원할 것이다. 따라서 부패한 정치인들일수록 프로그램적 경쟁보다 후견주의적 경쟁 속에서 다음 선거를 치러 살아남으려고 할 것이다. 부패한 현직은 유권자를 매수함으로써 대중적 지지를 유지할 수 있다. 이렇게 후견주의적 동원이 선거를 지배할 때 정치 개혁적 후보자들은 충분한 지지를 얻기가 힘들다(Manzetti and Wilson 2007).

후견주의와 정치인들의 역선택과의 연계를 넘어서서 후견주의는 정치인들에게뿐 아니라 관료의 경우에도 역선택 문제를 만든다. 후견주의는 정치인들이 지지를 얻는 대가로 공적 영역의 엽관직을 제공하도록 한다. 주인-대리인 관계망에서 정치인들은 유권자들의 대리인인 동시에 관료들의 주인으로서 일한다. 유권자들은 관료들을 선택하지 않지만 정치인들은 관료들을 선택한다. 대통령제에서 대통령은 장관들과 고위 공직자들을 임명한다. 장관들은 중앙정부의 관료들을 임명하고, 주지사와 시장들은 지방 정부의 관료들을 임명한다. 많은 국가에서 능력 위주의 채용을 보장하는 직업 공무원 체제를 구축했지만 모든 자리가 그런 것은 아니다. 대통령, 장관, 주지사와 시장들은 종종 엽관주의적 임명을 함으로써 그들의 임명 권한을 남용한다. 정치인들이 후견주의적 경쟁을 통해 당선되었는지, 아니면 프로그램적 경쟁에 의해 당선되었는지에 따라 관료 채용과 승진 방식의 형태에 중대한 영향을 미칠 것이다. 후견주의적 경쟁을 통해 당선된 정치인들은 후견주의적 목적을 위해 관료들을 이용할 가능성이 더 높다. 게다가 국회의원과 같은 정치인들은 관료 지명 권한을 가진 사람들에게 영향을 미칠 수 있는 다양한 수단을 보유하고 있다. 따라서 후견주의적 정치인들은 그들이 직접적인 임용 권한을 가지고 있지 않은 경우에도 후견주의의 목적을 위해 관료의 임용과 승진에 영향을 미치려 할 것이다.

후견주의하에서는 공적 영역에서 엽관직들이 표와 교환된다고 관측되고 있다. 엽관주의의 개념은 후견주의와 밀접하게 연관되어 있지만, 두 개념은 서로 구별된다. 엽관주의는 '정치적 지지와 공적 영역의 일자리 교환'이라고 좁게 정의되는 반면 후견주의는 일자리뿐 아니라 다른 이득까지 포함한다(Robinson and Verdier 2013). 엽관주의는 보다 광의적으로는 '공직에서 흘러나오는 자원과 이득의 사용'으로 정의할 수 있는 반면 후견주의는 사적 자원의 부가적 사용까지 포함한다(Hicken 2011). 로빈슨과 베르디어(Robinson and Verdier 2013)는 엽관주의가 공적 영역에서 채용의 형태를 띠는 이유에 대해 설명했다. 일자리는 선택적이고 철회가 가능하기 때문에 장기적으로 유권자가 누리는 효용과 특정 정치인의 정치적 성공을 연결시킨다. 폭넓은 공공 정책으로는 유권자들이 믿을 만큼 헌신하기 어렵다는 것을 정치인들이 알게 되면, 엽관주의 고용이 지목된 상품을 지지자들에게 재분배하기 위한 매력적인 수단으로 다가올 것이다. 후견주의가 만연한 곳에서는 엽관직에 대한 정치적 압력 때문에 능력을 기준으로 관료를 채용하기가 어렵다. 따라서 후견주의는 선출직 공직자뿐 아니라 지명직 공직자들에게도 역선택의 문제를 유발한다.

관료들의 역선택은 대리 손실도 증가시킬 것이다. 정치인들이 부패에 효과적으로 대응하려면 관료들을 감시하고 제재할 수 있어야 한다. 그러나 후견주의적 정치인들은 이런 작업들을 효과적이고 공정한 방식으로 해낼 수 없을 가능성이 높다. 부패 정치인들은 엽관직을 제공받은 공무원에게 리베이트를 요구하거나, 심지어 그들과 더불어 부패 네트워크를 형성할 수도 있다(Rose-Ackerman 1999: 137). 엽관주의를 통해 일자리를 차지한 관료들은 엽관주의를 통해 승진을 시도할 것이고, 따라서 그들의 후원자에게 보답하고 지원하기 위해 부패 참여의 동기를 가지게 된다(Hodder 2009). 베버식 관료제와 엄격한 능력주의에 기반한 신규 채용은 낮은 부패, 높은 경제성장과 밀접하게 연관되어 있다(Evans and Rauch 1999; Rauch and Evans 2000; Dahlström et al. 2012). 엽관주의적 채용이 만연한 관료제에서는 눈에 띄게 부패 수준이 높다. 이것은 엽관주의 자체가 부패의 한 종류인 데다가 엽관주의가 관료들의 부패를 더욱 조장하기 때문이다.

부패한 고객과 엘리트 포획의 문제

기존 부패 문헌들이 소홀하게 다룬 또 하나의 주제는 부패한 '고객' 또는 부패의 '공급' 측면이다(Wu 2005). 기존 문헌들은 대부분 부패의 '수요' 측면이나 공공 분야의 '대리인'으로서 공무원의 부패 행위에 초점을 맞추었다. 경우에 따라서는 고객이 공무원에 의해 강탈을 당할 수도 있겠지만, 부패는 종종 부패한 공무원과 고객 사이에서 호혜적 거래로 발생하며, 일반적으로 편의와 뇌물이 교환된다. 교환은 공무원 또는 고객 중 어느 쪽에서든 먼저 제안할 수 있다. 그러나 기업 설립자 및 최고경영자CEO 32명을 대상으로 실시한 심층 면접에 기반한 나이지리아 부패에 대한 최근 연구는 기업가들이 부패한 정부 기관의 희생자라기보다는 적극적인 뇌물 공여자인 경우가 더 많다는 것을 보여주었다(Ufere et al. 2012). 또한 러시아와 다른 이행 경제에 대한 연구들은 많은 기업들이 '자신의 이득을 지키기 위한 게임 규칙을 만들기 위해' 부패에 활발히 참여한다는 것을 발견했다(Hellman et al. 2000; Iwasaki and Suzuki 2007). 이 연구들은 부패의 공급 측면에 대해 더 큰 관심을 가져야 한다는 것을 증명해준다.

정치인과 관료의 고객은 다양하다. 관료의 고객은 정부로부터 다양한 이득과 보조금을 받고, 정부에 세금과 수수료, 관세 등을 납부한다. 정부의 규제를 받는 개별 시민, 집단, 기업들이 포함된다. 사적 행위자들은 특별 대우를 받고, 세금을 면제받거나 줄이고, 규제를 회피하기 위해 관료에게 뇌물을 제공하려 한다. 정치인의 고객은 보통 정부 정책의 수립과 집행에 영향을 미치기를 원하는 개인, 단체, 기업들이다. 공익 단체와 개인들도 있을 수 있지만, 이런 고객 역시 대부분 자신의 사적 이익 향상을 추구한다. 어떤 고객은 흥미 있는 정책적 이슈에 관한 정보를 정치인에게 제공하면서 순수하게 영향력을 행사하려고 한다. 또 다른 고객은 합법적인 선거 기부금 또는 불법 기부금이나 뇌물을 정치인에게 제공함으로써 영향력을 매수하려고 한다.

사적 영역의 고객들이 부패에 연루되는 동기는 정부의 경제 정책과 관련해 지대 추구를 할 수 있는 기회와 연관되어 있다. 기업가들은 인허가와 보조금 등 다양한 형태의 지대를 추구하는데, 산업정책과 연결되어 있는 조세 지출, 이자가 싼 대출과 외환 같은 것들이다. 그들은 국내외의 경쟁에서 차단되어 계속해서 독점적으로 지대를 확보하기 위해 로비를 할 것이다.

부패한 거래들은 장기적으로 담합 관계로 변할 수 있다. 이것은 부패가 공공기관을 체계적으로 포획할 수 있음을 뜻한다. 규제기관은 규제해야 할 산업에 포획될 수 있다. 국회의원과 의회, 관료와 관료 기구들은 강력한 사적 이익에 포획될 수 있다. 가장 우려되는 포획의 형태는 '엘리트 포획' 또는 부유한 엘리트에 의한 '국가 포획'이다. 헬맨 등(Hellman et al. 2000)은 이것을 '포획 경제'라고 불렀다. 엘리트 포획하에서 정책의 수립과 집행 과정은 강력한 사적 이익에 의해 상당히 왜곡된다. 부유한 엘리트는 영향력과 부패라는 두 가지 포획 수단을 이용할 수 있다. 헬맨 등은 기업의 행위와 관련하여 영향력과 국가 포획을 구분한다. 그들이 정의한 바에 따르면, 국가 포획은 기업이 공무원과 정치인에게 사적인 금전 지급을 함으로써 게임의 규칙을 형성하거나 영향을 미치는 현상을 말하는 반면, 영향력은 금전 지급에 의존하지 않고도 동일한 행동을 하는 것을 의미한다. 필자의 정의는 헬맨, 존스Jones와 카우프만이 국가 포획 또는 부패 수단에 의한 포획이라고 부른 것과, 그들이 영향력 또는 합법적 수단에 의한 포획이라고 부른 것을 결합한 것이다. 따라서 국가 포획은 '법적(영향력), 불법적(부패) 수단을 통해 게임의 규칙들을 만들고 제도화하는 데 영향을 미치는 강력한 사적 이익들'로 정의된다. 국가 자율성은 국가 포획이 부재한 상태를 뜻한다.

일반적으로 국가 포획은 높은 수준의 정치적 부패(예를 들어, 정치인 또는 입법 과정의 포획)와 관료 부패(예를 들어, 관료 기구 또는 행정 과정의 포획)를 포함하지만, 부패 없이 순전히 영향력을 통해서만 발생할 수도 있다. 사적 영역에서 가장 강력한 행위자들은 그들의 영향력을 사용함으로써 정책 과정을 포획할 수 있는 반면 덜 강력한 행위자들은 그들의 작은 영향력을 보완하기 위해 부패에 더 의존한다. 그러므로 강력한 이익에 의한 포획은 전체 사적 영역에 부패를 확산시킬 것이다. 기업가들은 정치인과 관료들부터 호의를 얻기 위해서 정치·관료 부패뿐 아니라 기업 부패에도 참여할 것이다. 기업의 지배구조와 회계는 불법 정치자금 기부, 뇌물, 불법 소득과 탈세의 징후가 빈번해질수록 불투명하고 불규칙해질 것이다. 국가 포획은 이어 불평등을 유지시키거나 늘리면서 엘리트에게 이득을 안겨줄 것이다.

요약하면 주인(유권자)-대리인(정치인과 관료)-고객(사적 영역) 관계에서 부패는, 대리인이 사적 이득을 얻기 위해 정보의 비대칭성을 활용하여 자신의 힘을 남용함으로써 주인을 배신하는 행위로 볼 수 있다. 기존 문헌들이 인정했듯이 부패를 억제하기 위해서는 정치인과 관료를 효과적으로 감시하고 제재해야 한다. 즉, 주인은 사전에는 부패한 대리인이 선택되지 않도록 해야 하고, 사후에는 그들을 감시하고 제재해야 한다. 대리인의 이익 충돌을 최소화하고 대리인의 행동을 효율적으로 감시하는 유인들을 구조화하는 것이 중요하지만, 애초에 정직한 대리인을 선택하는 것이 더욱 중요하다. 불행히도 민주적 선거 과정은 정치인과 관료들의 역선택을 자극하는 후견주의에 지배당하고 있다. 후견주의는 유권자와 정치인 사이의 주인-대리인 관계를 후견인-고객 관계로 전환시킨다. 후견주의는 선거 과정에서 유권자와 정치인을 모두 부패하게 한다. 그런 다음 부패 정치인들은 정치(예를 들어, 정책 수립 과정)뿐 아니라 행정(예를 들어, 정책 수행 과정)을 부패하게 한다. 따라서 후견주의는 선거 부패뿐 아니라 높은 수준의 정치 부패와 심각한 관료 부패로 이어질 것이다. 특히 우리는 부패의 공급 측면과 강력한 사적 이익에 의한 포획을 고려할 필요가 있다. 강력한 이익에 의한 정치와 관료 포획은 영향력(예를 들어, 입법 로비와 연계망)뿐 아니라 높은 수준의 정치·관료 부패를 포함한다. 뿐만 아니라 이것은 전체 기업 부문으로 하여금 부패 참여의 동기를 증가시키고, 이에 따라 기업 부패 또한 증가시킨다. 후견주의와 포획은 민주주의 국가에서 부패를 유발하는 중요한 두 가지 위험이다.

무엇보다 후견주의와 포획은 서로를 강화한다. 후견주의적 정치인과 관료들은 후견주의적 자원을 더욱 필요로 하기 때문에 프로그램적 정치인과 능력주의에 의해 채용된 관료들보다 포획에 더욱 취약한 경향이 있다. 더구나 포획된 정치인들은 프로그램적 정치를 통해서는 포획자들의 이익을 증가시키기 어렵기 때문에 포획되지 않은 정치인보다 후견주의에 더욱 의존하려 할 것이다.

민주주의, 불평등과 부패

부패의 주인-대리인-고객 모델은 후견주의와 포획이 민주적 책임성 기제들을 위협한다. 필자는 경제적 불평등은 후견주의와 포획을 촉진시킴으로써 민주주의 국가에서 부패를 증가시킨다고 주장한다. 먼저 후견주의와 포획에 관한 문헌들을 간략하게 검토해보도록 하자.

후견주의의 원인으로서의 불평등

앞에서 필자는 후견주의 정치가 역선택과 대리 손실을 통해 부패로 이어진다는 것을 증명하면서, 후견주의와 부패 사이의 연결 고리를 고찰했다. 여기에서는 설명변수로서 간과되었던 불평등을 소개하면서, 프로그램적 정치 대신 후견주의가 번성하게 되는 원인을 살펴볼 것이다.

학자들은 후견주의를 유발하는 다양한 요인들을 고찰해 왔다. 첫째, 키퍼(Keefer 2007), 키퍼와 블라이쿠(Keefer and Vlaicu 2008)는 신생 민주주의 국가에서 정당은 정책적 평판을 형성하기까지 시간이 많이 걸리기 때문에 후견주의로 흐르는 경향이 있다고 주장한다. 신생 민주주의 국가에서 정치인들은 유권자가 신뢰할 만한 선거 공약들을 만들기가 어렵다는 것을 알게 될 것이다. 따라서 그들은 프로그램적 경쟁에 참여하기보다는 지지를 동원하기 위해 후견인-고객 관계에 의지하려고 할 것이다. 신생 민주주의 국가가 성숙한 민주주의 국가보다 평균적으로 더 부패하다는 것은 자명하다. 국가 간 연구들은 장기적으로 건설된 민주주의 국가는 현저히 덜 부패한 반면 신생 민주주의 국가들이 그렇지 않다는 것을 보여주었다(Treisman 2007; You and Khagram 2005). 신생 민주주의 국가들이 높은 수준의 부패로 고통받고 있는 중요한 이유는 주로 광범위하게 후견주의가 존재하고 프로그램적 정치가 발전하기 어렵기 때문이다.

둘째, 일부 학자들은 선거제도와 같은 정치 제도가 후견주의에 영향을 미칠 수 있다고 주장해왔다. 후보중심 선거제도는 정당명부식 비례대표와 같은 정당중심 선거제도들에 비해 개인적 투표를 촉진하는 경향이 있으며, 이로 인해 후견주의적 경쟁을 촉진한다(Carey and Shugart 1995; Hicken 2007). 특히 당내 경쟁을 장려하는 선거 규칙들은 후견주의 경쟁을 크게 유발할 것이다. 많은 국가 간 연구들은 선거제도와 부패 사이의 관계에 대해 검토했고, 일부 연구들은 선거구의 규모가 클수록 부패 수준이 낮은 경향이 있음을 알아냈다(Panizza 2001; Persson et al. 2003). 이것은 아마도 선거구가 작을수록 후견주의적 동원에 더 취약하기 때문일 것이다. 작은 선거구에서는 후보들이 후견주의적 관계망을 구축·유지하고, 유권자들에게서 표를 매수하는 것이 더 쉽다.

셋째, 사회·경제 발전 수준은 (소득, 도시화, 교육 같은 변수들을 포함해) 후견주의 수준의 차이를 설명해준다. 후견주의 연구자들은 교육을 받지 못한 가난한 지방 유권자들이 교육받은 중산층 도시 유권자에 비해 후견주의로 흐르기 더 쉽다는 점에 동의한다. 특히 매표에 대한 요구와 민감성, 그리고 다른 형태의 후견주의는 가난에 의해 더욱 조장된다(Brusco et al. 2004; Calvo and Murillo 2004; Hicken 2011; Kitschelt and Wilkinson2007; Scott 1972; Stokes 2007; Weitz-Shapiro 2012). 소득이 올라갈수록 유권자들이 얻는 한계 편익 marginal benefit은 감소하는 반면 매표를 위한 비용은 올라간다. 샤론과 라퓨언트(Charron and Lapuente 2010)는 저소득 사회는 후견주의적 교환을 통한 엽관직이나 직접적인 현금과 같은 즉각적인 소비를 과대평가하는 경향이 있다고 주장한다. 또한 저소득 사회는 능력주의 고용체계의 발전, 호혜주의와 부패 억제 등과 같은 행정적인 능력을 키우기 위한 장기적 투자를 저평가하는 경향이 있다. 샤론과 라퓨언트는 더 나아가 민주주의와 정부의 질 관계는 경제 발전에 달려 있다고 주장한다. 부국富國의 민주화는 저부패를 포함하는 질 높은 정부를 만들어내겠지만, 빈국貧國의 민주화는 고부패와 더불어 질 낮은 정부로 이어질 것이다. 도시화는 소득 효과와 별개로 후보 전략에 영향을 미칠 것이다(Ramseyer and Rosenbluth 1993; Nielson and Shugart 1999; Bloom et al. 2001). 지주-소작인 관계가 광범위하게 자리 잡은 시골 지역에서는 전통적인 후견인-고객 관계가 강력하지만, 도시 지역에서는 후견인-고객 관계를 만들기가 어렵다. 교육 정도 역시 선거 전략에 영향을 미치는데, 교육받은 유권자일수록 후견주의와 매표에 덜 취약하기 때문이다. 교육받지 않은 가난한 시민들은 미래를 고려하지 않는 경향이 있기 때문에 간접적이고 프로그램적인 연계보다 직접적이고 후견주의적인 교환을 더 선호한다(Kitschelt 2000: 857).

후견주의에 관한 문헌들은 일반적으로 가난한 사람들이 후견주의적 경향이 있다는 데 동의하지만, 반드시 그런 것만은 아니다. 가난할지라도 정보가 풍부하고 잘 조직되어 있으며 가난한 사람들의 이익을 대변하는 강력한 정당만 있다면, 가난한 사람들은 이 정당을 지지하고 프로그램적 경쟁의 발전을 용납할 것이다. 따라서 가난이나 낮은 경제 발전이 반드시 후견주의적 정치를 생산하는 것은 아니다. 그러나 현실 세계에서는 가난한 사람들은 대체로 정보가 부족하고 조직화되어 있지 않다. 이러한 문제들은 가난한 사람들이 집단행동의 문제를 극복하기 어렵게 만든다. 개인들은 공중 전체를 위한 집합적 이득을 지지하기보다는 자신들이 제공한 정치적 지지(예를 들어, 매표)에 대한 보답으로 배타적 이득을 추구하는 합리적 선택을 할 것이다. 이것은 가난한 사람들의 이득을 옹호하는, 현실적으로 집권하거나 지배 연합에 참여할 기회가 있는 강력한 정당이 없을 경우 특히 그렇다.

이와 관련하여 오직 빈곤만이 집단행동의 문제를 만드는 것은 아니다. 높은 불평등도 주요 장애물이다. 불평등이 높다는 것은 인구 가운데 가난한 사람들이 많다는 것을 의미하고, 따라서 가난한 집단에 속한 사람들은 더 어려운 집단행동 문제에 직면할 것이다. 또한 높은 불평등은 상대적으로 더 가난하다는 뜻이고, 따라서 가난한 사람들은 집단행동에 투자할 자원이 부족할 것이다. 유럽 사회민주주의의 역사적 경험들은 일반적으로 강력한 사회민주주의 정당이 발전하기 위해서는 광범위한 중산층이 필요하다는 것을 보여준다. 가난한 사람들만으로는 강력한 정당을 만들 수 없으므로, 그들은 중산층과 연합을 형성할 필요가 있다. 경제적 불평등은 정치적 불평등으로 이어지는데, 가장 부유한 시민들을 제외한 모든 사람들은 불평등 수준이 높으면 주관적인 효능감sense of efficacy을 잃어버리기 때문이다. 효능감이 없으면 대부분의 가난한 사람들은 정치에 활발하게 참여하지 않는다(Solt 2008). 따라서 높은 수준의 불평등에서 가난한 개인들은 자신의 표의 대가로 정치인들로부터 배타적 이득을 추구하는 것이 합리적이다.

게다가 높은 수준의 불평등에서 엘리트들은 프로그램적 정치의 발전을 막고 지지를 확보하기 위해 후견주의적 동원에 기대려는 강력한 동기를 갖게 될 것이다. 높은 수준의 불평등에서 프로그램적 경쟁은 엘리트의 이익을 위태롭게 할 좌파 정당을 강화할 것이다. 따라서 부자들은 가난한 사람들로부터 표를 매수하고 프로그램적 경쟁을 억제하려고 한다. 로빈슨과 버르디어(Robinson and Verdier 2013)가 주장한 것처럼 불평등이 높은 상황에서는 후견주의가 엘리트에게 매력적인 정치 전략이 되는 것이다. 이 전략은 엘리트 지배라는 현상 유지를 위해 많은 가난한 인구의 표를 무의미하게 만들려는 시도로 나타난다(Solt 2008). 뎁스와 헴케트(Debs and Helmket 2010)는 라틴아메리카 좌파들의 선거에서 실적에 대한 실증적 연구를 통해, 1978년부터 2008년 사이 라틴아메리카 18개국에서 치러진 선거 110개의 데이터를 분석하여 높은 수준의 불평등에서 좌파 후보들이 더 적게 선출되었다는 것을 발견했다. 이것은 부자들이 재분배를 회피하기 위해서 가난한 유권자들을 매수했기 때문으로 추정된다. 토마스 마쿠센(Thomas Markussen 2011)은 남인도에 대한 실증적 연구에서 경제 불평등과 정치적 후견주의 사이의 강력한 연관성에 대한 증거를 보여주었다.

또한 불평등은 관료의 채용과 승진에서 엽관주의를 더욱 성행시키는데, 후견주의는 일반적으로 공적 영역의 엽관직 제공을 포함하기 때문이다(Calvo and Murillo 2004).

엽관주의적 임용이 능력주의 원칙들을 침해하기 시작하면 관료의 승진에서도 엽관주의와 정치적 간섭의 영향을 받게 될 것이다. 아울러 부자들은 정치에 직접 참여하고 정치적 지명을 통해 관료제에 침투할 것이다. 부자들에게 있어서 선출직과 지명직 공무원의 상대적 가치는 불평등이 증가할수록 더 높아지는데, 정치적 영향력과 자유 재량적 관료 권력의 중요성은 재분배 정치에서 부자들의 지분이 증가하면서 같이 증가하기 때문이다. 따라서 정치 시장뿐 아니라 관료 임용과 승진도 부패한다. 그 결과 부자에 의한 관료 침투는 엽관주의적 지명과 승진을 더욱 증가시킬 것이다. 예를 들어 지블라트(Ziblatt 2009)는 19세기 후반 독일에서 토지 불평등이 토지 엘리트의 지방 기관 침투로 이어졌다는 증거를 찾아냈다. 따라서 불평등은 정치인과 공무원 모두의 역선택을 증가시킨다는 것이다.

포획의 원인으로서 불평등

후견주의와 더불어 포획은 민주적 책임성 기제들을 위협하는 또 하나의 주요 요인이며, 포획도 불평등에 의해 발생할 수 있다. 불평등은 강력한 사적 이익집단에 의한 국가 포획의 개연성을 증가시킨다. 강력한 사적 이익집단에 의한 입법, 사법, 행정의 포획은 민주적 통제 기제들을 무력화시키는 힘을 가지고 있다.

대런 애쓰모글루와 제임스 로빈슨(Daron Acemoglu and James Robinson 2008)은 '포획된 민주주의'라는 모델을 제안했는데, 포획된 민주주의에서는 시민들의 합법적 정치권력이 엘리트의 로비, 뇌물, 초법적 권력 사용 등에 기반한 사실상의 정치권력에 의해 상쇄된다. '포획된 민주주의'는 불평등 수준이 더 높을 때 나타날 가능성이 높은데, 엘리트들이 정치를 통제함으로써 보다 많은 상금과 높은 보상을 기대할 수 있기 때문이다. 또한 높은 불평등은 소득 재분배 압력을 증가시키는데, 정치인들은 프로그램적 경쟁이 제한되고 후견주의 관행이 만연할 때에도 더 많은 재분배를 약속할 것이다. 필자와 카그램 (You and Khagram 2005)이 주장했듯이 이러한 환경에서는 부자들이 부패하려는 동기와 정부를 포획하려는 동기를 더 많이 갖게 된다. 부유층은 세금과 비용이 많이 들어가는 규제들을 축소하기 위해 정치인들을 상대로 뇌물을 제공하려 할 것이다. 그들은 또한 특혜를 획득하기 위해 관료에게도 뇌물을 제공하려 할 것이다. 불평등 수준이 높은 사회에서는 극도로 부유한 사람들이 매우 적다. 그들은 상대적으로 수가 적고 자원이 풍부하기 때문에 집단행동의 문제들을 더 잘 극복할 것이다. 강력한 사적 이익집단에 의한 포획은 부유한 국가에서조차 높은 불평등이 높은 수준의 재분배로 이어지지 않는 이유를 설명해줄 수 있다.

토드 미튼(Todd Mitton 2008)은 고도의 경제 집중은 거대한 독점 기업과 연결되고, 독점 기업은 그들의 이해관계에 유리하도록 정책 왜곡을 유도하기 위해 막대한 정치적 힘을 행사한다고 주장했다. 그는 고도로 경제가 집중된 국가에서는 새로운 기업의 진입 비용이 보다 높고 반독점 정책이 약한데, 이것은 포획의 증거로 볼 수 있다고 밝혔다. 경제 집중은 더 많은 부담을 지우는 규제와 약한 법적 규제를 동반하는데, 이것은 강력한 기업만이 비용이 많이 드는 규제를 회피할 수 있다는 뜻이 된다. 다른 기업들은 규제를 회피하려면 뒷돈을 만들어야만 한다. 케시 포겔(Kathy Fogel 2006)은 높은 불평등이 거대한 과두적 가문의 경제 지배, 낮은 수준의 주주 권리, 느슨한 회계 공개 규칙들과 연관되어 있다는 것을 발견했다. 이것은 불평등 수준이 높은 경제에서 가족이 지배하는 강력한 기업 집단들이 그들에게 호의적인 게임의 규칙을 형성하고, 투자자 보호를 약화하는 한편 불투명한 기업 지배구조를 유지하기 위해 정치적 영향력을 행사한다는 증거이다. 쑨(Xun Wu 2005)는 기업 지배구조가 민주주의와 경제 발전을 포함한 표준 통제standard controls 로써 부패의 수준에 상당한 영향을 미친다는 흥미로운 연구 결과를 내놓았다. 외부 주주를 대표하는 기업 이사회의 효용성과 회계 관행의 질은 부패 수준과 유의미하게 연관되어 있는 것으로 밝혀졌다. 포겔과 쑨의 연구 결과를 감안하면, 높은 불평등은 거대한 과두제적 가문 지배, 나쁜 기업 지배구조와 더 깊이 연관되고, 이것은 다시 높은 부패와 연결된다고 추론할 수 있다.

민주주의와 독재국가에 있어서 불평등과 부패

앞에서 살펴본 후견주의와 포획에 대한 문헌들은 민주주의 국가에서 높은 불평등이 후견주의와 포획을 증가시킨다고 주장한다. 후견주의는 직접적으로 경미한 선거 부패를 증가시키고, 정치적 부패를 고무시킬 것이다. 또한 후견주의는 관료 채용에서 엽관주의를 증가시키고, 이는 관료 부패를 증가시킬 것이다. 포획은 고위 정치인과 관료를 부패에 관여하게 하고, 기업의 부패를 확산시킬 것이다.

게다가 불평등이 증가할수록 민주주의 국가에서 반부패기구들과 다양한 개혁 조치들의 효율성이 약화될 것이다. 민주주의 국가에서 정치인들은 반부패 개혁에 대한 공중의 요구에 반응하지만, 이러한 개혁들이 수사에 그치느냐 실제로 추진되느냐는 최고 지도자의 정치적 의지, 시민사회의 힘에 달려 있다. 검찰과 여러 감시 기구들의 효율성 역시 정치적 의지와 시민사회에 달려 있다. 반부패 조치들은 시민사회의 감시 능력이 높을수록 더 효과적이겠지만, 이 능력은 불평등 수준이 높은 상태에서는 낮을 가능성이 높다. 중산층은 빈곤층에 비해 적극적으로 스스로를 조직화하려 하고, 정치인과 고위 공무원들의 불법 행위를 감시하려 할 것이다. 중산층의 상대적 크기는 불평등이 낮은 국가일수록 더 큰 경향이 있다. 또한 후견주의와 포획은 진정한 반부패 개혁을 실행하고 유지하는 것을 어렵게 만들 것이다. 후견주의는 정치인이 진정한 반부패 개혁에 저항하도록 하고, 후견주의적 정치인들은 반부패 수단들을 무기력하고 비효율적인 것으로 만들려고 할 수 있다(Geddes 1994; Singer 2009). 강력한 사적 이익집단은 반부패 개혁들이 국가를 포획하는 그들의 능력을 위태롭게 한다면 이에 저항할 것이다.

이 논의는 다음 질문을 던진다. 독재 체제에서 경제적 불평등은 부패에 어떠한 영향을 미치는가? 불평등은 독재 체제에서 부패의 중요한 요인은 아닐 수 있다. 그 이유는 앞서 제안된 인과 기제들이 민주주의 국가에서 더 적합하기 때문이다. 권위주의 정권들은 대부분 경쟁적 선거를 치르지 않기 때문에 후견주의적 정치를 하기 위한 공간이 좁다. 권위주의적 정책 과정은 권위주의 지배자 또는 지배정당에 집중되어 있기 때문에 포획의 여지도 좁다. 그러나 많은 독재국가들이 진정으로 경쟁적이지는 않더라도 그들의 지배를 정당화하기 위한 기제로써 선거를 치른다. 권위주의 정권은 대개 선거운동에서 상대 후보의 능력을 제한하기 위해 선거 규칙을 조작하고 강제, 협박과 사기에 의존한다. 그러나 많은 약한 권위주의 정권 또는 자유가 제한된 선거 민주주의 국가들은 후견주의적 동원, 또는 협박, 사기와 함께 '경쟁적 후견주의'를 결합한다(Gandhi and Lust-Okar 2009). 권위주의 정권이 어느 정도 경쟁 선거를 치르는 한 불평등은 이러한 정권에서도 선거 기간 동안 후견주의를 증가시킬 것이다. 모든 것을 고려할 때 우리는 자유 민주주의 국가에서 부패에 대한 불평등의 영향력이 자유가 제한된 선거 민주주의 국가에서보다 더 크고, 이는 다시 독재 체제보다 더 높을 것이라고 예상할 수 있다.

일반 가설들

위 논의를 기반으로 필자는 민주주의와 경제적 불평등이 부패에 미치는 영향에 대한 주요 가설(H1)과 불평등이 민주주의 국가에서 부패를 증가시키는 주요 경로들에 관한 세 가지 하위 가설들(MH1-MH3)에 대해 탐구할 것이다.

H1: 부패는 민주주의 국가와 선거가 있는 권위주의 국가에서 불평등과

함께 증가한다. 즉, 부패를 줄이는 민주적 제도의 효과는 경제 불평등 수준과 역방향으로 연계되어 있다.

MH1: 고도의 불평등은 후견주의(선거 부패)를 증가시키고, 이로 인해 정치적 부패(정책 수립 과정에서의 부패)를 증가시킨다.

MH2: 고도의 불평등은 관료제에서 엽관주의적 임용을 증가시키고, 이로 인해 관료 부패(정책 수행 과정에서의 부패)를 증가시킨다.

MH3: 고도의 불평등은 강력한 사적 이익에 의한 국가 포획을 증가시키고, 이로 인해 기업 부패를 증가시킨다.

추가적으로, 다음의 가설(H2)은 주요 가설(H1)의 직접적 추론이다. H1과 H2의 두 가지 가설은 동전의 양면과 같다.

H2: 자유 민주주의 국가에서 경제 불평등이 부패에 미치는 영향력은 자유가 제한된 선거 민주주의 국가들에서보다 높고, 독재 체제보다 높을 것이다.

다음 장에서부터는 한국, 타이완, 필리핀의 비교역사 분석과 국가 간 분석을 통해 위의 가설을 검증할 것이다. 비교역사 연구의 출발점은 독립변수, 즉 세 국가의 부패에 대한 정밀한 검토가 될 것이고, 일반 가설들이 세 동아시아 국가에 어떻게 적용될 수 있을지에 대한 논의가 뒤따를 것이다.

3장

한국, 타이완, 필리핀의 부패
상대적 수준, 추세와 가능한 설명

이제 필자는 한국, 타이완, 필리핀 부패의 상대적 수준과 추세에 대해 개괄적으로 살펴볼 것이다. 부패 측정의 본질적 어려움과 국가 간 부패의 상대적 수준에 대한 학자들의 엇갈리는 견해들을 감안하면 세 국가의 부패 수준과 추세에 대한 정확한 묘사는 특히 중요하다. 따라서 이 장에서는 세 국가의 부패에 관한 다양하고 이용 가능한 국가 간 측정치들을 심도 깊게 설명할 것이다.

　서론에서 논의했듯이 필리핀은 이전부터 적어도 1980년 이후의 한국과 타이완보다 더 부패했었다. 필자는 한국과 타이완만 놓고 보면 한국이 타이완보다 약간 더 부패한 것으로 인식되고 있다고 서술했다. 어떤 사람은 필자의 평가에 대해 회의적인 의견을 가질 수도 있다. 필리핀의 부패 수준이 매우 높고 타이완은 상대적으로 낮다는 것에 대해서는 일반적으로 의견이 일치하지만, 한국의 상대적 부패 수준에 대해서는 그런 의견 일치가 존재하지 않는다. 한편으로는 한국은 타이완처럼 유능하고 상대적으로 청렴한 관료제를 가진 발전국가 모델로 간주된다(Amsden 1989; Evans 1995; Haggard 1990a; Johnson 1987; Rodrik 1995). 이 학자들은 한국의 부패가 상당한 수준이지만, 부패와 지대 추구가 발전국가의 자율성과 일관성을 위협할 정도로 발달하지는 않았다고 주장한다. 한국은 높은 부패에도 불구하고 성공적으로 발전한 사례로 자주 인용된다[1] (Kang 2002; Khan 2006; Wedeman 1997). 그러나 다른 한편으로는 한국은 필리핀처럼 정실 자본주의 국가로 분류되곤 하는데, 특히 1997년 동아시아 금융위기 여파로 그렇게 평가되었다(Kang 2002). 결국 중요한 경험적 질문은 한국이 필리핀만큼 부패했는가, 아니면 타이완처럼 상대적으로 청렴한가이다. 따라서 한국과 타이완, 필리핀 부패의 상대적 수준과 추세에 대한 가능한 한 정확한 평가가 각 국가에 대한 설명에 앞서 실시되는 것이 중요하다.

한국의 상대적인 부패 수준에 관한 일치된 의견이 부족한 것은 대부분 부패 측정에 내재한 어려움에서 기인한다. 따라서 필자는 다양한 부패 측정 방식들의 장단점을 먼저 논의할 것이다. 필자는 인식되거나 혹은 경험된 부패에 관한 다양한 국가 간 측정치들이 부패 수준에 관해 쓸 만한 평가를 제공한다는 것을 보여주겠지만, 국가 간 작은 차이와 국가 내 연간 변동에 많은 의미를 부여해서는 안 된다. 특히 단기 변화들은 부패의 수준 실질적인 변화보다는 언론 노출과 경제 실적의 변화가 반영되었을 가능성이 높다. 다행히 우리가 많은 정보들을 삼각 측량한다면, 단면에서 나타나는 차이와 추

---

1 웨드맨은 한국뿐 아니라 타이완도 그가 발전적 부패로 분류한 대표적인 국가라고 주장한다. 그러나 그는 타이완이 비록 국가 하부 및 지방 수준에서 부패가 광범위하게 남아 있지만, 높은 수준의 부패는 상대적으로 억제되어 있다는 것을 인정했다(Wedeman 2012: 34 – 5).

세들에 관한 상像을 얻을 수 있다. 본 연구는 국가 간, 국가 내를 막론하고 이용 가능한 다양한 데이터를 사용했다.

안타깝게도 1980년 이전 시기에 대한 국가 간 부패 측정치는 없다. 따라서 이 시기 세 국가 간 부패의 상대적 수준을 정확히 나타내기 어렵기는 하지만, 1940년대 후반에 식민 지배에서 해방된 직후 세 국가 모두 부패가 만연했음을 보여주는 증거는 있다. 1980년대 초 세 국가 모두 권위주의 정권 하에 있었는데, 국가 간 부패 측정치들이 세 국가의 부패 순위를 명확하게 보여준다. 페르디난드 마르코스 치하의 필리핀은 전두환 치하의 한국, 장징궈Jiang Jingguo 치하의 타이완보다 더 부패했다. 부패에 관한 여러 국가 간 데이터를 보면 세 국가가 민주주의로 이행한 지 25년이 지난 오늘날까지 이 순위는 지속되어 왔다. 그리고 최소한 1990년대 중반 이후 한국과 타이완의 부패는 개선되었지만, 같은 기간 필리핀은 오히려 악화되었다는 증거가 있다.

필자는 세 국가의 부패의 상대적 수준과 추세에 관한 다양한 데이터를 검토한 뒤 밀의 '차이법'을 적용하여 부패의 원인이 될 수 있는 것들을 간단히 시험해볼 것이다. 마지막으로 필자는 이전 장에서 서술한 일반 가설들을 이 세 사례에 어떻게 적용할 것인지를 논의할 것이며, 이 가설들은 이어지는 장들에서 논증될 것이다.

부패의 측정

본래 대부분의 부패 행위들은 비밀리에 이루어지기 때문에 부패를 측정하기란 쉽지 않다. 부패에 대한 객관적인 측정치들, 예를 들어 부패로 유죄 판결을 받는 수 혹은 비율, 부패에 관한 신문 기사 등은 부패의 실질적인 수준보다는 사법체계의 엄격성과 효율성 또는 언론의 자유를 반영할 뿐이다. 따라서 부패인식도가 객관적인 국가 간 부패 비교치보다 실제적으로 더 신뢰할 만하다는 주장이 많다. 그러나 부패인식도는 정의하기에 따라 주관적일 수밖에 없고, 편견과 오류에 빠지기가 쉽다.

부패의 원인과 결과에 대한 경험적 연구는 국제투명성기구의 부패인식지수CPI와 여섯 가지 세계 거버넌스 지표들 중 하나인 카우프만, 크라이, 마스트루치(Kaufmann, Kraay and Mastruzzi 2010)의 부패통제지수CCI 같은 부패인식도에 관한 국가 간 측정치를 이용할 수 있게 되면서 촉진되었다. CPI와 CCI는 모두 다방면에 걸친 자료들을 종합하고, 전문가 평가 또는 기업인과 가계를 대상으로 실시한 설문조사를 바탕으로 작성한 부패 인식의 종합 지표이다.

이러한 측정치들을 지지하는 사람들은 자료들 사이의 내적 상관관계가 높다면서 집적aggregation은 측정오차를 줄이는 데 도움을 줄 수 있다고 주장한다. 학자들이 폭넓게 사용하는 또 다른 부패인식도는 정치 위험 서비스 그룹의 국제국가위험가이드International Country Risk Guide·ICRG 부패지수이다. ICRG 부패지수는 국제 투자자들에게 상업적으로 판매되는 투자 위험에 관한 많은 지표들 가운데 하나이다. 이 지수의 장점 중 하나는 1984년부터 상대적으로 오랜 시간대를 커버한다는 점이고, 이 데이터를 사용해 패널 데이터 회귀분석을 수행하려는 시도가 있었다는 점이다. 그러나 CPI를 설계한 요한 그라프 람프스도르프(Johann Graf Lambsdorff 2006)는 ICRG 지수의 신뢰성에 의문을 제기한 바 있다. 그는 이 지수가 부패 정도보다는 정치적 위험을 측정한다고 지적했다. 이러한 우려 때문에 CPI는 ICRG 측정치를 자료에 포함시키지 않는다.

다양한 데이터 자료의 집적에 의한 측정오차의 감소는 자료들이 완벽하게 독립적이지 않기 때문에 기대만큼 견고하지 않다(Knack 2006). CPI는 광범위하게 공표되기 때문에 다른 기관들의 평가에 영향을 미칠 가능성이 있는데, 이것이 다시 CPI에 의해 자료로 활용되었다. 낵(Knack 2006)은 ICRG 지수가 CPI와 더 근사하도록 조정되었다는 일부 증거들을 찾아냈다. 2001년 6월 ICRG와 CPI 간 상관관계는 0.72에 불과했으나, 2001년 11월 ICRG의 대규모 재측정이 있은 뒤 0.91로 높아졌다. 이러한 CPI와 ICRG 간의 상호의존성에 관한 증거는 CCI의 순환 논리 문제를 제기한다. 이유는 바로 CCI는 ICRG를 자료로 사용하기 때문이다. 또한 이것은 ICRG 데이터를 사용한 종단 데이터 분석에도 문제를 제기한다.

측정오차는 추세 분석에 있어서 특히 심각한 문제이다. 주어진 어떤 해의 CPI와 CCI 간 상관관계가 1에 가깝고 (보통은 $r = 0.97$ 또는 0.98) 그들의 데이터 소스 사이의 상관관계가 일반적으로 매우 높다고 하더라도, CPI 변화와 CCI 변화 간의 상관관계는 그리 높지 않다. 필자가 1년 또는 2년 동안의 CPI와 CCI 변화의 상관관계를 살펴보았더니, 상관관계는 대체로 미미했고 어떤 경우에는 오히려 음의 관계였다. 3년 또는 그 이상의 장기간 동안 CPI와 CCI의 변화를 비교했을 때 상관관계는 점차 높아지고 통계적으로 의미 있는 정도가 되었다. 국가 내에서 다양한 연도별 CPI와 CCI 사이의 극도로 높은 상관관계는, 연간 CPI 변화와 연간 CCI 변화 사이의 낮은 (또는 음의) 상관관계와 함께, 실제 부패의 변화라기보다는 많은 수의 측정오차들을 포함한다고 볼 수 있다. CPI와 CCI는 모두 전문가를 상대로 한 다양한 설문조사와 국가 등급을 기반으로 구성되어 있지만, 데이터 안에서 소스와 국가를 선택하는 데 있어서는 약간의 차이가 있다. 매년 데이터의 다른 자료들이 동일 국가에 사용될 수 있고, 새로운 데이터 소스의 추가 또는 이전에 사용된 데이터 소스의 제거로 특정 국가의 CPI 점수가 변경될 수 있다.

이것은 모든 공통의 데이터 소스가 해당 국가에 대한 등급을 변화시키지 않았을 때에도 발생할 수 있다. 또한 TI는 매년 방법론적 개선을 하기 위해 노력해 왔다. 램스도르프(2006)가 지적했듯이, 연도별로 국가 점수가 변화하는 것은 어떤 국가의 인식의 변화뿐 아니라 샘플과 방법론 변화의 결과일 수 있다.

사람들의 인식이 변덕스러울 수도 있다. 어떤 국가의 실제 부패 수준이 동일하게 유지되더라도 언론의 부패 스캔들 보도가 수시로 변할 수 있고, 공중의 인식은 그에 따라 영향을 받을 것이다. 이럴 경우 연간 변화는 부패 수준의 진정한 변화라기보다는 인식의 변동을 반영한 것일 수 있다. 이에 더해 CPI는 데이터 소스뿐 아니라 경제 실적에 의해 영향을 받을 수 있다(Donchev and Ujhelyi 2009). 예를 들어 경제 실적이 좋았던 1995년 아르헨티나의 CPI는 5.2였다. 그러나 2002년 아르헨티나 경제가 파탄났을 때 CPI 점수는 2.8로 떨어졌다. 아르헨티나의 CPI 하락은 부패가 증가했기 때문이 아니라, 빈약한 경제 실적으로 관찰자들이 부패가 이전보다 높아졌다고 확신했기 때문이었을 것이다(Seligson 2006). 국가 간 부패 측정에서 부국에게 유리한 체계적 편견이 있기 때문에 최소제곱법 회귀분석에서 부패에 대한 경제 발전의 영향이 과대평가될 수 있다는 우려도 있다(You and Khagram 2005).

이러한 논의는 CPI, CCI와 같은 국가 간 '인식된' 부패의 측정이 어떤 함정에 빠질 수 있음을 보여준다. 부패인식도 측정의 잠재적 편견을 해소하기 위해서 부패 '경험'을 측정하는 유용한 방법이 발달되어 왔다. 예를 들어 국제투명성기구의 연간 세계부패척도Global Corruption Barometer·GCB 설문조사는 2004년부터 응답자들에게 뇌물을 주고받은 경험에 대해 묻고 있다. 새로운 접근 방식은 부분적으로 범죄 피해 설문조사에서 영감을 얻었다. 범죄학자들은 공식 범죄율을 신뢰할 수 없다고 인정하면서 오랫동안 범죄 피해 설문 조사들을 개발해 왔는데, 이것들은 범죄율을 보다 정확하게 집계한다는 신뢰를 받고 있다(Seligson 2006). 부패 경험에 대한 미시적 설문조사 또한 기업의 추가 자금 지급 또는 뇌물 지급에 관한 정보를 도출하기 위해 성공적으로 사용되었다(Reinikka and Svensson 2003).

경험 조사에 대한 우려 가운데 하나는 경험을 숨길 가능성이다. 개인들은 법적 문제가 발생할 우려 때문에 부패의 경험에 대해 정직하게 보고하지 않을 수 있다. 그러나 셀리그슨(Seligson 2006)에 따르면 표적집단focus-group 조사는 과소 보고 문제가 존재하기는 하지만 영향은 매우 제한적이다. 이러한 설문조사 방식에 대해 제기되는 또 하나의 비판은 이 방식이 하위층의 부패만 측정하고 고위층 부패는 놓친다는 점이다. 설문조사 방법론과 설문지의 정확한 단어 표현에 각별한 주의가 필요한데, 방법론의 차이(예를 들어 면접조사 대 전화조사)와 질문 문항 표현의 차이들이 과소 보고 수준의 차이를 만들어 결국 다른 결과를 만들어낼 수 있기 때문이다. 경험 설문조사 데이터도 측정오차가 커서 결함이 있다. 뇌물수수 경험에 대한 GCB 설문조사는 한 국가 안에서 연도별로 상당한 변화를 보이는데, 그것은 실질적인 연도별 뇌물수수의 변화라기보다는 측정오차 때문일 가능성이 높다.

부패인식도와 경험치는 서로 다른 특징들을 지니고 있다. CPI와 CCI 같은 국가 간 부패인식도는 대부분 전문가와 기업가들의 시각을 대표한다. 이러한 관점들은 반드시 그들의 직접적인 경험에 기반한 것이 아니라, 언론 보도와 다른 정보의 영향을 받을 수도 있다. CPI와 CCI는 사소한 부패보다는 고위급의 부패를 반영할 가능성이 있다. 반면 뇌물수수 경험에 관한 설문조사 데이터는 고위급의 부패보다는 보통 사람들이 경험한 사소한 부패를 반영할 가능성이 높다. 다행히 두 측정치는 상관관계가 높다. 사소한 뇌물수수에 관한 대중의 경험에 기반한 GCB 데이터와 CPI 또는 CCI 사이의 상관관계는 r=0.62 또는 r=0.63으로 꽤 강한 편이다. GCB 뇌물수수의 로그를 사용하면 상관관계는 더 높아져서 CPI와 CCI 모두 r=0.8이 된다. 이처럼 높은 상관관계를 감안하면 CPI와 CCI 같은 부패인식도가 사람들이 경험한 부패의 실제 수준을 실질적으로 반영한다고 볼 수 있다.

또한 이러한 상관관계들은 사소한 부패와 거대한 부패 사이에 높은 상관관계가 있음을 나타낸다. 일상적인 거래의 수준이 매우 부패한 정치 체제에서는 최고위 수준의 부패도 높다(Seligson 2006). 그러므로 국가 간 작은 차이와 국가 내에서 장기간에 걸쳐 발생한 작은 변화에 면밀한 주의를 기울인다면, 부패인식도와 부패 경험치는 모두 유용하며 신뢰할 수 있다. 다양한 부패인식도와 부패 경험치들 또한 보완될 수 있다. 그러나 국가 내 부패인식도와 경험치의 연간 변화에 있어서 무의미한 정보가 상당히 있기 때문에 종적 데이터 분석을 할 때 각별한 주의가 필요하다. 1995년 CPI와 2012년 CPI의 상관관계는 0.94이고 1996년 CCI와 2011년 CCI의 상관관계는 0.89이다. 이것은 인식된 부패가 대부분 국가에서 장기간에 걸쳐 천천히 변화했음을 나타낸다.

CPI, CCI와 같이 복합적인 지표를 사용함으로써 나타나는 또 다른 문제는 그들이 측정한 부패의 정확한 정의가 빠져 있다는 것이다. 이러한 지표들을 생성하기 위해 사용된 데이터 소스는 개념적 정밀성이 떨어지고, 다양한 자료의 집적은 개념적 문제를 더욱 심화시킨다. 따라서 만약 부패의 다른 유형에 관한 측정치가 필요하다면, 연구자는 부패의 개별 지표들을 살펴보거나 또는 특정 질문들의 응답에 관한 설문조사 데이터를 조사해야 한다. 예를 들어 GCB의 뇌물 경험치는 사소한 관료 부패를 잘 반영할 수 있다. 만약 어떤 사람이 정치, 사법, 기업 부패에 대한 국가 간 측정치에 관심이 있다면 세계경제포럼의 기업가 상대 연례 설문조사들이 유용한 데이터를 제공할 것이다. 이런 설문조사들은 부패의 다른 유형들에 대한 질문을 일부 포함하며, 다른 부패 유형들의 인식된 수준이 CPI, CCI와 밀접한 상관관계가 있다는 것을 보여준다. 특히 기업 부패는 CPI, CCI 모두 0.9가 넘는 매우 높은 상관관계가 있는 반면, 정치부패인식도와 CPI 또는 CCI의 상관관계는 약 0.8이다.

일부 연구자들은 미국의 부패 연구에서 부패 유죄 선고에 관한 공식 통계를 사용했다(Alt and Lassen 2003). 부패에 대한 기소 또는 유죄 선고에 관한 정부 통계는 국가 간 비교보다 한 국가 내의 시기별 비교에 더 잘 사용된다. 정부 통계로 부패를 비교하기에는 부패의 법적 정의뿐 아니라 사법체계의 엄격성과 효율성이 국가별로 큰 차이가 있다. 그러나 이 문제는 국가 내분석에 있어서는 대부분 해결되었고, 정부 통계에는 부패 퇴치를 위한 정치적 의지뿐 아니라 장기간 동안 반부패기관들이 기울인 노력과 효율성의 장기간 변화에 관한 상당한 정보가 담겨 있곤 한다. 요약하면 부패인식도나 경험치 모두 커다란 측정오차를 포함하고 있다. 연간 변화는 부패의 실제적인 수준의 진짜 변화보다는 실질적인 측정오차가 포함되었을 가능성이 높다. 부패인식도의 단기 변화는 경제 실적 같은 다른 결정 요인과 상관관계가 있어서 덜 유용할 수 있다. 그러나 부패인식도와 부패 경험치 사이의 상관관계가 높기 때문에 두 종류의 측정치들은 상당한 범위까지 신뢰할 수 있다. 부패 측정에 있어서는 어떤 단일한 방식도 완벽하지 않기 때문에 본 연구는 부패인식도와 경험치, 부패로 기소된 데이터와 일부 대리 지표들을 포함하여 이용 가능한 여러 가지 데이터들을 사용할 것이다. 다양한 종류의 데이터를 잘못 해석하지 않고 그들의 장점을 가장 잘 이용하기 위해서는 충분한 주의를 기울여야 한다.

한국, 타이완, 필리핀에서 부패의 상대적 수준과 추세

1940년대 후기(해방 초기)시기부터 1980년대 초기까지

1980년 이전 시기의 부패의 상대적 수준과 추세를 아주 정확하게 보여주는 것은 불가능하다. 그러나 몇 가지 일화와 2차 자료들을 가지고 각 국가의 부패 정도와 추세를 개략적으로 묘사하는 것은 가능하다. 간단히 말해 독립 초기 세 국가는 모두 부패가 만연했다. 외견상 독립 초기부터 1980년대 초 사이에 타이완에서는 부패가 줄어든 반면 필리핀에서는 부패가 증가했다. 그러나 같은 기간 동안 한국에서의 부패 추세를 식별하기란 상당히 어렵다.

한국의 정치학, 정치경제학 연구자들은 일반적으로 초대 대통령 이승만(1948~1960년), 군부 독재자 전두환(1980~1987년) 시기에 부패가 만연했다는 데 동의한다. 이승만 대통령 자신은 부패하지 않았지만, 그의 정권은 부패했다. 여당과 기업을 포함한 정치 스캔들은 선거가 있었던 해마다 발생했는데 "뇌물의 역동성은 관료 계급까지 물결치고 국가를 관통했다(Lie 1998: 32)." 공무원 부패는 고하를 막론하고 모든 층위에 도달했다. 지방 경찰은 '세금'을 모아서 횡령했고, 이승만의 정치 조직은 '자발적 과세'를 강제로 거두었다(Gayn 1954: 215). 이승만은 선거 조작과 정권 부패에 대항하는 대규모 학생시위의 압력으로 1960년 대통령직을 사임해야 했다. 전두환이 개인적 부패 행위를 하는 동안 그의 가족, 친척 그리고 여당도 수많은 부패 스캔들에 연루되었다. 그러나 이승만과 전두환 시기 사이에 부패가 증가했는지 줄어들었는지는 말하기 어렵다.

한국을 빠른 산업화와 성장의 경로 위에 올려놓았다고 인정받는 군부 독재자 박정희(1961~1979년) 치하에서 한국의 부패 정도에 대해서는 의견이 일치하지 않는다. 한국에 대한 발전국가 문헌들은 부패하고 비효율적인 이승만의 통치와 상대적으로 부패하지 않고 효율적인 박정희의 통치를 대조하는 경향이 있다(Amsden 1989; Campos and Root 1996; Evans 1995; Haggard 1990a; Hutchcroft 2011). 그러나 일부 학자들은 두 정권이 모두 비슷하게 부패했다고 주장한다(Kang 2002; Wedeman 1997, 2012).

이 기간 동안 한국의 모든 정권에 있어서 부패는 중요한 이슈였다. 이승만 정권을 전복한 1960년 4월 학생혁명 이후 장면 민주정부(1960~1961년) 하에서 반부패는 두드러진 정치 의제였다. 박정희와 전두환 모두 각각 1961년과 1980년의 쿠데타를 반부패 슬로건으로 정당화했다. 각 정권이 출범할 때 반부패 개혁을 반복적으로 강조한 것은 이전 정권이 모두가 만족할 만큼 부패 통제를 하지 못했음을 보여준다. 그러나 관료 부패는 능력 위주 관료제가 점진적으로 발전함으로써 장기간에 걸쳐 감소한 것으로 보인다. 데이비드 강은 한국에서 정치적 부패는 계속 높았던 반면, 한국 관료제의 대리인 태만agency slack은 낮았다고 인정한다(2002: 74).

타이완도 1945년 일본 지배로부터 해방된 후 초기에는 만연한 부패로 고통받았으나, 1949년 계엄령 선포 이후 부패가 급격히 감소했다. 제2차 세계대전 말기 일본의 항복으로 타이완은 장제스蔣介石의 국민당 치하의 중국 정부 통치체제로 복귀했다. 타이완인 대부분은 중국 통치로 재제도화되는 것을 환영했지만, 초대 총독 천이陳儀가 이끄는 군부 정부는 만연한 부패, 족벌주의와 약탈로 악명이 높았다. 타이완인들은 공공연히 "개들이 가고 돼지들이 왔다!"라고 불평했다(Kerr 1965: 97). 고위 공무원 대부분은 돈벌이가 되는 사적 부문의 경영상의 지위를 겸직했다. 그들은 권력을 남용해 상품과 서비스의 결핍 상태를 만들어냈고, 암시장에서 상당한 이익을 올리며 그것들을 팔았다. 강력한 위치를 점유한 많은 본토인들은 중국 정부가 일본인의 재산을 몰수하기 전에 횡령했다. 경찰 부패, 경찰과 범죄 조직과의 공모 등 셀 수 없이 많은 사건들이 있었다(Roy 2003: 61~65). 부패와 억압에 대한 타이완인들의 분노는 1947년 2월 28일의 봉기로 이어졌다. 민중 봉기로 1,000명 가량의 본토인이 죽거나 부상을 입었다. 뒤이어 도시들이 탈환되고 장제스의 증원 부대와 무장 경찰은 수천 명의 타이완인 학살을 자행했다(Roy 2003: 67~73).

중화민국Republic of China에 이어 타이완이 들어서고 1949년 계엄령이 선포된 후, 과거 부패했던 국민당은 청렴하고 일관성 있는 정당으로 변신했다. 부패에 관한 한 타이완은 상대적으로 좋은 평판을 누렸다(Taylor 2009: 487~8). 중앙정부 고위층의 부패 행위는 상대적으로 드물었지만, 지방 수준에서는 부패가 더 만연해 있었다. 서구 연구자들은 "타이완 기업가들이 본토인들만큼 '빨간 봉투'를 만들어서 관료들에게 전달하는 데 완전히 능숙해졌다"라는 사실을 밝혀냈다(Cole 1967: 651~652). 비록 언론 억압으로 고위층 부패가 사실보다 축소되어 보도되었을 수도 있지만, 권위주의 기간 동안 부패가 큰 정치적 이슈가 된 적은 없었다. 일반적으로 학자들은 독립 초기기간 타이완에서 부패 통제에 상당한 개선이 있었다는 것에 동의한다.

필리핀은 오랜 기간에 걸쳐 부패 통제에 관해 더 어두운 풍경을 보여준다. 일반적으로 필리핀 정치 연구자들은 필리핀에서 부패 정도가 높았을 뿐 아니라 초기 민주주의 시기 동안(1946~1972년) 악화되었고, 계엄령 기간 동안(1972~1986년) 더 증가되었다는 데 동의한다. 스콧(1972: 96~97)은 필리핀을 '선거 부패 모델'이라고 불렀다. 국회의원은 리베이트에 대한 보답으로 민간 기업들에게 정부의 특혜를 할당하는 중개에 공공연하게 관여했다. 관료제는 갈수록 엽관주의 임명자들이 차지했고, 시간이 흐르면서 부패는 증가했다. 1971년 관료들을 상대로 한 설문조사에서 응답자의 3분의 2가 필리핀 정부의 만연된 부패에 대해 불평했다(Montinola 1999). 국가 자원은 정치인과 강력한 과두들에 의해 다양한 형태로 약탈되었다. 토지 과두는 정부가 만들어준 지대와 특권에 기대어 그들의 부와 권력을 확장시켰다(Hutchcroft 2011). 부패는 되풀이되는 정치적 이슈였고, 신임 대통령마다 부패와 싸우겠다고 선언했다. 그러나 반부패 조치들은 비효율적이었고, 시간이 흐를수록 부패의 범위와 정도는 증가했다. 마르코스는 1972년 9월 계엄령을 선포할 때 정부와 부패한 정부를 청소하고 과두적 민주주의를 개혁하겠다고 약속했다. 계엄 정권의 초기 몇 년 동안에는 관료 부패가 일부 개선된 것처럼 보였다. 그러나 마르코스는 세계에서 가장 부패한 대통령 중 한 명이 되었다.

세 국가의 역사에 관한 서술을 보면 모든 국가가 독립 초기에는 높은 수준의 부패로 고통받았다는 것이 분명하다. 그러나 독립 후 몇십 년 동안의 부패 통제의 경험이 세 국가의 차이를 가져온 것으로 보인다. 위의 설명들은 필리핀에서는 부패가 상당히 증가되었고, 타이완에서는 상당히 줄어들었으며, 한국에서는 독립 후 초기 기간과 권위주의 정권 후반 사이에 다소 줄어들었다는 것을 보여준다. 이러한 추세는 1980년대 세 국가의 부패 등급을 비교하면 더욱 자명해진다.

표 3.1 1980년대 초 부패인식도

	BI 1980~1983	CPI 1980~1985
타이완	6.75	6.0
한국	5.75	3.9
필리핀	4.50	1.0

자료: BI 등급은 마우로(Mauro 1995); 1980~1985년의 역사적 CPI는 국제투명성기구

1980년대 초는 세 국가의 부패인식도에 관한 국가 간 데이터를 이용할 수 있는 가장 이른 기간이다. 이 기간 동안 세 국가는 모두 권위주의 정권하에 있었다. 한국은 전두환, 타이완은 장징궈蔣經國, 필리핀은 페르디난드 마르코스의 지배를 받았다. 전두환과 마르코스는 각각 한국과 필리핀의 역사에서 가장 부패한 대통령으로 알려졌다는 점에 유의하라. 표 3.1은 1980년대 초 두 국가 간 부패에 대한 측정치들을 보여준다. 1980년부터 1983년까지의 비즈니스 인터내셔널의 등급과 1980년부터 1985년까지의 투명성국제기구의 '역사적 부패인식지수CPI'는 모두 0(가장 부패)과 10(가장 청렴) 사이에서 오르내린다. 두 측정치는 다소 다른 점수를 보여주지만, 세 국가의 부패 순위는 동일하다. 필리핀이 가장 부패했고, 타이완은 가장 적게 부패했으며, 한국은 타이완과 필리핀 사이이다.

이 순위는 이 세 국가의 권위주의적 지배자들이 저지른 부패의 상대적 크기를 확인시켜준다. 한국의 전두환 대통령은 나중에 8억 9,000만 달러의 비자금 조성과 2억 7,300만 달러의 뇌물수수 혐의에 대해 유죄 판결을 받았다. 필리핀의 페르디난드 마르코스는 30억 달러를 축적한 것으로 알려졌으며, 스위스 은행에 5억 5,000만 달러, 홍콩 은행에 2억 5,000만 달러를 예치한 것으로 밝혀졌다(Wedeman 1997). 특히 1980년대 필리핀의 GDP가 한국보다 적었다는 것을 고려하면 마르코스의 부패는 전두환 대통령보다 훨씬 더 심각했다.

당시 두 국가에서 권위주의 지배자에게 부패가 집중되었기 때문에 두 대통령의 부패 규모 비교는 두 국가의 부패의 상대적 정도를 보여줄 수 있다. 타이완의 장징궈는 결코 부패에 연루되지 않았고, 1980년대 초반 타이완에서 발생한 부패 스캔들 가운데 그 어떤 것도 한국과 필리핀의 부패 스캔들 크기에 미치지 않았다.

표 3.2 초기 샘플에서 CPI 추세와 54개국에서의 순위

국가 \ 시기	1980~1985	1988~1992	1995~2000	2001~2005	2006~2010
타이완	6.0(25)	5.1(29)	5.2(24)	5.7(24)	5.7(24)
한국	3.9(38)	3.5(37)	4.3(32)	4.5(30)	5.3(25)
필리핀	1.0(49)	2.0(46)	3.0(39)	2.6(43)	2.4(46)

자료: 국제투명성기구

1986/1987년 민주주의 전환부터 현재까지

세 국가는 1986년 또는 1987년을 기점으로 모두 민주화를 경험했다. 세 국가 간의 부패 순위는 강력한 경로 의존성을 보여주면서 지금까지 바뀌지 않았다. 그러나 주목할 만한 변화들이 몇 가지 있었다. 민주화 이후 초기 몇 년 동안 필리핀은 부패 통제에서 진전을 이룩했고, 타이완은 악화되었으며, 한국은 별다른 변화를 경험하지 않았다. 그러나 민주주의 전환 이후 사반세기의 장기간 동안 필리핀은 개선을 이루는데 실패했고, 오히려 지난 15년 동안 오히려 악화되는 모습을 보여주었다. 같은 기간 동안 한국과 타이완은 부패 통제에서 일부 개선을 이루었다.

표 3.2에서 국제투명성기구의 부패인식지수 CPI를 보자. 표 3.2는 1980년부터 1985년, 1988년부터 1992년의 국제투명성기구의 '역사적 CPI'[2]와 1995년부터 2000년, 2001년부터 2005년, 2006년부터 2010년까지 매년 발

---

2 1995년부터 매년 부패인식지수를 발표하는 국제투명성기구에서 과거에 존재했던 자료를 토대로 1980~1985년과 1988~1992년 시기에 대해 작성한 부패인식지수. 공식적인 부패인식지수보다는 신뢰성이 약하다고 알려져 있다.

표된 CPI의 평균값들을 보여준다. 국제투명성기구는 1995년 이래로 매년 CPI를 발표하고 있지만, 앞의 두 기간에 대해서는 역사적 CPI 데이터를 제공한다. 소스 데이터에 차이가 있기 때문에 역사적 데이터와 매년 발표된 데이터의 CPI 값을 비교할 수 없음에 유의해야 한다. 따라서 54개국의 초기 샘플을 통해서 순위를 비교하는 것이 절대적인 점수를 평가하는 것보다 더 설득력 있을 것이다. 필자는 연단위 변화에 포함된 측정오차들을 최소화하기 위해 대략 5년 동안의 CPI를 평균을 내어 다듬었다.

표는 일관되게 필리핀의 부패가 가장 심하게, 타이완 부패는 가장 덜했음을, 한국의 부패는 상당히 개선되는 추세를 띠면서 양국 사이에 있어 왔음을 보여준다. 전 세계 차원에서 장기 등위를 비교해보면 세 국가의 부패 추세가 분명하게 드러난다. 타이완은 민주주의 전환 초기 부패 증가로 고통을 받아온 것처럼 보인다. 54개 국가의 샘플 내에서 타이완의 순위는 1980년부터 1985년 사이에는 25위였으나 1988년부터 1992년 사이에는 29위로 떨어졌다. 그러나 그때 이후로 타이완은 회복되고 개선되어 뒤따른 기간에는 24위로 순위가 올라갔다. 한국은 초기에는 의미 있는 변화를 보여주지 않는데, 1980년부터 1985년에는 38위였다가 1988년부터 1992년에는 37위로 겨우 한 단계 올라섰다. 그러나 한국은 그때부터 실질적인 개선을 이루었다. 1995년부터 2000년에는 32위로 올라갔고, 2001년부터 2005년에는 30위, 2006년부터 2010년에는 25위로 타이완 바로 아래가 되었다. 필리핀은 민주주의 전환 이후 초기에는 일부 개선을 이루어 1980년부터 1985년에는 49위, 1988년부터 1992년에는 46위, 1995년부터 2000년에는 39위로 순위가 올라갔다. 그러나 필리핀은 그때 이후로 상당히 악화되어 2001년부터 2005년에는 43위로 떨어졌으며 2006년부터 2010년에는 46위로 순위가 더 떨어졌다.

연간 데이터를 이용할 수 있기 때문에 1995년부터 현재까지 보다 세부

그림 3.1 국제투명성기구의 부패인식도, 1995~2011

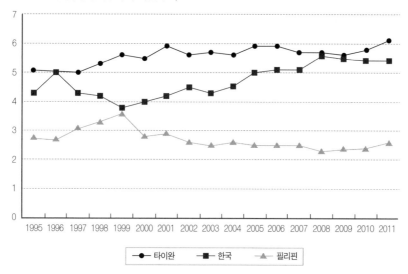

자료: 국제투명성기구

적으로 세 국가의 CPI 추세를 검토할 수 있다. 그림 3.1은 타이완의 CPI가 2000년 민주진보당 천수이볜陳水扁이 총통으로 당선된 후 2001년에 약간 증가하고 그의 두 번째 임기 동안(2004~2008년)에 약간 떨어졌지만 장기적으로는 꾸준히 조금씩 개선되었음을 보여준다. 타이완의 CPI 점수는 1995년 5정도에서 시작해 2011년 6을 돌파했다. 한국도 비록 오르내림은 있지만 1995년 4.3에서 2011년 5.4로 개선되었다. 한국의 CPI 점수는 2008년 5.6에 도달해 타이완을 거의 따라잡았으나, 이명박 정부(2008~2012년)하에서 약간 하락했다. 필리핀의 CPI 점수는 1995년 2.8에서 1999년 3.6으로 내려가 1999년까지는 일부 개선된 것처럼 보이지만, 그 이후 하락해 최근 약 2.5를 기록했다.

1999년 한국의 CPI 점수는 3.8로 떨어졌고 필리핀은 3.6으로 올라갔다.

두 국가의 CPI 점수는 매우 비슷했고, 타이완(5.6)은 한참 아래였다. 이러한 등급은 정실 자본주의와 부패 측면에서 한국이 타이완보다는 필리핀에 가깝다는 관점에 설득력을 더해준다. 그러나 CPI 연간 변동은 부패의 실질적인 변화보다는 인식 변화와 더불어 데이터 소스의 구성 변화에서 기인했을 것이다. CPI의 데이터 소스를 정밀 조사해보면, 한국의 1996년 상승과 1999년 하락은 부분적으로 데이터 소스의 구성 변화 때문이라는 게 밝혀진다. 게다가 한국의 정실 자본주의에 대한 논의를 엄청나게 촉발시킨 1997년과 1998년의 금융위기는 1999년 한국 CPI의 하락에 기여했을 것으로 보인다. 반면 금융위기의 영향을 적게 받은 필리핀은 이로 인해 CPI 점수 향상에 도움을 받았다. 이것은 국가의 경제 실적이 부패 인식에 어떤 영향을 미치는지를 보여준다. 즉, 한국의 정실 자본주의 개념과 1999년 한국의 CPI 점수는 서로를 강화하는 것으로 보인다.

그림 3.2에 있는 KKM의 부패통제지수 CCI를 보자. 국가 간 측정에 자주 사용되는 다른 지수를 검토해보자. 카우프만, 크라이, 마스트루치의 부패통제지수ccı는 1996년 처음 발표되었으며, 2002년까지는 2년마다, 그 이후로는 매년 발표되고 있다. 그림 3.2는 한국, 타이완, 필리핀의 CCI 추세를 보여준다. 이 그림은 타이완이 가장 덜 부패했고, 필리핀은 가장 부패했으며, 한국은 두 국가 사이에 있는 것으로 인식되었지만 차츰 타이완 쪽으로 수렴됨을 보여준다. 따라서 일부 차이점은 있지만 세 국가의 CCI 추세는 CPI 추세와 비슷하다.

CCI는 평균 0, 표준편차 1로 표준화된 점수이기 때문에 해석하기 쉬운데, CCI 값이 높을수록 부패 통제가 잘되고 있거나 부패 수준이 낮다는 뜻이다. 세계 평균이 0이기 때문에 필리핀은 세계 평균보다 더 부패했다고 일관되게 인식되어 온 반면, 타이완과 한국은 세계 평균보다 덜 부패했다는

그림 3.2 부패통제지수추이, 1996~2011년

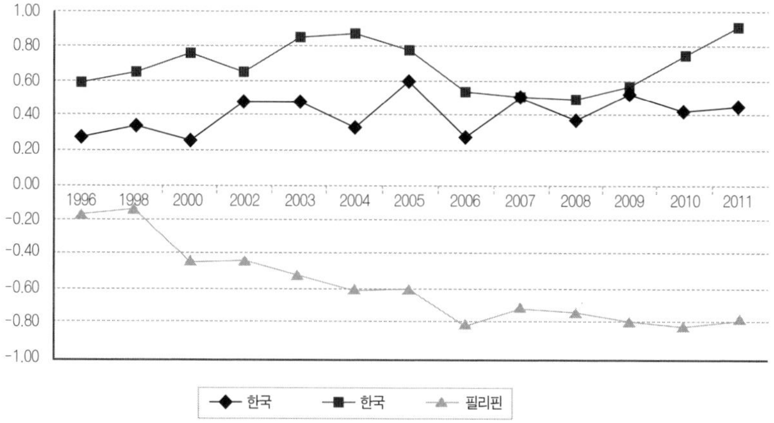

자료: Worldwide Bovernance Indicators(www.govindicators.org).

등급을 받았다는 것을 알 수 있다. 필리핀의 CCI 추세는 악화 일로를 걷고 있는데, 1996년 세계 평균보다 아래인 약 −0.2 표준편차로 시작해서 최근에는 약 −0.8 표준편차로, 아래로 향하고 있다. 백분위 등급 측면에서도 필리핀의 자리는 1996년 백분위 51에서 2011년 백분위 23으로 곤두박질했다. 타이완의 CCI는 1996년부터 2004년까지 약간의 진전을 보여주고, 2008년까지는 일부 악화되었지만 그 이후 다시 회복되었다. 타이완은 1996년 세계 평균보다 위인 0.6 표준편차에서 2004년 0.8, 2008년 0.5, 2011년 0.9의 추세를 보여준다. 백분위 등급 측면에서 타이완은 1996년 백분위 65로 시작해서 올라가고(2003년 백분위 80), 다시 내려갔다가(2007~2009년 백분위 72), 2011년 백분위 78에 도달했다. 비록 천수이벤 제2기 집권 동안(2004~2008년) 스캔들로 CCI 점수가 일시적으로 낮아지기는 했지만, 전반적으로 타이완은 1996년부터 2011년까지 15년 동안 약간의 개선을 이루었다. 한국의 CCI 점수는 1996년 0.2에서 2005년 0.6으로 개선되었다. 그러나 2011년 0.45

로 약간 낮아졌다. 백분위 등급 측면에서 1996년 백분위 65에서 2007년 백분위 73으로 올랐다가 2011년에는 백분위 70으로 약간 떨어졌다.

세 국가의 CCI 추세는 부패 통제에 있어서 한국과 타이완은 개선된 반면 필리핀은 악화된 것을 보여주는 CPI 추세와 대체로 비슷하다. 물론 일부 다른 점도 있다. 필리핀의 CCI 점수는 꾸준하게 하락했을 뿐 아니라 일관되게 한국에 비해 한참 아래에 있었다. 따라서 1999년 필리핀과 한국이 CPI에서 보이는 수렴이 CCI에서는 관찰되지 않았다. 또한 한국에서의 연간 CCI 변동 폭은 CPI보다 작다.

표 3.3의 세계경제포럼의 연례 경영자 설문조사를 보자. 이 조사는 부패 인식에 대한 실마리를 제공함으로써 국가 간 그리고 시간의 흐름에 따른 구체적인 부패의 척도를 보여준다. 세계경제포럼의 연례 경영자 설문조사는 2003년 이래로 경영자들에게 열네 가지(2003~2007년) 또는 열다섯 가지(2008~2011년) 항목 가운데 각각의 국가에서 사업을 수행하는 데 있어 가장 큰 걸림돌을 꼽으라고 물어왔다.[3] 이런 질문의 장점은 필리핀과 한국 국민들이 모두 자신들의 국가가 매우 부패해 있고 정부 관료들이 매우 비효율적이라고 똑같이 답한다 할지라도, 어떤 것이 더 심각한 문제인지 구별된다는 것이다. 따라서 이것은 부패인식도에 관한 이전 설문조사들이 안고 있던 주요 문제 중 하나인 '응답자들이 부패에 대해 갖고 있는 다른 기준들'에 관한 문제를 줄여준다.

---

[3] 부패 외에 사업 수행의 걸림돌로 제시된 목록은 비효율적 정부 관료, 정책 불안정, 조세 규제, 불충분한 사회 기반시설 공급, 금융 접근성, 세율, 국가 노동인구의 빈약한 노동 윤리, 불충분한 교육을 받은 노동력, 인플레이션, 환율 규제, 범죄와 절도, 억압적 노동 규제, 정부 불안정/쿠데타와 빈약한 공공의료(2008년에 포함됨) 등을 포함하고 있다. 이 조사는 응답자들에게 목록에서 가장 문제가 되는 다섯 가지를 선택하라고 요구하고, 그 결과는 응답자에 의해서 할당된 순위에 따라 조정되고 가중치가 부여된다.

표 3.3 사업 수행의 가장 큰 걸림돌로 부패를 꼽은 기업인 비율

국가＼연도	2003	2004	2005	2006	2007	2008	2009	2010	2011	평균
싱가포르	0	0	0	0.3	0.3	0.1	0.8	0.1	0.3	0.3
일본	1	0	1	1.8	1.1	0.7	0.2	0.1	0.1	0.1
타이완	3	3	2	3.6	3.2	3.2	0.9	2.6	0.5	0.5
홍콩	4	4	5	1.6	2.3	1.6	2.5	3.4	0.7	0.7
한국	6	5	8	4.6	4.0	4.7	5.9	5.9	5.6	5.6
말레이시아	4	12	8	8.0	9.0	14.5	10.4	8.0	9.6	9.6
스리랑카	11	10	12	8.7	8.4	11.5	7.1	10.5	9.1	9.1
동티모르	–	–	10	10.2	9.7	11.4	9.6	10.7	14.4	14.4
인도네시아	17	19	11	4.6	4.2	10.7	8.7	16.0	15.4	15.4
몽골	–	–	10	10.5	11.3	11.6	11.2	12.2	12.8	12.8
중국	11	15	13	12.0	11.6	7.4	7.4	9.5	8.5	8.5
네팔	–	–	–	12.2	10.3	11.9	10.8	12.1	10.0	10.0
인도	16	16	14	10.5	11.9	10.1	11.0	17.3	16.7	16.7
타이	17	15	13	14.7	10.8	10.3	11.0	11.4	14.5	13.1
파키스탄	13	18	16	13.3	11.5	13.1	11.5	18.4	11.6	14.0
베트남	15	22	20	18.8	14.8	9.0	5.1	4.8	5.7	12.8
방글라데시	26	25	25	22.8	23.7	18.5	16.0	14.5	18.5	21.1
캄보디아	–	–	24	19.6	21.2	24.5	23.9	21.5	16.8	21.6
필리핀	22	22	23	21.5	22.3	23.9	24.3	22.7	24.4	22.9

자료: 세계경제포럼, 글로벌 경쟁력 보고서 (2003~2011).

표 3.3은 필리핀에서 2003년부터 2011년까지 인터뷰에 응한 경영자 22.9%가 사업에 영향을 미친 가장 큰 문제로 부패를 선택했음을 보여준다.

부패는 비효율적 정부 관료(16.3%), 불충분한 사회기반시설(14.9%), 정책 불안정성(12.7%)보다 더 큰 문제로 여겨졌다. 반면 같은 기간 동안 타이완 경영자의 2.4%, 한국 경영자의 5.5%가 부패를 사업 수행을 가로막는 가장 큰 문제로 간주했다. 타이완인들은 사업의 가장 큰 걸림돌로 정책 불안정성(22.4%)과 비효율적 관료(14.3%)를 선택했다. 한국인들 또한 정책 불안정성(17.3%)과 비효율적 관료(15.1%)를 꼽았고, 제한적 노동 규제(12.2%)와 금융 접근성 (12.0%)이 뒤를 이었다.

2003~2005년과 2009~2011년의 3년 평균을 비교하면 타이완의 평균 퍼센트는 2.7에서 1.3으로 낮아졌고, 한국도 6.3에서 5.8로 약간 낮아졌지만, 필리핀은 22.3에서 23.8로 약간 상승했다. 8년이라는 짧은 기간으로 어떤 추세를 읽어내기에는 성급할지 모르지만, 적어도 우리는 필리핀과 다른 두 국가가 수렴하지는 않음을 볼 수 있다. 표 3.3에 나오는 아시아 국가들 중 필리핀(22.9%)은 캄보디아(21.6%), 방글라데시(21.2%)와 더불어 사업가들이 부패가 사업의 가장 큰 걸림돌이라고 응답한 비율이 가장 높은 세 국가에 속한다. 반면 타이완(2.4%)과 한국(5.5%)은 비록 싱가포르(0.2%), 일본(0.7%), 그리고 부패가 사업의 가장 큰 걸림돌이라고 선택한 경영자가 1% 미만인 선진 유럽 국가와 같이 매우 낮은 수준에 도달하지는 못했지만, 아시아 평균(10.8%)보다는 상당히 낮다. 이 설문조사는 부패가 필리핀에서는 가장 심각한 문제로 간주되고 있지만, 타이완과 한국에서는 상대적으로 심각하지 않은 문제로 인식된다는 것을 명백히 보여준다. 또한 한국인은 부패를 타이완인보다 더 심각한 문제로 받아들이고 있다는 점에서 차이를 보인다.

표 3.4의 국제투명성기구 세계부패척도를 살펴보자. 지금까지 부패인식도에 대해 자세히 알아보았다. 이제 사람들이 경험한 부패에 대한 설문조사 데이터를 검토하고자 한다. 국제투명성기구의 세계 부패 척도 설문조사는

표 3.4 지난 1년간 가족 구성원이 뇌물을 준 경험이 있는 사람들의 비율

국가＼연도	2004	2005	2006	2007	2008/09	2010	평균
일본	1	0	3	1	1	8.9	2.5
한국	6	4	2	1	2	2.4	2.9
타이완	1	3	2	-	-	7.1	3.3
홍콩	1	0	6	3	7	5.2	3.7
싱가포르	1	4	1	-	5	8.8	4.0
말레이시아	3	6	3	6	8	9.1	5.8
중국	-	-	-	-	-	9.3	9.3
타이	-	6	10	-	11	22.7	12.4
필리핀	21	9	16	32	11	16.1	17.5
인도네시아	13	11	18	31	28	18.2	19.9
인도	16	12	12	25	8	54.2	21.2
파키스탄	19	13	15	44	18	49.4	26.4
베트남	-	-	-	14	-	43.9	29.0
몽골	-	-	-	-	28	47.6	37.8
캄보디아	-	36	-	72	47	84.0	59.8
아프가니스탄	-	-	-	-	-	61.0	61.0

자료: 국제투명성기구, Global Corruption Barometer Survay(2004~10).

일반 대중에게 응답자 자신 또는 가족이 과거에 공무원에게 어떤 형태로든 뇌물을 준 적이 있는지 묻는다. 이 설문조사는 사소한 뇌물의 상대적 빈도를 포착한다. 필리핀에서는 응답자의 평균 17.5%(2004~2010년 매년 9~32% 사이로 측정)가 공무원에게 뇌물을 준 적이 있다고 인정한 반면, 한국과 타이완의 평균은 각각 2.9%와 3.3%였다. 표 3.4는 한국과 타이완이 사소한 관

료 부패 측면에서 일본(2.5%), 홍콩(3.7%), 싱가포르(4.0%)와 함께 아시아에서 가장 덜 부패한 그룹에 속한다는 것을 보여준다. 필리핀은 사소한 부패가 아프카니스탄(61%)이나 캄보디아(59.8%)처럼 극도로 높은 수준은 아니지만 인도네시아(19.9%)나 인도(21.2%)와 비슷한 수준이다.

부패인식도 측정에서는 필연적으로 응답자마다 과소 응답 수준이 서로 다르지만, 이것은 큰 문제가 되지 않는다. 일부 국가에서는 연간 변화 폭이 꽤 큰데, 약간씩 다른 질문 문항과 설문조사 수행 방식 때문일 것이다. 따라서 이러한 숫자들의 미세한 차이에 그리 큰 의미를 둘 필요는 없다. 이러한 데이터는 사소한 부패의 만연성 정도에 관한 폭넓은 그림을 제공해주고, 한국과 타이완보다 필리핀에서 사소한 부패가 더 만연했다고 안전하게 판정할 수 있게 해준다.

한편 세계경제포럼의 다른 영역에서의 부패 측정Meatures of Corruption in Different Sectors이라는 것도 있는데, 한 가지 유의해야 할 점은 사소한 부패 경험은 대부분 사소한 관료 부패를 반영한다는 점이다. 부패는 상이한 영역에서 발생한다. 따라서 상이한 영역의 부패 형태에 대한 측정을 검토할 필요가 있다. 세계경제포럼의 설문조사는 부패의 상이한 형태들(예를 들어, 기업과 사법 정치)에 관한 질문들을 한다. 기업 부패를 측정하는 질문 중 하나는 경영자들에게 그들 국가에서 기업 윤리(공무원, 정치인과 다른 경영자와의 상호작용에서 윤리적 행동)에 대해 1부터 7까지의 범위(1은 전 세계 최악, 7은 전 세계 최선)내에서 평가하라고 요청한다. 2006년부터 2012년 사이 타이완, 한국, 필리핀의 평균은 각각 4.8, 4.5, 3.4를 기록했다. 사법 부패(재판에서 변칙적인 징벌)를 측정하는 질문에 타이완, 한국, 필리핀의 평균 점수는 각각 5.5, 4.8, 2.7이었다. 정치 부패에 관한 질문은 세 가지(정부 정책 수립에서 불규칙한 징벌, 불법 정치 기부의 만연성, 합법 정치 기부의 정책적 영향력)가 있다. 정치 부패에 관한 이런 질문들

표 3.5 부패 유형에 따른 세 국가 간 비교 (1 = 세계 최악, 7 = 세계 최선)

유형 국가	기업	사법	정치	평균
타이완	5.3	5.5	4.5	5.1
한국	4.6	4.8	4.0	4.5
필리핀	3.6	2.7	2.5	2.9

자료: 세계경제포럼, Global Competitiveness Report(2001~2010).

의 평균 점수는 타이완 4.5, 한국 4.0, 필리핀 2.5였다. 부패 유형에 상관없이 세 국가 간 순위는 일관성이 있었다. 필리핀은 방글라데시, 네팔, 캄보디아, 동티모르와 함께 아시아에서 가장 부패한 국가 중 하나였다. 타이완은 가장 덜 부패한 국가에 속했고, 한국은 타이완보다 약간 아래에 위치했다.

요약

필자는 정치, 관료, 사법, 기업 부패를 포함해 부패의 인식도와 경험에 관한 국가 간 측정치들과 다양한 역사적 증거를 제시했다. 첫째, 세 국가 모두 독립 초기 부패 수준이 높았다. 이 시기에 필리핀에서 부패가 만연했다는 것을 보여주는 증거는 적지 않다. 일본 지배로부터 해방된 이후 타이완의 초기 중국 정부도 부패로 악명이 높았으며, 이것은 1947년 인민 봉기를 촉발시켰다. 타이완에 정착하기 전 중국 대륙에서 국민당 정권은 만연한 부패로 악명이 높았다는 것 또한 분명하다. 초대 이승만 대통령(1948~1960년) 시기 한국도 부패가 만연했는데, 이승만은 선거 부정과 정권의 부패에 대항한 대규모 학생시위로 인해 대통령직을 사임해야 했다.

둘째, 세 국가 모두 권위주의 체제였던 1980년대 초반에는 필리핀이 가장 부패했고, 타이완이 가장 덜 부패했으며, 한국은 그 사이였다. 이는 독립 후 몇십 년 간 부패 통제에 있어서 타이완은 실질적인 개선을, 한국은 일부 개선을 이루었음을 보여준다. 필리핀에서는 초기 민주주의 기간(1946~1972년)과 권위주의 기간(1972~1986년)에 모두 부패가 더 악화되었다.

독립 후 초기 몇십 년 사이에 형성된 세 국가 간의 순위는 현재까지 변화하지 않았다. 이것은 부패의 강력한 경로 의존성 또는 점착성stickiness을 시사하지만 오랜 시간 동안 일부 변화도 있었다. 민주주의 전환 이후 몇 년 동안 필리핀과 한국에서는 일부 개선되는 모습을 보였으나 타이완은 부패의 증가를 경험했다. 그러나 민주화의 장기적인 효과는 타이완과 한국에서는 긍정적이었지만 필리핀에서는 긍정적이지 못했다. CPI와 CCI 모두 필리핀과 나머지 두 국가 사이의 부패 격차가 더 커졌음을 보여준다. 한국과 타이완은 적어도 1990년 중반 이후(또는 CPI와 CCI가 공표된 전체 기간 동안) 부패 통제에 있어서 진전을 보인 반면 필리핀의 부패 수준은 높아졌다. 오늘날 경영자의 부패 인식과 대중의 부패 경험에 관한 설문조사는 모두 필리핀이 아시아에서 가장 부패한 국가 중 하나인 반면 한국과 타이완은 덜 부패한 국가에 속한다는 것을 보여준다.

가능한 설명들

지금까지 세 국가의 부패의 상대적 수준과 추세를 정립했으므로, 이제는 이런 차이의 원인들을 탐구할 차례이다. 구체적인 질문들은 다음과 같다.

1. 왜 한국과 타이완은 국가 건설 후 수십 년 사이에 필리핀보다 덜 부패해졌는가?

2. 왜 같은 기간 동안 한국은 타이완보다 부패를 줄이는 데 덜 성공적이었
   는가?
3. 민주주의 전환 초기(적어도 1990년대 중반 이후 또는 CPI와 CCI를 모
   두 확인할 수 있는 전 기간에 걸쳐)에 한국과 타이완은 개선에 성공한 반
   면 왜 필리핀은 더 악화되었는가?

필자는 세 국가의 부패 수준을 형성한 모든 가능성 있는 요소들을 다루
기 위해 부패 원인에 대해 기존의 문헌들이 설정한 다양한 요소들을 고려할
것이다. 필자는 민주주의, 관료제, 불평등과 더불어 경제 발전, 교육 수준,
정부 개입, 종교와 문화, 민족적 동질성 등에 대해 밀의 차이법을 적용하여
간단한 상관관계 테스트를 실시했다.

표 3.6 잠재적 부패 원인의 예측력

독립변수	독립변수들의 순위	예측된 부패 순위	일치여부
경제 발전	한국=타이완<필리핀 (1960년대 후반까지)	한국=타이완≥필리핀	아니오
교육	한국=타이완<필리핀 (1970년대까지)	한국=타이완≥필리핀	아니오
정부 개입	한국=타이완>필리핀	한국=타이완>필리핀	아니오
민족-언어 다양성	필리핀=타이완>한국	필리핀=타이완>한국	아니오
개신교	한국>타이완=필리핀	한국≥타이완=필리핀	아니오
유교	한국=타이완>필리핀	한국=필리핀≥타이완	아니오
민주주의	한국=필리핀≥타이완	한국=필리핀≥타이완	아니오
불평등	필리핀>한국≥타이완	필리핀>한국≥타이완	예
능력주의 관료제	타이완≥한국>필리핀	필리핀>한국≥타이완	예

미리 밝히자면 부패 측면에서 세 국가의 등급 순위는 경제 불평등과 관료제에서 능력주의·엽관주의 측면에서의 등급 순위와 완벽히 일치한다. 불평등, 엽관주의와 부패는 필리핀이 가장 높고, 한국은 훨씬 낮으며, 타이완은 가장 낮다. 그러나 표 3.6이 보여주듯이, 부패의 다른 잠재적 원인들 가운데 어떤 것도 등급 순위가 부패의 등급 순위와 정확한 상관관계를 보이는 것은 없다. 따라서 경제 불평등과 관료제 외에는 우리가 관심을 갖고 있는 세 국가 사례에 대해 설득력 있는 설명을 제공하는 다른 요인은 보이지 않는다. 민주주의와 부패 사이에는 그 어떤 단순한 관계도 없으며, 민주주의의 효과는 불평등 수준에 따라 달라지는 것으로 보인다. 부패의 잠재적 원인 각각에 대해 더 세부적으로 검토해보자.

첫째, 많은 경험적 연구들은 경제 발전 수준(1인당 소득)이 상당한 정도

그림 3.3 1953~2007년 한국, 타이완, 필리핀의 1인당 실질 GDP

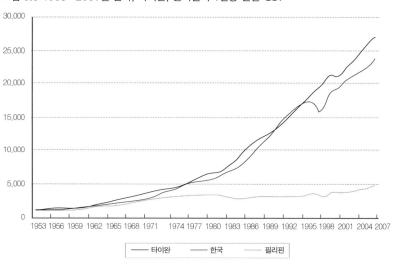

(2005년 불변 달러 기준) 자료: Heston et al.(2009)

로 부패와 역의 방향으로 연결된다는 것을 발견했다. 즉 발전한 국가일수록 일반적으로 덜 부패했다(Lambsdorff 2005; Treisman 2007). 그러나 인과적 방향성은 낮은 발전에서 부패로 향하기보다는 부패에서 낮은 발전으로만 향하는 경향이 있다(Kaufmann and Kraay 2002). 또한 과거의 경험적 연구에서 경제 발전의 부패에 대한 영향은 최소제곱법 회귀분석에 의해 과대평가 되었을 수 있는데, 국가 간 부패 측정에서 부국에 호의적인 체계적 편견이 있기 때문이다(Donchev and Ujhelyi 2009; You and Khagram 2005).

그림 3.3은 필리핀이 처음에는 1인당 GDP를 기준으로 보았을 때 한국이나 타이완보다 더 발전했었다는 것을 보여준다. 필리핀의 1인당 GDP는 1960년대 후반 한국과 타이완에 추월당했다. 독립 후 초기 몇십 년 동안 한국과 타이완이 필리핀보다 훨씬 덜 부패했다는 것을 감안하면, 다른 요인과는 다른 부패 수준이 이들 국가의 경제 성장 변동을 설명해주는 것처럼 보인다. 이후 시기, 특히 세 국가가 민주주의로 전환한 1980년대 후반 이후 경제 발전 수준의 거대한 격차는 어느 정도까지는 계속되는 부패 차이들을 설명해줄 수 있으며, 더 나아가 필리핀, 한국, 타이완의 부패 수준의 격차 현상을 설명해준다. 이는 부패에 대한 민주주의 효과와 정부의 질은 경제 발전 수준에 달려 있다는 샤론과 라퓨언트(2010)의 주장과 일치하는 것처럼 보인다. 필자는 다음 장에서 이런 가능성에 대해 좀 더 깊이 있게 검토할 것이다. 그러나 세 국가 사이의 기본적인 부패 등급 순위가 성립되는 중요한 시기 동안 경제 발전 수준은 부패의 확실한 예측인자가 아니었다는 점은 중요하다.

일부 학자들은 경제 발전이 아니라 교육 수준이 부패 수준에 영향을 미친다고 주장했다(Botero, Ponce and Shleifer 2012; Svensson 2005; Uslaner and Rothstein 2012). 그러나 독립 시점에 필리핀의 교육 수준은 한국이나 타이완

표 3.7 1950~2000년 세 국가의 교육 정도

	연도	한국	타이완	필리핀
초등 교육기관 진학률(%)	1950	83	79	91
	1960	96	102	91
중등 교육기관 진학률(%)	1950	16	11	27
	1960	29	29	29
고등 교육기관 진학 인원 (인구 10만 명당)	1950	18	9	88
	1960	41	33	108
평균 교육 연수 (25세 또는 이상 연령)	1960	3.23	3.32	3.77
	1970	4.76	4.39	4.81
	1980	6.81	6.37	6.06
	1990	9.25	7.44	7.07
	2000	10.46	8.53	7.62

자료: McGinn et al. (1980: 150~151); Barro and Lee(2001).

보다 앞서 있었다. 표 3.7를 보면 1950년 필리핀은 초·중·고교 진학률이 한국이나 타이완보다 높았다. 1970년까지 필리핀의 평균 교육 수준(25세 이상 인구가 학교에서 교육받은 평균 연수)은 한국이나 타이완보다 높았다. 따라서 교육 수준은 세 국가 사이의 초기 부패 추세를 설명해주지 못한다. 바로와 이(Barro and Lee 2001)의 데이터를 보면 이후에 필리핀인들의 평균 교육 연수가 한국과 타이완 아래로 떨어지기는 했지만, 여전히 타이완과 필리핀의 차이는 크지 않고 한국은 두 국가를 상당히 앞지르고 있다. 교육 확대는 한국과 타이완에서 부패를 줄이는 데 일부 역할을 했을 수 있지만, 직접적인 영향력으로 작용하지는 않은 것으로 보인다.

정부의 크기 또는 GDP에서 정부 지출이 차지하는 비율로 측정되는, 경제에 대한 정부 간섭 정도는 부패의 원인으로 간주되곤 한다. 이는 정부 간섭 또는 관료적 형식주의가 지대를 만들어 내고 지대 추구 행위들을 자극할 수 있기 때문이다. 한국과 타이완 정부는 경제에 매우 강하게 개입한 반면, 필리핀에서는 국가의 역할이 그리 크지 않았다. 헤스턴 등(2009)의 데이터에 따르면 1953~1970년 실질 GDP에서 정부 지출 점유율은 한국이 평균 20.9%, 타이완이 25.2%였던 반면 같은 기간 동안 필리핀은 평균 12.7%로 두 국가보다 낮았다.[4] 그러나 필리핀에서 부패 수준은 낮은 게 아니라 더 높았다.

민족-언어 파편화는 부패와 정방향의 상관관계가 있음이 발견되었지만, 1인당 소득과 위도latitude 통제가 더해지면 중요성이 떨어진다(Mauro 1995; La Porta et al. 1999). 중국계 필리핀인 기업가들이 사업상 차별 대우를 피하기 위해 정부 관료들에게 뇌물을 주고 정치인들에게 불법 선거 자금을 제공하는 경향이 있음을 감안하면, 민족·언어의 다양성은 부분적으로 필리핀의 높은 부패 수준을 설명하기도 한다(Wurfel 1988: 57~8). 그러나 부패가 중국계 필리핀인들에게만 한정되는 것이 아니라 모든 민족에 편재해 있다는 것이 상식이다. 한국은 인종적, 언어적으로 매우 동질성이 높으나 한국에 비해 인종적, 언어적으로 이질적인 타이완보다 부패가 다소 높다. 따라서 민족-언어에 관한 설명은 세 국가 모두에게 전반적으로 잘 맞지 않는 것으로 보인다.

---

[4] 정부의 크기를 정부 개입을 측정하는 수단으로 사용하는 것에 대한 반대가 있을 수 있지만, 일반적으로 학자들은 경제에 대한 필리핀 국가의 역할이 크지 않았던 반면 한국과 타이완 정부는 강력하게 개입했다는 데 일반적으로 동의한다(Wurfel 1988: 56).

그림 3.4 Polity IV 점수 추이

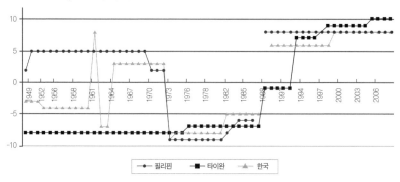

자료: Polity IV 프로젝트

　　많은 국가 간 경험적 연구들은 개신교와 낮은 수준의 부패가 유의미하게 연결된다는 것을 발견했다(La Porta et al. 1999; Paldam 2001)[5]. 한편 '유교적 가족주의'는 세습, 족벌주의, 사회적 불신과 뇌물 또는 선물 교환을 촉진시킨다는 비난을 자주 받아왔다(Fukuyama 1995; 김경일 1999). 그러나 종교, 문화, 그리고 특히 개신교와 유교의 역할은 이들 세 국가 간의 상대적 부패 수준을 설명하지 못한다. 한국은 개신교 인구가 타이완보다 많지만 한국은 타이완보다 부패가 다소 높다. 유교적 전통은 한국과 타이완에서 매우 강력한 반면 필리핀에는 유교적 전통이 없다. 그러나 한국과 타이완은 필리핀보다 부패가 훨씬 적다. 사실 한국과 타이완의 능력주의 관료제는 실질적으로 유교적 전통에 역사적 뿌리를 두고 있다(Evans 1995; Woo-Cumings 1995).

5　필리핀의 주요 종교인 가톨릭을 요인으로 의심할 수 있지만, 가톨릭은 부패에 유의미한 영향을 미치지 못한 것으로 보인다. 개신교는 낮은 수준의 부패와 유의미하게 연결된 반면 국가 간 연구에 따르면 가톨릭은 유의미하지 않다. 그리고 필리핀에서 가톨릭 성당은 민주화와 반부패 운동에서 자주 중요한 역할을 함으로써 마르코스와 에스트라다를 대통령직에서 내려오도록 했다.

이제 우리의 주요 설명변수(민주주의, 관료제, 불평등)들을 살펴보자. 그림 3.4는 민주주의의 수준을 측정한 폴리티 IV(Polity IV) 중 세 국가의 추세를 보여준다. 한국과 필리핀은 모두 1972년(한국에서는 1961~1963년의 짧은 군부 통치 시절을 제외한 유신 이전 기간, 필리핀에서는 계엄령 이전 기간)까지 어느 정도 형식적 민주주의였고 '피플 파워' 운동을 통해 1986년(필리핀)과 1987년(한국)에 극적으로 민주주의로 전환했다. 타이완은 장기간 권위주의 정권이었으나, 1980년대 후반부터 점진적으로 민주주의 전환을 경험했다.

흥미롭게도 세 국가 가운데 타이완은 1990년대 초까지도 가장 덜 민주주의적이었지만, 부패 수준이 가장 낮다. 이것은 리콴유의 주장을 뒷받침하는 것처럼 보인다(Zakaria 1994). 그러나 한국과 타이완에서 민주주의 전환 이후, 특히 1990년대 중반 이후 부패가 확실히 줄어들었다. 페르디난드 마르코스의 계엄령 정권(1972~1986년)과 전두환의 권위주의 정권(1980~1987년)은 필리핀과 한국의 역사상 가장 부패로 악명 높았던 기간으로 알려져 있다. 사실 이들 국가의 민주주의와 부패 사이에는 단순한 상관관계가 없다. 앞선 장의 이론적 논의에서 살펴보았듯이 이들 국가에서 부패에 대한 민주주의 영향은 다른 요인들에 의해 다양한 모습을 보였을 수 있다. 예를 들어 낮은 불평등은 필리핀보다 한국이나 타이완에서 민주적 책임성 기제가 더 잘 작동하도록 했다.

베버식 관료제, 특히 능력주의 채용은 높은 경제 성장뿐 아니라 낮은 부패와 밀접히 연관되어 있다고 알려져 있다(Dahlström et al. 2012; Evans and Rauch 1999; Rauch and Evans 2000). 35개국을 대상으로 한 에반스와 라우치(Evans and Rauch 1999)의 1970~1990년 베버 척도Weberianness 점수 데이터에서 한국과 타이완의 평균은 각각 13과 12로 최상위권을 기록했지만, 필리핀

표 3.8 한국, 타이완, 필리핀의 관료제 구조

	한국	타이완	필리핀	표본 평균
에반스와 라우치 데이터 (N=35): 베버지수	13	12	6	7.2
능력 채용	0.72	0.96	0.67	0.58
내부 승진	0.68	0.72	0.29	0.44
급여	0.50	0.47	0.28	0.51
능력주의	0.70	0.84	0.48	0.51
PoG 데이터(N=105):				
전문성	5.05	4.42	3.71	3.93
공평성	0.71	0.61	-0.73	-0.11

참고: 능력주의는 능력주의 채용과 내부 승진의 평균값이다.
자료: Evans and Rauch(1999); Rauch and Evans(2000); Teorell et al. (2011).

은 6.5로 낮았다.[6] 각국 전문가들의 설문조사에 기초한 그들의 평가는 한국
과 타이완에 관한 발전국가 문헌들과의 일관성이 매우 높다(Amsden 1989;
Campos and Root 1996; Cheng et al. 1998; Evans 1995; Haggard 1990a; Johnson
1987; Rodrik 1995; Wade 1990; World Bank 1993).

필자가 '능력주의 채용'과 '내부 승진과 경력 안정성'의 평균을 구해 능
력주의 점수meritocracy score를 만들었더니 표 3.8에서 보듯 타이완은 0.84, 한국
은 0.70, 필리핀은 0.48이었다. 따라서 관료 채용과 승진에서 능력주의는 세
국가에서 부패와 역의 상관관계가 있다. 또한 정부의 질이 내놓은 관료제
에 대한 새로운 설문조사 데이터(Teorell et al. 2011) 역시 같은 그림이다. '전

6 데이터에 대한 상세한 내용은 에반스와 라우치(1999)와 라우치와 에반스(2000) 참조.

문 관료제' 측면에서 한국, 타이완, 필리핀의 점수는 각각 5.05, 4.42, 3.71이다. '공정한 행정부'의 측면에서는 한국, 타이완, 필리핀의 점수가 각각 0.71, 0.61, -0.73이다. '전문 관료제'는 엽관주의가 없다는 뜻이고, '공정한 행정부'는 관료 부패가 없다는 뜻이다.

마지막으로 세 국가에서 불평등은 부패의 상대적 수준과 가장 강력한 상관관계를 보여준다. 그림 3.5는 세 국가에서 소득 불평등(예를 들어, 지니계수)의 추세를 보여준다. 필리핀의 소득 불평등은 적어도 1960년대 중반부터 한국과 타이완보다 훨씬 높았다. 이것은 필리핀의 훨씬 높은 부패 수준과 상응한다. 한국과 타이완을 보면 특히 1970년대와 1980년대 한국의 불평등이 약간 높았다. 이것은 타이완보다 다소 높은 한국의 부패 수준에 관한 연구 결과물과 상응한다.

흥미롭게도 타이완의 소득 불평등은 1950년대에는 높았으나, 1953~1965년에는 극적으로 낮아졌다. 1953년 한국의 소득 불평등이 세 국가 중 가장

그림 3.5 1953~2005년 세 국가의 소득 불평등(지니계수)의 추이

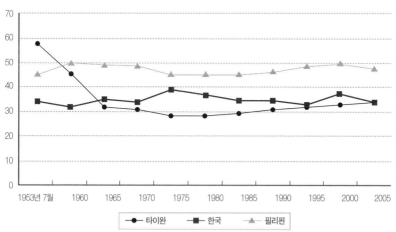

자료: UNU-WIDER World Income Inequality Database(version 2.0c)

낮았지만, 1945년 일제로부터 독립할 당시 불평등이 높았다는 증거가 있다 (Ban et al. 1980: 290~1). 따라서 한국과 타이완은 독립 이후 초기에 불평등을 줄인 반면 독립 이후 필리핀은 높은 수준의 불평등을 유지했다. 또한 우리는 1940년대 후반 세 국가 모두 부패 정도가 심했다는 것을 알고 있으며, 한국과 타이완에서는 부패가 줄어들었지만 필리핀에서는 부패가 유지되거나 오히려 증가했다는 것도 알고 있다. 중요한 질문은 인과 방향성에 관한 것이다. 불평등 수준의 변화가 부패 수준의 변화를 초래했는가, 아니면 부패의 변동이 불평등 수준을 변화시켰는가?

세 국가에서 전통적으로 부패의 원인으로 인정되었던 요인들을 살펴본 결과, 예상되는 부패 수준과 상관관계가 있는 것은 불평등과 관료제뿐이다. 세 국가에서 경제 발전 수준은 뒤로 갈수록 부패 정도와 정확히 상관관계가 있으나, 세 국가 간 기본적 부패 등급 순위가 정립되는 초기에는 그렇지 않았다. 비록 능력주의 관료제가 부패 수준과 밀접하게 상관관계가 있지만, 엽관주의 자체가 설명이 필요한 부패의 한 종류이다. 따라서 세 국가에서 불평등은 부패 수준에 대해 상대적으로 강력한 예측인자이다.

그러나 상관관계가 곧 인과성을 의미하는 것은 아니다. 역逆인과관계와 의사疑似 상관관계는 언제나 가능하다. 인과 방향성과 그것의 메커니즘을 분명히 하려면 어떻게 세 국가가 다른 수준의 소득 불평등을 갖게 되었으며, 어떻게 불평등과 부패가 장기간에 걸쳐 서로에게 영향을 미쳤는지를 반드시 추적해야 한다. 민주주의와 선거가 있는 권위주의 정권에서 불평등에서 부패로 가는 인과 경로에 대한 필자의 세 가지 하위 가설을 검증하려면, 엄격한 비교역사 분석이 필요하다. 필자는 불평등이 아니라 상이한 경제 발전 수준이 후견주의, 그리고 부패에 대한 민주적 통제의 효율성에 어떻게 영향을 미치는가에 대해 엄밀하게 검토할 것이다.

한국, 타이완, 필리핀의 불평등-부패 가설 검토

세 국가에서의 부패 추이에 대한 잠재적인 원인을 비교했을 때 가장 눈에 띄는 것은 부패 추이와 불평등 추이 사이의 밀접한 상관관계이다. 필리핀은 독립 초기부터 오늘날까지 가장 높은 수준의 불평등과 가장 높은 수준의 부패를 모두 유지했다. 한국과 타이완에서는 불평등이 상당히 줄어들고 부패 또한 독립 초기부터 줄어들었다. 다음은 세 국가에서의 불평등과 부패 사이의 인과관계와 메커니즘에 대한 필자의 가설적 주장이다.

불평등 감소에 있어서 토지개혁의 성공과 실패

필자는 한국과 타이완에서 소득 불평등의 급격한 감소를 가져온 주요한 외생적 원인이 토지개혁이라고 주장한다(Rodrik 1995; You 1998; You 2012b). 제2차 세계대전 이후 한국, 타이완, 일본의 토지개혁은 성공한 반면 필리핀은 실패했다는 사실은 잘 알려져 있다. 필자는 토지개혁의 성공과 실패가 상이한 불평등 수준을 생산했고, 이는 다시 부패에 영향을 미쳤다고 주장한다.

그러나 상이한 부패 수준이 토지개혁의 운명을 결정했고, 이것이 상이한 불평등 수준을 만들다는 가설 또한 이론적으로 가능하다. 부패가 토지개혁의 운명을 결정했는지 확실하지는 않지만, 독립 당시 세 국가 모두 부패 수준이 높았다면, 이런 가능성을 면밀히 검토하는 것이 신중한 자세일 것이다. 따라서 필자는 4장에서 토지개혁의 성공과 실패는 외부로부터의 공산주의의 위협과 미국의 압력과 같은 외생적 요소에 의해 대부분 결정되었으며, 따라서 불평등은 부패에 독립적 영향을 미쳤을 것이라는 점을 보여줄 것이다. 여기서 중요한 질문은, 토지개혁의 성공과 실패에 의해 만들어진

상이한 불평등 수준이 어떻게 부패에 영향을 미쳤는가이다. 필자는 이것에 대해 기술하고자 한다. 이제 세 국가에서 불평등과 부패의 연관성을 설명해 주는 세 가지 메커니즘 가설을 검토해보자.

민주주의, 선거 그리고 후견주의

MH1: 높은 불평등은 후견주의(선거 부패)를 증가시키고, 이 때문에 정치 부패(정책 형성 과정에서의 부패)가 증가한다.

민주주의 체제에서 선거가 수직적 책임성 기제로 적절한 기능을 수행 하느냐 여부는 중요한 문제이다. 프로그램적 경쟁이 책임성을 강화하는 반 면, 후견주의적 경쟁은 정치인들의 역선택을 증가시키는 경향이 있다. 높은 불평등과 빈곤은 후견주의를 증가시킬 가능성이 있고, 이에 따라 정책 형성 과정에서 정치 부패를 증가시킨다. 따라서 후견주의(선거 부패)와 정치 부패 는 상대적으로 평등한 한국과 타이완보다 불평등이 높은 필리핀에서 더 만 연되고 지속되었어야 했다.

1980년대 후반 한국, 타이완, 필리핀은 모두 민주주의로 전환했고, 이 후 경쟁적 선거를 치러오고 있다. 비록 한국의 선거가 필리핀보다 다소 덜 자유롭고 덜 경쟁적이었지만, 한국과 필리핀에서는 1972년까지(한국 은 1961~1963년 제외) 대통령과 국회의원 선거를 치렀다. 심지어 박정희 (1972~1979년 유신정권), 전두환(1980~1987년)과 마르코스(1972~1986년)의 강력한 권위주의 체제에서도 국가 수준의 선거가 일부 있었다. 타이완에서 는 지방 수준의 선거가 정기적으로 치러졌고, 국가 수준의 선거는 권위주의 기간 동안 점진적으로 확대되었다. 선거가 개최되었다면 후견주의는 권위주의 정권에서도 발전했을 것이다. 5장에서는 세 국가에서 장기간에 걸쳐 후견주의적 정치와 프로그램적 정치가 어떻게 발전하고 축소되었는지에 대해 연구할 것이다. 특히 필자는 후견주의의 만연성과 지속성에 영향을 미친 것이 저발전이었는지, 아니면 경제 불평등이었는지를 확인하기 위해 노력할 것이다. 또한 프로그램적 정치의 발전에 대해서도 언급할 것이다.

관료제, 엽관주의와 부패

MH2: 높은 불평등은 관료제에서 후견주의적 임용을 증가시키고, 이에 따라 관료 부패(정책 수행 과정에서의 부패)가 증가한다.

불평등은 관료 채용과 승진에서 엽관주의를 증가시키는 경향이 있는데, 이는 강력한 사적 영역에 의한 후견주의 침투를 통해 이루어진다. 따라서 한국과 타이완보다는 필리핀이 관료 채용과 승진에서 엽관주의의 성행으로 더 고통 받을 것으로 예상된다. 관료 부패 또한 필리핀에서 더 높을 것이다. 앞서 증명한 것처럼 에반스와 라우치(1999)의 1970~1990년의 관료제에 대한 데이터는 능력주의가 필리핀보다 타이완과 한국에서 더 발전했다는 것을 보여준다. 그러나 필리핀은 한국과 타이완보다 식민지 시절로부터 보다 나은 관료제를 물려받았다는 점을 주목해야 한다. 필리핀은 미국 식민지 시절부터 일찌감치 능력주의 원칙을 확립했고, 필리핀 관료들은 한국과 타이완 관료들에 비해 학력이 높았다. 6장은 어떻게 능력주의가 한국과 타이완에서 발전하고 필리핀에서 엽관주의가 증가했는지 탐구하는 한편, 어떻게 불평등이 관료제에서 후견주의 일자리 제공에 영향을 미쳤는가에 초점을 맞출 것이다. 또한 필자는 세 국가에서 엽관주의와 능력주의 정도에 영향을 미친 것이 단지 빈곤과 저발전 또는 경제적 불평등뿐이었는지에 대해서도 연구할 것이다.

산업정책과 정부-기업 관계

MH3: 높은 불평등은 강력한 사적 이익집단에 의한 국가 포획을 증가시키고, 이에 따라 기업 부패가 증가한다.

강력한 사적 이익집단은 부패할 수 있고 정치와 관료를 포획할 수 있다. 그리고 높은 불평등과 경제 집중은 국가 포획의 가능성을 증가시킬 것이다. 따라서 필리핀은 한국과 타이완보다 사적 이익집단에 의한 국가 포획으로 더 많은 고통을 받았을 것으로 예측할 수 있다. 7장은 산업정책과 정부-기업 관계에 집중하면서 이 가설에 대해 연구할 것이다.

세 국가 모두 초기에 수입 대체 산업화import-substitution industrialization·ISI 전략을 추구했지만, 후기에 수출 지향 산업화export-oriented industrialization·EOI 정책으로 전환했다. 필리핀의 산업정책은 재벌 대기업의 강력한 영향을 받았고, 따라서 한국과 타이완의 산업정책보다 일관성이 떨어지고 지대 추구 경향이 더 강했다. ISI 정책은 지대 추구와 부패를 촉진시키는데, 이 문제는 필리핀에서 특히 심각했다. EOI 정책에서도 필리핀보다 한국과 타이완이 일관성 높고 지대 추구 경향이 적었음이 분명하다. 재벌 대기업에 의한 경제 집중이 필리핀뿐 아니라 한국에서도 매우 높았다는 것은 잘 알려져 있다. 한국의 경제 집중은 토지개혁 이후에는 낮았으나, 박정희 대통령의 재벌 우대 산업정책은 장기간에 걸쳐 재벌 집중을 증가시켰다. 필자는 박정희 대통령의 재벌 우대 정책이 포획의 결과는 아니지만, 장기간에 걸친 재벌 집중 증가는 포획 문제를 심화시켰다고 주장한다. 이것은 왜 한국이 타이완보다 더 부패했는지에 대한 부분적인 설명이 될 수 있다.

반부패 개혁의 엄격함과 효과성

책의 중요한 정책적 함의는 불평등 수준이 특히 높은 상황에서는 반부패 개혁이 항상 효과적이지 않다는 것이다. 반부패 개혁은 국가가 잘 조직되어 있고, 시민사회가 활발할 때 더 효과적인 경향이 있다. 불평등 수준이 낮을수록 시민사회의 능력이 더 높을 것이다. 높은 수준의 불평등에서는 개혁에 대한 강력한 사적 이익과 후견주의적 정치인, 관료들의 저항이 더욱 강할 것이다. 따라서 반부패 개혁은 필리핀에서는 가장 덜 효과적이고 타이완에서는 가장 효과적이었을 것이라고 예측할 수 있다. 한국에서는 재벌의 정치적 영향을 약화시켰던 1997~1998년 동아시아 금융위기로 전환점이 마련되기 전까지는 재벌 집중이 계속 증가하면서 반부패 개혁들이 비효과적이었다. 5장부터 7장에 걸쳐서 필자는 언제, 어디서 정치적, 관료적, 경제적 개혁이 더 혹은 덜 효과적인지, 어떻게 불평등(경제 집중과 빈곤)이 개혁의 효과성에 영향을 미치는지에 대해 연구할 것이다.

또한 다음의 가설적 주장들을 이어지는 장에서 탐구해 나갈 것이다.

1. 한국과 타이완의 성공적인 토지개혁은 상대적으로 평등한 부와 소득의 분배를 만들어낸 반면, 필리핀은 실패한 토지개혁으로 높은 수준의 불평등이 지속되었다(4장).
2. 한국과 타이완에 비해 매우 불평등한 필리핀에서 정치적 후견주의와 정치적 부패는 높은 수준의 불평등을 훨씬 더 광범위하게 발전시켰다

(5장).

3. 한국과 타이완의 관료 채용과 승진에서 능력주의가 발전했지만, 필리핀
   의 엽관주의는 장기간에 걸쳐 관료제에서 후견주의적 공직 제공을 증가
   시켰다(6장).

4. 필리핀의 산업정책은 ISI 초기 단계부터 가족 대기업의 강력한 영향을
   받았고, 이에 따라 필리핀의 산업정책은 한국이나 타이완보다 일관성이
   떨어지고 지대 추구 경향이 높았다. 한국의 산업화 전략은 대기업에 우
   호적이었고 장기간에 걸쳐 경제 집중이 높아졌다. 그 결과 한국의 산업
   정책은 갈수록 재벌에 의해 포획될 가능성이 더 높아졌다(7장).

5. 필리핀의 반부패 개혁들은 효과성이 가장 낮았다. 한국의 반부패 개혁
   들은 재벌 집중이 증가하면서 효과성이 낮아졌으며, 이는 1997년 동아
   시아 금융위기가 있을 때까지 지속되었다(5장~7장).

4장

불평등, 토지개혁과
경로 의존성의 기원

>·<

적어도 1960년대 이후 한국과 타이완이 필리핀에 비해 훨씬 낮은 수준의 불평등을 유지해왔다는 것은 잘 알려져 있다. 그러나 일본 지배로부터 독립하던 시기에는 한국과 타이완 모두 불평등이 매우 높았다. 따라서 세 국가 모두 초기에는 부와 소득에서 불평등이 높았는데, 이후 한국과 타이완에서는 불평등이 극적으로 많이 줄어든 반면 필리핀은 불평등을 줄이는 데 실패했다. 이들 국가가 보인 불평등의 상이한 궤적은 서로 대조되는 토지개혁 경험이 결정적이었다. 토지개혁의 성공과 실패는 완전히 다른 불평등 수준을 만들어냈을 뿐 아니라 이들 국가의 정치·경제에 장기적인 영향을 미쳤다.

한국, 타이완, 필리핀에서 토지 지주 계급은 상당한 부와 권력, 지위를 보유했으며 전통 사회의 기반이었다. 토지 엘리트의 토지 소유권은 사회적 삶의 주요 영역에서 우위를 보장했기 때문에 토지 엘리트는 농촌 지방에서 우위를 점할 수 있었다. 세 국가 모두 독립하던 시기에는 토지 소유가 매우 왜곡되어 있었다. 그러나 독립 후 그들의 토지개혁은 광범위하게 상이한 결과를 낳았다. 한국과 타이완에서는 독립 후 토지개혁이 "그들(토지 엘리트)의 권력 기반을 파괴하고 이후의 발전을 가능하게 만드는 중대한 구조적 변형이었다(Lie 1998: 5)." 그러나 필리핀에서는 유의미한 구조적 개혁을 하는 데 실패했다.

1945년 일제 식민지에서 독립했을 때 한국은 기본적으로 극소수 토지 지주와 거대한 소작농으로 구성된 농업 경제였다. 개혁 전 한국의 남부 지방은 농촌 가구 가운데 가장 부유한 2.7%가 모든 경작 가능 토지의 3분의 2를 소유한 반면 58%는 토지를 전혀 소유하지 못했다. 그러나 1956년에 이르러서는 최상위 6%가 개간된 토지의 18%만을 소유하고 있었다. 남한에서의 소작은 모든 농업 가구의 49%에서 7%로 줄어들었고, 소작으로 경작되는 농지는 65%에서 18%로 떨어졌다(Ban et al. 1980; Lie 1998). 타이완에서도 소작은 1950년 38%에서 1960년 15%로 떨어졌고, 소작으로 경작되는 토지 비율도 44%에서 14%로 떨어졌다(Fei, Ranis and Kuo 1979: 42~3). 한국과 타이완에서 토지 계급이 효과적으로 해체되는 동안, 필리핀의 고도로 왜곡된 토지 소유 양상은 독립 후에도 거의 변하지 않았다. 소작은 1943년 37%에서 1961년 50%로 오히려 증가했고, 1981년에도 농촌 가구의 1.5%가 전체 50%를 소유하고 있었다(Putzel 1992: 28~29; Simbulan 2005 [1965]: 58).

남한과 타이완의 토지개혁은 20세기에 단행된 것들 중에서 가장 포괄적이고 평등주의적인 개혁으로 여겨지는 반면, 필리핀의 토지개혁은 실패한 사례로 널리 인용된다(Powelson and Stock 1990; Putzel 1992; Tai 1974). 한국과 타이완의 급속한 산업화와 '공평한 성장'을 토지개혁 덕분으로 보는 연구들은 많다(Lie 1998; Rodrik 1995; World Bank 1993; You 1998; You 2012b).[1] 실패한 토지개혁은 필리핀의 저조한 경제 실적의 중요한 원인으로 지적되었다(Bello et al. 2004; Montinola 2012). 그러나 더욱 중요한 것은 토지개혁의 성공과 실패가 이들 국가의 정치·경제에 심대한 영향을 미쳤다는 점이다. 토지개혁의 성공과 실패는 경제적 불평등과 성장의 차이뿐 아니라 정치적 불평등과 부패도 초래한다. 따라서 필자는 성공한 또는 실패한 토지개혁으로 이들 국가의 상이한 부패 수준에 대한 설명을 시작하고자 한다.

1945년 10월 미 군정US Military Government(1945~1948년)에 의해 처음 수행된 남한의 토지개혁은 소작료를 소출 작물의 3분의 1로 축소시켰고 1948년 봄 일본인이 소유했던 토지를 전 소작인에게 팔도록 하는 조치를 포함했다. 한국에서 2개의 단독 정부가 수립된 이후 남한 정부는 한국 전쟁(1950~1953년)이 발발하기 직전인 1950년에 토지개혁을 시행하기 시작했다. 이에 더해 많은 지주들이 소작인들에게 농지를 직접 팔았다. 결국 소작인에 의해 경작되어 왔던 전체 농지의 89%가 1952년까지 소작인들에게 이전되었고 경자유전耕者有田 원칙이 실현되었다(홍성찬 2001).[2]

타이완의 토지개혁은 3단계로 광범위하게 수행되었다. 첫째, 50% 또는 그 이상이던 소작료가 1949년 37.5%로 줄어들었다. 둘째, 1951년부터 경작 가능한 공공 토지가 소작농에게 매각되었다. 셋째, 1953년 경자유전 프

---

[1] 세계은행이 1993년에 펴낸 「동아시아의 기적」 보고서는 한국과 타이완 등이 급속한 경제 성장 뿐만 아니라 개발도상국 중에서 이례적으로 공평한 소득분배를 동시에 이루었다고 찬사를 보내며 '공평한 성장'이라는 용어를 사용했다. 이러한 공평한 성장에는 노동집약 산업화 등의 공헌도 있지만 특히 토지개혁이 중요한 밑받침을 이루었다는 데에 여러 연구들이 일치된 결론을 보이고 있다.

[2] 경자유전이란 농지를 실제로 경작하는 농민이 농지를 소유해야 한다는 것을 의미한다. 1948년 제헌의회에서 제정된 대한민국 헌법은 '농지는 농민에게 분배한다'라는 경자유전 조항을 담고 있다.

로그램, 또는 지주가 소유한 토지의 강제 매각이 시작되었다. 부재 지주 소유권이 폐지되고, 지주가 보유할 수 있는 토지 규모의 상한선이 낮게 책정되었다. 그 결과 개간된 전체 토지의 25%가 전체 농가의 48%에게 재분배되었고, 타이완의 토지 소유 분포는 극적으로 변경되었다(Fei et al. 1979: 41; Lamba and Tomar 1986).

그러나 필리핀에서는 토지개혁이 계속 좌절되었다. 1950년대 이후 거의 대부분의 필리핀 대통령 후보들이 토지개혁을 약속하는 공약을 끊임없이 내놓았지만, 개혁이 강력하게 추진된 적은 없었다(Kang 2002). 토지개혁에 대한 초기 논의는 엘피디오 키리노Elpidio Quirino 정부(1948~1953년)하에서 무너졌고, 라몬 막사이사이Ramon Magsaysay 대통령(1953~1957년)의 온건한 토지개혁 입법안은 지주들이 장악한 의회에 의해 좌절되었다. 의회는 마카파갈Macapagal 정부(1962~1965년)의 토지개혁 법안도 약화시켰는데, 디오다도스 마카파갈Diosdado Pangan Macapagal 대통령은 법안을 통과시키기 위해 진지한 노력을 기울이지 않았다(Putzel 1992: 113~7). 계엄령 기간(1972~1986년) 마르코스의 토지개혁은 처음에는 야심차게 보였으나, 실행이 느렸을 뿐만 아니라 축소되었다. 1985년까지 필리핀의 개간된 토지 가운데 불과 4%가 누적된 토지개혁의 성과였는데, 수혜를 받은 가구 수는 전국적으로 토지를 소유하지 못한 사람의 6~8%에 불과했다(Riedinger 1995: 97).

이 장에서 필자는 세 국가에서 진행된 토지개혁의 정치적 과정, 내용, 이행에 대해 먼저 서술할 것이다. 그다음에는 개혁의 성공과 실패를 가져온 원인과 결과에 대해 논의할 것이다. 원인을 논의할 때, 필자는 잠재적인 역인과관계 또는 상이한 부패 수준이 선험적으로 토지개혁의 성공과 실패를 결정했을 가능성에 특별한 주의를 기울일 것이다. 이들 국가에서의 토지개혁의 운명은 대체로 북한과 중국 본토로부터의 공산주의의 위협과 같은 외생적 요인들에 의해 결정되었다. 그 후 토지개혁의 성공과 실패는 부패를 포함해 사회-경제 구조와 정치에 폭넓은 영향을 미쳤다.

한국의 성공적 토지개혁

1945년 8월 15일 일본 지배로부터 해방되었을 때, 한국인들에게 가장 시급한 문제 중 하나는 극도로 불평등한 토지 분포였다. 1945년 9월 6일 조선인민공화국Korean People's Republic이 인민위원회를 기반으로 설립되었다. 조선인민공화국은 30% 소작료 상한선과 토지 재분배의 필요성을 포함한 강력한 농업 정책들을 발표했다. 조선인민공화국은 한반도의 거의 모든 지방에 권력을 확립했지만, 이후 미 군정은 합법성을 전혀 인정하지 않았다. 1945년 12월 8일 190개 지방 농민단체의 대표자 670명이 참석한 가운데 전국농민조합총연맹National League of Peasant Unions · NLPU이 설립되었다. 그들은 결성대회에서 28개 행동 강령을 채택했는데, 1항과 2항은 다음과 같다. '일본 제국주의자와 민족 반역자의 토지를 몰수해 가난한 농민들에게 분배', '친일 부역자, 민족 반역자가 아닌 한국인 지주들의 땅에 대한 소작료를 소출의 30%로 제한하고, 원칙적으로 현금 지불'. 전국농민조합총연맹은 회원이 300만 명 이상이며, 이중 200만 명이 남한에 있다고 주장했다(Lee 1990: 111~2). 이러한 수치는 분명히 과장되었겠지만, 당시 농민운동은 강력했고 식민 통치에 협력했던 지주들은 수세적이었다.

그러나 미 군정의 초기 토지정책은 현상을 유지하는 것이었다. 9월 22일 미 군정은 점유 지역에서 토지 소유권의 변화는 없을 것이라고 선언했다. 미 군정은 토지의 전면적인 재분배는 반대했지만, 기존의 토지 소유 제도의 개혁을 바라는 농민들의 뚜렷한 열망을 알고 있었다. 1945년 10월 5일

미 군정은 소작료 상한을 소출의 3분의 1로 제한하고, 소작 계약의 일방적 파기를 금지하는 미 군정 법령 9호를 발표했다. 그러나 미 군정 법령이 공표될 때 이미 소작 쟁의가 존재하고 있었다. 북한 지역의 소작인들과 인민위원회가 강력한 지역에 사는 소작인들은 소출의 30%라는 조선인민공화국의 지침을 따랐다. 이에 따라 미 군정의 소작료 감면 법령은 명백히 북쪽의 발전에 영향을 받았다는 것이 기정사실로 인식되었다(Lee 1990: 115~17). 마침내 1946년 3월 5일 소련이 점령한 북쪽에서 북조선임시인민위원회가 무상 몰수와 무상 분배를 기반으로 하는 토지개혁을 선언했다. 개혁은 신속하게 수행되어 3월 30일 완료되었다. 북한 자료에 따르면 100만 325정보(1정보=0.992헥타르)가 몰수되었고 98만 1,390정보가 72만 4,522가구에 분배되었다.

소련과 정통성 경쟁을 하던 미 군정에게 북한 토지개혁이 가져온 충격은 거대했다(Lee 1990: 117). 3월 9일 군정 장관인 존 하지John Reed Hodge 장군의 경제 자문관들은 궁극적으로 소작농을 자작농으로 변화시키려는 미 군정의 계획을 발표했다. 3월 15일 민정 장관인 아처 러치Archer L. Lerch 장군은 당시 신한공사가 보유한 구 일본인 보유 토지의 매각 계획을 공개했다(Lee 1990: 118). 1945년 남한에 미군이 진주하자마자 일본인 소유의 광활한 토지(28만 헥타르, 전체 경작 가능 토지의 13.5%)를 모두 군정 산하 신한공사의 소유로 만드는 조치가 이루어졌다(King 1977: 221). 그러나 구 일본인 소유 토지 매각 계획은 1946년 6월 25일에 좌절되었다. 이유는 소작인의 80%가 한국 정부가 설립될 때까지 매각 계획의 연기를 원했기 때문이었다(Lee 1990: 118). 결국 미 군정은 남한 정부가 건설되기 바로 직전인 1948년 봄에 구 일본인 소유 토지의 분배를 실행했다. 토지는 소작-경작자에게 매각되었는데, 그들은 1년 소출의 3배를 15년에 걸쳐 분할 납부해야 했다. 미첼(Clyde Mitchell 1949)에 따르면 분배 할당된 토지의 85%가 남한 정부가 수립된 1948년 8월 15일까지 분배되었다.

토지개혁에 대한 미 군정의 태도는 혼동스러웠지만, 미국이 초기의 보수적인 입장에서 1946년의 자유주의적 토지개혁을 지지하는 쪽으로 전환하면서 동시에 좌파에 대한 억압을 강화했다는 증거가 있다. 1946년 9월 미 국무부는 미 군정의 주요 목적 중 하나가 토지개혁을 실행해 광범위한 소작농을 토지를 완전하게 소유한 농부로 대체하는 것이라고 발표했다(Putzel 1992: 80). 그러나 지주가 소유한 토지의 재분배에 관한 논의는 미 군정하에서 정체되었다. 좌파 정당들은 '무상 몰수, 무상 분배'를 요구했고, 우파 정당들은 '정부가 지주들에게 토지를 사서 소작농에게 팔 것'을 요구했으며, 온건파들은 '소유자에 대한 조건부 보상과 경작자에 대한 무상 분배'를 요구했다.

마침내 1947년 12월 마침내 우파가 다수를 차지한 과도 국회에 토지개혁 법안이 제출되었을 때 의원들은 토지를 둘러싼 분쟁은 한국 정부에 의해서 해결되어야 한다는 이유로 법안을 '사망'시켰다(Lee 1990: 119~20, 122~3). 그러나 미 군정은 1948년 5월 선거 전에 이미 구 일본인 소유 토지의 재분배를 시행하기 시작했으며, 이런 움직임은 소작인들의 기대감을 높였다. 미국 토지 재분배는 다수의 농촌 지역에서 공산주의 주도의 선거 보이콧을 저지하는 데 크게 기여했다고 널리 인정되고 있다(Putzel 1992: 80).

이러한 도전에도 불구하고 대한민국 헌법 제86조(1948년 7월 17일 공포)는 토지 재분배를 규정했다. 제86조에는 '농지는 농민에게 분배한다. 그 분배의 방법, 소유의 한도, 소유권의 내용과 한계는 법률로써 정한다'고 명시했다. 헌법이 토지개혁 입법에 대한 정치적 의지를 보인 것이다. 초안이 국회 본회의에 부의되었을 때 토지개혁 조항에 '원칙적으로'라는 단어가 포함되어 있었다. 그러나 지주들의 이익을 대변하는 한국민주당계 의원들의 반대에도 불구하고 국회는 표결을 통해 이 '원칙적으로'라는 단어를 삭제했다 (서용태 2007).

이후 이 법안은 추동력을 얻었다. 국회에서 대통령으로 선출된 이승만은 놀랍게도 과거 공산주의자였던 조봉암을 농림부 장관으로 임명했다. 이승만은 5월 선거까지는 한민당과 보수 연합을 형성했지만, 이후 한민당과 거리를 두기 시작했고 조봉암에게 토지개혁 법안 초안 작성 책임을 부여함으로써 토지개혁에 대한 자신의 정치적 의지를 보여주었다. 비록 조봉암의 초안(2정보 보유 제한, 지주에게 평균 수확량의 150% 보상, 수혜자는 평균 수확량의 120% 상환)은 내각 심의(3정보 보유 제한, 200% 보상, 200% 상환)에서 다소 약화되었지만 조봉암은 국회에서 기본적인 토론 분위기가 형성되는 데 중요한 역할을 했다. 한민당이 지배하는 국회 산업위원회는 연간 수확량의 300%로 상환과 보상을 올릴 것을 제안했지만, 1949년 4월 국회를 통과한 농지개혁 법안은 150% 보상과 125% 상환을 규정했다. 이것은 토지 소유자의 3정보 보유 제한과 함께 조봉암의 최초 제안에 근접한 것이다.

이 법안은 1949년 6월 법률화되었지만 이승만 대통령은 사실상 거부권을 행사하고 보상과 상환을 위한 비용이 균형을 이루도록 법을 개정해달라고 국회에 요구했다. 국회는 1950년 2월 보상과 상환 모두 5년간 연간 평균 수확량의 150%로 규정한 개정안을 통과시켰다. 이 대통령은 3월 10일에 법에 서명했다. 이 법은 가구당 3정보를 초과한 농지와 부재지주가 소유한 모든 토지를 재분배하도록 했다. 지주는 정해진 양의 보상과 함께 '토지 채권'을 발급받았는데, 지주는 5년 동안 매년 설정된 공식 곡물 가격으로 정부로부터 상환을 받을 수 있었다. 분배의 우선순위는 다음과 같았다. (1) 당해 토지를 현재 경작 중인 농민 (2) 가구 규모에 비교했을 때 매우 적은 규모를 경작 중인 농민 (3) 유가족 (4) 농업 노동자 (5) 해외에서 귀국한 농민(King

1977: 222). 개혁 이행을 지원하기 위해 '농지위원회'가 행정의 각 층위(마을부터 중앙까지)에 설치되었다. 이 위원회는 지주와 소작농이 동수로 구성되었으며, 행정 책임자가 직권으로 의장을 맡았다.

당시 개혁은 정략적이었다. 제2대 국회의원 선거가 치러진 1950년 5월 30일 이전에 토지 재분배는 효율적으로 완성되었다. 이승만 대통령은 소작농들이 즉시 땅을 경작할 수 있도록 토지 재분배를 신속히 실행하라고 공무원들을 재촉했다. 여기에는 5월 30일 선거 때 주요 야당으로서 지주들이 주도하는 한민당을 약화시키려는 동기가 숨겨져 있었다(김일영 1995). 그러나 토지개혁에 대한 이 대통령의 가장 지배적인 동기는 공산주의 북한의 효과적인 선전 메커니즘인 토지개혁을 제거함으로써 기선을 제압하는 것이었다. 또한 미국도 북한의 위협에 대처하기 위해 신속하게 개혁을 실행하라고 이승만 정부에게 권고했다.

놀랍게도 토지개혁 역사가 있는 여러 국가들을 보면 법안의 문구는 거의 차이가 없다. 토지개혁 입법은 재분배 대상의 예외를 허용하는데, 예를 들어 매립지, 문중 토지, 교육기관이 소유한 토지 같은 것들이다. 1965년의 농지 조사에 따르면 이러한 합법적 예외는 전체 소작 농지의 절반을 차지했다. 나머지 반은 사적 소유 상태에서 대여되었는데, 이는 불법이었다. 두 가지 유형의 토지는 1965년 경작 면적의 16%에 불과했다(Ban et al. 1980: 285~7).

한국의 토지개혁에서 흥미로운 것은 지주들이 개별 농지를 소작농에게 자발적으로 매각했다는 것이다. 1945년 12월 전체 소작 토지는 전체 경작 토지의 65%인 144만 7,000정보였다. '획득된' 토지 27만 3,000정보와 개별 토지의 30만 2,000정보는 각각 미 군정과 한국 정부에 의해 재분배되었다. 따라서 재분배된 전체 토지 규모는 57만 5,000정보에 이른다. 이는 1945년

표 4.1 농가 중 지주-소작인 분포, 1945~1965

	1945	1947	1964	1965
완전 지주	13.8	16.5	71.6	69.5
지주-소작인	16.4	38.3	14.8	15.5
소작인-지주	18.2	8.4	8.0	
소작인	48.9	42.1	5.2	7.0
농업 노동자, 화전민	2.7	3.1	–	–
계	100.0	100.0	100.0	100.0

자료: Ban et al. (1980: 286)

12월 당시 소작되고 있는 전체 토지의 40%였다. 그러나 1951년 12월 소작된 토지는 15만 9,000정보에 불과했는데, 이는 1945년 12월 당시 소작된 전체 토지와 비교하면 11%에 해당한다. 공식적으로 재분배된 농지와 실질적인 소작 농지 변화의 큰 차이는 이 기간 동안 지주들이 소작농에게 엄청난 규모의 토지를 매각한 것으로 설명될 수 있다. 자발적인 매각을 통해서 개별 농지 71만 3,000정보가 소작농에게 이전되었으며, 이러한 비공식적 토지개혁은 공식적인 토지개혁보다 더 면적이 넓었다. 기존 연구들은 토지개혁이 이루어지리라는 전망이 명확해지자 많은 지주들이 시장 가격보다 낮은 가격에 땅을 소작농들에게 매각했음을 보여준다(홍성찬 2001).

어떤 메커니즘을 통해서건, 토지개혁으로 한국에서는 경작 토지 대부분을 농민이 직접 경작하도록 하는 데 성공했다. 자신이 경작하는 모든 토지를 소유한 가구 비율은 1945년 13.8%에서 1964년 71.6%로 급증했다. 소작농 비율은 1949년 48.9%에서 1964년 5.2%로 떨어졌다(표 4.1). 이와 동시에 소작 토지는 1945년 65%에서 1951년 8%로 떨어졌다. 따라서 한국은 비공산주의권에서 가장 급격한 개혁으로 평가받는 토지개혁을 실행하여 농촌 계급 구조를 근본적으로 변형시켰다.

타이완의 성공적 토지개혁

타이완의 국민당 정부는 농업 개혁 프로그램을 소작료 삭감(1949), 공공 토지 매각(1951), 경자유전 프로그램(1953) 등 3단계로 실행에 옮겼다. 소작료 삭감 프로그램은 1949년 10월 중화민국이 공식적으로 수도를 타이베이 Taipei로 이전하기 이전인 1949년 4월에 실행되었다. 지방 정부들은 '타이완 지방 개별 농지 임대 규제 조례'를 발표했다. 이 조례는 소작료 상한을 작물 수확량의 37.5%로 제한했는데 이로 인해 소작료가 50~60% 줄였다. 또한 소작료를 내기만 하면 6년간 소작이 보장되었다(Tai 1974: 119).

천청陳誠 장군은 타이완 토지개혁 정책을 가장 옹호했던 인물이다. 1948년 후반 중화민국 정권은 타이완으로 철수해 이 섬을 새로운 근거지로 재정비해야 한다는 것이 명확해졌다. 장제스는 1948년 12월 그가 신뢰하는 동료 천청 장군을 타이완 총독으로 보냈다(Roy 2003: 78). 타이완 총독이 되자마자 천청은 신속하게 소작료 삭감 프로그램 실행을 결정했다. 이 프로그램의 기원은 1930년 중국의 토지법으로 거슬러 올라갈 수 있는데, 이 법은 소작료 표준량을 주요 작물 연간 수확량의 37.5%로 제한했다. 이 법은 대부분의 지방에서 잘 실행되지 않았지만, 1930년대 후반 후베이 성湖北省 지사였던 천청 장군은 이 지역에서 소작료 삭감 조치를 실행했다. 중국 본토에서 공산주의자들에게 농민들을 빼앗긴 국민당 지도부는 섬에서 또다시 농민들을 소외시키는 실수를 피하기 위해 각별히 주의를 기울였다. 국민당은 소작료 삭감을 농촌 지역에 침투하려는 공산주의자들의 시도를 물리치기 위한 핵심적인 조치로 간주했다(Tai 1974: 85, 119).

미국 자문관들은 타이완이 토지개혁을 시행하는 데 중요한 역할을 했다. 1948년 5월 주중 대사 J. L. 스튜어트는 장제스 대통령에게 서한을 제출했다. 서한에는 다음과 같이 적혀 있었다

> 개혁이 말이 아니라 반드시 행동에 옮겨져야 하고 사람들이 가장 추구해야
> 할 유일한 영역이 있다면, 그것은 바로 토지개혁이다(Smith 1970: 17).

미국과 장제스의 국민당은 1948년 10월 중국에 농촌 개혁을 도입하려는 노력의 일환으로 뒤늦게 미국인 2명과 중국인 3명으로 구성된 농촌재건공동위원회를 난징南京에 세웠다. 1949년 농촌재건공동위원회는 타이완의 농업 개혁을 돕기 위해서 전후 일본 토지개혁에서 중대한 역할을 했던 울프 라데진스키Wolf Ladejinsky에게 도움을 요청했다. 라데진스키는 타이완에서 자유주의적 농업 개혁 프로그램을 시행하기 위해 국민당 관료들과 긴밀하게 협력했다(Putzel 1992: 72~3).

라데진스키의 권고에 따라 1951년 농지소작위원회가 모든 현·시·군과 마을에 설치되었다. 각 위원회는 소작농을 대표하는 5명, 지방 정부를 대표하는 2명, 지주를 대표하는 2명, 자작농을 대표하는 2명으로 구성되었다. 이 위원회는 원래 소작료 삭감 프로그램 시행 중에 발생하는 소작 분쟁을 다루는 임무가 부여되었으나, 이후 경자유전 프로그램 시행을 지원하는 임무도 담당했다. 라데진스키는 토지를 사정하고 재분배하는 과정뿐 아니라 농촌 지역의 민주주의가 발전하기 위해서도 소작농의 참여가 매우 중요하다고 보았다. 1952년부터 1956년까지 소작농-지주 분쟁이 가장 격렬하고 빈번했는데, 위원회들은 총 6만 2,645건의 분쟁을 해결했다(Putzel 1992: 73~4;

Tai 1974: 400~1).

1951년 공공 토지와 과거 일본인이 소유했던 토지 매각이 발표되었다. 타이완의 경작 가능한 토지 중 8.1%를 차지하는 7만 1,663치아(1치아=0.9699헥타르)가 당시 소작하고 있던 농민들에게 연간 수확량의 2.5배 가격에 매각되었으며, 10년 동안 현물이나 현금으로 갚을 수 있었다. 총 지불액(구입 금액과 토지세)은 이전에 소작료로 지불했던 연간 수확량의 37.5%보다 낮았기 때문에 소작농은 과거보다 사정이 나아졌다. 평균 구매량은 0.5치아였는데, 이미 보유 중인 다른 토지가 더해지는 경우가 많았다. 따라서 구매자가 보유한 평균 토지는 1.125치아였다(Powelson and Stock 1990: 255).

미국 트루먼Truman 대통령의 지속적인 권고에 따라 1951년 '경자유전' 프로그램이 만들어졌고, 농촌재건공동위원회가 상세한 소유권 분류 조사를 실시했다. 소작료 삭감과 공공 토지 매각 프로그램이 정부에 의해 실행되고 있는 동안 경자유전 프로그램은 시행되기 이전 단계인 입법 행위의 형태를 취했다. 1952년 타이완 지방 정부 토지국이 이 프로그램의 초안을 제출했다. 지주들이 일정한 영향력을 행사하는 지방 의회가 많은 수정 조항을 도입하여 지주들이 더 많은 토지를 보유하고 더 많은 보상을 받을 수 있도록 이 프로그램을 약화시키려고 하자 장제스 대통령은 1952년 6월 국민당 중앙개혁위원회를 소집했다. 이 위원회는 다음과 같은 요구 사항을 결정했다.

(1) 경자유전 프로그램은 1953년 1월 시작되어야 한다.
(2) 정부의 행정과 입법 부문의 모든 당원들은 이 사업에 관한 당의 결정을 따라야 한다.

이 결정으로 지방 의회는 그들의 동의가 필수 사항이 아니게 되자 개정

표 4.2 타이완에서 토지개혁의 영향을 받은 토지와 가구

	소작료 삭감	공공 토지 매각	경자유전	전체 재분배
토지 규모(1000치아)	256.9	71.7	143.6	215.2
전체 경작지 중 비율(%)	29.2	8.1	16.4	24.6
가구 수(1000)	302.3	139.7	194.9	334.3
전체 농가 중 비율(%)	43.3	20	27.9	47.9

자료: Fei et al. (1979: 41).

시도를 포기했다. 그 결과 법안은 행정원에서 일부 작은 수정을 거쳐 1952
년 11월 입법원에 제출되었고, 1953년 1월 20일 통과되었다. 당시 법안에
는 원안의 주요 사항들이 그대로 보존되었다. 장제스 대통령은 1953년 1월
26일에 경자유전 법안에 서명(이에 따라 발효되도록)했다(Powelson and Stock
1990: 255; Tai 1974: 120).

이 법은 모든 지주에게 3치아를 초과하는 땅은 정부에 팔도록 했으며,
정부가 이것을 소작농에게 되팔도록 했다. 지주에 대한 보상과 소작농에 대
한 불하 가격은 모두 연간 수확량의 2.5배로 정해졌다. 지주는 토지에 대한
보상의 70%를 토지 채권으로 받았다. 나머지 30%는 정부 기업 4개의 주식
으로 지급되었다. 전자는 4% 이자율에 20차례 반년 분할 상환으로 지급되
도록 했다. 또한 새 소유주도 4% 이자율에 20차례 반년 분할로 내야 했다.
지역 군청은 법안을 실행했고, 농지소작위원회는 간과된 토지나 지주가 없
는지 확인했다. 세 프로그램(소작료 삭감, 공공 토지 매각과 경자유전)으로 혜
택을 받은 토지와 농촌 가구의 규모는 표 4.2가 보여준다(Powelson and Stock
1990: 255).

결과적으로 타이완에서 토지 소유 분포는 극적으로 변했다. 0.5~3치아

의 중간 규모 토지를 보유한 가구의 비율이 1952년 46%에서 1960년 76%로 늘어났다. 같은 기간 0.5치아 미만을 보유한 가구의 비율은 47.3%에서 20.7%로 하락했으며, 3치아 이상을 보유한 가구 비율도 7.3%에서 3.3%로 떨어졌다. 자신이 경작하는 토지를 모두 소유한 가구의 비율도 1950년 36%에서 1960년 64%로 증가했다. 소작농에 의해 경작되는 토지는 1948년 44%에서 1959년 14%로 낮아졌다(Fei et al. 1979: 42~3).

필리핀의 토지개혁 실패

필리핀의 토지개혁 정치는 복잡했다. 미국 식민 지배 기간(1898~1941년)에 토지개혁을 위한 기획이 반복되었으며, 이는 1946년 독립 후에도 마찬가지였다. 그러나 이러한 모든 기획들은 효과를 보지 못했다. 필리핀 토지개혁에 관한 주요 입법은 1903년 수도원토지법, 1954년 농업소작법, 1955년 토지개혁법, 1963년 농지개혁법, 1972년 대통령령 27호와 1988년 종합농지개혁법 등이다.

농촌의 불안을 분산시키기 위해 미국 식민 정부가 도입한 수도원토지법에 따라 가톨릭 교회가 가지고 있던 약 16만 6,000헥타르가 매물로 제공되었다. 당초 의도는 소작농들에게 토지를 분배한다는 것이었지만, 대부분의 토지는 부유한 지주와 미국 기업의 손아귀로 들어갔다. 정부가 상대적으로 비싼 가격을 지불했고, 그 비용을 회수하기를 원했기 때문에 이 땅은 가난한 농민들로서는 감당할 수 없는 가격에 거래되었다. 소작 비율이 1903년 18%에서 1933년 35%로 증가했다는 사실은 필리핀에서 미국의 정책이 실패했음을 보여준다(Riedinger 1995: 86~7; Montinola 2012).

1946년 필리핀이 독립한 후에도 미국은 여전히 상당한 정치적 영향력을 행사했다. 국무부는 과거 한국, 타이완, 일본에도 자유주의적 토지개혁을 권고했던 것처럼 필리핀에도 토지개혁을 권고했다. 1951년 미국 상호안전 보장본부는 로버트 하디Robert Hardie에게 필리핀의 소작 문제 연구를 의뢰했다. 훅스Huks 또는 훅봉Hukbong Mapagpalayang Bayan·HMB으로 불린 인민해방군, 공산주의 주도의 무장 농민운동에 대한 커져가는 우려에서 비롯된 것이었다. 1952년 12월 공개된 하디의 보고서는 필리핀 소작농 70%에 대한 토지 재분배 등 원대하고 포괄적인 토지개혁 제안을 포함하고 있었다(Putzel 1992: 84~5). 지주들과 지주를 대표하는 의회에서 강력하게 저항했고, 키리노 대통령은 하디 보고서를 '국가적 모욕'이라고 불렀다. 더구나 1953년 즈음 미국에서 매카시즘이 고개를 들면서 하디, 라데진스키 같은 자유주의적 개혁 옹호자들에 대한 분위기가 바뀌었다. 뒤를 이은 미국 대표자들은 하디의 권고를 거부하고 좀 더 보수적인 접근법들을 지지했다(Putzel 1992: 91, 96~9). 자유주의적 토지개혁에 대한 미국의 압력이 가라앉자 지주 과두는 의회에 진출한 그들의 대표자들을 통해 경제적 기반을 쉽게 보존할 수 있었다(Doronila 1992: 102~4).

또한 훅 반군이 붕괴하면서 포괄적인 토지개혁에 대한 압력도 낮아졌다. 무장 농민운동은 훅스 구성원들의 호선을 둘러싸고 둘로 분열되고, 1950년 국방장관으로 임명되고 1953년 농업 개혁 공약으로 대통령 선거에서 승리한 라몬 막사이사이가 수행한 대대적인 군사 작전에 의해 무너졌다. 막사이사이는 1954년 농업소작법, 1955년 토지개혁법을 포함한 농업 개혁 입법을 시작했다. 그러나 농민들의 동요가 잠시나마 진정되면서 토지 엘리트들은 막사이사이의 개혁 시도를 절름발이로 만들 수 있다고 느꼈다. 애초의 소작 개혁안이 시행되었다면 수확물의 몫을 나누는 소작농들은 임차권을 가지는(고정된 지대) 소작농으로 전환되었어야 했지만, 1954년 입법은 임차권을 가지는 소작으로의 전환을 요구하지 않았다. 법은 소작료를 수확물의 30%로 제한했지만, 의회는 새로운 법을 시행하기에 너무 적은 예산을 할당했다. 결국 프로그램이 의도했던 목표들은 거의 실현되지 못했다 (Montinola 2012; Riedinger 1995: 88).

1955년의 토지개혁법은 대규모 부동산을 징발하여 땅이 없는 농민들에게 재분배하도록 되어 있었다. 막사이사이가 처음 제안했을 때 이 법은 144헥타르를 초과하는 모든 사유 농지를 대상으로 삼았다. 그러나 의회는 개혁의 범위를 제한하는 방안을 선택했는데, 벼를 재배하는 사유지의 경우 분할되지 않고 연결되어 있는 300헥타르, 기업의 경우 600헥타르, 벼가 아닌 곡물을 재배하는 사유지는 1,024헥타르를 초과하는 토지로 제한했다. 이처럼 느슨한 소유 제한선 때문에 실질적으로 필리핀 경작 가능 토지의 2% 미만이 잠재적으로나마 재분배 대상이 되었다. 무엇보다 '그 토지를 경작하는 소작농의 과반수가 구매 청원을 할 때에만' 징발이 가능했다. 지주들의 강력한 경제적, 정치적 힘을 감안하면 이러한 청원을 할 용기를 가진 소작농은 거의 없었을 것이다. 이렇듯 다양한 제약 때문에 프로그램 시행 이후 6년 동안 정부는 2만 헥타르 미만, 즉 전체 경작 가능 토지의 0.4% 미만을 획득했을 뿐이었다.

마카파갈 대통령은 예기치 않게 필리핀 토지개혁의 지지자로 등장했다. 카를로스 가르시아(Carlos Polestico Garcia, 1957~1961년) 대통령과 디오스다도 마카파갈(Diosdado Macapagal, 1962~1965년) 대통령은 모두 임기 초반 몇 년 동안 토지개혁에 대해 침묵했다. 그러나 앞선 10년 동안 하디의 권고안을 반대해 왔던 마카파갈 대통령은 1963년 깜짝 놀랄 새로운 입법안을 제안했다. 대통령 토지개혁위원회는 한국과 타이완에 소개된 프로그램에 비하면 소극적이지만 이전의 어떤 법안보다 대담한 입법 초안을 내놓았다. 입법 초안은 수출 작물을 재배하는 토지를 면제해 주는 대신 벼와 옥수수를 재배하는 25헥타르 이상 규모의 토지를 재분배할 것을 규정했다. 또한 수확물의 몫을 나누는 방식을 임차권을 보장하는 방식으로 대체하도록 했다. 의회는 최종적으로 1963년 농지개혁법을 통과시켰지만, 200개가 넘는 수정 조항을 추가하여 의미를 희석시켰다. 토지 소유 제한선은 75헥타르까지 올라갔고, '적정 보상'의 전통적 정의는 토지의 시장 가치에 기반한 지불이라는 의미로 재건되었다. 더구나 프로그램 시행 첫해에 2억 페소, 다음 3개년 동안 3억 페소의 예산이 필요할 것으로 예상되었지만, 의회는 100만 페소 미만을 할당했다. 마카파갈 정부가 끝날 무렵 대통령이 입법을 주도했던 이유가 기본적으로 '소작농들의 지지를 얻어 1965년 재선되려는 계략'이었다는 것이 드러났다. 이것은 그가 법안을 이행하려는 진지한 노력을 기울이지 않은 것으로 보아 명백했다(Putzel 1992: 113~17).

마르코스 대통령이 공포한 대통령령은 필리핀 토지개혁의 경로 의존성에 영향을 미치지 못했다. 1960년대 후반 필리핀 공산당이 재건되었고, 공산당 군사 조직인 신인민군이 농민들 사이에 확산된 불만을 발판으로 창설되었다. 마르코스 대통령은 1972년 9월 계엄령을 선포한 직후 토지개혁을 광범위하게 이행한다는 내용의 대통령령PD27을 선포했다. PD27은 7헥타르 이상을 소유한 지주의 땅에서 벼와 옥수수를 경작하는 소작농들이 그들이 경작해온 구역을 구입할 수 있도록 허용했는데, 관개지는 3헥타르까지, 비관개지는 5헥타르까지 가능했다. 감정가는 평균 연간 생산량 가치의 2.5배로 설정되었는데, 수혜자가 15년간 6% 이자율로 정부에 토지 비용을 상환하는 조건이었다. 이는 과거와 비교하면 야심찬 프로그램이었지만 역시 철저하게 실행되지 못했다. 아키노 정부에 앞서 사유지 31만 5,000헥타르 미만이 정부에 수용되었는데, 이는 필리핀의 경작지 780만 헥타르 가운데 겨우 4%에 해당한다. 이 토지와 관련해 16만 8,000가구가 혜택을 받았는데, 이는 1985년 현재 전국의 토지 무소유 가구의 6~8% 정도 규모이다(Riedinger 1995: 91~3, 97).

토지개혁은 많은 농장 지역이 면제되고 벼와 옥수수 재배 농지에만 적용되었다. 토지개혁에 영향을 받는 토지도 지주들이 토지개혁이 면제되는 곡물 재배로 전환하거나 7헥타르 상한선 아래로 쪼개 친척들에게 분양하면서 제외되는 경우가 많았다. 농업개혁부 공무원들은 때때로 매수되어 대상 토지를 면제 토지로 분류해주었다. 더구나 당시 시장 가격의 약 68%로 토지의 가치를 매겼던 PD27의 가격 공식이 거의 지켜지지 않았다. 공식은 권고일 뿐이었다. 지주들은 그것을 받아들이지 않아도 되었고, 소작농들과 토지 가격을 직접 협상하는 것도 허용되었다. 이러한 이유 때문에 지주들은 과대평가된 가격 사정에 동의하라고 소작농에게 압력을 넣었고, 툭하면 가격 사정에 동의하는 것처럼 연기했다. 농업개혁부 공무원들은 대체로 지주 편을 들었다. 소작농 편을 들었던 사람들은 괴롭힘을 당했으며 지주들이 제기한 법적 제소의 대상이 되었다. 1977년 당시 소작농-수혜자들은 공식에 기초한 사정가보다 평균 44% 높은 가격을 지불했다(Powelson and Stock 1990: 375~6; Riedinger 1995: 93~4).

이행 정도는 정치적 고려의 강력한 영향을 받았다. 우선순위는 당연히 농촌의 불안정한 지역이었으나, 마르코스의 정적들이 첫 표적이 되었다는 것이 더 중요하다. 예를 들어 아키노 가문 소유 재산들이 맨 먼저 수용된 토지에 포함되어 있었다(Riedinger 1995: 94). 마르코스는 대규모 토지 소유자였고, 자신뿐 아니라 친척들의 부동산을 늘리기 위해 토지개혁을 이용했다. 1980년대 초반까지 그와 그의 직계 가족은 수천 헥타르를 획득한 것으로 알려졌다(Putzel 1992: 146). PD27은 수확량의 몫을 나누는 방식의 소작에서 지대를 평균 수확량의 25%로 상한선을 고정하고 임차권이 인정되는 방식의 소작으로 전환을 명했다. 서류상 이 프로그램은 목표를 초과했다. 그러나 현장 조사에 따르면 수확물의 몫을 나누는 소작은 계속되었고 소작료는 상한선을 초과하는 경우가 많았다(Powelson and Stock 1990: 376; Riedinger 1995: 96). 게다가 많은 지주들이 PD27의 적용을 회피하기 위한 편법의 하나로 벼와 옥수수 재배지에서 소작농들을 쫓아내고 노동자를 고용했다. 우르펠Wurfel은 1980년까지 PD27로 인해 토지에서 쫓겨난 사람들이 토지 문서를 받은 사람들을 초과했다고 주장했다(1988: 174). 1970년대 후반과 1980년대 초반 신인민군의 급속한 성장은 개혁에 대해 농민들이 느꼈던 환멸의 깊이를 증명한다(Riedinger 1995: 100~1). 농지의 80%를 대상으로 한 1988년의 토지 등록 프로그램은 극도로 집중된 토지 소유 현황을 보여주었다. 토지 소유자의 5.8% 또는 농촌 가구의 1.5%가 12헥타르 이상의 토지를 가지고 있었는데, 그들이 소유한 전체 토지는 380만 헥타르였으며 이는 보고된 전체 농경지의 50%에 해당했다. 반면 전체 토지 소유자의 65% 이상이 3헥타르 미만의 토지를 소유했는데, 이들이 소유한 토지는 전체 농경지의 16.4%에 불과했다. 토지 소유 불평등의 지니계수는 0.647였는데, 이는 불평등 수준이 매우 높다는 뜻이었다(Putzel 1992: 28~9).

토지개혁의 성공과 실패의 원인

이 책의 핵심 주장 중 하나는 토지개혁의 성공과 실패가 소득 불평등에 영향을 미쳤고, 이것이 다시 부패에 영향을 미쳤다는 것이다. 그러나 토지개혁의 성공과 실패의 책임이 부패에 있다면 이러한 명제를 시험하는 것은 불가능하다. 따라서 토지개혁의 성공과 실패의 원인에 대한 설명을 하는 것이 중요하다. 왜 한국과 타이완에서는 독립 초기 전면적인 토지개혁이 이행되었고, 필리핀은 그렇지 못했는가? 토지개혁의 원인이 부패에 내생적인가, 아니면 토지개혁의 성공과 실패가 부패에 외생적인 것인가? 부패와 더불어 정치 제도, 농민운동과 농촌 불안정의 강도, 지주들의 정치적 힘, 외부 공산주의의 위협, 미국의 영향 등 토지개혁에 관해 있을 수 있는 다양한 설명들을 살펴보도록 하자.

타이Tai는 8개국의 토지개혁 정치 비교연구에서 개혁을 시작할 때 경쟁적 정치 제도(예를 들어 콜롬비아, 인도, 필리핀)가 비경쟁적 정치 제도(예를 들어 이란, 멕시코, 파키스탄, 이집트, 타이완)보다 덜 효과적이라는 것을 발견했다. 경쟁적 정치 제도를 가진 세 국가는 비경쟁적 정치 제도를 가진 5개국보다 개혁 프로그램의 속도가 더디고, 범위도 협소하게 수행하여 결과도 제한적이었다. 그는 경쟁적 정치 제도에서는 권한이 분산되어 토지 계급으로부터의 반대가 개혁을 좌절시키는 반면, 비경쟁적 정치 제도에서는 집중된 권력이 토지 계급에게 그런 기회를 허용하지 않기 때문이라고 주장했다(Tai 1974: 469).

타이의 연구(1974)는 타이완과 민주화 초기의 필리핀(1946~1972년)은 포함하지만, 한국과 권위주의 시기 필리핀(1972~1986년)의 토지개혁은 포함하지 않았다. 민주화 초기 한국(1948~1952년)과 권위주의 시기의 필리핀은 모두 타이의 설명에 맞지 않는다. 한국은 경쟁적 정치 제도를 가졌지만 광범위한 개혁을 이행했다. 비록 이승만 정권(1948~1960년)이 일반적으로 권위주의로 분류되기는 하지만 경쟁적 선거가 있었고, 토지개혁 법안은 대통령으로부터 독립된 의회에서 장기간의 심의를 거쳐 제정되었다. 반면 계엄령 시기 마르코스의 토지개혁은 무력했다. 흥미롭게도 경쟁적 제도하에서의 한국과 비경쟁적 제도하에서의 타이완은 전면적인 토지개혁을 성공적으로 이행한 반면 필리핀은 두 가지 제도에서 모두 실패했다. 따라서 정치 제도는 이들 국가의 토지개혁의 성공과 실패를 분명히 설명하지 못한다.

농민운동과 농촌 불안정의 강도는 토지개혁의 성공과 실패에 영향을 미치는 중요한 요인이 될 수 있다. 타이(1974)는 농촌 불안정이 정권들로 하여금 토지개혁을 추진하도록 하는 주요 원인이라는 것을 알아냈다. 필리핀의 경우 1940년대와 1950년대 초 공산주의가 이끄는 훅스 반군이 막사이사이의 토지개혁을 자극했다. 이에 더해 1960년대 후반부터 신인민군이 촉발한 무장 투쟁의 재등장은 마르코스 토지개혁의 배경이 되었다. 그러나 개혁 시도들은 모두 무력했다. 훅스는 막사이사이의 개혁 전에 군에 의해 진압되었으며 새롭게 등장한 신인민군도 마르코스 정권으로 하여금 광범위한 개혁을 도입하도록 강제할 만한 큰 위협을 제기하지 못했기 때문이었다.

한국의 경우 독립 직후 초기에는 농민운동이 강력했으나, 미 군정은 그들을 빠르게 진압했다(Lee 1990). 광범위한 토지개혁 입법은 좌파 세력과 농민운동이 진압된 후에 제정되었다. 필리핀에서 농민운동의 패배가 토지개혁의 희석을 의미한다면 농민운동이 진압되었음에도 불구하고 이승만 정부가 어떻게 광범위한 토지개혁을 도입했는가에 대해 의문이 제기된다. 타이완의 경우 토지개혁을 요구하는 농민운동이 사실상 없었다. 국민당 정권은 본토에서의 토지개혁에 대한 공산주의자들의 선전 때문에 농촌이 장차 동요할 가능성에 대해 두려움을 느꼈지만, 타이완에서 토지개혁이 도입되었을 때 농촌의 불안정은 눈에 띄지 않았다(Tai 1974). 따라서 농민운동과 농촌·불안정은 이들 국가에서 토지개혁의 성공과 실패를 설명해주지 못한다.

정부 정책 수립에 대한 지주의 대표성은 토지개혁의 또 다른 설명변수가 될 수 있다. 필리핀 지주들의 강력한 정치적 힘은 토지개혁 입법 무력화의 주요 원인임은 분명하다(Putzel 1992). 한편 타이완 지주들의 약한 대표성은 국민당이 광범위한 개혁을 이행할 수 있도록 만들었다. 타이완에서는 행정원과 입법원에서 지주들이 대표되지 못했다. 지방 의회에서 지주들의 대표성이 있기는 했지만 지방 의회는 자문 지위만 가지고 있을 뿐 입법권을 가지지 않았다. 그들이 지방 의회에서 목소리를 높였을 때 정권은 이를 간단히 무시했다(Powelson and Stock 1990).

그러나 한국에서는 토지 이익집단이 국회에서 상당한 대표성을 가지고 있었음에도 불구하고 광범위하고 평등주의적인 토지개혁 입법이 제정될 수 있었다는 점에서 의문이 제기된다. 지주들의 이익을 대표하는 한민당은 국회에서 어떤 다른 정당이나 정치적 집단보다 많은 의석을 보유했지만 토지개혁에 대해서 공공연하게 반대하지는 않았고, 보상을 늘리려는 그들의 노력은 한없이 무력했다. 한민당 소속 국회의원들은 지주에 대한 보상이 연간 생산량의 300%가 되어야 한다고 주장했지만, 국회를 통과한 최종 법안은 결국 150% 보상에 그쳤다. 이는 지주의 대표성이 없는 타이완의 250%보다 훨씬 낮은 수준이다. 따라서 지주의 대표성은 이들 국가의 토지개혁의 성공과 실패를 설명해주지 못한다.

토지개혁의 성공과 실패에 대해 가능한 또 하나의 설명은 부패이다. 정치적 부패가 높은 곳에서는 포괄적인 토지개혁이 발생할 가능성이 낮다. 이 주장은 고전적인 내재성 문제 때문에 특히 흥미롭다. 부패는 토지개혁의 효과보다는 토지개혁 과정의 결정 요인이었을 수 있다. 높은 수준의 부패는 필리핀 의회에서 토지개혁 법안의 제정을 어렵게 했을 수 있으며, 필리핀의 토지개혁 이행이 부패를 이용한 지주들에 의해 자주 왜곡되었다는 증거가 있다.

타이완의 경우 국민당 통치 초기에 부패가 만연했다. 타이완으로 옮기기 전 중국 본토에서 국민당 정권도 부패로 악명이 높았다. 그러나 국민당 정권은 타이완에서 토지개혁과 반부패 개혁에 동시에 착수했다. 이 정권은 광범위한 토지개혁 수행뿐 아니라 과거 부패했던 정당을 규율 잡힌 정당으로 변모시키는 데에도 성공했다. 타이완의 사례는 부패한 정권이 토지개혁과 반부패 개혁을 모두 수행하는 것이 가능하다는 것을 보여준다.

한국의 이승만 정권 또한 부패했다고 알려졌지만, 광범위한 토지개혁 법률을 제정하고 실행할 수 있었다. 한국의 토지개혁에 대한 사례연구들(장상환 1984, 1985; 함한희 1991; 박석두 1987)은 일부 지주들이 자신의 토지가 수용되는 것을 피하기 위해 빠져나갈 구멍을 사용하기는 했지만, 토지개혁이 이행되는 과정에서 부정행위 사례를 많이 찾아내지는 못했다. 왜 한국에서 토지개혁이 실행되는 동안에 부패가 제한된 반면, 일본인 소유 재산과 미국의 원조가 분배되는 과정에서는 부패가 만연했는지에 대해서는 의문이 제기된다(Woo 1991). 농지위원회는 지주와 소작농, 행정관들이 동수로 구성되었고 위원회는 리와 읍에 세워졌다. 아마도 이러한 위원회들이 지주들의 부정행위와 회피를 최소화하는 데 역할을 담당했겠지만, 이 위원회는 기득 자산과 미국의 원조를 분배할 때에는 존재하지 않았다. 농민들의 기대는 높았고 직접적인 이해관계가 달려 있었기 때문에 감시의 눈을 밝혔다. 그리고 농지위원회는 그들의 목소리를 높일 수 있는 길을 넓게 터주었다(장상환 1984, 1985; 함한희 1991; 박석두 1987). 게다가 한국의 토지개혁은 1950년 한국 전쟁 초기 단계에 선언된 북한의 토지개혁과 직접적인 경쟁에 직면해 있었다. 당시는 북한군이 남한의 상당 부분을 차지했던 시기로 그들은 소작농의 지위를 훨씬 더 강화하고 지주의 회피 전술을 최소화했다(정병준 2003; 김태우 2005).

이와 같이 부패는 필리핀의 입법과 실행 과정에서 토지개혁 실패에 기여했다. 그러나 부패는 한국과 타이완의 토지개혁 도입을 설명해주지 못한다. 타이완은 동시 개혁(토지개혁과 반부패개혁)의 대표적인 사례이고, 한국은 높은 부패에도 불구하고 토지개혁에 성공한 대표적인 사례이다. 또한 한국 사례는 부패가 만연된 상황에서 토지개혁이 이행되는 동안에 부패가 최소화될 수 있음을 보여준다.

지금까지 토지개혁의 원인에 대한 내적 요인들을 검토해보았지만 어떤 것도 세 국가의 토지개혁의 성공과 실패를 설명해주지 못한다. 이제 외적 요인들을 점검해 보아야 한다. 앞서 서술한 것처럼 한국과 타이완에서는 외부 공산주의의 위협이 토지개혁을 추진하는 데 결정적 역할을 한 반면, 필리핀은 외부의 위협에 직면하지 않았다.

한국에서의 지주 계급은 국회에서 상당한 대표성을 보유했으나, 그들의 대표자들은 토지개혁 법안을 봉쇄하거나 크게 약화시킬 수 없었다. 그들의 힘이 부족했던 주요 원인은 북한으로부터의 공산주의 위협이었는데, 이것은 그들의 입지를 약화시켰다. 1946년 가을 한국에서 급진 농민운동이 폭력적으로 진압되고 공산당이 지하화되었지만, 잠재적인 농촌의 불안정은 계속 존재했는데 이것은 1946년 봄 강력한 토지개혁을 수행한 북한으로부터 영향을 받고 있었다. 남쪽과 북쪽에 분리되어 설립된 정부들 사이에는 팽팽한 긴장의 불꽃이 튀었고 내전의 가능성을 고양되었다.

아래의 두 가지 일화는 북한의 위협이 어떻게 한국의 정책 담당자들에게 영향을 미쳤는지 보여준다. 헌법학자인 유진오 박사가 한민당 대표이자 거대 지주였던 김성수에게 헌법 초안을 제출하자 김성수는 처음에는 토지개혁 관련 구절을 승인하기를 주저했다. 해당 구절은 다음과 같다. "농지는 원칙적으로 농민들에게 분배되어야 한다." 그러나 유진오가 토지개혁이 공산주의를 봉쇄하기 위한 최선의 방안이라고 설득하자 김성수는 동의했다(서용태 2007). 이승만 대통령은 남한의 초대 대통령에 선출되기 전까지는 토지개혁의 강력한 지지자로 알려지지 않았다. 그러나 그는 과거 공산주의자였던 조봉암을 농림부 장관으로 임명함으로써 토지개혁에 대한 강력한 정치적 의지를 내보였다. 또한 그는 1950년 3월 농지개혁법을 공포하기 위한 서명을 하기도 전에 관료들에게 토지 재분배를 신속히 이행하라고 촉구했다(김일영 1995). 한국 전쟁 때문에 몇 달간 중단되었던 토지 재분배가 다시 시작되었을 때 이 대통령은 윤영선 농림부 장관에게 "공산주의에 이기기를 원한다면" 가능한 빨리 토지개혁을 완성해야 한다고 말했다(김성호 2009).

타이완에서는 토지개혁 당시 가시적인 농촌 불안정은 없었지만, 국민당 정권은 중국 본토로부터의 공산주의의 영향 때문에 생길지 모르는 잠재적 농촌 불안정을 우려했다. 토지개혁 설계자인 천청은 다음과 같이 썼다.

……전통적 소작 제도는 지주와 소작농 사이에 화해할 수 없는 대립을 만들었다. 이것은 공산주의 선동가들이 마을로 침투할 수 있는 기회를 제공했으며, 또한 중국 본토가 공산주의자들의 손아귀에 들어간 주원인 가운데 하나였다. 타이완의 소작료 삭감 전야에 중국 본토의 상황은 위기로 치닫고 있었고 이 섬의 촌락들은 동요와 불안의 조짐을 보이고 있었다. 공산주의자들이 거친 파도에서 물고기를 낚기 위해 빠르게 악화되는 상황을 이용할까 두려웠다. 그러나 소작료 삭감을 실행함으로써 농업 인구의 생활이 즉시 개선되었다. 농촌 지역에 생겨난 새로운 사회 질서로 인해 중국 공산주의자들은 선전 무기를 쉽게 박탈당했다(Cheng 1961 : 47~8).

따라서 타이완에서 토지개혁은 예방 조치였으며 본토에서 국민당이 했던 실수를 반복하지 않으려는 의지의 표시였다. 한국과 타이완에서 토지개혁을 시작한 최고 정치 지도자의 가장 큰 동기는 북한과 중국 본토로부터의 공산주의 위협을 극복하기 위한 것이었다. 그러나 필리핀에서는 그러한 강력한 외부 공산주의의 위협이 없었다. 내부에 있는 공산주의 주도의 반란은 북한과 중국이 한국과 타이완에 가했던 위협에 비해 필리핀 정권에는 큰 위협이 되지 않았을 뿐 아니라 경쟁 상대가 되지 못했다.

마지막으로, 미국은 이들 국가에 상당한 정치적 영향력을 발휘했다. 흥미롭게도 미국은 한국, 타이완, 일본에서 광범위한 토지개혁을 추진하는 데 긍정적인 역할을 했지만 필리핀에서는 그렇지 못했다. 한국에서 미 군정은 초기에 토지개혁에 관해 보수적인 입장을 취했다. 그러나 1946년 자유주의적 토지개혁을 추진하는 입장으로 바꾸고, 1948년 남한 정부가 설립되기 이전에 과거 일본인이 소유했던 토지를 재분배했다. 무엇보다 미국은 신생 남한 정부에게 자유주의적 토지개혁을 추진하라고 계속 충고했다. 타이완에서는 농촌재건합동위원회와 울프 라데진스키 같은 미국 자문관들이 토지개혁을 형성하는 데 중요한 역할을 했다. 미국인들은 국민당 정권에게 경자유전 프로그램을 소개하고 농지소작위원회를 세우라고 권장했다.

그러나 필리핀에서의 경우 미국은 상당히 보수적이었다. 미국 식민 정부는 필리핀에서 소작 제도를 변환시키는 데 특별한 관심을 두지 않았다. 1946년 미국이 필리핀의 독립을 인정한 후 토지개혁은 1951년까지 우선순위가 아니었다. 이런 자세는 미국이 훨씬 이전에 토지개혁을 추진하라고 충고하고 압력까지 가했던 남한이나 타이완과는 대조적이었다. 1952년 로버트 하디는 자유주의적 토지개혁을 주장하는 보고서를 발표한 후, 곧바로 국무부에 의해 소환되었다. 매카시즘이 부상하면서 자유주의적 토지개혁 옹호자들은 미국에서 제거되고 약화되었으며, 다음 미국 대표들은 필리핀에서 더 보수적인 입장을 취하면서 사소한 개혁만을 지지했다.

표 4.3 토지개혁 성공과 실패에 관해 가능한 설명들

	한국	타이완	필리핀
기간	1948~1952	1949~1953	1946~1972 /1972~1986
정치 체제	선거 민주주의	독재	민주주의/독재
농민운동	강함, 진압됨	매우 약함	강함, 진압됨, 재등장
지주 대표성	실질적	약함	강함
부패	부패함	부패 억제함	부패함
외부 공산주의 위협	강함	강함	부재
미국의 영향	자유주의적	자유주의적	대부분 보수적

따라서 이들 국가의 토지개혁의 성공과 실패는 미국의 영향과 직접적인 상관관계가 있다. 왜 미국은 이들 국가에서 상이한 역할을 수행했는가? 이에 대한 대답은 다시 이들 국가에 대한 외부 공산주의의 위협의 유무에 놓여 있다. 냉전이 심화되면서 미국 외교 정책은 공산주의 확산 방지에 집중되었고, 자유주의적 토지개혁은 그것과 싸우기 위한 효율적인 도구로 여겨졌다. 남한과 타이완이 북한과 중국 공산주의로부터의 중대한 위협에 직면하자 미국은 이곳에서 신속하게 토지개혁을 주장했다. 그러나 필리핀에서는 이 같은 절박함이 없었다. 미국은 1951년 공산주의자 주도의 농민 반란이 일어날 우려가 증대될 때까지 토지개혁을 요구하지 않았다. 그리고 훅스 반란이 진압되면서 필리핀의 토지개혁에 대한 미국의 관심도 사라져버렸다.

표 4.3은 위의 논의를 요약한 것이다. 여러 가능성 있는 설명에 대한 검토를 통해 주변 공산주의의 위협, 미국의 영향을 포함한 외부 요인들이 남한과 타이완으로 하여금 광범위한 토지개혁을 도입하도록 하는 데 결정적이었던 반면 필리핀의 경우는 그렇지 않았다는 것을 확인했다. 본질적으로

미국의 입장은 외부 공산주의 위협의 절박성에 달려 있었기 때문에 이들 국가에서 토지개혁의 운명을 결정하는 궁극적 요인이었다. 내적 요인들(예를 들어 정치 제도, 농민운동과 농촌 불안정, 지주 대표성과 부패)은 이들 국가에서 토지개혁의 과정과 내용에 부분적으로 영향을 미쳤을 뿐, 어떤 것도 토지개혁의 성공과 실패를 포괄적으로 설명해주지 않는다.

이 책은 부패보다 외재적 요인들-가장 명백하게는 외적인 공산주의 위협과 미국의 압력-이 더 강력하게 남한, 타이완, 필리핀에서의 토지개혁의 성공과 실패를 결정했다는 것을 보여준다. 따라서 토지개혁은 이들 국가에서 서로 다른 수준의 불평등을 만들어낸 일종의 자연스러운 실험이었고, 이것은 다시 부패에 영향을 미쳤다.

토지개혁의 성공과 실패의 결과

필자는 한국과 타이완의 토지개혁 성공과 필리핀의 실패가 이들 국가의 정치 경제에 미친 중요한 영향을 발견했다. 당연히 토지개혁은 토지와 소득의 분배에서 상당한 평등화 효과를 가져왔다. 또한 토지개혁은 교육의 급속한 확대뿐 아니라 산업화의 촉진에도 기여했다. 토지개혁은 부분적으로 지주 과두제의 정치 권력 해체에도 영향을 미쳤는데, 그들은 역사적으로 권력과 영향력을 유지하기 위한 수단으로 부패를 이용했다. 다음 장에서 보다 세부적으로 토지개혁의 정치적 결과를 탐구하겠지만, 우선 여기에서는 간단하게 경제, 교육, 정치적 불평등에 대한 토지개혁의 몇 가지 주요 영향들을 검토할 것이다.

토지개혁의 성공과 실패는 세 국가에서 토지 소유권 분포의 엄청난 차이를 초래했다. 한국은 소작 비율이 49%(1945년)에서 7%(1965년)로, 타이

표 4.4 토지 지니 추세

	한국	타이완	필리핀
1945	0.73	-	-
c. 1950	-	0.58~0.62	0.58
c. 1960	0.38~0.39	0.39~0.46	0.52~0.53
c. 1990	0.37~0.39	-	0.55~0.65

자료: Ban et al.(1980); Taylor and Jodice(1983); Putzel(1992); Frankema(2006)
참조: 추정치가 여럿 있을 경우 최고치와 최저치를 병기함.

완은 38%(1950년)에서 15%(1960년)로 낮아진 반면 필리핀은 37%(1943년)에서 50%(1961년)로 증가했다(Simbulan 2005 [1965]: 58). 필리핀에서는 1985년 당시 토지를 전혀 보유하지 못하거나, 보유하지 못한 것이나 다름없는 가구가 농업 가구의 56%를 차지했다(Putzel 1992: 26). 한국과 타이완에서 지주 계급은 완전히 해체되었다. 그러나 필리핀에서는 토지 소유권이 일부 대규모 지주들에게 집중된 상태가 지속되었다. 1955년의 한 연구는 221개 가구, 즉 전체 가구의 0.01%가 이 국가 전체 농지의 9%를 소유하고 있으며, 전체 가구의 0.36%가 전체 농지의 41.5%를 소유하고 있음을 보여주었다.

1988년에도 여전히 전체 가구의 1% 또는 농촌 가구의 1.5% 미만이 전체 농지의 50%를 소유하고 있는 것으로 나타났다(Montinola 2012; Putzel 1992: 28~9; Simbulan 2005 [1965]: 57). 표 4.4는 세 국가의 토지 소유권의 불평등 추세를 보여준다. 토지 분포의 불평등 척도인 토지 지니가 한국과 타이완에서 급격히 떨어진 반면 필리핀에서는 그렇지 않았다. 한국에서 토지 지니는 1945년 0.73에서 1960년 무렵 0.38~0.39로 떨어졌다. 타이완에서는 토지 지니가 1950년 무렵 0.58~0.62에서 1960년 무렵 0.39~0.46으로 떨어졌다. 그러나 필리핀의 토지 지니는 1950년(0.58)과 1990년(0.55~0.65) 사이에 크게 변화하지 않았다. 서로 다른 자료들이 다양한 토지 지니계수를 나타내지만 일반적인 추세는 명백하다는 점에 주목하라.

한국과 타이완에서 토지개혁은 농촌 빈곤을 경감시키고, 전반적인 소득 불평을 현저하게 감소시키는 데 기여했다. 1960년대 중반까지 소득 지니는 한국과 타이완에서 모두 약 0.33으로 떨어졌으나, 필리핀은 여전히 높은 수준인 0.5 주변에 머물러 있었다(그림 3.5 참조). 한국 전쟁은 한국에서 토지 개혁의 평준화 효과를 더욱 강화했다. 전쟁은 거의 모든 산업적·상업적 자산을 파괴했다. 게다가 인플레이션은 앞서 토지 몰수에 대한 보상으로 지주들이 지급받은 국채를 쓸모없는 종이쪽 수준으로 만들었다. 한편 경자유전 프로그램은 농민들의 소득을 증대시켰다. 반성환 등의 분석(Ban et al. 1980: 290~1)에 따르면 농촌 인구의 상위 4%(이전 지주들)는 소득이 80% 줄어들었는데, 하위 80%(소작농과 소유 소작농들)는 20~30%까지 소득이 증가했다. 이것은 모두 토지개혁 때문이다. 비록 개혁 이전 기간의 한국의 소득 분포 데이터는 없지만 이 기간에 불평등이 매우 높았다는 것은 분명하다. 그러나 토지개혁과 한국 전쟁(1950~1953년) 이후 한국은 소득 분포가 대단히 평등해져 1953년 지니계수가 0.34였다(Mason et al. 1980; You 1998). 타이완에서 소득 분포의 극적인 개선은 1953년부터 1964년 사이에 관찰된다. 소득 지니계수가 1953년 0.57에서 1964년 0.33으로 떨어졌다(그림 3.5 참조). 호(1978: 16)는 소작료 삭감과 경자유전의 재분배 효과는 1952년 타이완 GDP의 약 13%에 해당된다고 추산했다. 이(Lee 1971: 75)는 소작농의 순농장 수입 점유율이 개혁 이전 67%에서 이후 81%로 증가한 반면 지주들의 순농장 수입은 25%에서 6%로 줄어들었다고 추산했다. 정부 점유율 또한 8%에서 12%로 증가했다(Powelson and Stock 1990: 257).

또한 토지개혁은 교육 확대를 촉진했으며 이는 전문적 관료제와 활동적인 시민사회의 발달, 산업화와 경제 성장에 기여했다. 한국과 타이완에서 토지개혁은 더 많은 사람들이 교육비에 지출할 수 있게 하여 급속한 교육 확장에 기여했다. 한국에서는 한국 전쟁(1950~1953년)이 전 국토를 파괴했음에도 불구하고 초등학교 진학률이 1945년과 1955년 사이에 두 배로 늘었다. 같은 기간 동안 중등 교육 진학률은 8배 이상, 전문 대학교와 대학교 진학률은 10배 증가했다(권병탁 1984). 전후 한국 공교육의 특징은 비슷한 진학률을 보인 다른 국가들에 비해 상당히 큰 재정적 부담이 개별 가구에 부과되었다는 점이다(Mason et al. 1980). 1949년 제정된 교육법이 초등 교육을 의무화했지만 제한된 자원과 상대적으로 적은 정부 투자로 가구들이 상당 부분 부담했다. 1960년 교육에 대한 한국의 공공 지출은 GNP 대비 2%에 불과했다. 이것은 동아시아 평균 2.5%뿐 아니라 전체 개발도상국 평균 2.2%보다 낮은 수준이다(World Bank 1993: 198). 토지개혁이 없었다면 많은 농민들은 아이들을 교육시킬 수 없었을 것이다. 또한 토지개혁으로 대규모 지주들이 자신의 토지를 교육기관에 기부했다. 이러한 기관들은 토지 수용에서 면제되었기 때문이었다. 이로 인해 많은 사립 대학교와 중등 교육기관들이 설립되었다(오성배 2004). 따라서 토지개혁으로 교육의 공급과 수요가 모두 증가했다.

앞 장에서 보았듯 필리핀은 독립할 당시 교육 정도educational attainment에 관한 한 한국과 타이완을 능가했다(표 3.7). 필리핀은 1950년 초등·중등·고등 교육 진학률이 한국과 타이완보다 높았다. 그러나 모든 교육 수준에서 한국과 타이완은 진학률이 급속하게 증가한 반면 필리핀은 아주 약간만 증가했다. 1960년에 이르자 한국과 타이완은 초등 진학률이 필리핀보다 높아졌고, 중등 진학률은 필리핀과 같아졌다. 바로와 이(2001)의 1960년부터 2000까지의 평균 재학 기간에 대한 자료 역시 필리핀보다 한국과 타이완에서 평균 교육 정도가 빠르게 증가했음을 보여준다.

한국과 타이완의 교육 확장은 기본적인 읽기·쓰기와 계산 능력이 있는 노동자를 풍부하게 제공함으로써 급속한 산업화에 기여했다(Eichengreen 2010). 또한 토지개혁으로 이들 국가에서 주요 자원이 농업에서 산업으로 이동했는데, 이것은 산업화 과정에서 핵심적이다. 따라서 한국과 타이완의 토지개혁은 뒤따른 산업 성장을 위한 기반을 마련한 반면, 필리핀에서는 실패한 토지개혁이 산업 성장을 방해했다. 더구나 필리핀의 토지 엘리트 존속, 한국과 타이완의 토지 계급 해체는 정치·경제에 엄청난 영향을 미쳤다.

한국과 타이완의 토지개혁은 사회·경제적 구조와 정치적 구조를 근본적으로 변형시켰다. 토지 계급의 해체와 토지 없는 소작농의 자작농으로의 변환은 대단히 평등한 사회를 만들었다. 토지개혁은 정치적 안정에 기여했는데, 자신이 경작하는 토지를 소유한 농민들은 현존하는 정치 질서에 더 많은 지분을 가지는 경향이 있기 때문이다. 북한이 한국 전쟁 초기 몇 달 동안 남한 점령지에서 토지개혁을 실시했을 때 열정적으로 반응한 농민은 거의 없었는데, 그들 대부분이 이미 남한의 토지개혁으로 혜택을 받았기 때문이었다(김성호2009; 신병식 1997). 두 국가에서 공산주의의 영향으로부터 농촌 인구를 차단하려는 근본 목적은 성공적으로 달성되었다.

또한 토지개혁은 국가가 지배적인 계급으로부터 자율성을 획득할 기회를 제공했는데, 토지개혁 이후 상당한 기간 동안 이들 국가에서 강력한 경제 이익집단이 없었기 때문이다. 1960년대 한국과 타이완이 수출 지향 산업화를 추진했을 때 정부의 경제 정책 수립은 대체로 사적 영역으로부터 자율적이었다. 두 국가 모두 능력 있고 자율적인 관료제를 수립할 수 있었는데 이들은 특정 이익집단의 침투와 포획으로부터 자유로웠다. 한국과 타이완에서도 정치적 후견주의와 매표 행위는 존재했지만 모두 필리핀에 비해 정

표 4.5 타이완 타이난(1968)과 필리핀 루손(1969)에서 지역 지도자들의 영향력 순위

	타이난	루손
지방 정부 관료	1	1
정당 지도자	2	2
교사	3	5
기업인	4	8
법률가	5	4
의사	6	6
지주	7	3
성직자	8	7

자료: Tai(1974: 335)

도가 낮았다.

필리핀에서의 토지개혁 실패는 토지 과두제를 유지시켰으며, 이들의 경제적·정치적 권력은 오히려 확장되었다. 토지 엘리트는 상업, 제조업, 금융업으로 다양화함으로써 경제적 권력을 확장했으며, 정치·경제 엘리트와 밀접하게 얽혀 있었다(Wurfel 1988: 57). 그러나 토지 과두의 정치·경제적 우위는 지속적인 정치 불안정을 동반했는데, 이것은 주로 공산주의자들이 이끄는 농민 반란에 의해 발생했다.

필리핀에서의 토지 엘리트 우위의 지속과 한국과 타이완에서 토지 지주의 정치·경제적 영향력 감소는 증거로 확인된다. 1960년대 후반 타이완과 필리핀의 두 개 농촌 지역에서 농촌 인구를 대상으로 지역 지도자의 정치적 영향력의 다양한 형태에 대해 조사한 연구는 타이완에서는 지주들이 더 이상 많은 영향력을 보유하지 않은 반면 필리핀에서는 여전히 지배적인 힘을

가지고 있음을 보여준다. 표 4.5는 타이완 타이난Tainan에서 지주는 8개 범주 중 일곱 번째에 위치했으나, 필리핀 루손Luzon에서는 지주가 지방 정부 관료와 정당 지도자 다음으로 세 번째에 위치했다. 필리핀에서 지방 정부 관료와 정당 지도자는 지주이거나 지주 가문의 일원인 경우가 많았다. 반면 타이완에서 지방 정부 관료와 정당 지도자가 지주인 경우는 거의 없었다. 타이완에서 토지개혁 이후 대부분의 지주들이 지방 정치에서 물러났으며, 소작농과 자작농의 지방 정부 참여가 증가했다(Yang 1970).

김영모(1982)의 한국 엘리트들의 세대 간 이동성에 대한 연구는 토지개혁과 일치하는 흥미로운 양상을 보여준다. 한국에서는 필리핀과 달리 관료와 사법 엘리트뿐 아니라 경제 엘리트의 대부분이 비非엘리트 집안 출신이었다. 표 4.6은 1960년대 한국 엘리트들의 아버지 직업을 보여준다. 장관(1961년)과 교수(1965년)의 대부분이 엘리트 집안(토지 지주 또는 화이트칼라) 출신인 반면 기업가의 73%(1966년), 고위 공무원의 68.5%(1966년), 법관의 55.7%(1970)가 엘리트 집안 출신이 아니었다. 필리핀에서 토지 과두는 여러 산업으로 다각화하고 가족 대기업을 형성한 반면 한국 기업가들은 대부분 낮은 계층 출신이었다. 1985년 당시 상위 50대 재벌 소유자의 38%가 가난한 농촌 집안 출신이거나 소규모 상인 집안 출신이었으며, 4분의 1이 지주 또는 대기업 집안이었다(Jones and Sakong 1980: 210~57; Koo 2007). 한국에서도 재벌이나 가족이 지배하는 대기업들이 장기간에 걸쳐 성장하고 부의 집중이 증가했지만, 그들의 정치적 영향력은 필리핀의 유사한 집단에는 미치지 못한다. 또한 많은 비엘리트 가구들이 자녀를 교육시켜 고위 공무원 시험 또는 사법 시험을 보도록 했으며, 이것이 한국에서 세대 간 상위 이동성의 주요 수단이었다는 것은 주목할 만하다.

토지개혁의 성공과 실패는 이들 국가의 사회 구조와 정치·경제에 영속

표 4.6 1960년대 한국 엘리트들의 아버지 직업

엘리트(1960년대) 아버지	지주(%)	화이트칼라(%)	비엘리트(%)	조사연도
장관	33.9	26.3	39.8	1962
기업가	23	4	73	1966
고위 관료	6.1	25.0	68.5	1966
판사	6.0	38.3	55.7	1970
교수	29	32	39	1965
국가 평균(1930)	3.0	0.6	96.4	1930

자료: 김영모(1982).

적인 영향을 미쳤다. 타이완과 한국의 토지개혁은 국가 자율성을 확립하고 부패를 통제할 수 있도록 도운 반면 필리핀에서는 그렇지 못했다. 필리핀에서 토지 과두의 경제·정치적 우위와 광범위한 농촌 빈곤은 매표와 관료제에서의 엽관주의와 같은 후견주의 관행을 확대시키고 지속시켰다. 결과적으로 이러한 관행은 정치·관료 부패를 증가시켰다. 필리핀 정치는 '지배 엘리트 사이에서 지대를 창조하고 나누는 것'에 집중되었으며(Montinola 2012), 오랜 기간에 걸쳐 부패가 증가했다. 필자는 이어지는 장들에서 이 모든 부패 요인들이 어떻게 나타났는지에 대해 상세히 설명할 것이다.

5장

선거, 후견주의와
정치적 부패

＞·〈

앞 장에서 우리는 한국, 타이완, 필리핀에서 토지개혁의 성공과 실패가 어떻게 상이한 불평등 수준을 낳았는지를 살펴보았다. 이 장에서는 이들 국가의 민주주의와 권위주의 정권하에서 불평등이 어떻게 후견주의와 정치 부패에 영향을 미쳤는지 살펴볼 것이다. 세 국가는 모두 독재와 민주주의를 번갈아가며 경험했기 때문에 횡단면 분석과 시계열 분석 모두 해볼 수 있다. 세 국가는 모두 1980년대 후반 민주주의로 전환했고, 그 이후로 경쟁적 선거를 치르고 있다. 비록 타이완은 1980년대 후반까지 계속 권위주의였지만, 한국(1961~1963년 제외)과 필리핀은 민주주의 전환 이후뿐 아니라 1972년 전부터 공식적인 민주주의 제도가 있었다.

필리핀은 처음에는 세 국가 중에서 가장 민주적이었으나, 페르디난드 마르코스하에서 권위주의적 계엄령 정권을 경험했다. 1946년부터 1972년까지 필리핀은 완전한 민주주의는 아니었고, 좌파를 억압하는 '준민주적semidemocratic'으로 분류될 수 있다. 계엄령 정권 후반기(1978~1986년)는 '연성 권위주의'로 분류될 수 있는데, 마르코스가 그의 정통성을 입증하기 위한 수단으로 총선을 도입했기 때문이다(Haggard and Kaufman 2008: 117~20). 한국은 이승만 대통령(1948~1960년)과 박정희 대통령(1963~1972년) 기간 동안에 선거 민주주의였으나, 정권은 매우 권위주의적이었다. 선거는 매우 경쟁적이곤 했지만 협박과 선거 부정이 일상적으로 일어났다. 입법부는 행정부를 견제하지 못했다. 박정희의 군부 쿠데타 통치(1961~1963년)와 이른바 유신 기간(1972~1979년), 전두환 통치(1980~1987년) 시기는 노골적인 독재였다. 타이완은 짧은 군사 통치(1945~1949년) 이후 장제스(1949~1972년)와 장징궈(1972~1986년)가 이끄는 단일 정당이 통치하는 오랜 권위주의 시기를 겪었다.

필자는 부패에 대한 민주주의 효과는 불평등에 달려 있다고 했는데, 부분적으로 높은 수준의 불평등이 프로그램적 경쟁보다 후견주의 경쟁을 증가시킬 가능성이 있기 때문이다. 민주주의에서 불평등이 증가하면 엘리트는 일반적으로 프로그램적 경쟁, 특히 좌파 정당의 발전을 두려워할 것이고, 따라서 그들은 가난한 사람들로부터 표를 매수할 필요성을 느낄 것이다. 한편 대규모의 가난한 인구는 배타적인 혜택을 얻기 위해 표의 후견주의적 교환을 선호할 것이다. 따라서 높은 불평등 사회에서는 프로그램적 경쟁이 발전하기 어려운 반면, 선거 후견주의가 더욱 번성하고 지속할 가능성이 있다. 정당 간 프로그램적 경쟁이 없다면 선거는 민주적 책임성 기제로 제대로 작동할 수 없다. 일반적으로 후견주의는 매표와 같은 사소한 선거 부패를 포함한다. 또한 후견주의에서 정치인들은 후견주의적 자원이 필요하기 때문에 대규모의 정치 부패를 증가시키고, 유권자들이 부패한 정치인을 단죄하기가 어렵다.

이 장의 목적은 세 국가에서 선거 후견주의와 정치 부패에 대한 불평등의 영향을 연구하는 것이다. 물론 선거 후견주의는 민주주의에서 특히 중요한 문제이다. 높은 불평등은 독재 체제에서도 역시 증가하는데, 선거가 도입되었을 때 그러할 것이다. 이 책에서 논의되는 세 국가의 사례들은 선거 권위주의하에서 후견주의를 연구할 기회를 제공한다. 세 국가에서 국가 또는 지방 수준의 선거는 다양한 권위주의 정권하에서 실시되었다. 타이완에서 국민당은 1946년을 시작으로 정기적으로 지방선거를 실시했다. 초기에는 국가 수준의 선거가 동결되었지만, 보충적인 국가적 선거가 1969년에 처음으로 실시되었고 장징궈 통치(1972~1986년)하에서 선거가 점진적으로 확대되었다. 한국에서 국가 수준의 선거(국회의원과 대통령 선거)는 권위주의 기간에서도 자주 실시되었다. 필리핀에서는 대부분의 기간 동안 국가와 지방선거가 실시되었다. 표 5.1은 이들 국가에서 다양한 선거가 개최되었던 시기를 보여준다. 민주적 선거와 권위주의적 선거에서의 변화에 대한 연구, 그리고 국가와 지방 수준의 선거 부재에 대한 연구는 불평등이 어떻게 후견주의에 영향을 미쳤는지를 알 수 있게 해준다.

필자는 높은 불평등 조건하에서만 후견주의가 발달한다고 단정하지 않을 것이다. 후견주의는 어디에나 존재하며, 특히 신생 민주주의 국가에서 그러하다(Keefer 2007; Keefer and Vlaicu 2008; Kitschelt and Wilkinson 2007). 후견주의는 높은 수준의 불평등에서 더 만연하고 지속될 것이고, 이러한 환경은 프로그램적 경쟁의 발전을 더 어렵게 만든다는 것이 필자의 주장이다. 따라서 상대적으로 평등한 한국과 타이완보다 상당히 불평등한 필리핀에서 선거 후견주의와 정치 부패가 확대되고 프로그램적 경쟁은 드물 것이다. 또한 후견주의의 범위는 선거가 지방 수준, 국가 수준 또는 양쪽 모두에서 개최되는지에 따라 달라질 것이다.

표 5.1 3국의 선거 체제 비교

	필리핀	한국	타이완
지방선거	1946년~현재	1952~1960년, 1991년(의회) 1995년(정부) 재개	1946~현재
국회의원 선거	1946~1972년, 1978~1984년 (제한적 경쟁), 1986년~현재	1948~1960년, 1963~1971년, 1973~1985년 (제한적 경쟁), 1988년~현재	초기 동결, 1969년(일당)부터 제한적 실시, 1989년부터 전면 실시
대통령 선거	1946~1969년, 1986년~현재	1948년(간선), 1952~1960년 (1960~61년 내각제), 1963~1971년, 1987년~현재	1996년부터

다음 3개의 절에서는 세 국가의 권위주의와 민주주의하에서 불평등이 어떻게 선거 후견주의에 영향을 미쳤는지를 살펴볼 것이다. 역사 사례연구는 세 국가 모두 후견주의가 편재해 있었지만, 장기간에 걸쳐 세 국가간 뿐 아니라 국가 내부에서도 차이가 있었음을 보여준다. 필자는 후견주의 원인에 대한 대안적 설명들을 검토하고, 이들 국가에서 후견주의의 범위와 지속성의 차이에 불평등이 가장 중요한 역할을 했음을 입증할 것이다. 마지막절은 이들 국가에서 후견주의가 어떻게 정치 부패와 반부패 개혁의 효율성에 영향을 미쳤는지 살펴본다.

필리핀: 지속적인 후견주의

필리핀은 1946년 7월 미국으로부터 완전히 독립했다. 일본의 점령 기간은 짧았고, 미국이 자발적으로 필리핀의 독립을 인정했기 때문에 미국은 중

대한 제도적 유산과 영향을 남겼다. 따라서 필리핀은 미국 식민 통치하에서 발달했던 선거 민주주의 정치 제도를 계승했다. 그러나 초기 민주주의 기간 (1946~1972년)과 마르코스 이후 민주주의 기간(1986년~현재) 동안 매표와 같은 후견주의 경쟁이 만연했고 프로그램적 경쟁은 발전하지 못했다. 과두적 가문들이 정치는 물론 경제까지 지배했고, 정당들은 강력한 가문들의 연합이 모습을 바꾼 것에 지나지 않았다. 강력한 정치-경제 엘리트 가문들과 대규모 빈곤 인구의 존재는 후견주의를 촉진하고 프로그램적 정당 발전을 저지했다.

필리핀의 초기 민주주의 시기(1946~1972년)

필리핀은 한국이나 타이완과 달리 초기 민주주의 기간 동안 제3세계에서 성공적인 민주주의 사례로 간주되었다. 대통령과 국회의원 선거는 모두 경쟁적이었으며, 주요 정당인 민족주의당과 자유당이 주기적으로 정권을 교체했다. 그러나 두 정당은 서로 경쟁했지만 정책과 사회적 구성 요소 측면에서는 사실상 동일했다. 카를 랜드(Carl Lande 1965)의 필리핀 정치 구조에 대한 고전적인 연구는 두 정당이 모두 유력 가문 중심으로 구성된 지역과 지방 세력의 느슨한 연합이라는 것을 보여주었다. 토지 엘리트는 지역과 지방 정치를 지배했다. 더구나 국가와 지방선거가 개최되기 오래 전부터 존재했던 지주와 소작농 사이의 후견-고객 관계의 본질이 정치 제도에 직접적으로 옮겨졌다. 전형적으로 마을 지도자는 부유한 농민이었고, 시장은 소규모 지주 또는 전문가였다. 주지사는 거대 지주 계급의 구성원이었으며, 의원들은 사회에서 가장 부유한 사람들이었다. 지방 지도자로부터 지역 정치인, 국가 정치인들로 확장되는 후견주의 연결망은 지방과 전국 선거가 정기적으로 실시되면서 발전했다.

필리핀 정치에서 정당보다 엘리트 가문들이 권력의 실질적 원천이었고, 이 가문들은 궁극적으로 필리핀 민주주의를 형성한 정당이 되었다. 사실 정치 가문들은 미국 식민 기간에 발전하기 시작했는데, 1907년 필리핀 의회 의원을 뽑는 선거가 처음 실시되었다. 필리핀의 정당 배열은 지방과 도시의 전통적 경쟁 파벌들의 단순한 확장으로 볼 수 있다(Lande 1965). 전쟁 후 민족주의당 내에서 의견을 달리하는 분파가 마누엘 로하스Manuel Roxas가 이끄는 자유당으로부터 분리되어 나왔다. 1946년 새로운 공화국의 첫 선거에서 자유당은 민족주의당의 세르지오 오스메냐Sergio S. Osmena와 맞서 성공적으로 경쟁했다. 1972년 마르코스의 계엄령 선언 전까지 정권 교체가 8년마다 일어날 정도로 두 정당은 필사적으로 경쟁했다. 그러나 두 정당은 자신에 맞서 대안을 제공하기 위해 노력한 좌파 정당들을 억압하는 데 있어서는 이해관계를 공유했다. 좌파 정당 가운데 첫 번째가 훅스 게릴라, 필리핀 공산당, 농민, 노동자 전문가 집단으로 구성된 민주연합이었다. 민주연합은 1946년 의회에서 6석을 획득했으나 날조된 부정 혐의로 양대 정당에 의해 면직되었으며, 군사적 억압으로 민주연합은 1947년에 해산되었다(Thompson 1995: 18). 정치인들은 수시로 소속 정당을 바꿔 자유당과 민족주의당은 서로 구분할 수 없을 정도였다. 1953년 막사이사이는 자유당에서 민족주의당으로 소속 정당을 변경하고 대통령직을 성공적으로 수행했다. 마르코스 또한 1965년 자유당에서 민족주의당으로 당적을 변경했고 대통령에 당선되었다. 의원들의 집단 탈당은 더욱 빈번했다. 탈당자들은 자신들의 몫을 늘리기 위해 후임 대통령의 정당으로 소속을 바꾸었다(Montinola 2012).

모든 국회의원들은 도움을 제공하는 조건으로 물질적 보상을 요구하는 풀뿌리 수준의 지방 정치인들에 의존해 선거에서 승리했다. 또한 대부분의 국회의원들은 유권자의 노골적인 매표에 의존했다. 스콧(1972: 96~7)이 필리핀을 '선거 부패 모델'이라고 표현할 정도로 매표 행위는 확산되었고 선거 비용은 급격히 증가했다. 후보의 선거 자금 가운데 가장 큰 몫은 마을 지도자들에게 흘러들어 갔는데, 이들은 일부는 자신의 몫으로 챙기고 나머지는 유권자에게 뇌물로 주었다. 필리핀에서 후보가 공개적인 모임을 위해 교통, 음식 또는 음료를 제공하는 것은 불법이었지만, 지지를 호소하기 위해 잔치에 초대하는 것은 일반적 관행이었다. 게다가 현금을 주고 표를 사는 일이 확산되었는데, 유권자의 약 4분의 1이 이에 연루되었다. 표의 가격은 후보의 재력, 민족적 친밀도 등에 따라 다양했으나, 지속적으로 상승하여 일당에 맞먹는 정도가 되었다(Wurfel 1988: 99).

이런 정치 환경 때문에 1960년 초반 필리핀은 선거 비용이 세계에서 가장 많이 드는 곳 가운데 하나가 되었다. 한 표를 얻는 데 드는 비용을 남성 산업 노동자의 시간당 평균 임금으로 나눈 아널드 하이덴하이머Arnold J. Heidenheimer의 선거 지출 지수를 보면 필리핀은 16(1961년)으로 일본(1.36, 1960년), 이탈리아(4.5, 1958~1960년), 타이완(3.3, 1957년), 말레이시아(5.4, 1964년), 인도네시아(12.0, 1955년)보다 훨씬 높았다.(Heidenheimer 1963: Milne 1968). 이 계산에 의하면 한국의 선거 지출 지수는 1963년 2.71이었다(이웅희·김진현 1964). 다른 조사에서 한국의 지수는 7까지 올라가지만, 필리핀의 선거 비용이 가장 높다는 것은 명백했다. 높은 선거 비용은 주로 매표와 같은 선거 부패 때문이며, 이러한 비용 때문에 정치인들은 당선 후 부정한 거래에 관여하게 된다. 막사이사이가 당선된 1953년 선거와 마카파갈이 승리한 1961년 선거 사이 8년 동안 대통령 선거 비용은 10배 넘게 증가했다. 상원 의원과 하원 의원 선거 비용 역시 가파르게 증가했다. 1961년 선거와 관련된 지출이 국가 예산의 13%에 달했다. 1969년 대통령과 하원 의원 선거에 쓰인 총지출은-지역 사업 선심성 예산 5억 페소 포함-은 거의 10억 페소에 이르렀는데, 이는 그해 국가 예산의 4분의 1에 달했다(Wurfel 1988: 100). 정부는 이미 선거가 없는 연도에 발생한 부채 부담을 안고 있었기 때문에 1969년 선거 때 마르코스가 쓴 막대한 지출은 당시로서는 최악이었던 필리핀의 재정적 재난을 초래했다(Thompson 1995: 35).

필리핀의 '지역 사업 선심성 예산' 정치는 미국 식민지 시절로 거슬러 올라가지만, 1950년대와 1960년대에 정치인들의 후견주의적 필요를 충족시키기 위해 더욱 부패한 형태로 변형되었다. '공동체 사업', 아니면 '지역 개발 사업'으로 알려진 사업들에 대해 국회의원들은 재정 배분을 넘어서서 거의 완벽한 재량권을 보유했다. 따라서 하원 의원과 상원 의원들은 그들의 후견주의 연계망을 유지하고 확장하는 데 도움이 되는 사업들을 위해 계약자와 피고용자들을 선택할 수 있었다(Kasuya 2009: 57). 1960년대 초 개별 하원 의원들에게 할당된 평균 금액이 30만 페소, 상원 의원들에게 할당된 금액이 평균 50만 페소였다. 소속 정당과 상관없이 선심성 예산이 모든 국회의원에게 할당되었지만 대통령이 실제로 자금이 방출되는 것을 통제했다. 그 결과 집권 여당 의원들이 호혜적인 대접을 받았다(Wurfel 1988: 86~87).

지역과 지방 파벌들 사이에서 후견주의적 경쟁이 확대되면서 많은 지방 엘리트 가문들은 사병을 만들었고, 이로 인해 정치적 폭력이 증가했다. 많은 군벌들이 지방 정치를 지배하게 되었고, 필리핀인들은 선거 결과가 '총, 깡패, 금'에 의해 결정된다고 불평했다. 많은 후보들이 자신을 보호하고 상대 후보를 위협하기 위해 수행원을 고용했다. 시간이 흐를수록 선거 관련 사망자가 늘어났다. 1969년 민족주의당의 페르디난드 마르코스 대통령이 4년 임기의 재선에 당선되었을 때, 선거는 테러뿐 아니라 매표와 사기로 얼룩져 있었다. 상대 후보였던 오스매냐 상원 의원은 '깡패에서 나온, 권총에서 나온, 금에서 나온' 투표 승리의 사례라고 강하게 비판했다(Abueva 1970).

필리핀의 권위주의 시기(1972~1986년)

1972년까지 필리핀은 권위주의 정권이었다. 1972년 9월 마르코스 대통령은 '공화국을 전복하려는 폭력적 위협 제거, 정부 정화, 경제의 체계적 발전 촉진'을 위해 계엄령을 선포했다. 마르코스가 권력을 무기한 유지하기 위해 가짜 개혁을 수행하고 있다는 것은 곧 명확해졌다(Thompson 1995: 56~7). 강성 권위주의를 펼친 몇 년 뒤, 마르코스는 미국으로부터 계속 지지를 받기 위해 민주주의로의 복귀를 약속해야 했다. 그는 1978년 국회의원 선거를 재개했고, 1981년 초 공식적으로 계엄령을 해제했다. 그러나 1978년 국회의원 선거에서는 선거 감독관이 허용되지 않았고 선거운동 기간은 축소되었다. 완벽한 부정 선거로 인해 야당은 단 한 석도 얻지 못했다(Thompson 1995: 75~8).

당시 두 정당은 후견주의 활용 방식에 차이를 보였다. 1983년 8월 야당 지도자 베니그노 아키노 암살 이후 국내적·국제적으로 민주화에 대한 압력이 증가했다. 마르코스 정권은 사기에 상대적으로 덜 의존하는 대신 후견주의적 동원에 더 의존해야 했다. 야당은 후견주의에 덜 의존하고 민주화를 위한 프로그램적 호소에 더 의존했다. 1978년 선거와 달리 1984년 국회의원 선거에서는 맹렬한 경쟁이 펼쳐졌다. 마르코스가 이끄는 신사회운동당은 선거운동에 막대한 자금을 쏟아부었다. 전적으로 여당 편에 서 있었던 군벌들이 정치에 복귀했고, 선거 폭력이 치솟았다. 야당 후보들은 일부 지역을 제외하고는 후견주의적 경쟁 측면에서 여당 후보의 경쟁 상대가 되지 못했지만, 마르코스 정권에 대한 대중의 분노에 의지할 수 있었다. 야당들은 도시 지역의 28개 경쟁 지역 중 21개 지역을 포함해 183석 중 60석을 확보했다. 야당은 도시에서 실적이 좋았다. 이에 따라 신사회운동당이 도시 지역에 쏟아부은 대규모 매표 작전과 정부 사업들은 비효율적이었던 것으로 밝혀졌다. 이에 더해 야당은-가문에 기반한 정당 조직으로 무장한-8개 지역에서 우세했는데, 이곳에서는 강력한 야당 가문들이 신사회운동당의 재정적 우위에 대항할 수 있었다(Thompson 1995: 125~9).

권위주의 체제에서 치러진 1986년 선거에서 후견주의와 선거 부정은 곪아서 터질 지경이었다. 1985년 11월 마르코스는 갑작스럽게 1986년 2월에 선거를 실시하겠다고 선언했다. 그는 이 중요한 선거에서 더 많은 유권자들을 매수했는데, 코라손 아키노Corazon Aquino가 대통령 자리를 두고 그와 경쟁했다. 한 추산에 따르면 그는 매표를 위해 5억 달러를 썼는데, 이는 이론적으로 모든 유권자에게 지불할 수 있는 규모이다. 1인당 비율은 50페소에서 100페소(약 2.5달러에서 5달러) 사이였다(Thompson 1995: 142). 한 지방 군벌은 마르코스가 매표에 사용하라고 500만 페소짜리 수표를 자신에게 보냈다고 자랑하기까지 했다(Quirino and Peralta 1986: 139). 아키노 정부에서 초대 회계감사위원회 의장을 지낸 테오피스토 깅고나Teofisto Guingona는 마르코스가 1986년 선거를 위해 국고에서 약 1억 5,000만 달러를 인출했다고 추산했다(De Castro 1998). 광범위한 매표 작전뿐만 아니라 유권자의 선거권 박탈, 협박과 폭력, 투표수 조작 등이 만연했다. 아키노-라우렐 측은 선거에 겨우 600만 달러를 사용했지만, 민주주의 복원과 정직한 정부 건설에 대한 도덕적 호소는 재정적 단점을 상쇄했다. 대규모 투표수 조작이 드러나자 수십만 명이 거리를 점령했고 독재자는 물러날 수밖에 없었다(Thompson 1995: 145~151).

필리핀의 마르코스 이후 민주주의 시기(1986년~현재)

'피플 파워'로 극적으로 민주주의로 전환한 이후 필리핀은 새로운 민주적 책임성 정치를 만들어내는 데 실패했다. 독재자가 물러난 뒤 전통적 정치-경제 엘리트는 낡은 스타일의 정치적 후견주의로 필리핀 정치를 복귀시켰다.

마르코스 실각 후 처음으로 1987년 5월 실시된 의회 선거에서 전통적 엘리트 가문들의 우위가 복원되었다. 1987년 선출된 의원 200명 가운데 169명(거의 85%)이 '전통적 가문'에 속한 것으로 분류되었다. 오직 31명만이 1972년에 선출된 기록이 없고 유력 가문에 직접적으로 연결되지 않았다. 전통적 정치 가문 출신 의원 169명 가운데 102명이 반反마르코스 세력에 속한 것으로 분류된 반면, 67명은 친親마르코스 정당 또는 가문 출신이었다. 선출된 상원 의원 24명도 대부분 유명한, 1972년 이전 정치 가문 출신이었다. 티한키(Julio Teehankee 2007)에 의하면 "지난 세기 동안 필리핀 의회의 양원은 약 160개 가문에게 사실상 보금자리home였다."

정치적으로 강력한 가문 또는 정치적 왕조들에 의한 지배는 이후의 선거에서도 계속되었다. 코로넬(Sheila Coronel 2004a)에 의하면 선출직에 친척이 있는 국회의원 비율은 8대 국회(1987~1992년)의 62%부터 12대 국회(2001~2004년)의 61%까지 거의 변함없이 지속되었다. 비례대표 의원을 제외하면 이 비율은 12대 국회에서 66%까지 올라간다(Coronel 2004a). 15대 국회(2010~2013년)는 구성원의 70%가 정치 가문 출신이었다(Mendoza et al. 2012). 정치 가문들은 전통적으로 부유한 토지 소유 엘리트들이었다. 최근 유명 인사들이 다수의 새로운 정치 가문을 구축하고 있으며, 대부분의 정치 가문은 다양한 사업적 이해관계를 가지고 있다(Coronel 2004b).

전통적 엘리트 가문들의 복귀와 함께 후견주의적 경쟁이라는 낡은 정치도 부활했다. 야당은 권위주의 기간 동안에는 후견주의 동원보다 도덕적 호소에 더 의존했지만 민주주의 전환 이후에는 모든 정치인과 정당들이 후견주의적 경쟁에 매달렸다. 매표 행위는 계속되었다. 정당들은 점점 더 의미가 퇴색했다. 계엄령 이전 양당 제도는 무너지고 이념적으로 구별이 불가능한 다양한 정당들이 계속 등장했으며, 선출직들의 소속 정당 교체는 관행이 되었다.

　　민주주의 전환 이후 프로그램적 경쟁보다는 후견주의 경쟁이 정치인들의 주요 관심사가 되었다. 카수야(Yuko Kasuya 2009)는 1999~2000년 하원 의원과 상원 의원을 상대로 한 조사에서 선거운동 기간 동안 개인의 자질과 선거구민에 대한 서비스가 가장 강조된 반면 정당의 정강은 거의 강조되지 않았다는 사실을 발견했다. 선거운동에서 정강이 무의미하다는 것은 다양한 정강 사이의 구분이 거의 없다는 것을 의미한다. 카수야 연구의 흥미로운 결과는 '선거구민 서비스'가 주로 특혜와 선물의 제공을 의미한다는 것이다. 필리핀에서는 선거구민의 장례식, 결혼식, 세례식 참석과 기부는 선거구민 서비스의 가장 일반적인 형태이다. 반면 한국과 타이완에서는 선거구민에 대한 정치인의 기부 행위가 은밀한 매표로서 엄격히 금지된다.

　　선심 정치는 국회의원에게 후견주의적 자원을 제공하는 부패의 형태로 부활했다. 의회는 1990년에 정부 보조금 예산을 부활시켰고, 국회의원에게 정부 보조금 할당은 시간이 흐를수록 증가했다. 2002년 회계연도에 하원 의원에게는 5,000만 페소, 상원 의원에게는 1억 5,000만 페소가 주어졌다. 지역 사업 선심성 예산은 전체 일반 세출의 1.6%를 차지했다. 무엇보다 공공 사업 및 고속도로부 예산의 19.1%는 지역 사업 선심성 예산으로 의회 구성원들에게 할당되었다(Kawanaka 2007).

선심 정치는 단순히 다양한 지방 사업에 자금을 조달하는 데 사용될 뿐 아니라 의원들에게도 자금을 대준다. 도급 업체와 피고용자까지 선택함으로써 의원들은 그들의 후견주의 네트워크를 매수할 수 있을 뿐 아니라 예산의 상당 부분을 리베이트로 받을 기회를 잡게 된다. 1998년에 새로 임명된 재정부 장관 살바도르 엔리케스Salvador Enriquez는 공공 사업 프로젝트로 조성되는 리베이트가 평균적으로 사업비의 30% 가량 된다고 기자들에게 말했다. 또한 그는 학교 및 교육자료 예산의 경우 '위원회'가 최대 45%를 잠식할 수 있다고 했다(Parreno 1998). 따라서 하원 의원과 상원 의원이 선심성 예산에서 획득하는 리베이트의 총량은 상당하며, 이것은 선거 비용을 감당하는 데 쓰일 것이다. 카수야는 하원 의원, 상원 의원의 선거 사무 관리자와 인터뷰(2009: 63)를 통해 리베이트가 대체로 다양한 선거구민 서비스 활동과 매표를 위한 자금과 연결되어 있다는 것을 확인했다.

선거가 엘리트 가문들의 후견주의 경쟁으로 유지되면서 다양한 형태의 선거 부정도 계속되었다. 표 5.2는 매표와 선거 부정에 대해 증가하는 인식

표 5.2 1992~2010년 선거 부정에 대한 선거 전 기대치(%)

	1992년 4월	2001년 4월	2004년 4월	2007년 2월	2007년 4월	2007년 5월	2010년 2월	2010년 3월
매표	57	48	49	69	69	57	63	71
개표부정	48	30	36	53	53	45	49	51
이중투표	41	27	29	48	46	41	39	48
유권자 학대	36	17	22	39	39	30	34	45
선거운동 기간폭력	–	–	–	–	–	–	31	37

자료: Social Weather Station(www.sws.org.ph)

도 추세를 보여준다. 다가오는 선거에서 매표가 있으리라고 예상하는 사람들의 비율은 1992년 57%에서 2001년 48%로 약간 줄어들었지만, 2010년에는 다시 71%로 증가했다. 다른 선거 부정에 대한 예상 또한 증가했다. 2004년 6월 실시된 선거 직후의 조사에서 응답자의 19%가 5월 대통령 선거에서 매표 행위를 직접 목격했다고 말했다. 비정부단체NGO인 돈과 정치 실무 그룹은 2007년 선거에서 그들이 감시했던 4개 지역 중 3개 지역에서 매표 행위를 발견했다. 매표 행위가 관찰되지 않은 유일한 지역은 국회의원 후보가 1명이어서 경쟁이 일어나지 않은 지역이었다(PAP 2008). 매표는 비밀투표 침해를 포함한 다른 형태의 부정행위를 동반하며 종종 폭력을 증가시켰다.

이 시기 동안 선거운동 비용은 후견주의적 연결망 유지에 필요한 자금을 상당 부분 부담하면서 지속적으로 증가했다. 티한키(2010)는 단언했다. "전통적으로 잘 매수된 조직에 '대통령' 후보는 득표의 75%를 투표에 의존했다. 나머지 25%는 지방 돌격대, 포스터, 선전물 등에 의존했다."

2001년 정치 광고 금지가 해제되어 미디어 비용이 대통령과 상원 의원 후보들의 총 '공식' 선거 비용의 절반 이상을 차지하지만, 후견주의적 동원은 여전히 전국 단위 선거에서 큰 역할을 하는 것으로 보인다. 미디어 비용을 포함한 대통령 선거 법정 비용이 약 5억 페소로 제한되었지만, 선거운동 전문가들은 대통령 선거에서 이기려면 25억~50억 페소(1억 2,500만 달러) 정도 들어갈 것이라고 추정한다. 유권자 수가 50만 명인 지역구에 출마한 하원 의원 후보들은 TV 또는 라디오 광고를 거의 하지 않지만, 이들이 쓰는 비용은 2,500만 페소로 법정 상한인 150만 페소의 16배를 넘어선다(PAP 2008). 이러한 추산은 엄청난 비공식적 선거 비용이 후견주의적 동원에 자금을 대기 위해 필요하다는 것을 의미한다.

후견주의와 프로그램적 경쟁은 서로 대척점에 서 있다. 필리핀에서 정치적 후견주의의 만연은 정당 사이의 프로그램적 경쟁의 부재와 밀접하게 연결되어 있다. 마르코스 이후 필리핀 정치에서 다당제가 새롭게 등장했지만, 이것은 프로그램적 정치와는 전혀 상관이 없었다. 마르코스 이후 시기에 도입된 대통령 단임제는 사실상 모든 대통령 후보들로 하여금 신당 창당이라는 희망을 품도록 자극했다. 이에 따라 불안정한 다당제가 계엄령 이전 시기의 안정적 양당제를 교체했다. 그러나 국회 의석을 얻기 위한 선거구 수준의 경쟁은 본질적으로 전과 별로 달라지지 않았다. 카수야는 다당제 출현을 이끈 것은 후보 수의 증가가 아니라 국회의원 후보들이 자신의 소속 정당을 선택하는 방식들이라고 주장한다. 계엄령 이전 시기에는 대부분의 선거구에서 경쟁한 후보들은 민족주의당과 자유당 소속이었다. "마르코스 이후 시기에는 LAMP[1]와 라카스Lakas[2] 후보들이 같은 지역에서 경쟁하고, 다른 지역에서는 자유당과 LAMP 후보들이 경쟁했다." 국가 수준에서 본다면 다당제는 등장했다. 그러나 현재의 다당제는 이념적 또는 정책적 입장이 다양한 정당들 사이의 프로그램적 경쟁이라기보다는 대통령 후보 간 경쟁의 분열을 반영한다(Kasuya 2009: 7~8).

후견주의, 선거 부정과 함께 전통적인 정당 교체 관행 또는 변절주의가 민주주의 전환 이후 즉시 부활했다. 친親아키노 정당들은 많은 특혜 부여권을 손에 쥐고서 계엄령 이전의 변절주의 관행을 부활시켰다. 1992년 5월 대통령 선거에서 피델 라모스Fidel Ramos가 총투표수 중 4분의 1에 못 미치는 득표로 이겼을 때 그의 라카스-기독교민주주의전국연합은 상원과 하원 의원

---

1 필리핀 대중조직 Lapian ng Masang Pilipino(Organization of the Filipino Masses)

2 공식 명칭은 Lakas-CMD (Lakas ng Tao-Christian Muslim Democrats). Partido Lakas ng Tao(People Power Party)와 NUCD(the National Union of Christian Democrats)가 통합해서 이루어진 정당

선거에서 모두 3위에 그쳤다. 그러나 충분한 정부의 후원자금으로 그의 정당은 탈당자들을 매수할 수 있었고, 분할 정부를 끝낼 수 있었다(Thompson 1995: 178~9). 프로그램적으로는 구분할 수 없는 정당 수가 증가함에 따라 정치인들의 정당 교체 빈도도 증가했다. 계엄령 이전 시기(1946~1971년)에는 다음 선거에서 소속 정당을 교체하는 하원 의원 후보의 비율이 약 32%였던 반면 계엄령 이후 시기(1987~2004년)에는 57%로 증가했다. 상원 의원 후보들의 소속 정당 교체도 계엄령 이전 시기 24%에서 계엄령 이후 42%로 증가했다(Kasuya 2009: 120).

1986년 이후 이데올로기적으로 구분되지 않는 많은 정당들이 등장과 소멸을 반복하고, 강력한 가문들이 빈번하게 소속 정당을 교체하면서 정당들은 인적 연속성을 구축하기가 어렵다. 정당이 아닌 가문들이 필리핀 정치에서 가장 오랫동안 지속되고 있는 양상이다(Coronel 2004a). 정당들은 본질적으로 영향력 있는 가문들 사이의 허약한 연합인데, 이들은 마을barangay 수준의 지역 정치 지도자와 전국 수준의 정치인들을 이어주는 후견주의적 연결망을 제공한다. 이런 정당들의 당원 기반은 정치적으로 활동적인 엘리트 가문이 거의 전적으로 제공했으며, 정당들은 정상적인 당원을 보유하지 못했다. 후보 선출은 전국 수준 정치인과 지역 정치인들 사이에서 비공식적으로 결정되는데, 불투명하고 비민주적인 후견주의적 흥정과 거래의 과정을 포함한다(Hellmann 2011: 104~13). 따라서 사회기상관측소가 2004년과 2006년 실시한 설문조사에서 아무 정당도 그들의 복지를 대변하지 않는다고 답한 사람이 67%에 달한 것은 전혀 놀랍지 않다(Teehankee 2009).

이러한 필리핀의 추세에서 예외가 하나 있다. 악바얀Citizens' Action Party은 진보적 당원들을 기반으로 하는 정당으로서 프로그램적 호소에 주로 의존한다. 악바얀은 1998년 이후 정당명부 비례대표제를 통해 하원에서 1~3석을 확보했다. 1998년 선거 개혁 이후 뚜렷한 분야를 대표하는 정당은 최대 3석인 정당명부 비례대표 의석을 두고 경쟁하는 것이 허용되었다. 이런 정당들은 지역구에 후보를 공천하는 것이 금지되었고, 지역구에서 경쟁하는 정당들은 정당명부 비례대표의석에 참가할 수 없었다. 따라서 악바얀 같은 정당들은 제한적인 영향력만 가질 수 있다(Hellmann 2011: 116~17; Teehankee 2009).

한국: 프로그래머티시즘의 발전

한국은 헌법에 민주적 정치 제도를 도입했지만 실제로 그 정치 제도는 권위주의적으로 운영되었으며, 1987년 민주주의 전환이 이루어질 때까지 민주주의에 대한 투쟁이 산발적이지만 증가했다. 주로 권위주의 시기(1948~1960년과 1961~1987년) 여당은 권력을 유지하기 위해서 억압뿐 아니라 후견주의 전략에 크게 의존했다. 야당은 주로 친親민주주의 강령에 기반한 프로그램적 전략들에 의존했고, 증가하고 있던 교육 수준이 높은 도시 중산층 유권자들의 지지를 받았다. 후견주의의 범위와 만연도는 어느 정도 제한되었다. 이는 토지개혁의 결과로 정치 엘리트가 경제 엘리트로부터 광범위하게 분리되었기 때문이며, 토지개혁으로 시간이 갈수록 후견주의에 취약한 농촌의 가난한 인구 비율이 줄어들었기 때문이기도 했다. 게다가 지방선거는 1961년 군사 쿠데타 이후 중단되어 1990년대까지 복원되지 않았다. 이것은 후견주의의 범위와 정도를 제한했다. 민주주의 전환 이후 초기에 선거가 더욱 경쟁적으로 되면서 후견주의 경쟁의 강도도 높아졌다. 그러나 보수적이고 자유주의적인 2개의 주요 정당 사이의 프로그램적 경쟁은 시간이 지날수록 심화되었고, 후견주의 전략의 효율성이 줄어들었다.

한국의 초기 선거 민주주의 시기(1948~1972년)

국회를 구성하기 위한 전국 단위의 최초 선거가 1948년 5월에 개최되었을 때 당선자의 40% 이상이 무소속이었다. 무소속 비율은 제2대 국회(1950~1952년)에서 60%까지 늘어났는데, 이는 정당이 허약하고 제도화가 미비했음을 나타낸다(심지연·김민전 2006: 344~6). 좌파 정당들은 억압받았고, 가장 잘 조직화된 정당인 한국민주당은 지주와 우익 지식인들을 대표했다. 이승만은 1951년 자유당을 창당하고, '농민과 노동자를 기반으로 하는 전국 정당'이라고 주장했다(Henderson 1968: 293). 그러나 자유당과 한민당은 모두 간부 정당이었고, 출발 당시 두 정당 사이에 의미 있는 프로그램적 차이는 없었다. 제1대 국회(1948~1950년)에서 토지개혁이 가장 중요한 입법 이슈였고 한민당이 보수 진영에 있었지만, 토지개혁 이슈가 마무리되고 나자 자유당과 한민당을 구분하는 현저한 사회·경제적 이슈들은 사라졌다.

이승만은 1948년 국회에서 대한민국의 초대 대통령으로 선출되었다. 이승만 대통령은 대통령 직선제, 초대 대통령에 한해 2연임 제한 면제를 위한 개헌을 거치면서 점점 더 권위주의적으로 변해갔다. 전국 단위 선거들은 권위주의 여당과 친민주주의 야당 사이의 경쟁이 되었다. 따라서 양당제가 자리잡았고 1956년과 1958년 선거에서 '정부 여당을 지지하는 농촌 유권자 대 야당을 지지하는 도시 유권자'의 투표 패턴이 뚜렷해졌다. 선거는 정당 정치가 지배하게 되었고, 1958년 선거에서 당선한 무소속 후보자 비율은 12%로 낮아졌다(Henderson 1968: 303; 심지연·김민전 2006: 347).

처음에는 한국에서 후견주의가 번창할 징후들이 많았다. 자유당이 농촌 지역에서 보인 강세는 대체로 '순종 투표' 때문이었으며 경찰과 관료는 투표율을 높이고 여당 후보들을 지지하는 유권자를 독려하는 데 중요한 역할을 수행했다(Han 1974: 27). 게다가 막걸리 잔치와 고무신 제공을 통한 일부 매표 형태가 있었다. 농촌 지역에서 야당 후보는 관료 기구의 지원은커녕 후견주의 경쟁에서도 입지가 취약해 열세에 놓였다. 야당인 민주당의 전신인 한민당이 초기에 지주들에 기반을 두었음에도 불구하고 대부분의 지주들은 토지개혁 때문에 그들의 재산을 잃었다. 무엇보다 민주주의자들은 후견주의적 자원을 충분히 동원할 수 없었다.

그러나 관료와 돈의 힘은 정부 여당을 지지하도록 농촌 유권자들을 설득하고 협박하는 데에는 효율적이었던 반면 도시 지역에서는 비효율적이었다. 도시화, 교육의 확대, 신문 발행 부수 증가는 더 많은 정보를 가진 도시 유권자들 사이에서 야당인 민주당에 대한 지지가 늘도록 도와주었다. 특히 주로 도시에서 일간지 발행부수는 1946년 38만 1,300부에서 1955년 198만 부로 현저히 증가했다(Kim 1975: 145). 민주화 이슈를 둘러싼 정치적 균열에 따른 도시-농촌 간 분열은 1987년 민주주의 전환 때까지 한국의 선거 정치를 계속 지배했다.

이승만 대통령은 1960년 대통령 선거의 대규모 선거 부정을 규탄하는 학생들의 데모가 4·19 학생혁명으로 비화하자 대통령직을 사임했다. 그러나 민주당 장면 정부(1960~1961년)는 1961년 5월 16일 박정희 장군이 이끄는 군부가 권력을 장악하면서 단명하고 말았다. 반공주의와 경제 발전뿐 아니라 반부패가 쿠데타의 주요 명분이었다. 그러나 군사 정부는 곧 정치자금 조달의 필요성 때문에 딜레마에 직면하게 되었다. 군사 정부는 미국으로부터 큰 압박을 받아 민간 정부에 권력을 이양하기로 약속했기 때문에 박정희의 대통령 선거 출마를 준비해야 했다. 박정희의 조카사위이자 군사 쿠데타의 핵심 구성원이었던 김종필은 중앙정보부를 설립하고 중앙정보부의 조직적 기반을 활용해 민주공화당을 만들었다. 김종필은 민주공화당을 과거의 간부 정당이 아닌 대중 정당으로 만들기를 원했고, 이를 위해 상근 직원 1,300명을 보유한 대규모 사무국을 창설했다(심지연·김민전 2006: 318; Kim 1975: 236~7). 1963년 대통령 선거가 다가오자 박정희는 표면적으로는 홍수 피해자를 돕는다면서 농촌 주민들에게 밀가루를 무상으로 나누어주었다(김진배 1991). 상근 사무국 직원이 600명으로 줄기는 했지만 공화당을 운영하고 선거운동을 하는 데에는 막대한 자금이 들어갔다(Kim 1975: 250). 박정희는 1963년 대통령 선거에서 승리했지만, 공화당과 관료 기구의 막대한 조작에도 불구하고 득표 차는 아주 근소했다. 같은 해에 실시된 국회의원 선거에서 공화당은 자당 후보 한 사람당 선거운동 자금으로 200만 원에서 300만 원(2000년 가치로는 8,500만 원에서 1억 2,700만원)을 지급했다(박경석 1967). 공화당은 스스로 '시의적절하고 효율적인 선거 자금 분배'는 1963년 선거 승리에 기여했다고 기록했다(Kim 1975: 252~3).

뒤이어 치러진 1967년 국회의원 선거에서 협박, 매표, 투표수 부풀리기 같은 부정행위가 광범위하게 자행되었는데, 박정희 대통령으로서는 국회가 대통령 2연임을 금지한 헌법을 수정하도록 압박하려면 국회 의석 3분의 2의 압도적 다수가 필요했기 때문이었다. 대통령 3연임을 허용하는 개헌안에 대한 국민 투표가 진행되는 동안 지역의 공화당 당료들이 공공연하게 농촌에 금품과 향응을 제공했다고 보도되었다. 박정희는 1971년 대통령 선거에 출마해 3선에 성공했으나, 셀 수 없을 정도로 많은 선거 부정 혐의를 받았다. 박정희의 정적 김대중은 민주주의와 평화적 남북관계를 위한 프로그램적 호소를 했고 도시 인구의 지지를 받았다(Kim 1975: 276, 282~3).

한국의 권위주의 시기(1972~1987년)

박정희는 주요 지배 기제로서 공화당보다는 관료와 중앙정보부, 군대에 더 의존했다(Henderson 1968: 307). 박정희는 세 번째 임기를 넘어서는 헌법적 방법을 찾아내지 못하자 계엄령을 선포하고 1972년 10월 유신(개혁)이라는 이름으로 국회를 해산하고 헌법을 파기했다. 유신 헌법은 박정희의 종신 대통령직을 효과적으로 보장하기 위해 대통령 직선제를 폐지했다. 또한 그에게 국회의원 3분의 1을 지명할 권한을 부여했다. 대통령으로의 권력 집중 증가는 후견주의적 자원 집중의 증가를 의미했다. 개별 정치인들이 자신의 후견주의 연결망을 만들고 유지했던 필리핀과 달리 한국의 후견주의적 자원의 모집과 분배는 대통령과 여당에 집중되었다. 지방선거가 1961년 군부 정권에 의해 중단되어 1990년대 초반까지 개최되지 않으면서 개별 정치인들, 특히 야당 정치인들은 마을까지 도달하는 광범위한 후견주의 연결망을 만들고 유지하기 어려웠다. 유신 체제가 많은 비용이 들어가는 대통령 선거를 없앴음에도 불구하고 독재자는 공화당, 국회의원 선거, 국민투표를 운영하고 심지어 일부 야당 정치인들에게 뇌물을 주기 위해서도 막대한 양의 자금이 여전히 필요했다. 그는 부하들의 충성을 보장하기 위해 현금을 담은 흰 봉투를 나누어주는 관행을 만들었다. 박정희 정권은 심지어 미국 하원 의원들에게까지 뇌물을 주려고 시도했다. 소위 '코리아 게이트'라고 불린 스캔들에서 85만 달러가 미국 하원 의원들에게 뇌물로 전달되었다(Clifford 1998: 88; Oberdorfer 2002: 50~1).

1979년 중앙정보부장이 박정희를 암살한 후 짧은 기간 동안 민주주의가 펼쳐졌으나, 전두환 장군이 이끄는 군부가 2단계 쿠데타와 1980년 5월 광주에서 발생한 봉기에 대한 잔인한 진압을 통해 권력을 장악했다. 전두환은 새로운 여당으로 민주정의당을 만들었다. 전체 유권자의 6.5%에 달하는

160만 당원을 모집하고 훈련하려면 막대한 자금이 필요했다. 지방 당료 또는 후보들은 '당원 연수회'를 후원했는데, 여기에서 많은 사람들이 당원 자격을 즉석에서 부여받고 각각 10만 원(150달러)를 지급받았다. 선거운동 또한 많은 비용이 들어갔다. 선거운동 기간 동안 일반 유권자 수만 명에게 밥을 사고 선물을 주려면 막대한 현금이 필요했다. 농촌 지역에서 전두환 측 후보들은 유권자들에게 공짜 여행을 보내주거나 비밀리에 현금이 담긴 흰 봉투를 돌렸다(Schopf 2004: 64~5).

민정당의 광범위한 후견인-고객 연결망, 막대한 자금 유용, 모든 것을 압도하는 경찰과 관료의 힘에도 불구하고 야당 통제, 특히 도시 지역에서 선거를 조작하는 것은 갈수록 어려워졌다. 1985년 국회의원 선거에서 새로 창당된 야당인 신민주당은 서울에서 우세했다(서중석 2008: 214). 후견주의적 자원이 거의 없었던 야당은 친민주주의 강령을 무기로 권위주의 여당을 수세적인 위치로 몰아세울 수 있었다. 이는 도시화, 교육, 중산층 규모의 증가로 여당의 후견주의 전략의 효율성이 감소되었다는 것을 의미했다.

한국의 민주주의 시기(1987년~현재)

1987년 학생과 화이트칼라 노동자들을 포함한 시민 수십만 명이 서울과 전국의 거리를 점령하자 전두환 대통령은 대통령 직선제를 포함해 민주주의를 향한 그들의 핵심적인 요구에 굴복할 수밖에 없었다. 1987년 12월 대통령 선거에서 전두환이 직접 뽑은 민정당 후보 노태우가 야당 후보들의 분열로 인해 당선되었다. 그러나 1988년 4월 국회의원 선거에서는 세 야당이 확보한 의석이 민정당의 의석을 초과했다. 민정당 후보들은 이 선거에서 전례 없이 많은 규모의 자금을 풀었는데, 대부분 유권자들을 후견주의적으로 동원하는 데 투여되었다.

외견상 민주화는 후견주의와 불법 선거 자금을 감소시키는 게 아니라 증가시킨다. 경쟁적 선거에서 여당이 얻는 이득이 훨씬 더 많았지만, 협박과 선거 부정은 거의 불가능하게 되었다. 따라서 매표는 민정당 후보에게 더욱 중요하게 되었다. 심지어 야당 후보조차도 후견주의에 대한 의존이 증가했다. 권위주의 시기 동안 야당은 전형적으로 친민주주의 메시지를 유권자들에게 호소했지만, 그들은 새로운 호소가 필요했고 야당 후보들 사이에 격렬한 경쟁이 있었다. 새로운 호소의 중요한 부분은 지역감정에 기반을 둔 지역 동원으로부터 나왔지만 후견주의적 경쟁이 증가하여 지역 연계는 후견주의 연결망으로 자주 이용되었다. 또한 민주화는 기업가로부터 정치적 기부를 받을 수 있는 기회를 야당 의원에게 허용했다.

노태우는 자서전(2011)에서 1987년 선거 당시 전두환에게서 1,400억 원을 받아 2,000억 원을 사용했다고 밝혔지만, 전두환은 노태우의 선거에 1974억 원을 주었다고 주장했다. 모종린(2009)은 노태우가 약 3,000억 원(3억 7,500만 달러)을 썼고 야당 후보 또한 상당량의 자금을 모금해 썼다고 추산했는데, 그들 모두 당선될 수 있는 상당한 기회가 있었고 기업가들은 위험을 분산시킬 필요가 있었기 때문이었다. 1987년에는 미디어 비용이 거의 무시해도 좋을 정도였으며, 한국에서는 미디어 비용이 전체 선거 비용에서 차지하는 비중이 상대적으로 적었기 때문에 선거 지출 대부분은 후견주의 동원에 사용되었다.

이 기간 동안 극심한 경쟁은 후견주의 확산을 부추겼다. 1990년 노태우의 민정당과 김영삼과 김종필이 이끄는 두 야당의 3당 합당은 새로운 여당인 민주자유당을 만들어 분할 정부를 종식시켰다. 오랜 기간 야당 지도자였던 김영삼은 1992년 여당의 대통령 후보로 지명되었다. 노태우(2011)는

1992년 김영삼에게 3,000억 원(3억 8,000만 달러)을 주었다고 주장했다. 노태우는 또한 야당 후보인 김대중에게도 20억 원(250만 달러)을 준 것으로 알려졌는데 아마 보험용이었을 것이다. 1992년 현대그룹 창업자인 정주영 회장의 국민당이 국회의원과 대통령 선거에 뛰어들면서 경쟁은 한층 더 격화되었다. 이들 선거에 들어간 총비용은 아마도 1987년 대통령 선거와 1988년 국회의원 선거 때의 총비용을 상회했을 것이다. 다양한 형태의 매표 행위가 확산되었지만, 몇몇 불운한 국회의원들만 기소되어 의원직을 상실했다. 연구자들은 김영삼이 노태우의 후한 기부금 3,000억 원에 더해 대선 자금으로 2,000억~3,000억 원을 모금했을 것이라고 추산한다. 그는 돈을 너무 많이 모금해서 아낌없이 대선운동에 지출하고도 남은 자금이 1,000억 원을 초과했다(Mo 2009).

그러나 김영삼 대통령은 취임 이후 선거 부패와 정치 부패에 대한 국민적 비판에 반응해 공격적인 반부패 캠페인을 시작했다. 그는 대통령직에 있는 동안 기업들로부터 돈을 전혀 받지 않겠다고 선언하고 정당과 선거운동 자금에 대한 개혁을 도입했다. 1995년 지방선거는 상대적으로 상당히 깨끗했다는 평가를 받았다. 그러나 1996년 국회의원 선거에서 여당 후보들은 현금을 주고 노골적으로 표를 사는 것을 포함해 돈을 퍼부은 혐의로 고발되었다. 1996년 선거에서 여당 후보들을 돕기 위해 남아 있던 대선 자금이 사용된 사실이 드러났다. 깨끗한 정치에 대한 김영삼의 정치적 의지는 지방선거에서 패배한 뒤 감소했다. 그는 전두환과 노태우 두 전직 대통령을 반란과 부패 혐의로 기소하는 데 성공했지만, 자신의 측근과 아들이 포함된 몇몇 고위 인사들의 부패 스캔들 때문에 인기를 잃었다. 오랜 기간 야당 지도자였던 김대중이 1997년 12월 금융위기 와중에 대통령으로 선출되었다. 선거를 통한 최초의 정당 간 권력 이전이었다. 5년 후에 또 다른 자유주의적 대통령 후보인 노무현이 선출되었다. 2명의 자유주의적 대통령하에서 실질적인 정치 개혁이 진행되었고 후견주의적 관행은 줄어들었다.

김대중 대통령은 후견주의의 낡은 관행으로부터 완전히 자유롭지는 못했지만, 후견주의에 대한 의존은 이전 대통령들보다 훨씬 적었다. 1997년 대통령 선거에서 여당 후보인 이회창도 당시 현직 대통령인 김영삼과 공개적으로 단절함으로써 깨끗한 정치에 대한 국민들의 요구에 반응하면서 개혁 후보로서 선거운동을 했다. 비록 두 후보는 불법 기부금을 받은 것으로 드러났지만, 불법 모금액뿐 아니라 선거운동 불법 지출 역시 총액이 급격히 하락했다(Mo 2009). 선거 이후 설문조사에서 현금, 선물, 음식, 공짜여행을 받았다고 시인한 유권자 비율은 1992년의 12%에서 3%로 줄어들었다.

놀랍게도 노무현 대통령은 한국 역사상 처음으로 자신의 선거 캠프와 상대 후보 선거 캠프의 불법 선거 자금에 대해 철저히 조사해 기소하라고 독려했다. 결과는 충격적이었다. 일부 재벌들이 트럭에 현금을 실어 보수 야당 후보인 이회창 측에 배달했다는 것이 드러났다.

이회창의 불법 모금액은 총 823억 원에 달했고, 노무현은 총 120억 원이었다. 노무현은 수많은 소액 기부자들에 의존했지만, 그도 재벌의 불법 기부금으로부터 자유롭지는 못했다. 2002년 대통령 선거의 선거운동 자금 총액과 개별 기업의 기부금액은 분명히 1987년과 1992년보다 적었겠지만 1997년 선거[3]보다는 더 많았을 것이다.

불법 대선 자금에 대한 기소는 정당과 정치인, 재벌의 행동에 큰 영향을

---

3 검찰 수사 결과에 따르면 이회창 대통령 후보 선거 캠프에 대한 삼성의 불법 기부금은 1997년에 100억 원이었으나 2002년에는 340억 원으로 증가하였다. 이는 2002년 이회창의 선거운동 자금 총액이 1997년보다 많았으리라는 것을 암시한다.

그림 5.1 선거운동 기간에 돈, 선물, 음식, 여행을 제공받은 유권자(%)

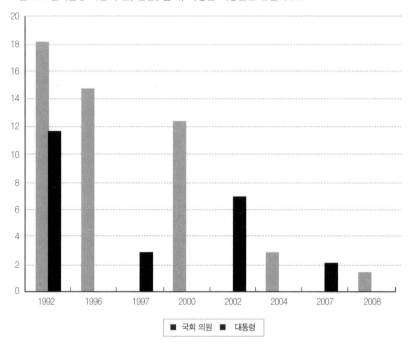

자료: 선거관리위원회(각년).

미쳤다. 보수적인 한나라당(민주자유당 후신)은 '부패 정당'이라는 이미지를 변화시키기 위해서 많은 노력을 기울였다. 게다가 자금 모금과 지출의 투명성을 더욱 요구하는 개혁이 이루어졌다. 그 결과 2004년 국회의원 선거는 이례적으로 깨끗했고 선거에서 돈과 매표의 역할은 줄어들었다. 선거 이후 설문조사에서 국회의원 선거 기간 동안 현금, 선물, 음식, 공짜 여행을 제공받았다고 인정한 응답자 비율은 앞선 국회의원 선거에서 두 자릿수였지만 2004년에는 3%로 하락했다. 그림 5.1에서 보는 것처럼 이 비율은 2007년 대통령 선거에서 2.1%, 2008년 국회의원 선거에서 1.4%로 더욱 줄어들었다.

비록 민주화 초기 후견주의 경쟁은 격렬했지만, 한국에서 후견주의 경쟁의 점진적인 감소는 프로그램적 경쟁과 정당 체제 제도화의 점진적인 발달을 가져왔다. 권위주의 시기 여당은 매표와 같은 후견주의 전략에 크게 의존한 반면 야당은 주로 친민주주의 강령을 가지고 도시의 교육받은 유권자들의 프로그램적 동원에 의존했다. 민주화 이후 초반에는 지역 균열이 앞서 있었던 민주화 이슈 균열을 대체했다(Kang 2003; Kim 2000a; Park 2003; Seong 2008). 주요 야당은 김영삼, 김대중, 김종필 등 3김이 이끌었다. 노태우가 이끄는 여당이 경북 지역을 대표했다면 이 정치인들은 각각 경남, 호남, 충청 지역을 대표했다. 1990년 노태우, 김영삼, 김종필의 3당 합당은 1997년 김대중과 김종필 간의 연합과 함께 (1992년과 1997년에 김영삼과 김대중이 각각 대통령으로 선출되게 했던) 1990년대 한국 정치의 인물적, 지역적 특징을 보여준다. 3김에 의한 신당 창당뿐 아니라 빈번한 합당과 분당 때문에 정당 체제는 불안정했고 저제도화 상태에 머물렀다. 대부분의 유권자들은 정당을 이데올로기나 정책적 차이보다는 정당 지도자와 지역에 기초해 구분했다. 카리스마적 동원과 지역 균열이 중요한 역할을 하면서 후견주의적 동원 또한 중요해졌다(Kim 2000a; Nemoto 2009; Park 2008).

2002년 대통령 선거에서 프로그램적 경쟁이 현저하게 발전하기 시작해 이데올로기와 세대 간 균열이 지역균열만큼 중요해졌다(Hellmann 2011: 41-6; Kim 2010; Kim et al. 2008; Kwon 2008; Moon 2005; Steinberg and Shin 2006; Wang 2012a). 김대중의 자유주의 정부가 '햇볕 정책', 즉 사상 최초의 2000년 남북정상회담으로 정점에 달한 대북 포용 정책을 도입하자 보수적인 한나라당은 북한에 대해 보다 강경한 태도를 취하면서 이 정책을 비판했다. 따라서 2002년 선거에서 유권자들은 김대중의 포용 정책을 계속 지속하겠다고 약속한 자유주의적인 후보 노무현과 보수적인 한나라당 후보 이회창을 구분하기 시작했다. 세대 및 이데올로기 균열은 2004년 국회의원 선거와 이어진 선거에서 더욱 두드러졌다. 또한 프로그램적 경쟁의 발전으로 2004년 국회의원 선거에서 10석을 차지하여 중요한 정당이 된 좌파 민주노동당이 등장하게 되었다. 최근 대북 정책과 더불어 사회·경제 정책은 점점 더 자유주의적 민주당과 보수적 새누리당(이전 한나라당) 간의 중요한 선거운동 이슈가 되고 있다.

합당과 분당, 그리고 당명 개정이 빈번했지만 주요 보수 및 자유주의 정당은 항상 분명히 구분되었다. 당적 변경 사례들이 있긴 했지만 엽관직의 혜택을 누리기 위해 야당에서 여당으로 당적을 바꾼 정치인들은 대체로 다음 선거에서 고전했다. 따라서 당적 변경자들은 이데올로기나 정당 지도자와의 프로그램적 경쟁 측면에서 자신의 결정을 정당화해야 했다.

이와 동시에 정당들은 점점 더 제도화되었다. 예를 들어 1990년대까지 공직 후보자 선택은 대부분 정당 지도자에 의해 결정되었다. 심지어 대통령 후보 선출과 당 대표 선출조차도 비교적 작은 규모의 대의원에 의해 결정되었는데 이들은 당내 파벌 보스와의 후견인-고객 관계의 영향을 받았다. 그러나 주요 정당들은 일반 공직 후보자뿐 아니라 대통령 후보 선출을 하기 위해 폐쇄형 또는 개방형 예비 선거와 여론 조사를 도입하고 점점 더 이에 의존하기 시작했다(Hellmann 2011: 52~8). 지역주의가 여전히 정당 경쟁과 투표 행태에 중요한 역할을 하지만, 한국 유권자들은 두 주요 정당 중에 선택한다는 것이 분명해졌으며 보수주의자들과 자유주의자들이 정권을 교체하고 있다.

타이완: 프로그래머티시즘의 발전

타이완은 오랫동안 계엄령하에서 단일 정당이 지배하는 권위주의였다 (1949~1987년). 대부분의 지주들이 토지개혁 이후 지역 정치에서 철수했지만, 지방선거가 정기적으로 실시되면서 지역 파벌들이 산발적으로 형성되었다. 국민당은 지역 파벌들에게 지대에 대한 접근권을 나누어주면서 후견주의 관계를 형성했고, 후견주의가 확산되었다. 민주화 과정, 전국 수준의 선거 경쟁 심화를 거치면서 매표와 같은 후견주의 관행은 총선으로 확산되었고, 정치 부패에 대한 대중의 우려가 증가했다. 그러나 매표는 갈수록 비용이 많이 드는 데다 비효율적이 되었고 국민당의 후견주의 전략에 대한 의존은 역효과를 낳았다. 국민당과 민주진보당 간 정권 교체와 함께 매표와 부패를 겨냥한 기소가 강화되었다. 최근 지역 파벌들은 분해되고 있고, 프로그램적 정당 정치의 부상과 발맞추어 후견주의 경쟁은 감소하고 있다.

타이완의 권위주의 시기(1949~1987년)

타이완의 민족주의 정권은 1947년 12월 본토에서 채택된 중화민국 헌법에 따라 가동되었다. 중화민국 헌법은 민주공화국을 그렸지만, 1948년 5월 국회는 헌법을 중단하고 대통령에게 권력을 집중시켰다. 집권 국민당은 직원 3,000명과 방대한 자산, 많은 기업들을 소유했고 섬에서 수직적이고 독점적인 권력을 보유했다. 장제스는 대통령이자 당 의장으로서 타이완을 통치했다. 장징궈는 1972년 총리가 되었고, 1975년 그의 아버지가 사망한 이후 당 의장이 되었으며, 1978년에는 대통령이 되었다. 초기에 국민당은 전국 행정 관청에서 모든 타이완인들을 강제로 쫓아냄으로써 국가 수준에서 정치적 우위를 확보했다. 국민당은 중국 전체의 정부라고 주장했다. 이러한 주장을 유지하기 위해 국민당 정권은 국회, 입법원(의회)과 감찰원(최고 감사 기관)에 있는 그들의 대표자들을 통해 통제를 지속했다. 이 대표자들은 모두 1947년 본토에서 선출되었다. 그러나 원년 구성원이 다수 사망함에 따라 정부는 1969년 초 보충 선거를 실시했다(Roy 2003: 84~5).

정권은 지방 수준에서는 선거 실시를 별로 주저하지 않았다. 타이완인들에게 지방직을 얻기 위한 경쟁을 허용하는 것은 국민당의 국가적 의제에 그다지 위협이 되지 않았다. 무엇보다 지방선거는 국민당으로 하여금 잠재적인 야당의 일부와 협력하거나 그들을 중립화시킬 수 있도록 만들어 주었다(Roy 2003: 85~6). 게다가 선거는 타이완이 냉전 시기에 국제적 지지를 유지할 수 있도록 도와주었다. '붉은 중국Red China'의 반대로서 '자유 중국Free China'이라는 상표를 유지하려면 타이완에서 중화민국은 민주주의적으로 제스처를 취할 필요가 있었다(Rigger 1999: 81).

1950년대부터 1970년대까지 국민당은 타이완에서 치러진 여러 선거에서 거의 완벽하게 우위를 점했다. 1951년부터 1985년 사이 치러진 지방 자치 단체 간부를 뽑기 위한 선거에서 국민당 후보 88%가 당선되었고, 지방 의회의 경우 국민당 후보 87%가 당선되는 데 성공했다. 정권은 새로운 정당 창당을 금지했지만, 국민당원이 아닌 사람들이 선거에 출마하는 것은 허용했다. 비록 선거는 대부분 개방적이고 경쟁적이었지만, 무소속 후보들은 국민당 지배를 결코 위협하지 못했다. 게다가 대부분의 무소속 후보들은 정권에 쉽게 흡수되었다. 1950년대와 1960년대에 국민당은 정기적으로 지방선거 후에 무소속 후보들을 영입하는 데 성공했다(Rigger 1999: 82~3; Roy 2003: 85).

지방선거가 주기적으로 개최되면서 지방 파벌들이 자연적으로 형성되었다. 그들은 평범한 개인적 연결망으로부터 발생했고, 정당 후보자와 공직

자리를 두고 서로 경쟁했다. 파벌은 두 가지 중요한 행정 조직 수준에서 조직되었다. 바로 읍과 현이다. 버나드 갈린Bernard Gallin의 1961년 농촌 현장 조사는 심대한 변화를 겪고 있는 농촌 사회를 보여주었다. 전통적 마을 지도자는 대부분 지주였는데, 이들은 토지개혁의 결과 그들의 정치 권력을 떠받쳐 주었던 경제적 기반을 상실했다. 대다수 지주들이 지방 정치로부터 철수하면서 새로 등장한 지방 파벌의 지도부는 비공식 지도자들이거나 '동료들보다 시간과 돈이 더 많고 자신의 지위를 끌어올리려는 열망이 있는 마을 사람'으로 추정되었다(Gallin 1961: 116; Rigger 1999: 88).

파벌들은 지도자와 유권자 사이의 콴시 또는 관계를 기반으로 표를 얻었다. 콴시(그리고 파벌)에 따른 투표는 일반적으로 받아들여졌고 실제로 예상되었다(Bosco 1994). 파벌은 선거 당일 표를 동원하기 위해 마을의 투표 브로커에 의존했다. 파벌을 통한 동원은 주로 지연, 혈연, 동업자 의식, 학연, 콴시와 같은 비공식적 연결망에 의존한 반면 매표는 유권자와 후보 사이에 이미 존재하는 관계를 강화하기 위해 사용된 도구였다. 선물은 후보자들과 유권자 사이의 인간적 관계를 더욱 강화하도록 해주었다(Rigger 1999: 88). "일반적으로 주민들은 선거를 중요하게 생각하지 않고 후보들은 자주 매표를 한다. 담배 몇 갑 또는 수건과 비누가 누구가의 표를 확보하기 위해 필요한 모든 것일지 모른다(Gallin 1961: 116)." 콴시가 근저에 자리잡고 있긴 했지만 시간이 흐르면서 현금을 주고 표를 사는 것은 일반화되었다(Rigger 1999: 94~9). 게다가 타이완에서 가장 중요한 농촌 금융 제도인 농민연합이 매표에서 중요한 역할을 했다는 것이 관측되었다.

국민당은 지방선거 승리를 위해서 지방 파벌에 크게 의존했다. 1954년부터 1994년까지 지방 의회 선거에서 국민당 공천을 받은 후보자 61.9%는 지방 파벌을 배경으로 가졌고 이들 중 92.6%가 당선되었다(Lin 1998: 164).

국민당은 지방 주민들과 연계망에 약점이 있었는데, 국민당원 대부분이 군대를 포함한 국가 영역에서 일하는 본토인들이었기 때문이다. 타이완인은 인구의 85% 이상을 차지했지만 국민당 중앙위원회의 타이완인 비율은 1976년 이전에는 한번도 10%를 넘은 적이 없었다(Kuo 1995: 37~41). 따라서 지방 파벌과 그들의 후견주의적 투표 동원 능력은 국민당의 선거 승리를 위해서 매우 중요했다.

장징귀는 1972년 총통에 취임하면서 정당과 정부에서 타이완인 대표자를 늘리는 타이완화 정책을 도입했다. 또한 장징궈는 "지방 파벌의 도움으로 승진한 정치적 우두머리들보다 더 젊고, 더 교육을 받고, 더 자질이 좋은" 토착 정당-국가 애국자들로 구성된 새로운 세대를 찾아서 후보자로 지명하고자 했다(Rigger 1999: 112). 반反파벌 후보 지명 전략은 처음에는 잘 작동했다. 1972년 군 행정 선거에서 국민당은 20개 지역 가운데 12개 지역에서 비파벌 후보자를 지명했고, 그들은 모두 당선되었다(Wang 2004a). 반대 세력의 도전 증가와 함께 선거 경쟁이 격렬해지면서 지방 파벌과 거리를 두려던 국민당 전략은 이어진 선거에서 역효과를 낳았다(Kuo 1995: 129~34).

반대 세력은 1977년 처음으로 섬 전역에서 비국민당 후보자들을 내세우려는 중대한 노력을 펼쳤다. 그들은 당외黨外 또는 '정당 밖'으로 불렸다. 섬 전역의 선거 경쟁에서 "여당 지도부와 지방 파벌 사이의 분열은 반대파가 선거정치에서 발판을 마련할 수 있는 공간을 제공했다." 국민당은 시 행정관 자리 4개를 잃고, 지방 의회에서 21석을 잃는 전례 없는 손실을 입었는데 이중 14석이 당외 후보들에게 돌아갔다. 국민당은 21개 시 행정관 자리 가운데 17명을 파벌과 관련 없는 후보를 지명했다. 이번에는 지방 파벌들이 동조하지 않았다. 많은 시 행정관과 지방 의회 선거에서 지방 파벌들이 국민당에 협력하지 않았는데, 이는 당외 후보가 승리하는 데 도움을 주었다.

1977년 이후 여당은 지방 파벌을 멀리할 여유가 없었고, 지방 파벌 배경을 가진 국민당 후보의 비율은 다시 증가했다(Rigger 1999: 114~16).

당외 후보들의 도전이 증가하면서 지방 파벌과 후견주의 동원 전략에 대한 국민당의 의존은 다시 증가했다. 뇌물은 표를 동원하는 효과적인 방법으로 간주되었다. 뇌물은 더 작고 외진 지역구일수록 더욱 효과적이었는데, 이런 곳은 유권자와 선거 브로커, 후보자가 밀접하게 연결되어 있었기 때문이다. 따라서 뇌물은 지자체 장이나 치안 판사 선거보다 지방 의회 의원을 선출할 때 더 효과적이었다(Kuo 1995: 91~2). 후견주의 동원이 기초 수준의 선거에서 잘 작동한다는 사실은 '타이완의 선거 투표율 통계의 흥미로운 역설'을 설명한다. 역사적으로 풀뿌리 선거 투표율이 총선 투표율보다 높았다(Rigger 1999: 100).

여당은 지방 지도자 및 그들이 이끄는 파벌을 끌어들이기 위해 매관매직을 활용했다. 1951년에서 1986년 사이 치러진 선거에서 파벌이 지지한 후보 518명 가운데 442명(85%)이 신용협동종합, 생산협동조합, 농민협회 또는 어민협회의 신용조사기관, 운수회사 같은 지방 독점업체들 가운데 최소 하나를 소유하거나 부분 소유했다. 이와 대조적으로 파벌이 지지하지 않은 후보 846명 중 겨우 72명(9%)만이 그러한 특권을 향유했다. 대중교통을 제외하면 대부분의 지방 독점은 금융 분야에 집중되어 있었다. 투표일 2개월 전부터 신용조합과 농민협회 신용부서로부터 '선거운동용'으로 거대한 대출이 인출되는 사례가 자주 관측되었다(Kuo 1995: 102~6).

국민당 후보들이 후견주의 동원 전략에 의존한 반면 당외 후보들은 민주화와 민족 정의라는 쌍둥이 테마에 기반한 선거 전략을 채택했다. 그들은 후견주의 자원을 보유하지 못했지만, 그들의 프로그램적 호소는 증가하고 있는 도시의 교육받은 중산층들의 지지를 얻기에는 충분했다. 1986년 9월

28일 타이베이에서 열린 회의에서 당외 지도자들은 민주진보당 창당을 위해 투표했다. 정권은 이번에는 1960년에 민주당에게 자행했던 것처럼 민진당 지도들자를 억압하거나 기소하지 않았다. 10월 7일 대통령은 계엄령을 폐지하고 새로운 정당 창당을 허용하겠다고 밝혔다(Rigger 1999: 126).

타이완의 민주주의 시기(1987년~현재)

1986년 최초의 공식 야당인 민진당이 창당되고, 1987년 계엄령이 폐지되면서 타이완의 점진적 민주화 과정이 시작되었다. 그러나 민주적 전환 초기에는 후견주의와 정치 부패가 증가했다. 선거 부패는 국가 수준으로 확대되었고 금권 정치 스캔들(골드 정치)의 재발과 조직범죄(검은 정치)의 정치적 침투는 1990년대에 정치적 문제로 부각되었다.

최초의 민주적 선거에서 국민당 후보들은 그들의 후견주의 연결망을 동원하는 데 막대한 투자를 했다. 1989년 12월 신생 야당 민진당과 여당 국민당 사이의 첫 번째 전국 단위 선거 경쟁이 입법, 행정과 지방 의회 선거에서 벌어졌다. 매표 사례가 수도 없이 보고되었다. 표의 가격은 타오위안현桃源縣 의회 선거의 경우 200대만달러에서 타이베이현臺北縣 행정관 선거의 경우 2,000대만달러에 이르기까지 다양했다. 후보자들은 선거 브로커들을 영입하기 위해 엄청난 노력을 기울였다(Rigger 1999: 143). 치열한 지방 파벌 동원과 매표에도 불구하고 국민당은 부진했다. 민진당은 민주적 개혁과 '타이완인을 위한 타이완'이라는 강력한 메시지를 가지고 상당한 성과를 거두었으며, 의회 의석 21석과 시 행정관 6석을 차지했다.

상이한 수준의 선거에서 국민당의 대조적인 실적들은 지방 파벌과 후견주의 동원의 효율성에 대한 상이한 수준을 설명해준다. 국민당은 1989년

12월 선거로부터 불과 6주 뒤 치러진 하급 관료 선출을 위한 섬 전체의 선거 경쟁에서는 성공적이었다. 민진당은 현 의회 의석의 5.6%와 마을 행정관 자리의 1.9%를 확보하는 데 그쳤다(Bosco 1994). 하위 수준 선거에서는 후견주의 동원이 잘 작동했다. 그러나 높은 수준의 선거에서 이 전략은 국민당에 어려운 딜레마를 안겨주었다. 한편으로 후견주의 전략은 특히 농촌 지역구에서 여전히 효율적이었다. 다른 한편으로는 지방 파벌들과 연결된 많은 사람들이 매표와 부패로 국민당 이미지를 손상시켰는데 특히 도시 거주 중산층 유권자 사이에서 이미지 손상이 심각했다. 국민당은 이 딜레마를 극복하기 위해 많은 노력을 기울였다(Rigger 1999: 146).

매표 관행은 1992년과 이어지는 선거에서 지속되었다. 설문조사에 의하면 1992년 의회 선거에서 유권자의 24~45%가 표를 팔았다고 시인했고, 1999년에는 유권자의 27%가 그렇다고 답했다(Wang and Kurzman 2007). 매표 가격과 다른 선거운동 비용이 증가하면서 선거 비용도 급격히 증가했다. 1992년 의회 선거에서 국민당 후보들은 평균 1억 5,000만 대만달러를 썼다(Tien and Chu 1996). 선거 비용의 상당 부분이 지방 파벌들에 의존한 후견주의 동원에 사용되었다는 것이 상식이었다. 직접적인 매표를 포함해 후견주의 동원은 국민당 후보들이 과반수를 차지하기 위한 선거 전략 중 가장 중요한 구성 요소였다.

경쟁이 매우 심했던 1993년 현 행정관 선거에 대한 현장 조사에서 왕(Chin-Shou Wang 2004a)은 매표 체계가 매우 정교했다는 사실을 발견했다. 동시에 그는 국민당에게 표를 판 유권자 가운데 적어도 45%가 실제로는 국민당 후보에게 투표하지 않았다고 추정했다(Wang 2004a; Wang and Kurzman 2007). 매표의 효율성은 감소하고 후견주의 비용은 증가했다. 민주화로 정보기관은 탈정치화되었고, 언론에서 매표와 부패에 대한 보도는 증가했으며, 검찰은 갈수록 독립화되었다.

후견주의 전략은 부유한 기업가와 폭력배에 대한 정치인들의 의존을 증가시켰다. 1992년 의회 선거에서 지방 파벌 배경이 있는 국민당 후보자 50명 가운데 36명이 기업가 출신으로 분류되었다(Shiau 1996: 218f). 게다가 폭력배들은 효과적인 선거 브로커이자 매표 계약이 집행되도록 하는 악당으로서 그들의 역할과 영향력을 증가시켰다. 후보자들은 선거 브로커들을 감시하고 경쟁자들을 자신의 영역에서 몰아내기 위해 폭력배를 고용하곤 했다(Rigger 1994: 212). 이러한 범죄자들이 선거 과정과 친숙해진 이후 공직에 입후보했다. 1996년 법무장관 랴오 정하오廖正豪는 타이완에서 시의원과 현의원 858명 가운데 286명이 폭력배 또는 범죄 경력을 가지고 있다고 밝혔다. 또한 랴오는 지방의원의 25%와 국회의원의 5%가 어두운 배경을 가지고 있다고 밝혔다(Chin 2003: 14).

대기업과 폭력배에 대한 국민당의 의존 증가는 여당의 흑금 정치에 대한 국민들의 비난을 자극했다. 국민당은 점점 더 부패 정당으로 인식되었고, 민진당 대통령 후보 천수이볜의 2000년 선거 승리는 그가 내세운 반부패 의제가 뒷받침되었다. 많은 타이완 정치학자들이 2000년에 여당이 교체된 이후로 매표의 만연성과 효율성이 감소하고 반反매표 조치들의 강도가 증가하고 있다는 데 동의한다(Fell 2005a; Wang 2004b; Wang and Kurzman 2007). 정권 교체 이후 최초로 치러진 2001년 선거에서 민진당 정부의 법무장관 천딩난陳定南은 매표의 대가로 6대만달러가 넘는 선물을 주고 받는 것을 금지한다고 선언하고 매우 엄격한 법 집행에 착수했다. 왕과 쿠르즈만(2007)에 따르면 일부 브로커들은 이 선언이 나오자 공황 상태에 빠졌으며 매표 선거운동을 포기했다. 그 결과 많은 지방 파벌이 해체되었다(Wang 2004a, 2004b).

2000년 이후 모든 주요 정당들은 부패로 평판이 나쁜 지방 정치인들로 부터 거리를 유지하기 위해 노력했다. 국민당은 2000년 선거에서 패배한 이후 형사 범죄 또는 '선거와 소환법을 어긴 혐의로 유죄 판결을 받은 사람'은 누구라도 탈락시키는 공천 개혁을 도입했다. 이것은 악명이 높은데도 장기 간 자리를 차지해온 많은 국민당 정치인들이 선거에 나서지 못한다는 것을 뜻했고, 2004년 국회의원 선거에 이르러서는 '흑금Black-gold'의 의혹을 사는 국민당 후보들은 드물어졌다(Fell 2005a).

지방 파벌이 약화되고 매표가 줄어들었지만 낡은 관행이 완전히 사라 진 것은 아니었다. 2004년 타이완 의회 선거에 파견된 국제 감시단은 타이충 台中 시의 유권자 대부분은 과거에는 매표가 존재했지만 현재에는 발생하 지 않을 것으로 믿는다고 보고했다. 이와 대조적으로 타이충시와 이웃한 곳 을 감시한 관찰자들은 매표가 여전히 양 정당의 일부 후보들에게는 일반적 이며 이는 지방 파벌이 깊숙이 침투해 있는 농촌 지역의 기성 세대에게 특 히 효과적이라는 말을 들었다. 매표 행태는 추적을 피하기 위해서 매우 정 교화되었다고 보고되었다. 후보 대부분은 만찬, 여행 등으로 매표를 진행했 다. 그들은 현금도 뿌렸지만 후보의 대리인들은 매우 조심스러워했다(Hazri 2006). 브루스 제이콥스(Bruce Jacobs 2008: 308~13)는 일부 민진당 후보자들 조차도 농촌 지역에서 매표 전략을 채택했음을 발견했다.

매표로 기소된 추세는 2000년대 초반에 매표에 대한 적발이 급증했음 을 보여준다. 이는 매표 사건이 증가했다기보다는 기소가 강화되었다는 것 을 반영한다. 과거에는 대부분 묵인되었던 사소한 매표 행위에 대해 지금은 조사와 처벌이 엄격하게 이루어지고 있는 것이다. 매표 사건 수는 시와 지 방선거가 실시될 때 특히 높았는데, 이는 매표가 국가 선거보다 지방선거에 서 더 중요하다는 것을 의미한다. 그러나 반부패연감(MJIB 2011)은 2010년 지방선거에서 기소된 매표 사건과 개인들의 수가 4년 전 통계와 비교했을 때 약 40%까지 감소했다고 지적했다. 이는 지속적인 엄격한 처벌에도 불구하고 매표 추세가 감소했음을 뜻한다.

매표와 후견주의 전략의 효율성 감소는 정당 지향적이고 이슈에 기반한 투표 경향을 증가시킨다. 민주주의 전환 초기 투표 행위에 대한 설문조사들은 유권자 대부분이 약한 정당 일체감을 나타냈다. 그러나 정당 지향적이고 이슈에 기반한 투표는 장기간에 걸쳐 증가했다(Rigger 1999: 182~3). 이와 동시에 정당 체제는 견고하게 제도화되었고, 프로그램적 경쟁은 주요 정당 사이에서 심화되었다. 타이완의 정당 체제는 필리핀, 한국과 비교하면 뚜렷하게 안정적이었다. 주요 정당인 국민당과 민진당은 상이한 지지 기반뿐 아니라 주요 이슈에 대한 상이한 정강을 가지고 있다. 타이완은 정당이 분할되고 군소 정당들이 만들어지기는 했지만 두 주요 정당을 중심으로 폭넓은 연합들이 구축되었다. 군소 정당들이 시간이 흐를수록 더 약해지고 작아짐에 따라 두 주요 정당은 유권자 대부분의 지지를 흡수했다. 또한 두 주요 정당으로의 제도화는 후보자 선택에 대한 그들의 포괄적이고 제도화된 과정에서도 반영되었다. 두 정당은 모두 1990년대에 일부 폐쇄형 예비 선거 형식을 실험했고, 2000년 이후 폐쇄형 예비 선거와 여론 조사를 결합한 제도를 도입했다(Fell 2006; Hellmann 2011: 84~8; Wu 2001).

민진당은 창당 이래로 프로그램적 전략에 주로 의존했다. 국민당은 2000년 대통령 선거까지 후견주의를 더욱 강조하는 전략과 지역 파벌과 거리를 유지하는 전략 사이에서 오락가락했지만, 그 이후로는 지역 파벌에 대한 전통적 의존을 폐기했다. 필리핀과 달리 타이완에서는 교육받은 중산층 유권자들 사이에서 후견주의에 대한 비판적인 태도가 증가했으며, 따라서 후견주의 전략의 효용이 낮아지고 비용이 증가했다. 게다가 정치 엘리트와

경제 엘리트의 분리, 상대적으로 약한 경제 엘리트의 영향력은 국민당이 후
견주의를 포기하고 프로그램적 경쟁을 채택하도록 했다. 이제 양대 주요 정
당들은 모두 후견주의 전략보다 프로그램적 전략에 주로 의존했다. 시간이
지나면서 입장이 완화되기는 했지만, 국민당과 민진당은 국가 정체성과 중
국 본토와의 관계에 대한 이슈를 두고 경쟁했다(Fell 2005b; Hellmann 2011:
75·7; Wang 2012b). 여전히 사회·경제적 이슈보다는 양안 관계 이슈가 두
주요 정당 사이 균열의 경계를 결정하고 있다. 최근에는 민진당은 소득 불
균형과 계급 균열에 더욱 많은 관심을 기울이고 있으며, 사회·경제적 이슈
들은 시간이 지나면서 점차적으로 더욱 뚜렷해질 것이다(Chen 2012; Wong
2010).

후견주의의 원인

세 국가의 후견주의에 대한 역사적 서술은 공통점과 차이점을 모두 보
여준다. 세 국가 모두 정치적 후견주의가 장기간 만연했다. 후견주의 경쟁
이 우세하다는 것은 프로그램적 경쟁이 결핍되고 정당이 저제도화되었다
는 것을 의미하며, 이 두 요소는 서로를 강화시킨다. 권위주의 정권들은 후
견주의에 자유롭지 못하다. 이런 정권들은 반대 세력으로부터 도전이 증가
하면 후견주의 전략, 국가 자원 사용, 협박, 사기에 강하게 의존한다.

세 국가는 모두 이런 공통점을 가지고 있지만 정치적 후견주의의 정도
에 있어서는 상당한 차이가 있었다. 1972년 이전의 초기 선거 민주주의 시
기 한국, 필리핀과 1980년대 후반 민주주의 전환 이후 세 국가를 비교하면
필리핀은 한국, 타이완에 비해 더 폭넓고 극단적인 후견주의를 보유한 사
실이 드러난다. 한국에서 후견주의적 자원들은 대통령과 여당 지도부에 집

중되었고, 여당은 후견주의적 자원을 선거에 앞서 개별 국회의원 후보들에게 나누어주었다. 반면 필리핀에서는 대통령이 후견주의 자원을 독차지한 사람이 아니었다. 개별 국회의원 후보들은 야당 후보를 포함해 상당한 양의 후견주의적 자원을 동원하고 분배했다. 타이완에서 지방 파벌들이 후견주의적 자원들을 동원했고, 그 자원들을 거의 독점적으로 국민당 후보자들이 이용했다. 한국과 타이완에서는 야당 후보자들이 대부분 프로그램적 호소에 의존한 반면 필리핀에서는 야당 정치인도 상당한 후견주의 자원을 사용했다. 후견주의의 지속성 또한 편차가 있었다. 후견주의는 한국과 타이완에서는 현저하게 줄어들었지만, 필리핀에서는 그런 징후를 찾아보기 힘들다. 그리고 한국, 타이완에서는 주요 정당들 사이에 프로그램적 경쟁 추세가 증가하고 있지만, 필리핀에서는 정당들이 여전히 불안정하고 프로그램적으로 구별이 불가능하다.

이러한 차이들은 허버트 키트셸트(Herbert Kitschelt 2013)가 구축한 후견주의에 대한 데이터를 통해 대체로 확인된다. 정치인과 정당의 후견주의 활동에 대한 전문가 판단을 평균 1(무시 또는 없음)에서 4(상당한 활동) 사이의 수치로 표시했는데, 한국은 2.5, 타이완은 3.5, 필리핀은 3.8이었다. 3.8이라는 수치는 전문가 대부분이 필리핀의 정치인과 정당들이 후견주의 동원을 위해 상당한 활동을 한다는 것에 동의했다는 것에 유의하라. 1998년에서 2008년까지 10년 동안 후견주의의 변화를 묻는 질문에 대한 평균 응답(1= 현재 매우 낮음; 5=현재 매우 높음)은 한국 2.5, 타이완 3.4, 필리핀 4.0이었다. 이는 후견주의가 한국에서는 감소했고, 타이완에서는 비슷한 수준으로 남아 있으며, 필리핀은 증가했음을 나타낸다. 타이완의 후견주의에 대한 키트셸트의 데이터는 타이완 정치에 대한 평가와 약간 다르지만 한국과 필리핀 정치에 대한 필자의 평가와는 완전히 일치한다.[4] 이 데이터는 또한 프로그래머티시즘이 필리핀에서는 극히 낮지만 한국, 타이완에서는 훨씬 더 높다는 것을 보여준다.[5]

이제 이러한 차이점의 원인에 대해서 검토해보자. 필자는 필리핀에서 높은 수준의 불평등이 보다 광범위하고 지속적인 후견주의로 이어졌다고 밝혔다. 또한 필자는 후견주의가 정권(선거가 자유롭고 경쟁적인지 아닌지)과 선거(선거가 지방 수준, 국가 수준 또는 모든 수준에서 개최되는지)에 따라 상이하게 발전할 수 있다고 주장했다. 그러나 후견주의 문헌이 주장한 다른 잠재적 원인도 고려하는 것이 현명할 것이다. 세 가지 중요한 설명들을 살펴보자. 민주주의의 나이, 선거제도, 그리고 1인당 소득, 도시화, 교육 같은 사회·경제적 발전 등이다.

첫 번째로 키퍼(2007), 키퍼와 블라이쿠(2008)는 신생 민주주의일수록 후견주의로 흐르는 경향이 있다고 주장했는데, 정당들이 정책적 명성을 구축하려면 시간이 걸리기 때문이다. 이런 설명은 잠재적으로 한국과 타이완에 적용된다. 한국에서 선거 민주주의 초기(1948~1972년)에 양당제가 등장하고 주요 야당이 도시의 교육받은 유권자에게 친민주주의 메시지를 호소하게 되기까지 상당한 시간이 걸렸다. 1980년대 후반 민주주의 전환 이후 초기 정당 일체감은 낮았고 투표 행태는 지역감정(한국), 민족 정체성(타이

---

4 키트셸트의 데이터는 전문가 설문조사의 시점 때문에 타이완 사례에 대한 전문가들의 편견이 개입했을 수 있다. 후견주의와 정치 부패가 개념적으로 상이하지만 천수이볜의 부패 스캔들 때문에 많은 전문가들은 타이완 정치가 매우 후견주의적이라고 간주했을 수 있기 때문이다.

5 프로그램적 동원에 관한 전문가 판단을 취합한 키트셸트의 데이터(0~1사이)는 프로그램적 동원이 한국(0.40)과 타이완(0.54)은 매우 높지만, 필리핀(0.12)은 매우 낮다고 나타낸다. 그러나 일관성, 현저성, 분극화 polarization 등을 포함하는 프로그래머티시즘에 대해 키트셸트가 제시한 측정치는 한국(0.41)에서 프로그래머티시즘이 매우 높고, 타이완(0.14)은 상대적으로 낮으며, 필리핀(0.07)은 매우 낮다고 주장한다.

완), 후보들이 제공하는 배타적 이익에 더 많은 영향을 받았다. 매표는 다양한 형태로 퍼져 있었다. 그러나 시간이 지나면서 유권자의 정당 일체감은 상승했다. 과거에 후견주의 전략에 심하게 의존했던 전통적 여당은 후견주의 동원이 효용은 줄어드는 반면 비용은 증가한다는 것을 알았다. 도시의 교육받은 사람 대다수가 매표와 후견주의 정당과 정치인들의 부패에 대해 비판했기 때문에 후견주의 전략은 종종 역효과를 낳았다.

특히 한국과 타이완에서 지배 정당 교체는 프로그램적 정치를 증진시키고 후견주의를 줄어들게 하는 데 중요한 역할을 했다. 야당의 선거 승리는 이와 관련해 중요한 발전을 의미하는데, 후견주의 동원을 누르고 프로그램적 동원이 승리했다는 것을 증명했기 때문이다. 이것은 더 이상 국가 자원들에 접근할 수 없는 전통적 여당이 프로그램적 전략을 채택하도록 압박했다. 이러한 동학은 프로그램적 정치의 중요성을 더욱 증가시켰고, 사람들은 주요 정당들 사이의 중대한 정책적 차이를 깨닫게 되었다. 정당들은 북한 또는 중국 본토와의 관계 같은 정책적 이슈들을 두고 충돌했다. 새로운 여당이 후견주의적 목적으로 국가 자원을 사용하는 유혹을 완전히 이기지는 못했지만 정권 교체의 가능성과 두려움, 언론과 야당의 철저한 감시 때문에 제약을 받았다. 이러한 힘들은 후견주의로의 복귀를 어렵게 했다. 매표에 대한 기소도 강화되었다. 사실 정권 교체 효과가 실질적으로 민주주의 나이 효과를 유발할 수 있다.

그러나 민주주의의 나이는 민주주의의 역사가 한국과 타이완보다 조금 더 긴 필리핀이 왜 프로그램적 경쟁을 발전시키지 못하고 여전히 후견주의 정치에 발이 묶여 있는지를 설명하지 못한다. 필리핀에서 민주주의 초기에 한국과 달리 선거를 통해서 주기적으로 여당이 교체되었다는 것은 주목할 만하다. 게다가 정권 교체는 마르코스 이후 시기에는 한국과 타이완보다 필리핀에서 더 자주 발생했다. 집권당 교체가 필리핀에서 프로그램적 정치를 증진시키지 않고 후견주의적 정치를 감소시키지 못한 이유는 야당이 선거에서 프로그램적 동원으로 승리하지 않았기 때문이다. 프로그램적으로 구분되지 않는 정당들이 후견주의 경쟁으로 정권을 교체했기 때문에 후견주의적 정치가 지속되었다.

둘째, 많은 학자들은 선거제도 같은 정치 제도가 후견주의에 영향을 미친다고 주장했다. 후보 중심 선거제도는 개인적 투표 성향을 촉진하기 때문에 정당명부식 비례대표 같은 정당 중심의 선거제도와 비교했을 때 후견주의 경쟁을 더 자극하는 경향이 있다는 것이다(Carey and Shugart 1995; Hicken 2007). 특히 당내 경쟁을 자극하는 선거 규칙은 후견주의 경쟁에 대한 더 큰 유인을 만들어낼 것이다. 이와 관련해 타이완의 중선거구 단기 비이양식 투표제는-유권자가 중선거구제에 한 표를 행사하고 의석은 단순다수제에 근거하여 후보들에게 부여되는-후견주의 동원 전략을 촉진시킨다는 비난을 받아왔다(Hicken 2007; Rigger 1999). 타이완은 2005년 입법원 선거제도를 소선거구 단순다수제로 변경했지만 중선거구 단기 비이양식 투표제는 지방 수준의 의회들에서는 유지되고 있다. 또한 필리핀 상원 의원 선출을 위한 블록투표 제도 같은 또 다른 후보 중심 선거제도는 개인적, 후견주의적 정치를 촉진시키는 경향이 있다. 따라서 선거제도는 타이완의 후견주의와 매표의 만연성과 지속성을 부분적으로 설명해줄 수도 있다. 지방 파벌의 역할과 매표가 줄어들고는 있지만, 아직도 여전히 발생하고 있으며 많은 지방 파벌이 지방선거에서 활동한다. 그러나 선거제도는 필리핀의 높은 후견주의 만연성과 지속성을 설명해주지 못한다. 필리핀 하원의 소선거구 단순다수제는 타이완의 중선거구 단기 비이양식 투표제보다 후견주의를 덜 지지해야 했지만, 필리핀은 후견주의가 더 만연하고 지속되었다.

셋째, 소득, 도시화, 교육 같은 사회·경제적 발전 수준이 후견주의의 차이를 설명해줄 수도 있다. 후견주의 학자들은 가난한 농촌의 교육받지 않은 유권자들이 도시의 교육받은 중산층 유권자들보다 후견주의로 흐르기 쉽다는 데 동의한다. 특히 매표와 다른 형태의 후견주의에 대한 수요와 민감성은 가난에 의해 강화될 수 있다(Brusco et al. 2004; Calvo and Murillo 2004; Hicken 2011; Kitschelt and Wilkinson 2007; Scott 1972; Stokes 2007). 소득이 증가함에 따라 매표 비용은 증가하는 반면 유권자의 한계 편익은 감소할 것이다. 따라서 저발전된 경제에 따른 광범위한 가난은 한국과 타이완에 비해 필리핀에서 후견주의가 만연하고 지속되는 것을 부분적으로 설명해줄 수 있다. 그러나 1950년대에 한국은 필리핀보다 가난했지만 프로그램적 정치가 어느 정도 발전하면서 후견주의가 필리핀보다 훨씬 덜 만연했다. 경제발전은 한국과 타이완에서 1990년대 초반 후견주의가 상승한 것이나 1990년대 이후 프로그램적 정치가 발전하고 후견주의가 줄어든 것을 설명해주지 못한다. 가난은 민주주의의 나이와 잠재적으로 상호작용하면서 후견주의 지속성에 영향을 미쳤을 수 있다. 더욱 발전한 한국과 타이완은 시간이 흐를수록 프로그램적 정당 정치를 확대한 반면 덜 발전한 필리핀은 그렇게 할 수 없었다. 그러나 이 이론은 1950년대와 1960년대 필리핀과 한국 사이의 차이점들을 설명하지 못한다.

일부 학자들은 도시화가 소득 효과와 별개로 후보 전략에 영향을 미친다고 주장했다(Bloom et al. 2001; Nielson and Shugart 1999; Ramseyer and Rosenbluth 1993). 대부분 지주-소작인 관계에 기반을 둔 전통적인 후견인-고객 연결망은 농촌 지역에서 강한데, 도시 지역에서는 후견인-고객 관계가 형성되기 어렵다. 또한 교육 정도는 선거 전략에 영향을 미치는데, 교육을 받은 유권자일수록 후견주의와 매표로 흐르는 경향이 덜하기 때문이다.

도시화와 교육은 어느 정도까지는 한국과 타이완에서 프로그램적 정치의 발전을 설명하는 것처럼 보인다. 그러나 도시화와 교육 측면에서 필리핀과 타이완 사이의 차이는 아주 작은 반면 한국은 도시화와 교육 수준이 더 높다. 마티 타넬리 반하넨(Matti Taneli Vanhanen 2003)의 자료에 의하면 1990년 필리핀의 도시 인구 비율은 43%였고, 타이완은 51%, 한국이 72%였다. 2000년 15세 이상 인구의 평균 재학 기간은 필리핀이 8.21년, 타이완이 8.76년, 한국은 10.84년이었다. 게다가 필리핀의 후견주의가 한국보다 더 높았던 1950년대에 필리핀의 교육 수준은 한국보다 더 높았다. 따라서 도시화와 교육은 세 국가 사이 후견주의 차이들을 설명해주지 못한다.

요약하면 민주주의의 나이, 선거제도, 사회·경제적 발전은 모두 세 국가 사이 또는 각 국가들 내 후견주의의 상이성들을 부분적으로만 설명한다. 따라서 이러한 변수들의 설명력은 매우 제한적이다. 우리는 이제 선거제도의 성격(민주주의 대 권위주의 선거)과 선거 유형(지방, 국가 또는 둘 다)이 어떻게 후견주의에 영향을 미쳤는지 조사할 것이다. 세 국가의 권위주의 정권들은 모두 선거를 치를 때 협박, 사기와 더불어 후견주의 전략에 크게 의존했다. 권위주의 집권당들은 선거에서 이기기 위해 재정적 자원, 첩보, 강압 같은 국가 자원을 사용할 수 있었다. 민주주의를 향한 야당과 국제적 압력의 강도는 위협, 사기 같은 후견주의 전략의 상대적 중요성에 영향을 미친 것으로 보인다. 야당과 야당 정치인들은 국가 자원에 접근할 수 없었으므로, 친민주주의 메시지를 가지고 프로그램적 전략에 주로 의존해야 했다.

선거가 지방 수준인지 국가 수준인지의 여부도 후견주의의 범위와 정도에 영향을 미쳤다. 타이완에서 총선은 권위주의 정권 시기에는 대부분 동결되었고, 선거 후견주의는 대부분 지방 수준에 국한되었다. 민주화와 함께 경쟁적 총선이 개최되면서 후견주의 행태는 국가 수준으로 확대되었고, 지방 파벌에 의한 체계적 매표가 대규모로 자행되었다. 필리핀에서는 지방선거와 총선이 모두 정기적으로 실시되었고, 후견주의 연결망은 마을 수준에서 국가 수준까지 발달했다. 한국에서는 1950년대에는 지방선거와 총선이 모두 실시되었으나, 지방선거는 1961년부터 1991년까지 30년 동안 중단되었다. 지방선거의 부재는 야당 국회의원 후보가 풀뿌리 후견주의 연결망을 만드는 것을 어렵게 했다. 여당 후보들조차도 마을 수준에서의 후견주의 연결망이 타이완, 필리핀의 여당 후보들에 비해 훨씬 덜 발달했다. 그 대신 관료기구 동원이 여당 후보들에게 상당한 우위를 부여했는데, 특히 권위주의 시기 동안 농촌 지역에서 그러했다.

마지막으로, 우리는 불평등이 어떻게 후견주의 만연성과 지속성에 영향을 미쳤는지를 조사할 것이다. 필자는 불평등이 2개의 통로로 후견주의를 증가시킨다는 가설을 제기했다. 엘리트로 하여금 후견주의 정치를 채택하도록 하는 유인들, 그리고 후견주의에 감염되기 쉬운 대규모의 가난한 인구가 바로 그것이다. 먼저 공급 측면부터 살펴보자. 필리핀에서 정당들은 강력한 가문들이 모습을 바꾸어 형성한 연합이었다. 사실 필리핀 정치에서 핵심 행위자는 정당이 아니라 엘리트 가문들이었다. 정치 가문들은 전통적으로 지주 엘리트의 구성원들이었다. 지주들이 상업, 산업, 정치 등으로 다각화함으로써 정치와 경제 엘리트들은 씨족을 통해 밀접하게 연결되었다. 심지어 1986년 민주주의 전환 이후에도 대부분의 정치인들은 정치 가문의 구성원이었고 다양한 사업적 이해관계를 갖고 있었다. 엘리트 가문은 그 가문 출신의 정치인이 후견주의적 자원을 동원하는 것을 돕고, 그 정치인은 자신의 선거 브로커뿐 아니라 그의 가문 구성원에게까지 보상할 것으로 예상된다. 이는 야당 정치인일지라도 상당한 양의 후견주의적 자원들을 동원할 수 있다는 것을 암시한다. 일단 당선되기만 하면 정치인은 국가 자원을 가능한

한 많이 뽑아내려는 유인을 갖는다. 국가 자원을 후견주의적 목적으로 사용하는 방법 중 하나는 '지역 사업 선심성 예산' 방식이다. 여당 정치인들이 지역 사업 선심성 예산 할당에서 우위를 점하지만 야당 정치인들도 상당한 할당량을 향유하는데 대통령이 어떤 법안을 상원과 하원에서 통과시키려면 종종 야당의 도움이 필요하기 때문이다. 따라서 강력한 엘리트 가문들은 후견주의를 유지할 유인과 능력을 모두 가지고 있고, 정당들은 후견주의 연결망 제공을 위한 도구에 지나지 않았다. 역사적으로 강했던 이런 정치 가문들의 힘은 약하고 불안정한 정당 제도와 함께 프로그램적 정치의 발전을 저해했다.

한국과 타이완은 토지개혁 이후 강한 경제 엘리트가 존재하지 않았다. 애초에 한국의 야당은 지주들의 정당이었지만, 그들은 토지개혁과 전쟁으로 부의 대부분을 상실했다. 시간이 지나면서 재벌 또는 가족이 지배하는 대기업들이 성장했지만 정치와 경제 엘리트 대부분은 서로 분리되어 있었다. 전통적으로 대부분의 야당 후보들은 후견주의적 자원을 많이 동원할 수 없었고, 적당한 자원이 없었기 때문에 주로 반독재 강령을 가지고 프로그램적 경쟁에 의존했다. 여당이 주로 후견주의적 전략을 채택했지만, 국가 자원과 개인 기부금의 사용은 최고 지도자에게 집중되었다. 따라서 한국의 국회의원들은 필리핀의 국회의원들만큼 후견주의 자원을 많이 향유하지 못했다. 1987년 민주주의 전환 이후 초기에 민주화의 주요 이슈가 사라지면서 후견주의 경쟁이 강화되었다. 그러나 필리핀과 달리 시간이 지나면서 정당들이 더 강해졌고 제도화되었다. 정당들은 한편으로는 지역에 따라, 다른 한편으로는 한층 더 이데올로기 균열에 따라 정렬되었다. 정당 이름과 강령들이 선거운동에서 점점 더 중요해지면서 시간이 흐를수록 후견주의 동원의 중요성은 감소했다.

타이완에서는 지주 대부분이 토지개혁 이후 지방 정치에서 철수했고, 지방 정치인 대부분은 후견주의 자원들을 동원할 수 있는 능력에 제한을 받았다. 게다가 당선된 지방 공직으로부터의 이권도 제한적이었는데, 재정과 인사 문제를 포함해 지방 정권에 대한 강력한 중앙 통제가 이루어졌기 때문이었다(Kuo 1995: 116~17). 국민당은 전략적으로 도움이 될 때만 선거 목적으로 지방 파벌들을 이용하고 그렇지 않으면 버림으로써 지방 파벌들을 통제할 수 있었다. 후견주의 전략이 자산이 되기에는 부담이 된다는 것이 밝혀지자 국민당 지도부는 지방 파벌과의 관계를 단절하고 프로그램적 전략으로 전환할 수 있었다. 국민당은 또한 민주화 초기 많은 재계 지도자들을 정치에 영입했는데, 정당 이미지를 깎아내린다는 것을 깨닫자마자 이러한 관행을 그만두었다. 따라서 상대적으로 약한 민간 영역의 행위자들은 주요 정치 행위자가 될 수 없었다. 또한 대부분 개별 정치인들은 다양한 사업적 이해관계들을 가진 필리핀 정치인들만큼 성공적으로 많은 양의 후견주의적 자원들을 주무를 수 없었다. 국민당이 후견주의 전략을 버리면서 두 주요 정당 사이의 프로그램적 경쟁이 심화되고 후견주의 연결망과 관행들은 감소했다.

수요 측면에서 보자면 유권자가 정당 일체감과 정책 이슈에 기반을 두고 후보를 지지하는지, 아니면 배타적 이해관계에 기반을 두고 후보를 지지하는지에 따라 후견주의의 범위가 결정된다. 앞서 언급했듯이 투표 행위에 영향을 미치는 중요한 요인은 가난이다. 필리핀에서 후견주의가 지속되는 것은 부분적으로는 이 국가의 극심한 가난에서 비롯된 것일 수 있다. 그러나 가난은 경제 발전뿐 아니라 불평등에 의해서도 결정된다.

필리핀에서 여론 조사자와 시장 조사자들은 계층을 A(매우 부유), B(다소 부유), C(중산층), D(다소 가난), E(매우 가난) 등의 5단계로 구분한다. 필리핀인 가운데 약 7~11%가 A·B·C집단으로, 58~73%가 D계층으로, 18~32%가 E계층으로 간주되었다. 따라서 인구의 약 90%가 자신들이 가난하다고 정의하는데, 이는 필리핀에서 소득 분배가 매우 불평등하고 왜곡되어 있을 뿐 아니라 경제가 저발전 상태라는 것을 나타낸다. 필리핀에서 2001년 실시된 설문조사는 중산층과 상류층보다 가난한 사람들이 매표할 경향이 훨씬 더 높다는 것을 확인했다. 표를 대가로 돈을 주겠다는 제안을 받았다고 답한 응답자 가운데 D계층은 68%, E계층은 75%가 이 제안을 받아들인 반면 ABC 집단은 38%에 불과했다(Schaffer 2007). 이처럼 가난한 사람들이 표를 팔려는 성향이 높은데 필리핀은 가난한 사람들의 비율이 높아 후견주의가 지속되고 있는 것이다.

한국과 타이완에서의 토지개혁, 공평한 성장, 급속한 도시화, 교육의 확대는 모두 후견주의 경향이 있는 인구 규모를 줄이는 요인들이다. 그러나 필리핀에서는 토지개혁 실패로 인해 높은 불평등이 남아 있으며, 이는 후견주의에 감염되기 쉬운 가난한 사람들로 전환되었다. 게다가 프로그램적 정당 정치의 허약함은 후견주의 투표 행위를 강화했다. 정당들이 애초부터 구분이 불가능하고 정치인들이 빈번히 소속 정당을 변경했기 때문에, 유권자들은 개별 정치인이 제공하는 배타적 이익에 관해 더욱 관심을 가지게 되었다. 또한 후견주의 투표 행위는 정치인들 사이의 후견주의 경쟁을 강화시켜서 악순환 고리를 만들어냈다. 높은 불평등은 필리핀에서 후견주의 만연도와 지속성을 모두 증가시켰다. 이 국가에서 민주주의 나이와 집권당 교체는 후견주의에 아무런 영향을 미치지 못했다.

권위주의 정권하에서조차도 불평등이 후견주의에 일부 영향을 미친다는 사실은 흥미롭다. 한국에서 박정희와 전두환 대통령, 타이완의 장제스와 장징궈 총통은 강력한 정치·경제 엘리트들과 경쟁하지 않은 반면, 마르코스는 지방과 지역 정치를 지배했던 정치·경제 엘리트 가문들에 대처해야 했다. 마르코스가 비록 그의 가족과 가까운 측근들에게 호혜를 집중시키긴 했지만, 그는 막강한 반대를 무마시키기 위해 엽관직을 약속하면서 매수해야 했다. 예를 들어 1984년 의회 선거에서 8개 지방의 강력한 야당 가문들은 가족에 기반한 정치적 도구와 재정적 자원을 사용해 집권당인 신사회운동당 후보들을 성공적으로 물리쳤다(Thompson 1995: 129). 강력한 반대 가문의 존재로 그는 후견주의 자원 동원을 더욱 강화시켰다. 따라서 불평등과 강력한 정치·경제 엘리트의 존재는 심지어 독재 기간에도 후견주의를 증가시켰다.

후견주의의 결과

우리는 세 국가에서 모두 후견주의가 매표 행태를 포함한다는 것을 보았다. 그러나 후견주의가 부패에 미친 영향은 선거 부패에 한정되지 않았다. 후견주의는 정책 수립 과정에서 정치 부패도 증가시켰는데, 후견주의적 정치인들은 막대한 선거 비용을 회수해야 했기 때문이다. 무엇보다 후견주의적 정치인들은 효과적인 반부패 개혁에 대한 동기를 가지지 못했기 때문에 그들의 반부패 약속들은 단지 수사에 불과했고 반부패 조치들은 진지하게 시행되지 않았다. 후견주의는 한국과 타이완보다 필리핀에서 더욱 만연하고 지속했으며, 정치 부패 또한 필리핀에서 더욱 만연했다. 세 국가는 모두 고위 정치인이 포함된 부패 스캔들이 많이 있었는데, 가장 큰 차이점은 이런 부패 정치인들이 한국과 타이완에서는 유권자와 검찰에 의해 처벌을 받았지만 필리핀에서는 그렇지 않았다는 것이다.

필리핀과 한국의 초기 선거 민주주의 시기

필리핀에서 선거 후견주의는 필연적으로 정치 부패를 만들었고, 정치 부패에 의해 유지되었다. 그리고 부패는 독립 이후 주기적으로 일어나는 정치적 이슈였다. 필리핀 정치는 집권 엘리트 사이에서 지대를 창출하고 나누는 데 집중되어 있었다. 1949년 수입과 환율 통제가 도입된 직후, 하원 의원들은 수입과 외환 면허를 신청한 회사 소유주들의 브로커처럼 행동했다 (Montinola 2012). 이런 의원들은 브로커 행위로 얻는 중개료를 빗대어 일반적으로 '텐 퍼센터'로 불렸다. 1959년 한 필리핀 정치학자는 다음과 같이 개탄했다. "사업은 시장이 아니라 의회 회의실 또는 정부의 사무실에서 태어나고 번영 또는 실패한다(McHale 1959: 217)."

부패 스캔들은 반복적으로 발생했으나 고위 관료들이 처벌되는 경우는 드물었다. 대통령, 상원 의원, 하원 의원에서부터 아래로는 시시한 지방 정치인들까지 모든 정당 구성원들이 후견주의 피라미드 관계를 형성했고, 후견주의 체제는 국가 엽관주의와 부패 없이는 작동할 수 없었기 때문에 반부패 조치들은 강력하게 추진될 수 없었다. 다양한 행정부들이 도입한 어떠한 반부패 개혁도 비효율적이었던 것으로 드러났다. 관료들에 대한 불만을 조사하기 위한 위원회를 만들라는 막사이사이 대통령의 행정 명령은 하원이 이를 실행하기 위한 충분한 재원을 할당하지 않아 저지되었다. 가르시아 대통령 치하였던 1960년의 반부패 입법도 효과가 거의 없었다. 마카파갈 대통령은 1962년에 대통령 소속 반수뢰위원회를 만들었으나, 이 위원회가 1964년에 낸 연례 보고서는 "공공 범죄자를 단 한 명도 감옥에 보지도 못하고 비참하게 실패했다"고 밝혔다(Montinola 1999).

한국에서도 후견주의 정치는 정치 부패를 촉진했다. 필리핀과 달리 후견주의 자원 통제권은 전통적으로 대통령 또는 집권당 최고 지도부에 집중되어 있었기 때문에 정치 부패 또한 대통령과 집권당 최고 지도부에 집중되었다. 초대 대통령 이승만의 인기가 급락하고 후견주의 동원에 대한 그의 의존이 증가하면서 주요 부패 스캔들은 대통령 선거가 실시되는 해마다 발생했다. 정부는 불법 정치 기부금에 대한 보답으로 초기 재벌에게 특혜를 나누어주었다. 1963년 대통령과 국회의원 선거에서 박정희의 민주공화당은 선거운동에서 막대한 자금을 쏟아부었기 때문에, '4대 스캔들'과 '3분기 스캔들'이 발생했고 민주공화당이 이런 식으로 정치자금을 조달했다는 것은 전혀 놀라운 일이 아니었다. 박정희 집권 초기에는 일본 및 미국 기업으로부터의 불법 기부금 등 해외로부터의 자금이 중요했다(Clifford 1998: 92~3; Woo 1991: 107). 시간이 지나면서 집권당은 가격이 낮은 은행 신용장과 해외 차관을 정부 보증을 붙여 할당하는 대가로 리베이트를 받음으로써 국내 재벌로부터의 자금 모금을 늘려나갔다(Woo 1991: 108; 김진배·박창래 1968). 야당들이 프로그램적 동원을 통해 집권당의 부패를 공격했기 때문에 권위주의 지배자들은 종종 반부패 개혁을 구현한다는 약속을 해야 했다. 반부패는 1960년 학생혁명의 핵심 요구 사항이었다. 불법 부정축재자들을 처벌하기 위한 특별법이 의회에서 통과되었지만 1961년에 일어난 군사 쿠데타에 의해 시행이 중단되었다. 박정희 대통령은 선거 민주주의(1963~1972년) 동안 반부패 조치를 엄격하지 시행하지 않았다. 박정희의 민주공화당은 후견주의 전략에 강하게 의존했기 때문에, 주요 부패 스캔들에 대한 철저한 조사가 이루어지지 않은 것은 당연한 일이었다(Cumings 2005: 369; Kim 1975: 253).

요약하면, 필리핀과 한국 모두 선거 민주주의 초기에는 정치 부패가 만연했고 반부패 조치들은 약했다. 중요 차이점은 필리핀에서는 정치 부패가 분산되어 있었던 반면 한국에서는 집중되어 있었다는 것이다. 후견주의 연결망과 자원들이 필리핀에서는 분산되어 있었고 한국에서는 집중되어 있었기 때문이다.

세 국가의 권위주의 시기

필리핀에서 마르코스 계엄령 정권은 마르코스의 반부패 선언에도 불구하고 부패를 줄이지 못했다. 계엄령이 내려지기 전 부패는 언론과 야당의 폭로 같은 민주적 제약에 의해 어느 정도 완화되었다. 그러나 계엄령하에서 부패는 집중화되었고, 마르코스는 큰 제약 없이 재산을 축적했다. 한국, 타이완의 독재자와 달리 마르코스는 어떠한 외부적인 위협에도 제약을 받지 않았다. 마르코스는 정부가 후원하는 계약과 특허로부터 파생되는 끝없는 이익들을 친척과 측근은 물론 아내 이멜다 마르코스Imelda Marcos와도 공유했다. 마르코스 부부는 필리핀에서 가장 부유한 부부가 되었으며, 세계적으로도 가장 부유한 사람들 반열에 올랐는데 재산이 50억에서 100억 달러로 추산되었다(Quimpo 2009). 마르코스는 1978년 타노드바얀으로 불리는 특별 감찰청과 산디간바얀으로 불리는 특별 공무원 범죄 부패 재판소를 설립했다. 그는 외국 기자가 그의 정권 부패에 대해 질문할 때마다 이러한 반부패 기관들을 자랑하곤 했다(Balgos 1998). 그러나 이 기관들은 대통령으로부터 독립적이지 않았고, 따라서 그와 그의 측근들이 저지르는 부패를 제약할 수 없었다.

1961년 박정희가 이끈 한국의 군사 정부는 부패 억제를 선언했지만 마르코스 치하의 필리핀처럼 성공적이지 못했다. 초기에 군사 정부는 저명한 사업가들을 불법 부정 축재 혐의로 체포하고 부패한 정치인과 관료들을 정화함으로써 강력한 반부패 조치를 과시했다. 그러나 곧바로 군사 정부는 불법 부정 축재자들을 사면함으로써 반부패 기조를 누그러뜨렸고, 박정희 정권 자체가 부패했다. 박정희에 집중화된 정치 부패는 1972년 유신 선언 이후에도 줄지 않았다. 박정희에게 최상위 재벌이 주는 연간 기부금은 유신 후반기 동안 증가해 5억 원에서 6억 원(2000년 현재 가치로 약 17억 원에서 25억 원)에 도달했던 것으로 알려졌다(오대영·심상민 1995: 253). 1980년에 또 다른 군사 쿠데타를 통해 권력을 장악한 전두환은 자신의 정당성 결핍을 보상하기 위해 부패와 다양한 사회악을 근절하는 '정화 운동'을 시작했다. 대통령의 대가족을 포함하는 스캔들이 수도 없이 드러나면서 이 운동은 곧바로 대중적 경멸의 대상이 되었다(Clifford 1998: 193~6). 부패와 반란 혐의로 기소되었을 때 전두환은 재벌로부터 받은 불법적인 자금은 뇌물이 아니라 합법적인 정치자금이었다고 주장했다. 그는 대통령으로 재임하는 동안 비자금으로 9,500억 원을 조성했는데, 그중 2,515억 원은 각종 재단에 기부했고, 5,675억 원은 집권당이었던 민주정의당과 다양한 친정부 조직 운영 지원, 다양한 선거운동 자금 지원에 사용했다고 주장했다(박선화 1996). 또한 전두환은 1,600억 원을 가로챈 것으로 확인되었는데, 그의 불법 모금은 대부분 후견주의 자원의 필요성 때문이었다.

타이완은 장기간의 권위주의 정권 동안 부패에 관해서는 상대적으로 평판이 좋았다. 본토에서 국민당의 패배는 장제스에게 몇 가지 쓰디쓴 교훈을 남겼다. 무엇보다 2월 28일 사건으로 정당과 행정부에게 개혁이 시급한 과제가 되었다. 민족주의 정부가 타이완으로 이전하자마자 장제스는 대대적인 국민당 개혁에 착수했다. 국민당은 부패하거나 불성실한 관료들을 정화하면서 과거의 잘못들을 인정했고, 당의 재활성화를 위해 훈련과 교화를 강화했다(Gold 1986: 59). 장제스 정권은 더 이상 본토에서처럼 강력한 사적 이익집단에 기대지 않았기 때문에 개혁이 가능했고, 후견주의 정치는 대부분 지방 수준에 국한되었다.

국민당 정권은 지방 수준에서 어느 정도의 부패는 용인했는데, 지방 파벌들에게 지방 경제 독점과 지방 정부와의 계약으로 보상을 해야 했기 때문이었다(Fell 2005b). 지방 파벌 지도자들이 운영하는 사업의 규모가 커지고, 국가 수준에서 부분적으로 실시된 선거에서 그들의 정치적 영향력이 늘면서 정치 부패는 불가피하게 국가 수준까지 도달했다. 1980년대 정치·경제 스캔들을 통해 집권당 공직자들이 부패한 기업과의 거래에서 벌인 공모들이 드러났다. 1985년 지방 파벌 지도자 카이Cai 가문이 운영하던 제10신용협동조합의 파산으로 인한 정치 스캔들은 섬 전체를 분노로 뒤덮었다(Wu, Y. 2005: 260~1).

권위주의 시대 동안 국민당과 타이완의 깨끗한 이미지는 언론뿐 아니라 막대한 정당 자산에 대한 엄격한 통제 때문에 과장되었을 수 있다. 국민당은 지배적인 위치의 이점을 이용해 방대한 부동산과 미디어 기업 등 100대 기업에 투자한 기업 제국이었다. 국민당은 타이완에서 거두어들인 큰 기업 집단이 되었으며 세계에서 가장 부유한 정당이 되었다. 기업 제국에서 거두어들인 자금 때문에 국민당은 선거운동에서 경쟁자들보다 많은 돈을 쓸 수 있었다. 또한 중앙당과 지방당 본부, 섬 전체의 지역사회 서비스 센터에 당 간부 수천 명을 고용할 수 있었다(Fell 2005a).

권위주의 시기의 세 국가 비교는 후견주의를 지역 정치로 제한함으로써 타이완이 부패를 지방 수준으로 제한할 수 있었다는 것을 보여준다. 한국과 필리핀에서는 권위주의 시기 동안 정치 부패가 줄어들지 않았는데, 후견주의가 지속되고 민주적 제약이 제거된 것이 원인이었다.

1980년대 후반 이후 민주주의 시기

필리핀의 민주화는 정치 부패를 줄이는 데 실패했다. 오히려 과두 민주주의의 귀환과 만연한 후견주의로 정치 부패를 촉진했다. 대통령과 정치인들의 후견주의 연결망과 막대한 선거 자금에 대한 의존은 그들을 부패한 수요에 취약하게 만들었다. 코라손 아키노(1986~1992년)는 깨끗한 정치인으로 간주되나 그녀는 부패를 정화할 수 없었다. 피델 라모스(1992~1998년)는 투명성을 증가시키는 일부 진전을 이루었지만, 대통령으로 재임하는 동안 지역 사업 선심성 예산이 악화되었다.

조지프 에헤르시토 에스트라다(Joseph Ejercito Estrada, 1998~2000년) 대통령은 수백만 페소 규모의 불법 도박 공갈 사건에 연루되었고, 2001년 1월 '피플 파워 2'에 떠밀려 사임했다. 국제투명성기구는 현대의 세계 10대 부패 지도자 목록에 마르코스와 함께 에스트라다도 포함시켰다(Quimpo 2009). 마카파갈 전 대통령의 딸로 에스트라다 실각 후에 대통령직에 오른 글로리아 마카파갈 아로요Gloria Macapagal Arroyo 대통령도 에스트라다 못지않게 부패했다는 것이 즉각 드러났다. 아로요의 첫 번째 임기 동안 큰 스캔들 몇 가지가 언론의 헤드라인을 장식했다. 부패 스캔들의 범위와 연루된 금품의 규모는 에스트라다를 훨씬 초과했다. 결국 2005년에는 대통령의 남편, 아들, 시동생이 불법 도박 공갈 사건에 연루되어 고발되었다. 에스트라다 실각을 불러일으킨 것과 같은 수백만 페소 규모의 불법 숫자 도박이었다. 대통령은 그녀의 남편, 선거관리위원장과 함께 1억 3,000만 달러가 리베이트로 오간 3억 2,900억 달러 NBN-ZTE 거래에 연루되었다. 2007년 실시된 설문조사에 따르면 필리핀 사람들은 아로요가 지난 21년 동안 재임한 대통령 5명 가운데 '가장 부패'했으며, 마르코스나 에스트라다보다 심하다고 믿고 있었다

(Social Weather Stations 2008).[6]

필리핀인들이 책임성 있는 민주정부에 걸었던 높은 기대는 뒤이은 정부에 의해 반복적으로 배신을 당했다. 사회기상관측소가 실시한 설문조사를 바탕으로 한 그림 5.2는 민주주의 전환 이후 얼마 지나지 않아 시민들이 부패 통제에 느끼기 시작한 실망감을 보여준다. 저조한 경제 실적과 정치 불안정에도 불구하고 필리핀인들은 정부의 전반적인 실적들에 대해 관대하게 평가했다. 1989년부터 2009년까지 필리핀 정부에 만족한다고 답하는 비율은 평균 6.6%로 불만족한다는 답변보다 높았다. 그러나 같은 기간 동안 반부패 실적에 대한 평균 만족도는 18.7%로 평균 불만족도보다 낮았다.

반부패가 모든 행정부에 중요한 정치 문제로 부여되었기 때문에 필리핀은 상당수의 반부패법과 세계적으로 가장 많은 수에 속하는 반부패 기관, 감사 기관을 보유하고 있었다. 감찰청이 이끄는 17개 기관과 특별 공무원 범죄 부패 재판소인 산디간바얀이 그것이다. 문제는 반부패법과 기관의 부족이 아니었다. 부패에 맞서 싸울 진정한 정치적 의지의 부족과 수준 이하의 집행이 문제였다. 한 연구에 따르면 1979년부터 2006년까지 감찰청과 산디간바얀에 접수된 거의 8만 건의 부패와 여러 문제 중 겨우 27건에 대해서만 유의미한 유죄 판결이 내려졌다(Tuazon 2008).

게다가 필리핀 유권자들은 투표를 통해 부패한 정치인들을 처벌할 수 없었다. 2009년 아키노 사망 후 그녀의 도덕성을 추념하기 위한 대중적 분위기를 장악한 개혁 운동은 대통령 후보자 베니그노 아키노 3세를 중심으

---

6 NBN-ZTE거래는 2007년 4월, 필리핀 정부가 3억 3,000만 불에 달하는 전국 광대역 통신망(National Broadband Network) 사업자로 중국의 중싱통신시설공사(Zhongxing Telecommunication Equipment Corporation)를 선정한 것에 대해 부정한 거래 의혹이 제기된 것을 말함.

그림 5.2 1987~2009년 필리핀 정부의 전반적인 실적, 부패 억제 노력에 대한 필리핀인들의 순만족도

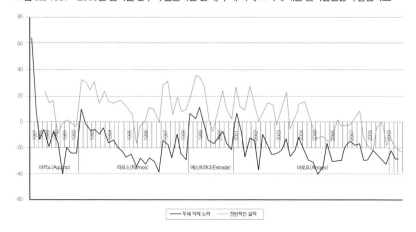

참고: 순만족도는 설문 응답자 가운데 "만족한 백분율에서 불만족한 백분율을 뺀" 것임.
자료: Social Weather Stations(www.sws.org.ph/)

로 연합을 형성했다. 2010년 그의 승리는 개혁에 대한 어떤 희망을 암시하는 것처럼 보였다. 그러나 필리핀인들은 아키노 3세의 러닝 메이트가 아니라 에스트라다의 러닝메이트 부통령 후보인 헤호마르 비나이Jejomar Binay를 선택했다. 에스트라다는 유죄 판결을 받았다가 사면 받았음에도 불구하고 대통령 선거에서 26%를 득표해 2위를 기록했다. 더 충격적인 것은 이멜다 마르코스, 글로리아 아로요, 강간범, 사이비 종교 집단 지도자, 군벌 등이 하원 의원에 선출되었다는 것이다. 페르디난드 마르코스 2세는 상원 의원에 선출되었고, 독재자의 딸인 이미 마르코스Imee Marcos는 일로코스 노르테Ilocos Norte 주지사로 선출되었다. 이런 정치인들이 충분한 표를 얻기 위해 후견주의를 채택해도 아무 문제가 되지 않았다. 회귀분석은 2010년 선거에서 부패 혐의는 상원 의원 후보의 득표율에 유의미한 영향을 전혀 미치지 않았다는 것을 보여주었다(Reyes 2012).

한국에서 정치 부패는 후견주의가 줄어들고 프로그램적 정치가 증가함

224 동아시아 부패의 기원

으로써 줄어든 것처럼 보인다. 부패 정치인이 기소되고 투표에서 처벌받는 추세와 부합한다. 그러나 민주주의 전환 초반 한국에서 정치 부패는 분산되었고 후견주의가 더 확대되면서 더 널리 퍼지게 되었다. 많은 돈이 들어간 1987년, 1988년, 1992년의 대통령과 국회의원 선거운동에서 불법 자금 수요는 극적으로 증가되었고, 수없이 많은 부패 스캔들이 발생했다. 대통령에 대한 재벌의 비공식 기부는 노태우 대통령 집권기에도 계속되었다. 게다가 입법자들의 정책 수립 권력이 증가하면서 재벌과 많은 사적 이익단체들은 야당을 포함한 국회의원들에게 비공식 정치자금 또는 뇌물을 제공해야 했다. 노태우 대통령은 금융실명제 도입에 대한 자신의 공약을 취소했는데, 금융실명제는 그와 재벌의 부패한 거래를 숨기기 어렵게 만드는 것이었다. 이후 그는 차명계좌로 엄청난 규모의 비자금을 관리한 것으로 밝혀졌다. 그는 뇌물 또는 불법 기부금을 최소 4,500억 원 수수하고 2,300억 원을 착복한 혐의가 인정되어 유죄 판결을 받았다(Mo 2009).

김영삼 대통령은 공격적인 반부패 운동을 시작했다. 그는 장기간 연기되었던 금융실명제를 비롯해 여러 반부패 개혁들을 도입했다. 여당 내 많은 거물급 정치인들이 부패 혐의로 기소되었다. 반부패 드라이브는 전두환, 노태우 두 전직 대통령을 기소함으로써 최고조에 다다랐다. 그러나 아들과 최측근들이 1996년 총선에서 불법 자금 관리에 연루된 사실이 드러나고, 한보그룹 스캔들을 포함한 몇몇 대규모 부패 스캔들이 밝혀지면서 그의 딜레마가 최종적으로 모습을 드러냈다. 김영삼은 여당과 재벌 사이의 담합 관계를 단절할 수 없었다. 한보그룹 몰락과 금융위기 도래에서 시작된 연이은 재벌 도산들로 그는 불명예스럽게 은퇴해야 했다. 그러나 그의 반부패 개혁은 후임 대통령들이 개혁을 더 진전시킬 수 있는 토대를 마련했다.

이어진 한국의 자유주의 정부들은 후견주의 동원에 덜 의존했고, 정치 부패를 상당히 축소시키는 데 성공했다. 김대중은 부패의 공급 측면(예를 들어 경제 개혁)에 더 집중했다면, 노무현은 정치 개혁 또는 수요 측면에서 진전을 이룩했다. 김대중은 그의 전임자에 비해 재벌의 영향에 제약을 덜받았다. 또한 심각한 금융위기에 직면했을 때 국민들은 재벌과 높은 수준의 부패를 비난했다. 이것에 반응해 김대중 대통령은 재벌과 금융기관의 전면적인 개혁을 실행했다. 이것은 김영삼이 실행할 수 없었던 종류의 개혁이었다. 경제 개혁은 정부-재벌-은행의 결탁을 약화시켰고, 재벌 경영의 투명성을 증가시켰다. 게다가 노무현 대통령 재임 시 진행된 2002년 대선 불법 선거 자금에 대한 철저한 조사와 기소는 정치인과 정당, 재벌의 행태에 큰 충격을 가했다.

김영삼, 김대중, 노무현의 연이은 개혁 덕분에 대통령에게 매년 수십억 원을 제공하는 재벌의 일상적인 관행들은 사라졌다. 매표와 같은 후견주의 행태들이 상당히 줄어들면서 재벌과 집권당 간의 대규모 부패도 줄어들었다. 그러나 과거에 비해 소규모이지만 정치 부패 스캔들은 여전히 재발한다. 여당과 야당의 많은 유력 정치인들과 심지어 개혁주의자로 평판이 높은 정치인들도 기소되어 유죄 판결을 받았다. 심지어 김대중과 노무현의 평판조차도 부패 스캔들에 연루된 가족 구성원들 때문에 더럽혀졌다. 정치인들은 낡은 후견주의 관행과 부패를 완전히 그만두기 어렵다는 것을 알게 되었다. 검찰도 갈수록 엄격해졌다. 김대중이 대통령으로 재임하는 동안 그의 아들들이 기소된 것은 검찰의 독립성을 명백히 보여준다. 퇴임한 노무현과 그 가족 구성원에 대한 수사는 노무현의 자살로 이어졌다. 검찰이 정치화되었다고 비난을 받았지만, 부패 처벌에서 자유로운 정치인은 아무도 없다는 것이 분명해졌다.

무엇보다 투표에서 보여준 유권자들의 부패 정치인에 대한 처벌은 정치 부패를 줄이는 데 중요한 역할을 했다. 2000년 국회의원 선거 때 '부적합 후보'를 반대하는 시민사회단체의 캠페인은 부패 감소에 주목할 만한 영향을 미쳤다. 시민사회단체 연합은 부적합 후보들의 명단을 발표하고, 그들의 낙선운동에 나섰다. 블랙리스트에 오른 후보들 중에는 뇌물과 부패 스캔들, 선거법 위반, 군사 쿠데타 등에 연루된 친정부 또는 야당 정치인들이 포함되었다. 블랙리스트에 오른 후보 86명 가운데 59명이 낙선했다. 낙선운동의 성공은 정당들로 하여금 뒤이은 선거에서 후보를 지명할 때 부패 정치인들을 제외하도록 했다.

타이완에서는 민주화 초기 국가 수준에서 후견주의 정치의 확산과 함께 정치 부패가 증가했으나 결국 정치 부패는 줄어든 것으로 보인다. 후견주의가 감소하고 프로그램적 경쟁이 발전하는 한편 부패 정치인들이 처벌을 받고 있다.

민주화와 함께 국민당의 후견주의 동원에 대한 의존이 증가하고, 정치 부패 또한 증가했다. 1990년대 초 국민당 정치인과 정부 관료들이 연루된 주요 부패 스캔들과 음성적 금융 거래들이 드러났다. 파벌들이 조직범죄와 맺고 있는 연계도 드러났는데, 그들은 부동산 투기에 깊숙이 관여하고 도박장, 매춘업소 같은 불법적인 사업에 개입하고 있었다(Fell 2005a). 폭력배와 재계 지도자들이 정치적으로 깊숙이 연계되었다는 사실을 시민들이 깨달으면서 '흑금 정치'에 대한 대중적 비판이 격화되었다(Chin 2003).

민진당은 다음과 같은 구호로 국민당과 흑금 정치의 밀접한 연관을 비판했다. "부자들은 국가를 지배하고, 폭력배들은 현들을 지배한다(Kuo 1995)." 국민당 정부는 흑금 정치 분쇄에 대한 강한 의지를 대중에게 보여주어야 한다는 압박을 받았다. 당시 법무부 장관인 마잉주馬英九는 부패를 수사하도록 검사들을 격려했다.

1994년 선거에서 현 의회 의장과 부의장 자리를 두고 벌어진 매표에 대한 의욕적인 기소는 충격적이었다. 21개 현 의회 중 16개 현 의회 의원 257명이 기소되었다. 이들 가운데 190명은 국민당 소속이었고, 민진당은 7명, 무소속은 60명이었다(Wang 2004a: 129~30). 2000년 대통령 선거에서 천수이볜의 승리는 국민당의 부패 이미지와 민진당의 '흑금 정치'에 대항한 효과적인 선거운동 덕분이다.

2000년 첫 TV토론회에서 천수이볜은 유권자들에게 반흑금anti-black-gold 정치 메시지를 호소했다. "계엄령이 종식된 이후로 국민당은 권력을 유지하기 위해서 폭력배와 돈 정치에 의존해 왔다. 따라서 국민당이 '흑금'을 일소할 것이라는 기대는 꺼져가는 흰 숯불과 같고 불가능하다. 오직 아비안Abian[7]이 당선될 때에만 '흑금'의 위험을 처리할 수 있다(China Times, February 21, 2000, quoted in Fell 2005a)."

그러나 아이러니하게도 천수이볜 정부(2000~2008년)는 수많은 부패 스캔들에 연루되었다. 천수이볜이 대통령으로 재임하는 동안 그의 가장 가까운 측근들과 가족들을 둘러싸고 주기적으로 일어난 부패 스캔들이 민진당의 명성을 갉아먹었다. 대중의 과반수가 민진당이 국민당보다 더 부패했다고 간주하는 상황에 도달했고, 반부패는 민진당에 대항하는 국민당의 무기가 되었다. 오랫동안 청렴한 정치인으로 유명했던 국민당 후보 마잉주가 2008년 대통령으로 당선되었다(Copper 2009).

천수이볜은 민진당의 이미지를 퇴색시켰지만, 검사들이 영부인을 포함한 대통령 가족들을 기소함으로써 정치적 독립성을 보여주었다는 것은 주목할 만하다. 그들은 심지어 대통령에게 부여된 면책 특권이 없었다면 대통

---

7 아비안Abian은 천수이볜이 선호하는 그의 별명이다.

표 5.3 정치부패인식도

	필리핀	한국	타이완
정부 정책 형성 과정의 부정기적 뇌물	2.7	4.4	5.3
불법 정치 기부 만연도	2.2	3.7	4.0
합법 정치 기부의 정책적 결과	2.6	3.9	4.1
정치 부패(위의 세 항목 평균)	2.5	4.0	4.5
정치인들에 대한 대중의 신뢰	1.7	2.7	3.0

자료: World Economic Forum, Executive Opinion Surveys(2000~2009)
참조: 각 질문에 대한 답변은 1(매우 부패)에서 7(가장 덜 부패)의 범위에서 선택. 정치 부패를 묻는 질문에 대한 값은 2002년과
2003년, 2004년, 2006년의 평균. 정치인들에 대한 대중의 신뢰값은 2000~2009년 평균.

령을 기소할 수 있는 증거를 가지고 있다고 말했다. 천수이벤은 임기가 끝
난 후에 공식적으로 기소되었고, 징역 17년 6개월과 1억 5,400만 대만달러
(미화 550만 달러) 벌금형이 선고되었다. 그의 부인 우수전鳴淑珍도 징역 7년
을 선고받았다(Quah 2011: 155). 천의 수치스러운 퇴장은 많은 민진당 지지
자들을 실망시켰다. 그러나 만약 천수이벤이 필리핀 대통령이었다면 부패
에 대한 엄격한 기소와 사법부의 독립은 상상조차 못했을 것이다. 높은 수준
의 부패뿐 아니라 사소한 선거 부패도 반부패 기소에서 제외되지 않는다는 것
은 반부패 개혁과 법의 지배가 타이완에서 작동되고 있음을 나타낸다.
　　요약하면, 필리핀의 후견주의 만연성과 지속성은 정치 부패의 만연을
낳았고, 부패 정치인들은 검찰이나 유권자에 의해 처벌받지 않았다. 한국과
타이완의 부패 정치인들에 대한 효과적인 반부패 개혁과 엄격한 기소는 프
로그램적 정치의 발전과 후견주의 쇠퇴와 함께 구현되었다. 표 5.3의 세계
경제포럼 경영자 설문조사(2000~2009년)에 따르면 필리핀인들은 정치 부패
에 대한 인식도가 극도로 높고, 필리핀 정치인들에 대한 냉소 역시 매우 높

다. 한국인과 타이완인도 정치인에 대해서는 신뢰도가 낮지만, 정치 부패에 대한 인식도는 낮고 정치인에 대한 신뢰도는 필리핀인들보다는 높다. 한국과 타이완을 비교하면 한국의 정치부패인식도가 타이완보다 약간 높고 정치인에 대한 신뢰도는 약간 낮다.

6장

관료제, 엽관주의와 관료 부패

필자는 불평등이 후견주의 정치를 증가시키고 관료 부패 증가로 이어진 다고 주장했다. 이것은 관료 채용과 승진에서 엽관주의를 증가시킴으로써 일어난다. 특히 능력주의 채용인 베버식 관료제는 낮은 부패와 높은 경제 성장과 밀접하게 연관되어 있다(Dahlström et al. 2012; Evans and Rauch 1999; Rauch and Evans 2000). 엽관주의 지명이 만연한 관료제는 부패 수준이 높은 경향이 있다. 따라서 관료제는 매개변수로 취급되어야 한다.

후견주의가 만연한 곳에서는 엽관직을 확보하기 위한 정치적 압력 때문에 관료의 능력주의 채용이 방해받는다. 따라서 정치인뿐 아니라 관료에게도 역선택 문제를 유발한 후견주의 경쟁을 통해 선출된 대통령, 지사, 시장 등 임명권을 가진 정치인은 프로그램적 경쟁을 통해 선출된 사람들보다 후견주의적 목적으로 관료를 임명할 가능성이 더 높다. 국회의원들은 임명권을 가진 사람들에게 영향을 미치는 다양한 수단들이 있고 후견주의 정치인들은 후견주의 목적을 위해 관료 채용과 승진에 영향을 미치려고 노력할 것이다. 게다가 후견주의를 통해 자리를 획득한 관료들은 후견주의를 통해 승진하려고 할 가능성이 높다. 이로 인해 후원자들을 지원하고 보답하기 위해 그들이 부패에 참여할 유인이 늘어난다. 따라서 후견주의는 정책 수립 과정에서 정치 부패뿐 아니라 정책 실행 과정에서 관료 부패를 증가시킬 것이다.

앞 장에서 필자는 불평등 수준이 높은 필리핀에서 정치·경제 엘리트 가문의 우위와 대규모의 가난한 인구가 광범위하고 지속적인 정치 부패 관행을 낳았음을 보여주었다. 또한 필자는 정치 부패가 한국과 타이완에서는 줄어들고 있음을 보여주었다. 앞 장에서는 매표, 지역 사업 선심성 예산의 부패한 형태들, 높은 수준의 정치 부패에 초점을 맞추었다면, 이번 장은 어떻게 후견주의가 관료 채용과 승진, 그리고 결국 관료 부패에 영향을 미치는지에 대해 연구할 것이다. 필자의 이론적 예상에 따르면 한국과 타이완은 관료 채용과 승진에서 능력주의를 발전시킨 반면, 필리핀에서는 관료제에서 후견주의적 자리를 배분하여 후견주의가 존속되거나 시간이 흐를수록 늘어났어야 한다.

이 장에서 필자가 보여주겠지만, 필리핀은 광범위한 엽관주의 임명 관행 때문에 고생한 반면 한국, 타이완은 능력주의적이고 유능한 관료제라는 평가를 받아왔다. 에반스와 라우치(1999)가 35개국을 상대로 측정한 1970년부터 1990년까지의 베버 척도 데이터에서 필리핀은 6이라는 낮은 점수를 기록했다. 반면 한국, 타이완은 각각 13과 12로 상위 개도국에 포함되었다. 필리핀은 한국, 타이완에 비해 능력주의 채용과 내부 승진에서 모두 점수가 낮았다(표 8.4). 그러나 필리핀은 독립 당시 식민지 시기로부터 한국이나 타이완보다 나은 관료제를 물려받았다. 미국 식민지 시기 초기에 필리핀은 능력주의 원칙을 확립했다. 사실 한국 정부는 더 발전한 공공 행정을 배

우기 위해 1960년대까지 필리핀으로 관료들을 보냈다(Doner et al. 2005: 336;
이한빈 1996: 63).

이 장은 상이한 수준의 불평등이 초래한 상이한 수준의 정치 부패가 세
국가에서 서로 다른 관료 구조를 만들어냈음을 보여줄 것이다. 만연한 후견
주의, 그리고 부유한 엘리트에 의한 침투는 시간이 흐르면서 필리핀에서 엽
관주의를 증가시켰다. 반면 한국과 타이완에서는 시간이 지나면서 능력주
의가 발전했다. 이들 국가에서는 정치와 경제 엘리트가 분리되었으며, 정치
후견주의는 필리핀보다 덜 광범위했다. 당연히 관료 구조의 차이는 관료 부
패 정도에 직접적으로 영향을 미쳤다.

필리핀 관료제에서의 엽관주의 발전

한국과 타이완의 자율적이고 능력주의적인 관료제와 대조적으로 필리
핀 관료제는 일반적으로 약하고 무능력하며, 엽관주의적 임명과 정치적 간
섭의 지배를 받는다고 간주된다. 게다가 엽관주의로 가득 찬 관료제는 필
리핀의 '약한 국가weak state'를 정의하는 요소이다(Hutchcroft 1998; Kang 2002;
Montinola 2012). 그러나 필리핀은 미국 식민지 초기에 능력주의 원칙을 확
립했고, 필리핀 관료들은 한국과 타이완 관료들보다 훨씬 더 많은 교육을
받았다. 문제는 독립 이후 필리핀 관료제의 능력주의가 점점 엽관주의로 대
체되었다는 것이다. 시간이 흐르면서 만연한 후견주의와 엘리트 침투는 필
리핀에서 엽관주의적 임명을 증가시켰고, 관료제는 사회적 영향과 정치적
간섭으로부터의 자율성을 상실했다.

필리핀의 공무원 제도는 공식적으로 미국의 형태를 따른다. 미국 식민
지 시절 정부에서 실적제가 제도화되었다. 공무원에 임용되려면 공무원 시

험을 통과해야 했다. 스페인 식민 정권의 봉건적이고 주관적이며 정치화된 관행에서는 이런 제도가 존재하지 않았다. 필리핀의 효율적이고 정직한 공무원 확립과 유지를 위한 법률로 알려진 공법 제5호가 1900년 공표되었다. 1935년 필리핀 헌법은 공무원 채용 원리로서 실적제를 확립했다(Mangahas and Sonco II 2011).

코르푸스(Corpuz 1957: 223)는 엽관주의 관행은 연방공화국 시기의 필리핀에는 광범위하게 관찰되지 않았다고 주장했다. 헤이든(Hayden 1942)은 1937년 마누엘 루이스 케손Manuel Luis Quezon 대통령의 '족벌주의 관행 금지와 제한에 관한 행정 명령'은 필리핀 공무원들의 승진에 있어서 개인적, 가족적, 정치적 영향의 존재를 나타낸다고 지적한다. 그러나 그는 능력 위주 승진에 대한 민주적 원칙은 기본적으로 보존되었고, 고위 공무원들이 외부 영향력의 도움 없이 고위직에 도달했다는 것을 발견했다(de la Torre 1986: 84~7).

전쟁 후 제정된 헌법 제11조는 공무원 임명이 능력에만 기반해야 하며, "최대한 경쟁적 시험에 의해 결정되어야" 한다고 규정했다. 공무원과 군인은 당파적인 정치 활동에 참여하는 것이 금지되었고, '법이 규정한 원인을 제외하고는' 면직되거나 정직되지 않았다(Wurfel 1988: 78). 그러나 양당제가 만들어지면서 관료제는 정당 정치로부터 공격을 받기 쉬워졌다. 1946년의 자유당 승리는 전리품 분배로 이어졌다. 그러나 정치인들은 여전히 상용직의 정년을 일반적으로 존중했다. 이러한 이유로 1946년에는 공석과 새롭게 상용직이 된 자리만이 엽관직으로 채워졌다. 자유당 정권(1946~1953년)은 정치적 목적에 따른 관료 임용과 승진이 특징이었다. 1950년 필리핀의 상황을 조사하기 위해 파견된 조사단은 다음과 같이 보고했다. "능력을 기반으로 설계되었지만 현재의 제도는 이런 방식으로 작동되지 않고 있다

(Corpuz 1957: 225~7)."

독립 초기에 이런 패턴이 고착되었다. 관청의 국장과 과장들은 국회의원들의 친구와 친척, 전략적 유권자들을 임명하는 대가로 의회로부터 예산을 책정받았다. 우르펠에 의하면 "필리핀 관료제는 좋든 나쁘든 거의 완전히 정치적 지시에 종속되었다. 토지 엘리트는 국회의원들을 통해 관료 임용과 승진에 영향력을 행사했다. 관료들은 또한 호의적 대접을 받기 위해 토지 엘리트의 가족, 친구, 이웃에 포위되었다."

공무원국은 외견상 '졸업장 공장' 같은 것으로 전락했다. 공무원 시험은 공무원 자격을 갖춘 사람들의 역량을 정확하게 테스트하지 못했다. 시험에 통과한 사람들 대부분이 대체로 정부에서 일하기에 적합하지 않았다. 더구나 시험을 통해 공무원 임용 자격을 취득해도 관료 임용이 보장되지 않았다. 1958년 한 주간지에 실린 기사에는 다음과 같은 내용이 포함되어 있었다.

> (공무원)국은 시험 기관에 불과하다. 이 기관은 공석에 누구를 앉힐까에 대해 최종적으로 입김을 넣을 수 있는 정치인들의 술책과 잡상인들의 영향력을 막아내는 데 무기력하다.

이 기사에서 한 하원 의원은 "(자신의 피후견인들에게 자리를 주도록 공무원국 또는 부서장에게 지시를 하거나 영향력을 행사하려면) 그 국이나 부서를 관할하는 위원회의 위원 또는 위원장이 되기만 하면 된다"라고 말했다. 그 하원의원은 공무원국이 요청하는 예산을 보류 또는 승인하는 과정에서 자신을 권력을 사용할 수 있었다. 혹은 그는 다른 위원회의 위원들에게 그렇게 해달라고 요청할 수 있었다. 국장이나 과장은 희망하는 예산을 받기 위해 의원들의 피후견인을 위한 새로운 자리나 공석을 만들어야만 했다. 어떤 피후견인은 아무 일도 하지 않고 정부의 월급을 받는 경우도 있었다. "그들은 받을 자격이 없는 월급을 수령하기 위해 한 달에 두차례 사무실에 가곤 했다 (de la Torre 1986: 107~8)."

전후 정치에서 만연한 정치 후견주의는 정부에서 엽관직에 대한 수요를 증가시켰다. 특히 엽관직 제공은 하원 의원들의 재선을 위해 중요했지만, 상원 의원에게는 덜 중요했다. 하원 의원에게 엽관직은 '정치의 주요 업무'였다. 하원 의원은 일자리 소개에 대부분의 시간을 보냈다. "지역구 유권자들이 매일 나타나 그들의 사무실 앞에 긴 줄을 서서 추천서를 받거나 정부 부처에 사적으로 전화를 걸어주기를 기다렸다"(Wurfel 1988: 85).

엽관직에 대한 수요가 증가하면서 하원 의원들 간, 민족주의당과 자유당 간, 하원 의원과 대통령궁 간에 이용 가능한 자리들을 둘러싼 경쟁이 격화되었다. 특히 초선 의원들은 그들의 고객들이 일자리를 얻도록 돕기가 매우 어려웠다. 상황이 극히 혼란스러워지자 1958년 대통령과 하원이 이용 가능한 관료 자리에 대통령이 지명하는 자와 하원 의원이 지명하는 자를 반반씩 채우도록 하는 '50-50 합의'를 만들어낼 정도였다. 이 수치스러운 합의는 대중적 항의와 상원의 반대로 인해 깨졌지만 1967년 비슷한 방식이 다시 시도되었다(Francisco and de Guzman 1963; Kang 2002: 77; Wurfel 1988: 84).

관료제를 개혁하고자 하는 시도는 계속되었다. 1950년 키리노 행정부는 벨 미션으로 불리는, 미국 전문가들로 구성된 경제 조사 팀을 만들었다. 이 조사 팀은 모집, 시험, 교육 개선과 급여 인상을 포함해 필리핀 공무원에 대한 포괄적인 개혁을 권고했다. 막사사이 대통령은 1953년 관료적 일탈에 대한 불만을 전 분야로부터 접수받고 조사하기 위한 '대통령 민원과 행동 위원회'를 설립했다. 그는 또한 대통령 소속 공무원 위원회를 설립했는데, 이

위원회는 새로운 공무원 법안 초안을 만들어 1955년 하원에 제출했고(de la Torre 1986: 97~102), 4년 후인 1959년 공무원법이 제정되었다. 필리핀 관료제에 대한 최초의 총체적 법률로서 이 법은 피고용자들의 실적을 향상시키기 위해 실적 평가 제도인 계급위치제도를 기반으로 한 승진 등의 인사 정책들을 도입했다. 또한 피고용자들을 관리하고 상호작용을 하는 데 있어 좀 더 참여적인 접근 방식을 도입했다(Mangahas and Sonco II 2011).

문제는 "공공 인사 행정에서 공식적인 배치와 비공식 관행 간의 격차"가 컸다는 것이다(Heady 1957, cited from Wurfel 1988: 78~9). 관료 임용은 공개 경쟁 시험에 기반해야 했지만, 정부 관료 대부분은 공적 발표보다는 사적으로 정부 일자리에 관한 정보를 취득했다. 그레고리오 프란시스코(Gregorio Francisco 1960: 134)는 1958년 고위 공무원 127명을 대상으로 한 설문조사에서 응답자의 50.4%가 처음 정부 일자리를 잡을 때 친구 또는 친척을 통해, 혹은 기관에 사적으로 문의해 정보를 얻었다고 답했다고 밝혔다. 겨우 21.6%가 공무원국을 통해 일자리를 알게 되었다고 답했다. 게다가 청년층(45세 이하)과 장년층(45세 이상) 코호트를 비교하면 청년층에서 친구와 친척에 대한 의존이 증가하는 경향이 나타난다(장년층 코호트 13.3%에서 청년층 코호트 33.3%로). 이 비교는 공무원국으로부터의 공식적 정보에 대한 의존이 청년층에서 줄어들고 있다는 것을 보여준다(장년층 코호트 25.5%에서 청년층 코호트 7.5%로). 또한 이 설문조사는 엽관주의 채용이 '상승 추세'라는 것을 보여준다. 경쟁적 공무원 시험을 거쳐 공무원이 되는 비율이 장년층 코호트 37.7%에서 청년층 코호트 26.0%로 줄어들었다. 전체적으로 시험을 보지 않고 공무원이 되었다는 응답자가 57.1%였고, 54.8%가 공무원 자격에 미달하고도 공무원이 되었다(Francisco 1960: 140~1).

필리핀 관료제의 문제는 공무원의 훈련과 능력에 있지 않았다. 그들은

95.2%가 대학 학위를 보유했고, 19.1%는 더 높은 학위를 보유했을 정도로 고등 교육을 받았다(Francisco 1960: 95). 진짜 문제는 임용과 승진에서 증가하는 엽관주의였다. 우르펠(1988: 80)에 의하면 "1964년 국가 공무원의 80% 이상이 경쟁적인 시험 없이 임시 임용으로 공직에 진입했다." 또한 엽관주의적 임용에 대한 압력으로 공공 분야의 규모가 계속 커졌다. 1960년대와 1970년대에 공공 분야 투자가 한국은 GNP의 5.1%인 반면 필리핀은 평균 GNP의 2%였다. 그러나 1962년 서비스 분야의 조직화된 부분의 고용 가운데 정부가 83.3%를 차지했다(Kang 2002: 77). 특히 일반적으로 대통령 선거운동 직전 급상승했다. 필리핀 관료의 규모 증가는 적정한 임금 인상을 가로막았고, 생활 임금 이하의 급여를 받은 많은 하급 관료들은 뇌물을 받아들였다(Wurfel 1988: 80). 가르시아 대통령은 엽관주의 채용 때문에 관료들이 팽창하는 문제를 알고 있었다고 전해진다. 가르시아 대통령은 효율적으로 부서를 운영하는 데 500명이 필요하지만 2,500명을 직원을 가진 주지사에 관해 이렇게 말했다. "이 사람들은 하원 의장 3명에 의해 이 자리를 차지했다. 그리고 이 3명 가운데 2명은 여전히 매우 활동적이다(Chanco 1961: 71)."

지방과 시 정부에서 엘리트 가문들은 선출직뿐 아니라 지명직도 차지했다. 정치·경제 엘리트 가문들에 관한 사례연구는 지방 정부와 시 정부가 종종 가문 구성원 또는 주지사, 시장들과 가까운 사람들로 채워진다는 것을 보여준다. 심지어 지역 재판관 임용 과정에 힘있는 가문들의 후원이 작용했고, 이런 판사들은 후원자들에게 신의를 지켰다. 예를 들어 다나오Danao 시에서 두라노Durano 가문은 시장에서부터 학교 청소부에 이르기까지 공공 일자리를 모두 차지했다(Cullinane 1993: 171~2, 203). 마르코스는 1972년 계엄령을 선포하면서 당시 부패한 과두적 민주주의에 의해 지배되던 관료제를 개혁하겠다고 다짐했다. 1972년의 통합 개편 계획은 필리핀 역사상 가장 광범위한 행정부 개혁 시도였다. 통합 개편 계획은 분산, 표준화, 관료 감축 같은 구조적 변화들을 포함했다. 또한 능력 제도를 강화하고 공무원 제도를 전문화하려는 개혁들을 도입했다. 특히 일부 부처들은 미국에서 훈련받은 전문기술관료에 의해 운영되었다. 전문기술관료들은 국제통화기금IMF과 외국 은행과 접촉하는 역할을 했는데, 해외 차관은 정권을 지탱시켜주었다. 그러나 전문기술관료들이 정부 부패와 권력 남용을 제한하려고 하자 그들은 탄압받거나 자리에서 쫓겨났다. 알레한드로 멜초르Alejandro Melchor 사무총장은 군대를 개혁하려 하다가 1975년 해고되었고, 국가경제개발청의 제랄도 시캇Gerardo Sicat 청장도 자유 시장에 대한 과도한 열정 때문에 1981년 해고되었다. 재무장관 세사르 비라타Cesar Virata가 1981년 코코넛에 부과하는 세금을 취소하자 코후안코Cojuangco 가문의 압력을 받은 마르코스는 세금을 다시 복원했다(Thompson 1995: 55~6). 계엄령하에서 관료들은 자율성과 능력을 증가시키려 했지만, 마르코스와 가까운 측근들은 관료들에 의해 추진된 어떠한 정책도 교묘히 회피할 수 있었다(Hutchcroft 2011: 563~4; Kang 2002: 84). 마르코스는 관료뿐 아니라 군대 등 다른 국가기관들의 자율성도 약화시켰다. 또한 자신의 권력으로 장군들을 승진시킴으로써 장군들이 계속 그에게 개인적으로 충성하도록 했다. 마르코스는 사법부의 독립성도 약화시켰다. 심지어 민주주의 시기에도 하급 재판관들은 지방 정치인들의 압력에 취약했다. 계엄령하에서 사법부 전체는 임의적으로 어떤 판사든 파면하는 마르코스의 권력에 무기력했다. "법원은 엔리케 페르난도Enrique Fernando 대법원장이 공공 집회가 열리는 동안 이멜다 마르코스를 위해 파라솔을 들 정도로 정권에 복종했다(Thompson 1995: 54~5)."

전문기술관료들은 국제적 이유 때문에 중요했지만, 혁신 또는 개혁의 국내적 원천이 되기에는 미미했다. 마르코스는 IMF와 세계은행과의 교섭에서 전문기술관료에게 권한을 부여했던 것으로 추정되지만, 실질적으로는 그들의 조언을 무시하고 자신의 측근들에게 시혜를 배분했다(Haggard 1990b; Kang 2002: 82). 하원을 해산함으로써 마르코스는 엽관주의의 중요한 원천 하나를 제거했다. 그러나 엽관주의는 사라지지 않았고, 오히려 마르코스에 집중되었다. 그는 자신의 가족과 측근들을 정부 고위직에 앉혀 그 자리를 개인적 이익을 위해 활용할 수 있도록 했다. 이멜다 마르코스는 1975년에는 수도 마닐라 지사에, 1977년에는 주거부 장관에 임명되었다(Wurfel 1988: 241). 그녀의 장관 임용은 흔히 '정부 안의 정부'로 불렸는데, '필리핀에서 가장 큰 엽관주의 기구'였기 때문이었다. 이멜다가 가장 좋아하는 오빠인 벤자민 코코이 로무알데즈Benjamin Kokoy Romualdez는 관세청과 일반감사위원회와 국세청을 관장했다. 이멜다의 여동생인 알리타 마르텔Alita Martel은 중앙은행과 농업부의 '독점 보유자'였다. 대통령의 남동생 파시피코 마르코스Pacifico Marcos는 의료위원회를 이끌었으며, 심지어 나이 많은 마르코스의 어머니는 쌀·옥수수 관리국을 관장했다(Thompson 1995: 52~3). 전문기술관료가 약화되고 대통령 부부의 친척들이 장관 자리들을 독점하면서 관료제의 능력은 줄어들었고 부패는 증가했다.

새로운 민주주의 시대도 능력주의와 자율적인 관료제에 관해서는 많은 개선을 이루어내지 못했다. 1987년 헌법은 마르코스 독재 정권 몰락 이후 필리핀 관료제의 전문화를 위한 기본 틀을 제공했다(Mangahas and Sonco II 2011). 그러나 공무원 제도는 후견주의적 정치의 영향력에 취약한 상태로 남아 있다. 선발 또는 다른 중요한 자리에 임용되거나 승진하는 것은 여전히 엽관주의 정치의 영향을 받았다. 지방 정부는 극도로 정치화되었다. 아키노 대통령하에서 정치 후견주의의 재개로 엽관주의 임명이라는 낡은 관행이 복원되었다. 아키노 정부는 새로운 정부 개혁을 도입했지만, 대부분 실패했다. 비대한 정부 축소라는 명분 아래 공무원 수천 명이 해고되었다. 그러나 나중에 대부분의 공석이 새로운 정치적 임용에 의해 채워졌으며, 그들 대부분이 사적 영역 출신이었다. 정치적 임용을 제공하기 위해 새로운 자리들을 만들어내는 전통도 부활되었다. 아키노 정부 동안 정치적 임용의 확산은 공무원의 능력과 경력 제도를 손상시켰다(ADB 2005: 11).

오늘날 대통령실은 고위 공무원(예를 들어 장관, 차관, 차관보 및 국장)과 일부 기관의 좀 낮은 수준의 자리에 약 5,000명에서 6,000명까지 임명할 수 있는 권한을 가지고 있다. 임명되는 사람들은 외부에서 영입되는 경우가 대부분이지만, 때로는 경력직 공무원 가운데서 채용되기도 했다. 의원들(상원 의원과 하원 의원) 또한 임용위원회를 통해서 고위직 임명에 정당하게 영향력을 행사할 수 있다(Hodder 2009). 세계은행의 연구에 의하면 필리핀은 정치적으로 임용되는 관료의 범위가 국장급까지 확장된 유일한 국가로 알려져 있다(ADB 2005: 32). 에스트라다 대통령은 자신의 선거운동에 기부한 사람들에게 내각, 공기업, 금융기관의 자리들을 아낌없이 수여한 것으로 알려져 있다. 그의 대통령 선거운동에 기부한 것으로 알려진 개인 60명과 7개 단체 가운데 절반 이상이 재임 기간 동안 일자리, 계약, 그리고 다른 호의들을 보상받았다. 아로요 대통령의 수많은 선거운동 기부자들도 같은 특권을 누렸다. 예를 들어, 카르피오 비야라사 앤 크루즈 법률 회사 공동 설립자로서 2004년 아로요 선거운동에 많은 선거 비용을 기부한 판초 비야라사_{Pancho} Villaraza는 여러 내각과 고위 공무원 자리에 자신의 시니어 파트너들을 앉힐 수 있었다(Mangahas 2010a).

또한 대통령실과 의회는 비공식적으로 국가, 지역, 지방 정부에 영향력을 행사한다. 대통령실은 고위직 자릿수를 고정한 법률 규정을 손쉽게 무시하고 새로운 자리를 만들 수 있다. 또한 대통령은 기관장과 지방 정부들을 포함해 정치적으로 임명한 사람들과 기존의 경력직 공무원의 임명을 통해서 영향력을 행사할 수 있다. 게다가 지방 정부는 너무 정치화되어 있어서 만약 지명자를 알지 못하거나 최소한 어떤 '정치적' 추천이 없다면 지방 정부에 임용될 수 없다. 그리고 자리를 찾는다 하더라도 공무원 자리는 안정적이지 않다. 새로운 주지사가 오면, 그들에게 '사표를 쓰지 않으면 당신을 상대로 소송을 제기하겠다'라고 태연하게 말하는 것이 일반 상식이라고 어느 공무원위원회 관리가 말했다(Hodder 2009). 필리핀의 공무원들은 상원 의원 또는 하원 의원이 익명의 지역구 유권자를 시켜서 감사관에게 그들에 대한 공식적인 불만을 제기할 수 있다는 것을 안다. 또한 공무원들은 의원들이 어떤 부처에 대한 조사를 실시하거나 부처의 예산을 줄일 수 있다는 것을 인지하고 있다. 어떤 경우 압력은 직접적으로 나타난다. 공무원들에게 "징계 사건, 승진, 임명, 그리고 다른 인사 문제에 대한 결정 또는 지출과 프로그램의 방향에 영향을 미치려는 의도를 가진 정치인들이 접근한다." 또한 압력은 하원의 중개자를 거쳐 대통령실을 통해서도 가해진다. 어떤 경우 의원의 영향력은 장관의 의도에 반해 어떤 부처에 고위직을 신설하도록 대통령을 설득할 정도로 강한 경우도 있었다(Hodder 2009).

수년에 걸친 정치적 임용의 흐름을 정확하게 평가하기는 어렵지만, 법이 규정한 최대치를 초과한 현재의 차관과 차관보 숫자로 대리 측정을 할 수 있을 것이다. 후견주의 경쟁을 통해 당선된 대통령은 정치적 임용을 통해 후견주의 요구를 충족시킬 필요가 있었다. 2007년 12월에는 현재 24개 부처 중 13개 부처의 차관과 차관보 수가 법정 한도인 131명을 넘겨 222명이나 되었다. 이는 81명(62%)이 초과된 것이다. 무엇보다 222명 중 56%는 경력 간부 서비스 자격CES이 없었고, 따라서 그들은 자리를 차지할 자격이 없었다. 이렇듯 CES 공무원 임용은 종종 CES 적격자 규칙을 무시하고 승인된다. CES 적격자들이 CES의 자리를 차지하는 비율이 줄어들고 있다는 것은 정치적 임명이 증가하고 있음을 암시한다. 고도로 정치화된 CES는 관료제 전반에 전문화를 제한하는 주요 요인이다 (Mangahas and Sonco II 2011; Monsod 2008/2009).

이 시기의 필리핀은 개혁에 대한 시도는 있었으나 허울뿐인 제스처에 그쳤다. 2004년 개혁 압력에 직면한 아로요 대통령은 대통령실의 자리 8개를 폐지했다. 그녀는 대통령이 정부 안의 초과 인사를 폐지할 수 있도록 하는 법안을 통과시켜줄 것을 하원에 요구했다. 2006년 아로요는 예산장관 롤란도 안다야 2세(Rolando Andaya Jr.)에게 정부 전체 관료제를 점검하여 '유령 직원들'을 제거하라고 지시했다(Baum 2011: 103). 그러나 필리핀 관료제에서 계속 증가하는 엽관주의의 행태는 거의 변화하지 않았다. 모든 정치에 강하게 의존하는 고도의 후견주의 정치는 어떤 진지한 개혁일지라도 이를 구현하는 데 주요한 장애물로 작용한다는 것이 입증되었다. 후견주의 정치는 관료제에 능력주의를 도입하고 엽관주의를 제거하는 것을 심각하게 방해했다.

한국 관료제에서의 능력주의 발전

한국의 능력주의 관료제는 발전국가의 핵심이라는 것이 통념이다. 그러나 앞선 연구들은 어떻게 한국이 이러한 베버적 유형의 관료제를 구축했는지에 대해 정확하게 설명하지 않는다. 이승만 정부(1948~1960년) 시절에는 만연한 엽관주의와 부패로 관료제가 고통을 받아온 반면 박정희 정부(1961~79년)는 능력 있고 자율적인 관료제를 구축했다는 주장이 많다

(Cheng et al. 1998; Evans 1995; Kim 1987). 이것은 박정희의 발전주의적 리더십이 한국 관료제에 능력주의를 만들어내는데 중요한 역할을 했음을 의미한다. 김병국(1987)이 초기 연구에서 인용한 에반스(Peter Evans 1995: 51~2)는 다음과 같이 언급했다:

……이승만 정부하에서 공무원 시험은 대체로 건너뛰었다. 고위 공무원 중 오직 4%만이 공무원 시험을 통해서 들어왔다. 고위 공무원이 된 사람은 내부 승진 표준 과정을 거쳐 높은 서열로 올라갈 수 있다고 기대할 수도 없었다. 그 대신 높은 서열들은 주로 '특별 채용'을 기반으로 채워졌다(Kim 1987: 101~102). 박정희 정부에서는 행시로 채워진 고위 공무원 비율이 5배가 되었고, 그들 위의 서열을 채우는 것도 내부 승진이 원칙이 되었다(Kim 1987: 101~108).

김병국(1987)은 한국과 멕시코의 관료제 비교연구에서 이승만 시절 한국의 관료제는 극도로 후견주의적이였지만, 박정희 시절에서 매우 능력주의적이었다는 증거를 제시했다. 하지만 그의 주장과 달리 필자는 한국의 능력주의 관료제가 하루아침에 구축된 것이 아니라 점진적으로 장기간에 걸쳐 발전되었다는 증거를 찾았다. 이러한 관점에서 이전의 발전국가 문헌들이 관료 채용에서 이승만의 엽관주의에 대한 의존과 박정희의 능력주의 구축을 대비한 것은 잘못되었다. 김병국(1987)은 고위 공무원(오늘날의 5급 또는 과장과 동일한 3-B 등급) 자리에 채용된 행시(고위 공무원 시험) 합격자 비율을 능력주의 척도로 사용했고, 특채를 엽관주의 임용으로 취급했다. 그는 행시 합격자의 고위 공무원 비율이 이승만 시절 4.1%에서 박정희 시절 20.6%로 5배 증가했다고 주장했다(Kim 1987: 101). 이승만 시절과 박정희

표 6.1 1948~1995년 한국의 3-B 등급 신규 임용 방식(%)

기간	행시	특채
1948~1952	4.7	95.3
1953~1959	48.3	51.7
1964	38.3	61.7
1965	35.6	64.4
1966~1973	55.0	45.0
1977~1979	65.2	34.8
1980~1987	64.6	35.4
1988~1995	70.4	29.6

자료: 안용식(1978); 박동서(1966); 주경일·김미나(2006); 총무처(1987~95)

시절 3-B 등급 임용자의 내부 승진이 각각 65.3%와 68.5%였기 때문에 이는 신규 임용자 가운데 행시를 통한 임용의 비율이 이승만 시절 11.8%에서 박정희 시절 65.4%로 증가한 것으로 해석되었다.

그러나 이 연구 결과는 부정확하고 오도된 것이다. 김병국(1987)은 박정희 대통령의 전체 재임 기간(1961~1979년)이 아닌 후반기 기간(1977~1979년)과 이승만 대통령의 전체 재임 기간(1948~1960년)의 평균 행시 비율을 비교한다. 이승만 정부와 박정희 정부 모두 전반기와 후반기 사이에 능력주의 임용이 크게 변화한 것으로 나타났다. 표 6.1을 보면 3-B 등급 수준의 신규 임용은 점점 더 특채보다 고도의 경쟁적인 행시를 통해 이루어졌다. 국가 건설의 초기 몇년 동안에는 행시가 신규임용에서 작은 비중을 차지했으나(1948~1952년 4.7%), 이승만 정부 후반기에는 신규채용에서 행시 비율이 급격히 증가했다(1953~1959년 48.3%). 이 비율은 박정희 정부 초반에 약간 줄어든 것을 제외하면 박정희 정부와 박정희 정부 이후 기간에도 계속 증가했다. 안용식(1978)의 연간 채용 통계와 행시 합격자들에 대한 정부 부처(1977) 통계에 따르면 이승만 정부 전체 기간(1948~1959년) 동안 3-B 등급에서 행시 채용 비율은 15.0%였다.[1]

　이승만 정부 초반에 극도로 높은 특채 비율(95.3%)과 낮은 행시 비율(4.7%)은 국가 건설이라는 맥락에서 이해되어야 한다. 1948년 남한 정부가 수립되었을 때 대규모의 공무원 임용이 필요했다. 앞서 미 군정에서 근무했던 한국인 공무원 인력풀에서 많이 뽑는 것이 불가피했는데, 이들 중 상당수가 일본 식민 정부에서도 일했다. 많은 자리를 채우기에는 너무 긴급한 시간적 제약을 감안하면, 공무원 시험을 통해 그렇게 많은 공무원을 채용하고 훈련한다는 것은 비현실적이었다. 데이비드 강(2002: 69)의 지적에 의하면 대학 교육을 받은 사람들이 너무 적었기 때문에 국가 건설 초기에는 행시를 급속하게 확장시킬 수 없었다. 이승만 정부 후기(1953~1959년)에는 행시를 통한 임용 비율이 거의 절반까지 상승했다. 이는 행시를 통한 임용 숫자가 빠르게 증가했기 때문이 아니라, 새로운 국가 건설 몇 년 이후 신규 임용 규모가 급속히 줄어들었기 때문이다. 따라서 이승만 정부 전체 기간 동안 특채의 평균 비율에 기초해 이승만 정권이 능력주의 원칙을 준수하지 않고 관료제를 엽관주의에 종속시켰다고 결론 내리는 것은 공정하지 않다.

　박정희 정부는 군부의 충성을 확보하기 위해 관직으로 보상하고, 군복을 벗고 관료가 된 사람들을 통해 관료제를 통제하여 능력주의 구축을 무시했다고 평가된다. 박정희 정부(1961~1979년), 전두환 정부(1980~1987년), 그

---

1 이승만 정부 동안 신규임용에서 행시 비율에 대한 필자의 계산(15.0%)은 김병국(1987)의 11.8%와 약간 차이가 있다.

리고 권위주의 이후 시기(1988~1995년) 동안 행시를 통한 임용은 지속적으로 증가했지만, 이승만 정부 후반기와 비교하면(1953~1959년 48.3%), 박정희 정부 초반(1964년에는 38.3%, 1965년에는 35.6%)에는 약간 줄어들었다. 이것은 전직 군인들이 상당한 규모의 3-B 등급 및 고위직에 임용되었기 때문이다. 군사 정부는 이승만 정부와 장면 정부의 특채 관행을 비판했지만 그들도 곧 같은 방식을 채택했다.

내부 승진 대 특채의 상대적 빈도는 능력주의 대 엽관주의를 반영하는 것으로 해석될 수 있다. 3-B 등급보다 높은 고위직에 대한 내부 승진과 특채의 상대적 비율에 관해 김병국(1987)과 에반스(1995)는 이승만 정부 전체 기간(1948~1960년)과 박정희 정부 후기(1977~1979년) 사이에 특채 비율은 줄어들고 내부 승진이 증가했다고 밝혔다. 이런 비교 역시 문제가 있는데, 내부 승진을 하려면 몇 년 간의 내부 경험이 필요하기 때문에 국가 건설 초기에 내부 승진을 통해 모든 고위직을 채우는 것은 불가능했기 때문이다. 이승만 정부 전체 기간 동안(1948~1960년) 2등급(국장)과 3-A등급(과장)에 대한 내부 승진 평균 비율은 각각 47.1%와 60.2%였던 반면 1960년에는 각각 78.9%와 79.6%였다(박동서 1961: 206; Kang 2002: 70~1). 이러한 비율은 1977~1979년에는 93.2%와 91.9%로 더욱 증가했다(Kang 2002: 71;Kim1987: 101). 고위직에서 특채가 줄어들고 내부 승진이 증가하는 것을 능력주의의 개선으로 해석한다면, 이러한 개선은 장기간에 걸쳐 점진적으로 이루어졌다. 그러나 내부 승진 증가의 상당 부분은 단순히 관료제의 성숙이 반영된 것일 수 있다. 데이비드 강(2002: 69~71)이 지적했듯이 내부 승진 자격을 갖춘 관료의 수(예를 들어, 필요한 최소한의 근무 기간을 채운 자)가 증가한 것이다.

공무원 특채는 종종 엽관주의와 정치적 간섭의 대상이었다. 그러나 모든 특채가 엽관주의에 의해 이루어진 것은 아니다. 예를 들어 1958~1961년 재정부의 예산국 국장이었던 이한빈은 행시를 통과한 사람뿐 아니라 대학 졸업자들과 미국 유학을 다녀온 사람들을 채용했다. 이 핵심 간부는 1961년 경제기획원이 설립되자 그곳으로 자리를 옮겼다(Kang 2002: 69~70). 그는 특채에 크게 의존했지만 이는 엽관주의와는 거리가 멀었다. 사실 그 자신이 1951년 하버드대학교 행정대학원에서 석사 학위를 받은 후 특채로 공무원이 되었다. 그의 지원서와 하버드대학교 교수의 추천서는 그가 행시를 통과하지 않고도 일자리를 얻기에 충분했다(이한빈 1996: 47).

특채가 얼마나 자주 엽관주의의 대상이 되었는지를 측정하기는 어렵지만, 1950년대뿐 아니라 1960년대에도 관료 채용과 승진에서 정실주의, 족벌주의와 엽관주의에 대한 불만이 상당히 많이 있었다(박동서 1961; Lee 1968; 이문영 1966). 민주당 장면 정부 시절에는 모든 국회의원에게 국가 관료로 일할 후보 2명을 추천하는 권한을 부여하는 방안이 논의되었다. 이 논의는 대중적 비판뿐 아니라 군사 쿠데타로 인해 이행되지는 못했지만, 정치인들로부터의 엽관주의에 대한 실질적인 요구가 있었음을 보여준다(한국혁명재판사 1962). 국회의원들은 자신들이 동원할 수 있는 엽관직이 부족하기 때문에 중앙정부와 지방 정부에서 자신들의 친척과 지역구 유권자들에게 일자리를 내주는 것이 어렵다는 것을 알게 되었다.

표 6.2는 상공부의 3-B 등급 공무원 임용 추세를 나타낸다. 이 추세는 표 6.1에 나타나는 전체 관료에 대한 추세와 일치한다. 행시 채용은 시간이 지나면서 점차 증가했는데, 1948~1955년 1%에서 1956~1960년 29%로, 1976~1979년 52%로 증가했다. 이것은 1961~1965년에 20%로 약간 줄어들었는데, 전역 군인 특채 21%와 겹친다. 전역 군인 비율은 1960년대 후반과 1970년대 초반에 줄어들었지만, 1977년부터 1979년 사이에 다시 상승

표 6.2 상공부의 3-B 등급 공무원 임용 추이

임용	1948~1955		1956~1960		1961~1965		1966~1970		1971~1975		1976~1979		소계	
	수	%	수	%	수	%	수	%	수	%	수	%	수	%
공무원 시험	1	1	4	29	18	20	22	46	54	61	36	52	135	36
전역 군인	1	1	-	-	19	21	3	6	2	2	12	17	37	10
전입	30	44	1	7	16	18	11	23	18	20	14	20	90	24
특채	36	53	9	64	37	41	12	25	15	17	7	10	116	31
계	68	100	14	100	90	100	48	100	89	100	69	100	378	100

자료: Ha and Kang(2011)

했다. 이러한 마지막 변화는 1977년 공식 도입된 군인 특채 제도가 반영된 것인데, 이들을 일반적으로 '유신 사무관'이라고 불렀다. 유신은 박정희 권위주의 정권(1972~1979년)을 가리키고, 사무관은 3-B 등급 공무원을 가리킨다. 유신 사무관 제도는 전두환 정권에서도 계속 시행되다가 민주화 이후 1988년에 폐지되었다(박동서 1998; 주경일·김미나 2006: 262).

능력주의 관료제를 구축하는 데 있어서 박정희 정권이 보여준 전반적인 성과는 복합적이었다. 박정희 정권은 한편으로는 전반적으로 특채 비율을 낮추고 경쟁적인 공무원 시험을 통한 능력주의 채용 비율을 높였다. 다른 한편으로는 정권 초기와 후기에 전역 군인 특채를 증가시켰다. 그리고 박정희 대통령의 고향인 영남 출신에게 특혜를 부여하고 호남 지역 출신은 배제하는 것에 대한 불만이 존재했다. 따라서 박정희는 능력주의 원칙과 정실주의를 절충했는데, 관료제의 전문성과 관료들의 충성 유지를 동시에 고려해야 했기 때문이었다(Ha and Kang 2011).

박정희가 1961년 군사 쿠데타로 정권을 잡았을 때 내세운 명분 중 하나는 부패 척결이었다. 군사 정부는 이승만 정부와 장면 정부 시기의 공무원 엽관주의 임용 행태를 비판하고, 능력주의 임용과 경력 공무원 원칙들을 구축해 전문 관료제를 이룩할 것이라고 주장했다. 박정희가 이끄는 군사 정부는 공무원 수만 명을 쫓아냈다. 일본 식민지 관료제에 근무했던 나이 많은 공무원들은 대부분 은퇴하거나 쫓겨났다. 이것은 관료제 내에서 능력주의에 저항한 주요 세력이 제거되었음을 의미한다. 남아 있는 공무원은 대부분 더 젊고 좋은 교육을 받은 사람들이었다. 1950년대에 행시를 통해 관료가 된 사람들은 빠르게 고위직으로 승진했고, 경제기획원 같은 경제 부처들의 핵심이 되었다. 장면 정부(1960~1961년)가 1960년 학생혁명 이후 대중의 요구에 부응하기 위해 '경제 우선' 정책을 선언한 것처럼 박정희 정권은 부족한 정당성을 보완하기 위해 경제 발전에 강조점을 두었다. 박정희 대통령은 경제 발전에 대한 강박관념으로 역량과 능력주의를 존중해야 했다.

그러나 박정희 대통령은 정권의 안정과 군대, 관료, 정당에 있는 부하들의 충성에도 똑같이 집착했다. 충성을 확고히 하기 위해 박정희 대통령은 신뢰하는 군 장교들을 후원하고 모든 조직에 그들을 앉혔다. 정권에 대한 충성을 의심받는 관료들은 경력 단절을 경험해야 했다. 예를 들어 예산 개혁뿐 아니라 경제기획원 창설에 기여했던 이한빈은 정권으로부터 배신이라는 의심을 받은 발언을 한 뒤 끝내는 공직을 떠났다(이한빈 1996). 박정희 대통령이 전문 관료제 구축을 주장했지만, 관료 승진과 인사 행정에서 중앙정보부의 간섭이 만연했다. 지방 정부 관료들과 경찰은 정치적 중립을 어기고 선거 목적으로 동원되었다(Kim 1975).

박정희의 능력주의와 엽관주의의 조합을 일부 학자들은 '양갈래 관료제'라고 이름 붙였다(Cheng et al. 1998; Kang 2002). 박정희 통치 기간 동안 재

표 6.3 공무원 시험 합격자 수

연도	3-B등급	4-B등급	5-B등급	연도	3-B등급	4-B등급	5-B등급
1949	5	32		1965	28	1033	6,372
1950				1966	50	193	3,418
1951	38	38		1967	24	214	10,391
1952	16	61		1968	45	664	4,673
1953	33	44		1969	55	509	3,878
1954	13	87		1970	65	24	2,863
1955	58	61		1971	188	58	2,359
1956	11	56		1972	88	100	771
1957	7	18		1973	212		2,037
1958	27	44		1974	115	205	4,120
1959	36	54		1975	201	154	2,723
1960	20	106	2066	1976	73	446	4,651
1961	72	107	1643	1977	186	531	3,975
1962	38	57	2413	1978	250	693	3,992
1963	39	236	5535	1979	248	551	1,365
1964	24	121	3014	1980	187	395	1,473

자료: Ministry of Government(1981)

직한 장차관들의 경력을 분석하면 많은 부처가 전역 장교들로 채워졌다는 것을 알 수 있다. 반면 경제기획원과 재정부, 상공부 같은 핵심 경제 부처 장관들은 상대적으로 군이 적게 침투했다. 데이비드 강(2002: 87)에 의하면 박정희 대통령은 '재무' 부처에는 전문성을 유지하고 국내 '서비스' 부처에는 엽관주의 임용을 하면서 양갈래 관료제를 만들었다. 표 6.2는 박정희 정부 동안 전역 군인의 엽관주의 임용이 장차관 수준에 제한되지 않고 상공부에서 고위직까지 상당히 많다는 것을 보여준다. 전역 군인 임용은 고위 공무원 시험을 통한 채용의 30%에 달했다.

지금까지 우리는 공무원 시험으로 뽑는 가장 높은 직급인 3-B 등급 관료 임용 양상에 초점을 맞추어 왔다. 이전의 발전국가 문헌들은 낮은 직급의 공무원 임용 양상은 무시해왔지만, 4-B 등급(오늘날의 7급)과 5-B 등급(오늘날의 9급)의 능력주의 임용 발전에 대해서도 조사할 필요가 있다. 하위직 공무원 발전은 학생혁명 이후 일어났다. 5-B 등급(가장 낮은 수준) 임용을 위한 공무원 시험이 1960년에 처음 실시되었다. 단명했던 장면 총리의 민주정부(1960~1961년)는 대학생들의 압력에 호응해 공무원 시험을 통해 학생들을 흡수하려 했다(이한빈 1996: 111~12). 하위직 공무원으로 임용된 사람들 가운데 상당수가 1950년대와 1960년대에 상대적으로 단기간에 승진했다는 점을 고려하면, 많은 사람을 개방적이고 경쟁적인 시험을 통해 5-B 등급 하위직 공무원으로 채용했다는 것은 중요한 일이다. 표 6.3은 1949년부터 1980년까지 3-B, 4-B, 5-B 등급 공무원 시험 합격자 수를 나타낸다. 이 표는 5-B 등급 공무원 시험 도입의 중요성을 강조한다. 1959년까지 공무원 시험은 소수의 3-B와 4-B 등급 고위 엘리트 공무원 채용에 국한되어 있었다. 학생혁명 이후 1960년부터 공무원 시험은 매년 수천 명의 젊은이들이 응시할 수 있게 되었고, 관료로 진출할 수 있는 넓은 길을 열어주었다.

이상의 논의에서 보듯 한국의 능력주의 관료제 구축에 관한 기존 발전국가 문헌들은 박정희 대통령에게 너무 많은 공을 돌렸다. 전체적인 그림은 이승만 정부 후반기(1953~1960년)부터 민주당 장면 정부(1960~1961년), 박정희 정부(1961~1979년), 그리고 박정희 이후를 거치면서 점진적으로 능력주의가 발전되었음을 보여준다. 1987년 민주주의 전환 이후 능력주의는 더욱 발전했다. 전역 군인 특채 제도는 1988년에 폐지되었고, 5급 행시 채용 비율은 70%가 넘었다(표 6.1 참조). 이와 더불어 일련의 개혁들이 시행되어 전문 관료제가 발전할 수 있었다. 개혁 가운데엔 정치적 중립성 보장, 공무원 노동조합 합법화, 장관 지명시 국회 청문회 도입 등이 포함되었다. 폐쇄적 관료 제도의 경직성이 최근 중요한 우려로 대두되자 국장급 직위의 20%에 대해 개방형 직위 제도를 도입했다. 이 개혁은 고위 관료 임용 통로를 다양화하고, 혁신적이고 다양한 리더십과 전문성을 강화하기 위해 도입되었다(주경일·김미나 2006).

2010년 8월 외교통상부가 특별 공모로 5급(고위직 입문 수준)을 채용했는데, 유일한 합격자가 외교통상부 장관의 딸이었다는 사실이 밝혀졌다. 자격 조건이 그녀의 경력에 맞게 변경되었다는 의혹이 제기되었다. 며칠간 수천 명의 네티즌으로부터 격렬한 비난이 쏟아지자 장관의 딸은 지원을 철회했고 장관 역시 사임해야 했다(홍성철 2010). 채용 과정에 관여한 일부 고위 관료들도 제재를 받았다. 그러자 외무고시를 통한 채용을 줄이고 특별 공채를 늘리려는 정부의 계획은 중단되지 않을 수 없었다(손대선 2010).

이 사건은 특별 채용이 오용될 수 있을 뿐 아니라 한국인이 관료제에서 능력주의 채용 원칙을 위반하는 족벌주의를 용납하지 않는다는 것을 보여준다. 지난 10년간 한국 공무원 개혁에서 주요 주제는 개방형 직위제와 특별 공모 채용의 도입과 확장이었다. 이것은 한국의 과도하게 경직된 능력주의 채용 제도가 특정한 분야의 전문적인 능력을 가진 공무원들을 채용하는 데 약점을 보인다는 우려가 증가한 데 따른 것이다. 그러나 장관 딸에 관한 사례는 한국인들에게 특별 공모 채용 확대가 오히려 우를 범하는 것이 될 수 있음을 상기시켰다.

타이완 관료제에서의 능력주의 발전

타이완의 유능하고 능력주의적인 관료제는 고도의 성취를 이룬 발전국가의 핵심으로 간주되었다. 특히 1950년대와 1960년대 경제 관료제의 발달은 타이완의 평등한 경제 성장에 매우 중요한 역할을 했다. 한국과 일본처럼 타이완 공무원은 존경을 받으며, 공무원 시험은 매우 경쟁적이다. 타이완의 중앙정부 5개 원(행정, 입법, 사법, 고시와 감찰) 중 하나인 고시원은 모든 공무원 인사를 위한 시험과 관리를 책임진다. 헌법의 5권 정신에 따라 고시원은 적어도 이론상으로는 다른 4개 중앙정부 기관과 동등한 위상을 지니며 독립적인 권한을 행사한다. 이것은 공무원 인사 행정에 얼마나 큰 중요성이 부여되어 있는지를 보여준다.

타이완의 자율적이고 능력주의적인 관료제는 하루아침에 만들어진 것이 아니다. 타이완의 관료제는 투명한 접근과 투명한 경쟁을 위한 투쟁의 역사적 산물이다. 중국 본토에서 국민당 정부는 부패로 악명 높았고, 관료 채용에서 엽관주의가 만연했었다. 타이완에서도 국민당 정부는 처음에는 군인과 보안대가 지배했고 관료제는 자율적이지 않았다. 또한 공개 경쟁 시험을 통한 관료 채용은 제한적이었고, 일부 특별 시험은 군 장교들과 주로 본토인이었던 충성 당원들에게 미리 할당되었다. 타이완에서 고시원이 장기간에 걸쳐 관료의 능력주의 채용을 확장하는 데 기여한 것은 분명하다. 공무원 시험을 통과한 공무원의 비율은 1954년 10.8%에서 1980년 45.3%로 지속적으로 증가했다(Clark 2000). 타이완에서 공무원 시험에 기초한 능력주의 관료제를 구축하기까지는 긴 시간이 걸렸다.

고시원은 국가 고시를 관장하고, 공무원을 채용하며, 인사 제도를 운영하기 위해 1930년에 설립되었다. 국민당 정권이 중국 본토에서 집권한 기간 동안 고시원이 허약하고 부패하며 비효율적이었던 국가 관료제를 변화시키는 데 거의 기여하지 못했기 때문에, 고시원은 대체로 공허하고 중요하지 않은 조직으로 간주되었다. 타이완 정부 부처들은 보통 고시원을 '임용 시험'을 치르는 곳이라기보다는 단순히 '자격 시험'을 공급하는 곳으로 보았다. 공무원 시험 합격자들은 본토에서 국민당 정부 전체 공무원의 1% 이상을 차지하지 못했기 때문에 시험은 이상적인 상징일 뿐이었다(Strauss 1994).

국민당 정부의 공무원 시험 및 인사 제도가 1930년대 중반에 부분적으로 강화되었음에도 불구하고, 여전히 다양한 종류의 개인적 유대와 비공식 연결망이 관직 진출을 위한 주요 통로가 되었다. 1931년과 1933년 시험 합격자들은 중국의 상위권 공립 및 사립대학을 다닌 20대 중후반의 매우 똑똑한 젊은 남자들이었다. 1932년까지 1931년 고시$_{gaokao}$(고위 공무원 시험) 출신 중 일부가 아직 자리를 배정받지 못했고, 일부는 이미 임의 해고되어 일자리를 잃었으며, 어떤 사람들은 부여되기로 한 직위와 일치하지 않은 자리에 배치되었다. 1931년 수험자 가운데 불만을 가진 15명은 고시원을 상대로 항의의 뜻을 담은 공동 서한을 보냈는데, 그들은 이 편지를 통해 불만을 표현하면서 예고된 직위의 즉각 임용과 직업 안정을 요구했다. 1935년에 같은 집단이 다시 편지를 보내 각 부처에 시험을 보지 않은 자들의 임용이 만연해 있다고 지적하면서, 고시원은 시험을 통과한 사람들이 우선적으로 임용되도록 보장해야 한다고 촉구했다. 1960년대 중반까지도 공무원 시험 제도는 타이완에서 공무원 채용의 핵심 통로가 되지 못했다(Strauss 1994).

인사 행정에서 고시원의 역할은 국민당이 타이완에 다시 자리 잡은 이후 장기간에 걸쳐 강화되었다. 고시원 산하 고시부는 전문적이고 기술적인 인사들을 뽑기 위한 국가적 시험을 관장했다. 고시부는 고급(상위) 시험과 하급 (보통) 시험, 특별 시험, 전문적이고 기술적인 시험들을 관리했다. 고급 시험과 하급시험은 고위급(10등급~14등급)과 하위급(6등급~9등급)에 맞게 치러졌는데 이 시험들은 모두 상당히 경쟁적이었다. 특별 시험은 상급시험과 하급시험 합격자들이 부족하거나 정부 기관의 요구에 맞는 사람들이 없을 때마다 실시되었다. 권위주의 기간에 일부 특별 시험은 군부와 특권을 가진 사람들에게 할당되었다. 이러한 폐쇄적 시험들은 상대적으로 통과하기가 쉬웠다(Su 2010). 이와 더불어 고시부는 '자격 심사'를 관장했는데, 이 시험에는 대통령에 의해 임용된 정치 관료들과 선출된 관료들, 공무원으로 전환한 군 장교들이 응시할 수 있었다.

공무원 시험에 합격한 공무원 비율은 꾸준히 증가했다. 1950년 이래로 상위와 하위 공무원 시험은 매년 타이베이에서 실시되었다. 1983년까지 1만 7,000명 이상이 상위 공무원 시험에 통과했고, 3만 명 이상이 하위 공무원 시험에 통과했다(Examination Yuan 1984). 1954년에는 공무원 시험에 통과한 공무원 비율이 10.8%에 불과했다. 이것은 공무원의 90%가 식민 정부로부터 옮겨 왔거나 과거에 본토에서 관료였음을 나타낸다. 그러나 공무원 시험을 통한 관료 채용 비율은 1962년 25.8%, 1972년 35.5%, 1980년 45.3%로 서서히 증가했다. 신규 임용자의 대부분은 대학 졸업자들이었고, 이에 따라 대학 교육을 받은 공무원 비율도 1962년 38.2%에서 1972년 58%로 증가했다(Clark 2000). 타이완의 대학 시스템은 정부 관료 자리를 채울 졸업생들을 꾸준히 공급했다(Ho 1987).

전통적으로 본토인들이 국민당뿐 아니라 고시원의 행정직까지 차지한 반면 타이완인들은 지방 정부를 지배했다. 본토인들이 지배하는 국민당은 관료, 군, 입법 기관에 침투함으로써 권력을 유지했다. 많은 본토인들이 타이완에 도착하기 전 공직에 몸담고 있었기 때문에 이러한 상황은 부분적으로 중화민국의 특유한 역사를 반영했다(Tien 1989: 121). 그리고 공무원 시험 제도는 초기에는 본토인들에게 유리하도록 왜곡되어 있었다. 1950년부터 1961년까지 개최된 상위와 하위 공무원 시험은 지역 할당으로 합격자를 선발했다. 이러한 제도는 본토인의 시험 통과를 용이하게 만들었는데, 본토인만이 본토 지역 할당에 응시할 수 있었기 때문이었다. 1982년 이전의 참전 용사를 위한 특별 시험은 합격률이 매우 높았는데, 이로 인해 본토인들에 대한 전반적인 윤리적 편견이 증가했다. 1954년 당시 지방 정부 직원의 65%가 타이완인이었던 반면, 중간 등급의 공무원은 39%, 고위 공무원은 23%만이 타이완인이었다(Kuo 1995: 40). 따라서 섬을 피난처로 택한 중국 본토의 관료들이 타이완의 중앙과 지방 정부에서 고위와 중간 자리 대부분을 차지했다. 중간 등급의 타이완 관료 대부분은 식민지 기간 동안 일본인들에 의해 훈련받은 사람들이었다. 1950년대와 1960년대에 그들은 지방 정부에 몰려 있었다(Ho 1987).

1950년대에는 핵심 정치 엘리트로 구성된 중앙집행위원회에서 군부와 치안 부대들이 국민당의 자리 대부분을 차지했다. 장제스 정권은 당시 중국 본토 회복보다 현실적으로 공산주의 중국의 군사적 위협으로부터 섬을 방어하는 데 집중했다. 이에 따라 당과 군부가 관료제를 지배했는데, 이는 1950년대와 1960년대 초반 관료제의 힘이 약했음을 나타낸다. 그러나 정권이 산업화와 경제 발전을 강조하면서 직업 공무원이 정치 체제의 정상으로 부상하기 시작했다. 국민당 중앙집행위원회에서 관료들의 수가 점차 증가했고, 1980년 초에는 관료들이 가장 큰 비중을 차지했다. 따라서 정당과 군부 지도자들이 관료를 지배했던 양상은 직업 공무원들이 관료제 내에서 장관급 위치로 상승하고 정당 내에서 지배 세력으로 변모한 양상으로 역전되었다.

이는 정권 내에서 증대된 관료의 자율성과 힘을 반영한다(Wu 1987: 184).

1950년대와 1960년대 경제 관료의 약진은 타이완의 지속적인 경제 성장에 특히 중요했다. 경제기획발전위원회와 경제부의 산업개발국은 경제 계획 수립에 핵심적 역할을 했다. 다행히 일부 경제 관료들은 본토의 국민당 정권에서 경영에 관한 상당한 경험을 가지고 있었다. 국영기업을 감독하기 위해 1932년에 설립된 국가자원위원회는 본토 정권에서 상대적으로 능력주의 위주로 채용된 셈과 같았다. 국가자원위원회 출신들은 훗날 타이완에서 산업정책을 관장하는 데 중요한 역할을 하게 되었다(Evans 1995: 55). 국가자원위원회의 기술 관료 인력풀에서 경제부 장관 14명 중 8명이 나왔다(Wade 1990: 272~3).

경제 기술 관료 1세대의 상당수는 국가자원위원회를 통해 정부에 참여했지만 타이완에서 경제 부처가 확대되면서 새로운 인력이 필요했다. 처음에는 대부분의 인력 채용은 상위권 대학, 특히 국립타이완대학교를 통해 직접 이루어졌다. 초기 경제 기관들은 관료적 독립성을 누리고 있었기 때문에 공무원 시험 과정을 생략할 수 있었다. 직접 고용은 1986년까지 계속되었지만 경제 부처가 점점 더 공식적인 관료 구조로 통합되면서 공무원 시험을 통한 신규 채용이 증가되었다(Cheng et al. 1998).

고위 관료 임명은 처음에는 본토인에 국한되었기 때문에 타이완에서 관료들의 출세 경로는 한국에서만큼 매력적이지 않았다. 더구나 공무원 시험은 국민당 엘리트와 전역 장교를 위한 '뒷문 시험'과 본토인의 후손을 위한 특별 지방 할당을 포함한 정치적 예외주의로 인해 일부 퇴색되었다. 결과적으로 타이완에서 고위 공무원 시험 합격은 한국과 동일한 명성이 부여되지 않았다. 그러나 경제 부처에 들어가는 것은 일반 공공 행정 부서보다 더 까다로웠고 권위가 있었다. 국립타이완대학교와 같은 상위권 대학에서 직접

고용했다는 것은 후보자가 엄격한 심사 과정을 통과했다는 것을 의미했다. 무엇보다 "경제 기관에서는 당 간부나 전역 군인의 '뒷문' 채용이나 본토인에 대한 특별한 할당도 없었다(Cheng et al. 1998)."

1972년부터 장징궈가 시작한 타이완화Taiwanization 드라이브와 함께 타이완인에 대한 차별이 감소하고, 시간이 지나면서 행정 부처에서 타이완인 비율이 증가했다. 1983년에 실시한 행정원 부서장과 낮은 등급의 행정 공무원 504명에 대한 무작위 설문조사에서 50세 이상 공무원 중 87.7%가 본토인인 반면 49세 이하 중 약 61%가 타이완인인 것으로 나타났다. 이 설문조사에서는 또한 504명 가운데 80%인 404명이 국민당원인 것으로 밝혀졌다. 따라서 타이완화 추세에도 불구하고 관료 임용은 국민당원과 여전히 밀접히 연결되어 있었다(Tien 1989: 124).

민주화의 도래와 함께 능력주의는 한층 더 발전했고, 국민당원과 군인들을 위한 뒷문 채용 관행은 사실상 사라졌다. 오늘날 공무원 시험은 대중에게 열려 있으며, 대체로 공정하다는 평가를 받고 있다. 이제 선발 과정에 대한 비판과 불만은 주로 절차상의 정의보다는 실질적인 정의에 관한 것들이다. 예를 들어 대부분의 공무원 시험은 필기시험만 치러지는데, 직무 내용에 대한 현실적인 응용력보다 장황한 사실과 추상적 이론에 대한 암기를 요구한다. 또한 고위 공무원의 폐쇄적 고용 제도에 대한 비판이 있는데, 이들의 임용은 관료제 내부에 국한되어 있다. 또 다른 중요한 문제는 공무원의 정치적 중립이다. 장기간 국민당 통치하에서 정치적으로 임용된 사람들과 고위 공무원 사이의 명확한 구분이 전혀 없었고, 정부의 책임과 정당의 책임 사이에 혼란이 있었다. 2009년 공무원 중립법 제정은 전문적 관료의 정치적 중립성을 보장하는 데 도움을 줄 것으로 기대된다(Su 2010).

타이완의 관료제 발전에 대한 이상의 설명은 능력주의 발전에 긴 시간이 걸렸고, 엽관주의를 향한 정치적 압력과 능력주의에 대한 요구 사이에 상당한 갈등이 있었음을 보여준다.

능력주의와 엽관주의의 원인

전후 세 국가의 관료제 발전을 비교하면 다음과 같이 뚜렷하게 대비되는 양상이 나타난다. 필리핀에서는 엽관주의가 증가했고, 한국과 타이완에서는 점진적으로 능력주의가 발전했다. 물론 한국과 타이완에서도 엽관주의가 드물지 않았으며, 여전히 엽관주의적 임명과 승진에 대한 불만이 있었다. 앞서 설명했던 한국의 장관 딸 특채 사건이 이와 같은 사례이다. 부정이 공개되고 며칠 뒤 대중의 분노 때문에 장관이 사임했는데, 이러한 남용이 일반적이고 아무도 책임지지 않는 필리핀에서는 기대할 수 없는 일이다.

국가 연구에서 제시된 일부 데이터는 세 국가의 능력주의와 엽관주의의 정도에 대한 비교를 가능하게 한다. 1958년 필리핀 고위 공무원을 대상으로 실시한 설문조사에 따르면 경쟁적 공무원 시험을 통해 공무원이 된 비율이 장년층에서는 37.7%였지만 청년층에서는 26.0%로 떨어졌다(Francisco 1960). 다른 연구는 1964년 공무원의 80%가 경쟁적 시험을 치르지 않고 공무원이 되었음을 보여주었다(Wurfel 1988: 80). 이러한 연구들은 필리핀에서 공무원 시험을 통한 능력주의 임용이 하락하는 추세임을 보여준다. 그러나 한국에서는 고위직의 신규 채용에서 행시(고위 공무원 시험) 비율이 1948년~1951년 4.7%, 1953년~1959년 48.3%, 1966년~1973년 55%, 1977년~1979년 65.2%, 1988년~1995년 70.4%로 증가했다. 타이완에서도 공무원 시험에 합격한 정부 공무원의 비율이 점진적으로 증가했는데 1954년

10.8%, 1962년 25.8%, 1972년 35.5%, 1980년 45.3%였다(Clark 2000).[2]

필자가 이 장에서 서술한 것들은 토지개혁의 성공 또는 실패가 정치적 후견주의에 중대한 영향을 미쳤다는 필자의 가설을 뒷받침한다. 필리핀 관료제의 역사적 경험은 정치와 경제 영역에서 지주 과두의 우세로 선거 후견주의가 만연하고, 이어서 엽관주의에 대한 압력을 만들어낸다는 것을 보여준다. 토지개혁 실패 때문에 필리핀의 토지 엘리트들은 산업, 상업, 금융으로 다변화할 수 있었을 뿐 아니라 정치와 관료제에도 침투할 수 있었다. 강력한 토지 지주 가문들은 종종 하원 의원, 주지사, 시장은 물론 심지어 대통령을 통해서도 관료 임용과 승진에 영향을 미쳤다. 대통령과 가까운 의원들의 친척들은 종종 중요한 고위직 자리를 확보했다(Hodder 2009). 정당들은 엘리트 가문들과의 연합을 바꾸었으며, 대통령들은 이들과 후견주의 관계를 형성했다. 정원을 62%나 초과한 차관 또는 차관보의 존재는 이러한 맥락에서 이해될 수 있다.

전후 정치에서 정치적 후견주의가 만연하면서 정부 내 엽관주의에 대한 수요가 증가했다. 하원 의원들에게 엽관주의 임용은 중요한 정치 업무였다. 마르코스 계엄령 정권 초기에는 엽관주의가 줄어들고 유능한 기술 관료의 역할이 증가하는 것처럼 보였다. 그러나 독재자는 자신의 가족과 가까운 측근에게 엽관주의 임용을 베풀었다. 마르코스 정권 붕괴 이후 전통적인 후견주의 정치가 부활하면서 엽관주의 관료 임용과 승진 또한 재등장했다. 정치-경제 엘리트 가문의 지배가 계속되면서 독재자들은 자격이 없는 친구와

---

2 이런 수치들은 타이완 보다 한국에서 공무원 시험이 훨씬 더 많은 역할을 했다는 것처럼 보인다. 그러나 타이완의 공무원 시험 합격에 대한 수치는 저량변수stock variables(특정 시기에 고위 공무원 시험을 통해 공무원이 된 사람들 비율)인 반면 한국의 수치는 유량변수flow variables(특정 기간 동안 신규 채용 중 행시 합격자 비율)이어서, 이 수치들을 직접적으로 비교할 수 없음을 유의해야 한다.

친지들을 고위직에 오르게 할 수 있었고, 지지자들에게는 낮은 직위의 공무원 자리를 엽관주의로 제공할 수 있었다. 후견주의는 여전히 필리핀 정치에 만연해 있으며 정치인에게 엽관직은 지지자들에게 보상하는 방식일 뿐만 아니라 정치자금을 모금하는 수단이기도 하다(Hodder 2009). 따라서 정치인들은 능력주의를 발전시키기 위한 강력한 유인을 가지지 않는다.

한편 토지개혁의 성공은 한국과 타이완에서 능력주의 관료제가 발전하는 데 중요한 역할을 했다. 토지개혁은 토지 엘리트를 해체했고, 강력한 엘리트로부터의 엽관주의 압력을 제거하는 데 도움을 주었다. 이것은 또한 농촌 빈곤을 감소시켜 후견주의 정치를 감소시켰고, 교육이 급속도로 팽창하는 데 기여하여 공무원의 능력주의 채용에 대한 압력을 증가시켰다. 많은 학자들은 한국과 타이완의 토지개혁은 강력한 사회적 이익단체들로부터 관료제를 분리시켜 국가 자율성을 위한 공간을 열어주었다고 지적했다 (Amsden 1989; Cumings 1984; Evans 1995; Lie 1998; Minns 2001; Rodrik 1995). 그러나 이러한 문헌들은 관료 임용과 승진, 또는 관료들의 역선택 문제에 대한 토지개혁의 영향력을 무시했다. 대신 이전 문헌들은 한국과 타이완의 능력주의와 자율적인 관료제 발달을 주로 유교적 전통과 일본 식민 유산의 영향으로 보았다. 이에 대한 설명을 간략히 살펴보자.

많은 학자들은 중국과 한국의 관료제에 대한 유교적 전통의 영향을 강조했다(Cumings 1984; Evans 1995; Kim 1987; Lie 1998; Luedde-Neurath 1988; Woo-Cumings 1995). 중국과 한국의 경쟁적 공무원 시험 제도는 1,000년도 넘는 과거에 도입되었다. 중국의 공무원 채용 제도는 당나라(618~906년)의 정기적인 공무원 시험 제도로 거슬러 올라간다. 그러나 중국 역사에서 경쟁적 공무원 시험의 활용도는 기복이 있었다. 어떤 시기에는 정부가 돈을 받고 직위나 자리를 팔았다. 정상적인 경로로 공직을 추구한 사람들조차 시험관에게 뇌물을 제공한 사례들이 있었다(Meskill 1963: ix~x). 특히 장제스가 이끈 중국의 본토에서 국민당 정권의 관료 임용에서는 공무원 시험 제도의 역할이 미미했다. 이것은 똑같은 고시원이 장제스 통치하의 본토에서는 능력주의 관료제를 만들어내는 데 실패했는데 공산주의에 패배하고 타이완 섬에 이주한 뒤에는 성공했다는 뜻이어서 이상하다.

한국에서 공무원 채용을 위한 경쟁적 시험은 고려 왕조(918~1392년) 시기인 958년에 처음 도입되었다. 조선 왕조(1392~1910년)에서 과거 또는 공무원 시험이 더욱 발전했는데, 1392년부터 1600년까지 최고 정책 결정 기관인 삼사三司의 최고위 공무원 352명 중 304명(86.4%)이 과거를 통해 정부에 들어왔다(Lee and Jung 2010). 그러나 조선 왕조 후기에는 매직과 공무원 시험에서 다양한 부정행위가 점점 일반화되었다(이강선 2000). 따라서 한국 역사에서도 경쟁적인 공무원 시험의 활용도는 변동이 있었다. 따라서 유교-관료 전통은 비록 가능한 요인 중 하나일 수 있지만, 타이완과 한국에서의 능력주의 발전을 충분히 설명해주지는 못한다. 이것은 역사적 전통이 반드시 결정적인 요인은 아니라는 것을 보여준다.

또한 일부 학자들은 한국과 타이완의 능력주의 관료제 확립에 있어서 일본 식민지 관료제의 긍정적인 효과를 언급했다. 그러나 한국과 타이완에서 일본 관료제가 끼친 영향보다 필리핀에서 미국 관료제가 더 긍정적인 영향을 미쳤다는 점을 주목해야 한다. 또한 만약 일본의 유산이 긍정적인 영향을 미친 부분이 있었다 하더라도 한국에서는 특히 제한적이었다는 점을 간과하지 말아야 한다. 그 이유는 식민지 관료제에서 고위직에 오른 한국인은 거의 없었기 때문이다. 게다가 과거 일본 식민지 시절 관료였던 사람들은 공무원 시험을 통한 능력주의 채용이 자신의 승진 기회를 축소하고 심지어 지위를 위협할 수 있기 때문에 공무원 시험을 통한 능력주의 채용의 급속한 확장을 원하지 않았다. 이 때문에 그들은 능력주의 발전에 부정적인 영향을 미쳤다. 미 군정 또한 한국에서 긍정적인 영향을 미치지 못했다는 점을 주목해야 한다. 종종 '통역자들의 정부'로 불렸던 미 군정은 식민지의 고위직과 중간직, 그리고 하위직 관료들을 임용하기 위해 한국민주당에 연줄이 있고 영어를 구사하는 한국인의 특채에 주로 의존했다. 미 군정은 공식적으로는 능력주의 채용 원칙을 천명했지만, 공무원 시험은 공식 발표 없이 오직 한 번 실시했을 뿐이었다(안용식 2001; 주경일·김미나 2006).

이렇듯 한국과 타이완의 능력주의 관료제 발전에 있어서 유교 전통과 식민지 유산의 역할은 제한적이었다. 그렇다면 토지개혁은 어떻게 한국과 타이완에서 점진적인 능력주의 관료제 발전에 기여했는가? 필자는 두 가지 설명을 제시한다. 토지개혁의 성공은 첫째, 정치적 후견주의를 제한하고, 둘째, 교육의 급속한 확장과 능력주의를 위한 압력의 증가에 기여함으로써 능력주의 관료제 발전에 영향을 미쳤다.

첫째, 토지개혁의 성공으로 한국과 타이완에서 정치적 후견주의는 어느 정도 제한되었다. 즉, 이들 국가에서 토지 엘리트가 해체되고 정치와 경제 엘리트가 분리되면서 후견주의 정치는 제한되었다. 이들 국가의 관료제에서 엽관직은 필리핀보다 덜 심했다. 한국에서 엽관직을 포함해 국가 자원들의 후견주의적 사용은 대부분 정치 지도자에게 집중되었다. 또한 토지개혁과 노동집약적 산업화로 인해 빈곤과 실업이 낮아지면서 엽관직에 대한 요구가 상대적으로 줄어들었다. 타이완의 선거 후견주의는 처음에는 지방 정치에 국한되어 있었다. 지방 행정관들은 정책 형성 과정에서 자율성이 제한되었고 지방 행정 관료들에 대한 통제를 거의 행사하지 못했기 때문에 엽관주의 임용과 승진을 위한 여지는 적었다(Tan 2000). 일반적으로 시장은 자신의 사무실에 오직 1명의 보좌관만 데려올 수 있었다(Kuo 1995: 116~17).

1994년 이후로 시장들이 부시장 1명과 상위 지방 행정 관료 몇 명을 정치적으로 임용하는 것이 허용되었다. 1994년은 민주화의 맥락에서 지방의 자율성이 확대되었던 해이다(Tan 2000). 민주화 이후 국가 차원의 후견주의 정치의 증가는 관료제에서 엽관주의의 증가로 이어졌다. 그러나 능력주의에 대한 대중의 요구 증가뿐만 아니라 프로그램적 정치의 증가, 후견주의 감소는 엽관주의 관행들을 제한하는 데 도움이 되었다.

둘째, 토지개혁은 교육 특히 대학 교육의 급속한 팽창에 기여했으며, 이로 인한 민주주의와 공정성에 대한 압력의 증가는 양국에서 능력주의의 주요 촉진제가 되었다. 1950년대와 1960년대 한국의 공무원 개혁에 대한 논의들을 보면 능력주의에 대한 압력은 주로 대학생과 교수들로부터 비롯되었다. 그들은 종종 공무원 시험을 통한 임용 규모가 너무 작다고 불평했다. 그들은 공무원 시험 제도를 확대하라는 자신들의 요구가 일본 식민지 관료제에서 재직했던 옛 관료들 때문에 묵살된다고 생각했다(박동서 1966; Lee 1968). 일반적으로 교육, 특히 고등 교육의 급속한 확대는 민주주의와 능력주의를 향한 압력을 증가시킨다. 1960년 4·19 학생혁명은 공무원 개혁을 향한 압력을 증가시켰다(박동서 1980). 타이완의 국민당 정권은 충성스러운 당 간부와 군인에 대한 엽관주의를 유지하기를 원했지만, 공평한 경쟁의 장을 원했던 타이완인들의 분노를 무시할 수 없었다. 능력주의를 향한 압력은 교육의 확대와 계속된 민주화로 인해 증가했다. 특히 토지개혁 이후 한국과 타이완에서 고등 교육을 받을 기회가 더 이상 상류층에만 국한되지 않았다. 따라서 고등 교육의 확대는 이들 국가에서 능력주의를 규범으로 제도화시켰다.

능력주의와 엽관주의의 결과

이들 국가에서 능력주의와 엽관주의는 어떤 결과를 낳았는가? 엽관주의는 그 자체로 부패 중의 하나의 형태로 간주될 수 있다. 그러나 엽관주의는 또 다른 형태의 부패, 특히 관료 부패를 촉진한다는 점이 더욱 중요하다. 필리핀에서는 많은 엽관직들이 임시직이기 때문에 고용을 지속하기 위해서는 피고용자의 후견인뿐 아니라 그와 후견인 사이의 중개인들에게까지 지속적으로 지지를 얻어야 한다. 이를 위해 피고용자들은 종종 후견인과 중개인에게 직접적으로 보상하거나 뇌물 또는 선물을 주는 방식으로 부패를 실행했다. 따라서 부패의 악순환은 지속되었다. 관료제가 비대해지는 것은 엽관직 규모가 증가했기 때문인데, 이는 관료들의 급여 인상을 어렵게 만들었다. 불충분한 급여로 인해 관료의 부패 유인은 더욱 증가했다. 또한 만연한 엽관주의 임용은 엽관주의 승진을 증가시켰다. 공무원들은 종종 승진에서 우대받기 위해 상관과 정치인, 후견인들에게 뇌물을 주어야만 했다. 특히 이 관료들은 세관, 국세청, 공공 사업 및 고속도로부, 이민국 등 민감한 기관에 배치되었고, 그들의 뒤를 봐주는 정치인들을 위해 자주 불법 선거운동 기부금을 모금했을 것으로 보인다. 또한 후견인에 의해 고용된 관료들은 그들에게 유리하게 정책을 집행해달라는 후견인들의 요구에 취약했다. 따라서 정책 결정은 그들의 고객과 후견 정치인들에게 특혜를 주는 쪽으로 자주 왜곡되었는데, 수혜자는 대부분 대기업들이었다(Hodder 2009).

엽관주의 임용과 승진으로 인한 부패 관행들은 한국과 타이완, 필리핀에서 드물지 않은 일이었다. 그러나 능력주의와 엽관주의의 만연성의 차이는 각 국가가 경험하고 있는 관료 부패의 정도에 차이를 가져왔다. 필리핀에서 관료 부패는 널리 퍼진 상태로 지속되었고, 감소했다는 어떤 징후도 없다. 한국과 타이완에서는 능력주의 관료제의 발전으로 관료 부패가 점진적으로 줄어들었다.

필리핀은 관료의 임용과 승진에서 엽관주의 관행이 지속되면서 관료 부패를 감소시키는 데 실패했다. 1971년 필리핀 관료들을 상대로 한 설문조사에서 응답자의 3분의 2는 관료제 내에서 광범위한 부패를 인정했다 (Montinola 1999). 관료 부패는 지난 30년간 증가했다. 타노드바얀으로 불리는 감찰청에 연간 접수된 민원의 규모는 관료 부패의 대리 측정으로 사용될 수 있다. 이 기관은 1978년 마르코스에 의해 설립되었으며, 1987년 헌법기관이 되었다. 타노드바얀은 공공기관과 관련된 민원을 접수하고 조사한다. 그리고 법원에 형사·민사 행정 소송을 제기하고 기소한다. 감찰청에 접수된 모든 민원 건수가 반드시 부패 사건인 것은 아니었지만 이 건수는 여전히 부패 만연성에 대한 대리 측정으로 사용된다. 이런 형식의 통계는 제도적 특징과 특정 국가에 국한된 요인들의 광범위한 차이 때문에 국가 간 비교에 사용될 수는 없지만 한 국가 내부의 장기간에 걸친 추세를 관찰하기에는 유용할 수 있다. 이 통계에서 최고위 정치인이 관련되어 있는 사례는 매우 적기 때문에 이 수치는 정치 부패보다는 대부분 관료 부패의 빈도를 반영했을 것이다.[3]

그림 6.1은 감찰청에 접수된 연간 민원 건수가 민주화 이후 초반 약 4,000건에서 최근 약 1만 건으로 장기간에 걸쳐 전반적으로 증가했음을 보여준다. 민원 증가는 부분적으로 이 제도의 효율성이 높아지고 민원 제기

---

3 산디간바얀으로 불리는 특별 반수뢰 법원은 1978년에 설립되었으며 1987년 헌법에 따라 상설기관으로 존재하고 있다. 산디간바얀에 접수된 소송 사례 수도 부패 빈도 측정치로 사용될 수는 있으나, 이 법원의 사법권이 자주 변경되었다. 예를 들어 이 법원의 사법권은 1995년 이후에는 27등급 이상 공직자로 한정되어 있어서 1995년 이전과 이후의 소송 건수는 동등하지 않다.

그림 6.1 1979~2009년 감찰청에 접수된 민원 건수

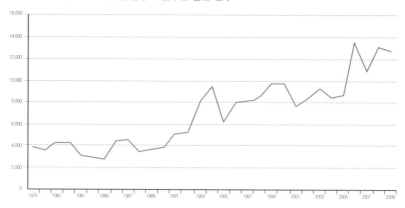

자료: 필리핀 감찰청

로 불이익을 받을지 모른다는 불안이 감소했기 때문으로 보이는데, 특히 마르코스 이후 민주주의 시기 초기에 이러한 모습을 보인다. 그러나 민주주의 이후 20년이 넘는 기간 동안 민원 건수가 계속해서 증가하고 있다는 사실은 공무원의 권력 남용이 증가했다고 볼 수는 없더라도 여전이 높은 수준이라는 것을 반영한다.

또한 설문조사 결과는 관료 부패가 높은 수준으로 지속되거나 오히려 증가했음을 보여준다. 사회기상관측소는 공무원들로부터 뇌물 제공 요구를 받은 경험에 대해 기업인 설문조사를 실시해 왔다. 지난 한 해 동안 뇌물 제공 요구를 받은 경험이 있다고 답한 응답자의 비율은 2006년 58%에서 2007년 61%, 2008년 71%로 증가했고, 2009년에는 60%로 줄어들어 4년 평균 62.5%였다. 뇌물 요구가 증가했는지 감소했는지는 말할 수 없지만 비율 자체는 매우 높다. 따라서 필리핀 기업인들이 사업을 하는 데 있어서 부패가 가장 큰 장애물이라고 주장하는 것은 이해할 수 있다. 같은 기업

인 설문조사에서 응답자의 45~54%가 다음과 같이 답했다. "나와 같은 분야의 기업 대부분은 공공 부문 계약을 따내기 위해 뇌물을 제공했다." 이같이 답한 응답자는 2005년 54%, 2006년 46%, 2007년 48%, 2008년 45%, 2009년 48%에 달했다. 또한 사회기상관측소는 일반 대중을 상대로 부패를 포함한 포괄적인 주제에 대한 설문조사도 실시하고 있다. 이 설문조사에 따르면(Mangahas 2010b), "공공 부문에 부패가 많다"라고 답한 일반 대중의 비율이 지난 10년 동안 증가했다(2001년 42%에서 2009년 56%).

필리핀과 달리, 한국에서는 시간이 지나면서 능력주의 관료제가 발전하고 관료 부패가 줄어들었다. 표 6.4를 보면 부패로 기소된 공무원의 연평균 숫자(예를 들어 뇌물과 횡령의 합계)는 1980년대에 약간 감소하고 김영삼 대통령(1993~1997년)과 김대중 대통령(1998~2002년) 시기인 1990년대에 급증한 것을 제외하고는 1950년대부터 2000년대까지 대체로 200명 정도로 일정했다. 앞서 필자가 언급한 바와 같이, 이 숫자는 기소의 엄격함과 유효성을 반영할 뿐 아니라 부패의 빈도를 반영한다.[4] 따라서 전반적인 기소의 유효성을 통제하는 것이 중요하다.

기소의 유효성 통제에는 두 가지 방법이 있다. 범죄로 기소된 모든 공무원 대비 부패로 기소된 공무원의 비율(비율A)이 이승만 대통령 시절인 1950년대 36.8%에서, 박정희 대통령 시절인 1960년대 17.2%, 1970년대 16.1%, 전두환 대통령 시절인 1980년대 초반 14.3%, 노무현 대통령(2003~2007년) 시절인 2000년대에는 3.6%로 지속적으로 감소했다. 1950년대에 어떤 공무

---

4 김영삼 대통령과 김대중 대통령 시기 기소의 급증은 아마도 부패에 대한 법 집행이 강화되고 엄격해졌기 때문일 것이다. 범죄 혐의로 기소된 모든 공무원 숫자 대비 부패로 기소된 공무원 숫자의 비율(비율 A)은 김영삼·김대중 정부 동안 증가하지 않았다. 이러한 사실은 부패 공무원에 대한 기소의 증가가 부패 증가 때문이 아니라 공무원의 부정 행위에 대한 강화된 기소 때문이라는 것을 확증하게 한다.

표 6.4 한국의 각 정권별 부패 혐의 기소 공무원 수

	뇌물	횡령	계	비율A°	비율B°°
이승만(1948~1960)°°°	60	152	211	3608%	0.20%
박정희(1961~1972)°°°°	73	157	230	17.2%	0.12%
박정희(1973~1979)	120	72	192	16.1%	0.06%
전두환(1980~1987)	116	43	159	14.3%	0.04%
노태우(1988~1992)	82	25	107	5.4%	0.02%
김영삼(1993~1997)	319	111	430	5.1%	0.04%
김대중(1998~2002)	350	86	436	5.4%	0.04%
노무현(2003~2007)	141	60	200	3.6%	0.02%

비고: '뇌물'과 '횡령'은 각각 한 해에 뇌물과 횡령으로 기소된 공무원 수의 평균임. '계'는 '뇌물'과 '횡령'의 합계임.
○비율A: 범죄로 기소된 모든 공무원 대비 부패로 기소된 공무원의 비율.
○○비율B: 범죄로 기소된 모든 사람들(공무원과 민간인 합계) 대비 부패로 기소된 공무원 비율
○○○1954년부터 1957년 자료만 있음.
○○○○1964년과 1966~1972년 자료만 있음.
자료: 검찰연감(1966~2007년), 한국통계연보(1954, 1957, 1964년)

원이 기소되었다면 기소의 원인이 부패일 확률은 3명 중 1명 이상이었을 것이다. 만약 1980년대에 어떤 공무원이 기소되었다면 부패로 인해 기소되었을 확률은 7명 중 1명 정도였을 것이다. 2000년대에는 그 확률이 30명 중 1명이었을 것이다.

또한 범죄로 기소된 모든 사람 대비 부패로 기소된 공무원 비율(비율 B)은 1950년대 0.2%에서 1980년대 초반 0.04%, 2000년대 0.02%로 점진적으로 감소되었다. 두 비율은 10분의 1까지 감소했다. 이것은 관료 부패의 만연도가 시간이 지나면서 실질적으로 감소했음을 나타낸다. 부패로 기소된 정치인들이 부패로 기소된 전체 공무원에서 차지하는 부분이 작기 때문에 이 통계는 관료 부패를 나타내는 것으로 해석할 수 있다. 능력주의 발전(표 6.1

참조)과 부패로 기소된 관료의 감소(표 6.4 참조) 사이에 높은 상관관계가 있다는 점도 주목된다. 관료 부패의 개선은 장기간에 걸쳐 능력주의 개선과 함께 이루어졌다. 특히 국가 건설 초기 몇십 년 동안 관료 부패가 급속하게 감소했다.

한국에서는 민주주의 전환 이후에도 후견주의 정치의 감소, 능력주의 관료제의 발전과 더불어 관료 부패가 계속해서 개선되었다. 표 6.5는 1992년부터 2008년까지 한국의 관료 부패를 나타낸 것이다. 한국행정학회가 실시한 부패에 대한 대중의 인식도 조사는 공무원의 청렴도를 '낮다'라고 평가하는 사람들의 비율이 1992년 58%에서 2001년 39%, 2007년 24%로 민주화 이후 지난 20년 동안 상당히 감소했음을 보여준다. 그리고 징계받은 모든 공무원 중 부패 혐의로 처벌받은 공무원의 비율이 1990년대 약 15%에서 2000년대 초반 약 10%, 2000년대 약 5%로 감소했다. 이러한 데이터는 관료 부패가 실질적으로 감소했음을 보여준다.

관료 부패의 감소는 타이완에서도 관측된다. 그림 6.2는 타이완에서 범죄 혐의로 기소된 모든 사람 대비 부패로 기소된 사람들의 추세를 나타내는데, 이 그림은 1950년대와 1960년대에 가파르게 하락했음을 볼 수 있다.

표 6.5 1992~2008년 한국의 관료 부패 추세

	1992	1996	1997	1998	1999	2000	2001	2002	2003	2004	2005	2006	2007	2008
KIPA 부패 인식도	58	–	–	–	–	–	39	–	–	–	–	–	24	–
뇌물 혐의 처벌 (%)	16.1	12.7	17.5	16.0	15.7	14.6	10.6	11.6	8.2	11.0	8.0	5.3	5.3	3.8

자료: Yoo(2009)

1950년대 초반 타이완에서 전체 기소 건수의 약 4%가 부패 혐의였다. 이 비율은 1960년대에 1% 이하로 떨어졌다. 초기에 부패 혐의 기소 비율이 높았던 것은 국민당 정권의 활발한 반부패 드라이브가 반영되었기 때문으로 보인다. 그러나 뒤이어 부패 혐의 기소가 감소한 것은 집행이 느슨해졌기 때문이라고 설명될 수는 없다. 장징궈가 1970년대에 반부패 드라이브를 강화하면서 부패 기소의 비율이 약간 증가했으나 여전히 1% 미만에 머물렀다. 민주화 이전에는 정치인에 대한 기소가 드물었기 때문에 이것은 타이완 국가 건설의 초기 몇십 년 동안 관료 부패가 감소한 것으로 해석되어야 할 것이다. 관료 부패의 개선은 관료제에서 능력주의 채용의 증가와 함께 일어났다는 점도 주목해야 한다.

그림 6.2는 1990년대와 2000년 초반 부패에 대한 기소가 일부 증가했음을 보여주는데, 이는 민주주의 전환 이후 후견주의가 증가했을 뿐 아니라

그림 6.2 1952~2011년 타이완에서 범죄 혐의로 기소된 사람 대비 부패 혐의로 기소된 사람들의 비율

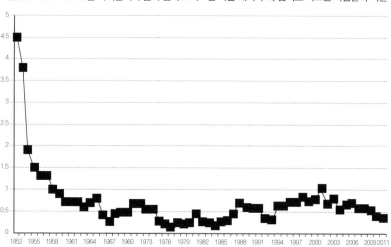

자료: 중화민국 법무부(1952~85; 1986~2011).

기소가 더욱 엄격해졌다는 것을 동시에 반영하는 것이다. 그러나 부패에 대한 기소가 갈수록 엄격해지고, 특히 고위직 공무원에 대해 더욱 엄격해지면서 관료 부패가 실질적으로 감소되었다는 증거가 있다. 고위 공무원에 대한 기소는 2000년 첸수이벤 대통령이 취임한 직후 반反흑금 행동 강령을 즉각 실시하겠다고 공표한 이후 가파르게 증가했다. 반흑금 행동 강령 이전의 94개월과 이후의 94개월 동안 부패 공무원 기소 현황을 비교하면 부패 혐의로 기소된 고위 공무원은 55% 증가한 반면, 중간 공무원은 15% 증가했고, 하위직 공무원은 오히려 8% 감소했음을 볼 수 있다(Ministry of Justice 2009).

부패 혐의로 기소된 인원수는 감소하지 않았지만 부패에 연루된 자금 총액은 2002년부터 감소했다(그림 6.3). 이것은 부패가 감소했지만 방심하지 않고 기소가 증가했음을 암시한다. 관료 부패에 대한 대중 인식의 설문

그림 6.3 1999~2011년 부정부패에 연루된 사람과 자금의 규모

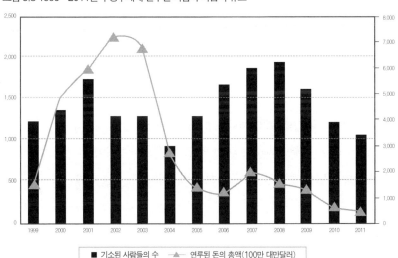

■ 기소된 사람들의 수　—▲— 연루된 돈의 총액(100만 대만달러)

자료: 중화민국, 법무부, 염정서.

조사 역시 부패가 감소 추세에 있음을 보여준다. 1997년 이후 법무부가 실시하고 있는 타이완 청렴도 조사는 정치 부패 인식 수준(예를 들어 장관과 의원을 통한)이 2000년대 초반 또는 첸수이볜 집권 이후 약간 증가한 반면 관료 부패(예를 들어 공무원을 통한) 인식 수준은 약간 감소했음을 보여준다.

세 국가에 관한 모든 증거들은 관료 부패가 필리핀에서는 줄어들지 않았지만, 한국과 타이완에서는 능력주의 증가와 함께 시간이 지나면서 줄어들었음을 보여준다. 이와 같은 맥락에서 국제투명성기구의 세계부패척도 설문조사에서 2004년부터 2010년 사이 지난 해 가족이 뇌물을 주거나 받은 경험이 있다고 답한 사람들의 평균 비율이 필리핀은 17.5%인 반면 한국은 2.9%, 타이완은 3.3%에 불과했다는 것은 이해 가능하다. 같은 설문조사가 독립 초기 또는 몇십 년 전에 실시되었다면 필리핀과 다른 두 국가들 간의 차이는 분명히 훨씬 적었을 것이다.

관료 부패와 더불어 관료 역량과 자율성 역시 능력주의와 엽관주의의 영향을 상당히 받아왔다. 한국과 타이완에서는 경쟁이 치열한 공무원 시험을 통해 '최고이자 똑똑한' 공무원을 유치할 수 있었다. 관료 자율성은 사회적 압력과 부적절한 정치적 간섭을 이겨내고 유지되었다. 그러나 필리핀에서의 공무원은 일반적으로 매력적인 직업이 아니었다. 낮은 보상과 채용 및 승진 전망에 대한 우려로 인해 최고이자 똑똑한 사람들이 공무원 시험을 멀리했다(Mangahas and Sonco II 2011). 직업 공무원 사이에서 정치적으로 임용된 사람들에 대한 분노가 쌓이고, 냉소적 분위기가 형성되었다. 그리고 다른 공무원들이 정치적 후원자로부터 지원을 받고 있다는 믿음을 갖게 된 많은 공무원들이 정치적 지원을 추구했다. 따라서 관료 자율성은 약화되었고, 정치적 간섭으로 인해 부적절한 정치적 결정이 내려졌다(Hodder 2009).

7장

산업정책,
포획과 기업 부패

부패는 전형적으로 공무원과 사적 행위자들을 포함한다. 보통 부패한 공무원들은 가해자로, 사적 행위자는 뇌물을 요구하는 공무원들에게 피해를 입는 희생자로 간주된다. 부패에 대한 대부분의 연구는 부패의 수요 측면에만 초점을 맞추고 공급 측면은 무시한다. 그러나 신진 기업가들은 대부분 적극적으로 공무원과 부패한 거래를 시작한다(Ufere et al. 2012). 따라서 부패의 공급 측면에 더 많은 주의를 기울일 필요가 있다(Wu 2005a).

앞선 두 장은 부패의 수요 측면 또는 후견주의 정치인과 관료들을 부패하도록 만드는 유인들에 초점을 맞추었다. 우리는 왜, 그리고 어떻게 불평등과 선거가 결합해 정치인이 후견주의와 엽관주의를 채택하게 하는 유인들을 증가시키고, 그로 인해 정치와 관료 부패가 증가되는가를 관찰했다. 이 장에서는 부패의 공급 측면을 살펴볼 것이다. 필자는 소득 불평등과 부의 집중이 어떻게 하여 지대와 부패를 추구하는 부유한 엘리트가 유인과 능력을 증가시켰는지에 관해 연구할 것이다.

필자는 2장에서 경제적 불평등 또는 부의 집중이 특히 민주주의에서 강력한 사적 행위자들에 의한 국가 포획 가능성을 증가시킨다고 주장했다. 높은 불평등은 높은 재분배 압력으로 이어질 것이고, 이것은 소수의 부유한 사람들이 그들의 이해관계를 우선적으로 처리하기 위해 국가를 포획하려는 유인과 능력을 더욱 키우게 할 것이다. 포획이 없다면 높은 불평등은 높은 수준의 재분배로 이어져야 하지만, 부자들은 돈으로 정치적 영향력을 사고 부패를 채택함으로써 과세와 재분배를 최소화하고 더 많은 지대를 추구하려 할 것이다. 이것은 엘리트들이 독점을 보호하고, 비용이 드는 규제를 회피하며, 특혜성 조치를 확보할 수 있도록 해줄 것이다. 이론적으로는 부패 없이 국가 포획이 발생할 수 있지만(예를 들어 합법적 선거운동 기부금), 사적 이익집단에 의한 포획은 일반적으로 부패를 수반한다. 이러한 부패에는 정부의 특혜와 불법적 정치 기부금 또는 뇌물 교환 등이 있다.

엘리트에 의한 포획은 전체 사적 영역으로 부패를 확산시킨다. 높은 재분배 압력으로 대기업과 기업 집단이 국가 포획에 대한 많은 유인과 능력을 가지고 있기 때문에 중소기업 또한 부패 쪽으로 기운다. 대기업은 합법적 로비와 불법적 수단을 모두 동원해 보다 많은 정치적 영향력을 행사하는 반면 중소기업은 뇌물과 불법 정치 기부금 같은 불법적 수단들에 더욱 많이 의존할 것이다. 중소기업들은 영향력이 적기 때문에 합법적인 로비만으로는 영향력을 획득할 수 없다.

불평등 수준이 낮거나 강력한 경제적 엘리트가 부재한 상황에서 사적 이익집단들은 국가를 포획할 수 있는 충분한 능력을 가지지 못할 가능성이 높다. 불평등 수준이 낮으면 불평등 수준이 높을 때보다 재분배 압력이 약하기 때문에 사적 행위자가 국가를 포획하려는 유인이 약해진다. 불평등 수준이 낮으면 지대 추구와 포획의 징후에 대한 인식을 일깨우고 감시할 수 있는 대규모 중산층이 존재할 것이다. 따라서 불평등 수준이 낮을 때 국가 자율성은 강화될 수 있다. 포획이 없을 때 국가는 보다 일관적인 경제 정책을 시행하고, 사적 영역 행위자들에 의한 과도한 지대 추구와 부패를 약화시킬 것이다.

'포획된 민주주의'에서는 더 높은 수준의 부의 집중이 있을 수 있지만, 포획의 개연성은 해당 국가의 국조와 정치에 의해 영향을 받을 것이다. 후견주의 정치에서는 정치인들이 합법이든 불법이든 기업 측으로부터의 선거운동 기부금에 더욱 의존할 것이며, 따라서 포획에 더욱 취약하게 된다. 부유한 엘리트들은 민주 정치를 포획하기 위해 전략적으로 정치인들이 후견주의적 동원을 하도록 부추길 수도 있다(Acemoglu et al. 2011). 또한 엽관주의에 지배당하는 관료제는 능력주의 관료제보다 더욱더 포획에 취약한 경향이 있다.

이 장은 세 국가에서 서로 다른 수준의 소득 불평등과 부의 집중이 지대 추구와 포획에 어떤 영향을 미쳐왔는지를 살펴볼 것이다. 필자는 국가 자율성과 포획의 정도에 초점을 맞추면서 정부-기업 관계, 경제 정책 수립과 실행에서 국가 자율성과 포획이 지대 추구와 부패에 미친 영향력을 검토할 것이다. 이 장은 특정 분야와 산업, 기업에 지대를 창출하고 분배하는 산업정책들에 초점을 맞추면서 기업 이익 및 이해관계에 영향을 미치는 경제 정책들을 검토할 것이다. 자율적인 국가는 일관적인 산업정책들을 채택하고 지대 추구와 부패를 억제하기 위해 그 정책들을 공평하게 추진할 것이다. 반면 포획된 국가는 포획자들에게 지대를 부여하기 위해 일관성 없는 정책을 도입하고 일관성 없이 정책을 추진할 것이다. 필자는 서로 다른 부의 집중도가 세 국가에서 어떻게 서로 상이한 정부-기업 관계 유형을 만들어 냈는

그림 7.1 토지개혁, 산업정책과 포획

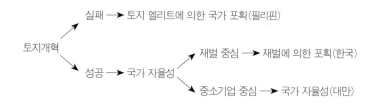

지에 대해 검토할 것이다. 또한 필자는 정부-기업 관계가 산업정책의 일관
적인/비일관적인 수립과 집행을 통해 지대 추구와 부패에 어떤 영향을 미
쳤는지 검토할 것이다.

　우리는 매우 불평등한 필리핀에서 만연한 후견주의가 높은 수준의 지대
추구와 포획으로 이어지리라고 예상할 수 있다. 또한 필리핀 국가는 자율성
을 잃고 강력한 경제적 이익집단들에 의해 포획되었다. 이와 반대로 낮은
수준의 불평등을 유지했던 한국과 타이완은 높은 수준의 국가 자율성을 누
렸다. 강력한 경제 엘리트의 부재와 능력주의 관료제의 구축으로 발전국가
형성이 가능했다. 그러나 한국과 타이완은 시간이 흐르면서 차이가 났다.
한국 정부는 산업화의 주요 엔진으로 재벌 또는 가족 중심 대기업을 선택한
반면 타이완 정부는 토착 대기업의 성장을 제한하는 대신 중소기업이 발전
하도록 노력했다. 그 결과 한국의 재벌은 시간이 지나면서 성장했고 강력한
대기업에 의해 갈수록 국가가 포획되었는데, 특히 민주주의 전환 이후 첫
10년이 두드러졌다. 대기업에 의한 경제 집중도의 차이는 세 국가에서 경제
정책의 정치, 그리고 지대 추구와 부패에 영향을 미쳤다. 그림 7.1은 이들 국
가의 서로 다른 경로를 묘사한다. 다음의 세 절에서는 정부-기업 관계와 산
업정책에 관한 이들 국가의 역사적 경험을 추적할 것이다. 마지막 두 절에

서는 국가 자율성과 포획의 원인 및 결과에 대해 논의할 것이다.

필리핀의 기업-정부 관계와 산업정책

필리핀이 1946년 미국으로부터 완전히 독립했을 때 경제는 주로 농업에 기반하고 있었고 정치는 지주 과두가 지배하고 있었다. 의회는 의미 있는 토지개혁 법안을 제정하는 데 실패했고, 높은 부와 소득 불평등이 유지되었다. 강력한 지주 엘리트들은 상업, 산업, 금융 그리고 정치로 분화되었다. 약한 필리핀 국가는 분화된 가족 대기업들에 의해 광범위하게 포획되었고, 경제 발전을 위한 일관된 정책을 수립하거나 실행할 수 없었다. 토지개혁 시도가 반복적으로 차단되었을 뿐 아니라 강력한 엘리트 이익집단들은 외환과 선별적 금융의 할당, 독점 보호와 세금 회피를 통해 지대 극대화를 추구했다. 수입 대체 산업화 기간 동안 수입과 외환 통제는 일관성이 없었다. 무엇보다 수입 대체 이익집단들의 저항 때문에 수출 지향적 산업화는 지연되었고 한 번도 제대로 실행되지 못했다. 1986년 민주화 전후의 자유주의적 개혁들은 반反과두 개혁적 미사여구로 치장되었지만 경제 집중과 지대 추구를 억제하는 데에는 실패했다. 따라서 필리핀은 과거(1972년 이전)나 현재(1986년 이후) 모두 '포획된 민주주의'의 전형적인 사례이다.

포획된 민주주의(1946~1972년)

필리핀에서 민주적 선거는 지주 과두가 지방 정치뿐 아니라 중앙 정치를 지배할 수 있게 했다. 지주와 소작인 사이의 후견인-고객 관계는 투표 동원에 손쉽게 이용되었으며, 의원들은 부유한 지주 가문의 일원인 경우가 많았다(Abueva 1965). 단테 심불란Dante Simbulan이 1946년부터 1963년까지 정치적으로 두각을 나타낸 169개 가문을 연구해 1965년 발표한 연구 결과에서 토지에 사회·경제적 기반을 두지 않은 가문은 11개에 불과했다(Simbulan 2005 [1965]). 또한 이러한 가문은 대부분 사업적 이익집단들을 보유하고 있었다(Rivera 1994: 51; Simbulan 2005 [1965]: 305~22). 스타우퍼(Stauffer 1966)는 매우 부유한 가문 출신인 하원 의원 비율이 1946년 21.5%에서 1962년 49.9%로 증가했고, 같은 기간 동안 부유한 집안 출신 상원 의원 비율도 45.8%에서 70.8%로 증가한 사실을 발견했다. 지주 엘리트는 지방 정치도 지배했다. 대부분의 시장들은 지주였고, 지방 법원 판사들도 대체로 지주이거나 지주와 밀접하게 연결되어 있었다. 많은 지방 자치 단체에서 중요한 자리는 지주 시장의 가족 또는 측근들로 채워졌다(Putzel 1992: 146, 162).

지주 계급이 완전히 해체되고 평등주의 맥락에서 새로운 기업가 계급이 등장한 한국, 타이완과 달리 필리핀 지주 엘리트는 어떠한 토지개혁 시도도 차단하고 무력화시킬 수 있을 만큼 강력하게 남아있었다. 사실 토지개혁의 반복된 실패는 '포획된 민주주의'가 겉으로 나타난 것이었다. 무엇보다 많은 거대 지주들이 산업, 금융과 상업으로 확장하여 가족중심 대기업으로 진화했다. 그들은 정치권에 있는 가족, 친척, 또는 친지들을 후원했고, 정치적 영향력을 그들의 사업적 이익집단이 혜택을 받도록 사용했다.

필리핀 정부의 경제 정책 수립은 지주와 기업 이익집단의 강력한 영향을 받았고, 이에 따라 일관적인 경제 정책을 수립하고 시행하기 어려웠다. 강력한 엘리트 이익집단들의 요구에 직면했을 때 약한 국가는 일관성 있는 산업정책을 시행할 수 없었다(Haggard 1994). 수입 대체 산업화 정책에 의해 토지 엘리트의 산업 다변화가 촉진되었다. 수입 대체 산업화는 처음에는 1940년대 후반 국제 수지 위기에 대응하기 위한 수입 및 외환 통제에 의해 활성화되었다(Haggard 1990b). 공식 환율은 1954년부터 1961년까지 암시장 환율보다 약 35~45% 낮았기 때문에 부족한 외환을 할당받은 사람들은 상당한 지대를 누렸다. 중앙은행의 복도는 국내 시장을 보호하는 과정에서 생긴 불로 소득을 안겨줄 달러를 할당받으려는 지대 추구 기업가들로 가득 찼다. 이 기회를 차지한 지주 과두는 수입 대체 산업에 투자했고, 전후 제조업에서 지배적인 부분이 되었다. 1964년부터 1986년 사이에 상위 120개 제조업체를 운영했던 87개 가문 중 상당한 토지를 소유한 23개 가문이 동일 기간에 상위 40개 제조업체들을 운영했다. 또한 이들 가운데 16개 가문은 농산물, 광물 자원, 원목과 목재의 주요 수출업자들이었다(Rivera 1994: 44~52). 이들 가문 대부분은 정치에 관여했다(Coronel 2007).

부패와 후견주의로 인해 수출과 외환 통제의 관리는 강력한 정치적 연결망을 가진 기업가들에게 이익이 되었다(Doronila 1992: 54). 국가 기구의 능력은 약하고 토지-산업 엘리트의 정치적 영향력이 강한 상황에서 국가 산업정책은 '과두 정치의 약탈 대상'에 불과했다(Hutchcroft 1998: 72~5). 1945년 이전에 제조업체를 창업한 사람들 중 9%가 상위 계급 가문이었던 반면, 1950년 이후에 창업한 사람 가운데 이러한 비중은 51%로 증가했다 (Wurfel 1988: 69).

수출과 외환 통제의 수혜자들은 더 큰 국가 경제 발전에 기여해야 하는 의무를 거의 지지 않았기 때문에 이 제도는 빈번하게 남용되었다. 일부 기업가들은 제조업 벤처 기업을 운영하기 위한 외환 면허로 얻은 수익을 완제품을 수입하는 데 사용했다(Hutchcroft 2011). 수입 대체 기업가들에게 부여된 보호와 보조금은 영구적이었다. 일반적으로 시간이 지나면서 보호가 감소되고 일정한 보호 기간 이후에는 기업가들이 국내외의 경쟁에 노출되었던 한국이나 타이완과는 달랐다. 필리핀 기업가들은 심지어 외환 통제 제도가 해체된 후에도 다른 형태의 보호를 계속 획득할 수 있을 정도로 강력했다.

1950년대 후반에 필리핀 경제는 수입 대체 산업화 전략의 '쉬운 국면의 고갈'에 직면했다. 그러나 필리핀은 수입 대체 산업의 뿌리 깊은 이익집단들 때문에 수출 지향 산업화 전략으로 전환하기 힘들었다. 1962년 마카파갈 대통령이 취임하면서 외환 통제가 해제되었다. 그의 주요 논거는 외환 통제에 의해 조장되어온 부패를 억제한다는 것이었다. 그러나 정책 변화를 가져오는 데 중요한 역할을 한 것은 미국 정부와 IMF, 세계은행으로부터의 외부적 압력이었던 것 같다(Bello et al. 1982: 128~30; Doronila 1992: 64~6). 1960년대 초반의 외환 통제 해제와 평가 절하는 수출 지향적 산업화와 결합할 수 있었지만, 그런 일은 일어나지 않았다. '전통적' 수출 영역(예를 들어 설탕, 코코넛, 원목, 구리)이 평가 절하로부터 가장 많은 이득을 얻었다. 그러나 '새로운' 수출영역의 급등이나 수출 지향 산업의 발전은 일어나지 않았다(Power and Sicat 1971). 또한 외환 통제 해제는 수입 대체 산업들을 위한 관세 보호와 세금 혜택을 동반했다(Crowther 1986: 344).

1967년 통과된 투자촉진법은 표면상으로는 수출 주도형 산업화 전략에 기반을 두고 있었다(Doronila 1992: 69~70). 그러나 혜택이 주로 국내 시장을 위한 생산에 돌아가도록 설계되었고, 수입에 의존하는 제조업체들을 지원했지만 수출 부문의 보다 완전한 발전은 억제했다(Medalla 1998). 1969년 수출가공구역법과 1970년 수출촉진법의 제정에도 불구하고 의미 있는 수출 지향 산업화 전략은 실행되지 않았다.

다변화 기회를 찾던 지주 과두가 진입할 수 있었던 또 다른 중요한 영역은 금융 부문이었다. 지주 엘리트들은 1950년대에는 산업 투자로 다변화했고, 1960년대에는 금융 투자로 다변화했다. 정부가 상업은행을 소유하고 통제했던 한국, 타이완과 달리 필리핀에서는 거의 모든 주요 가문이 신규 민간 은행들을 설립하여 이득을 누렸다. 1950년대 초반 은행 부문은 외국계 은행과 정부 은행이 주도했으나, 시간이 지나면서 민간 은행들이 중심이 되었다. 특히 민간 상업 은행의 수는 1960년대 초반에 급격히 증가해 1960년 13개에서 1965년 33개가 되었다. 한국과 타이완에서는 정부가 일관된 산업정책을 실행하기 위한 재정적 혜택을 기업에게 제공하는 도구로 은행을 이용한 반면 필리핀에서는 정반대였다. 본질적으로 정부 자원을 가문이 설립한 은행들이 이용할 수 있었고, 그 은행의 소유자들은 다변화된 가문 중심 대기업에게 혜택이 가도록 자유롭게 대출 포트폴리오를 제공할 수 있었다(Hutchcroft 2011). 가문이 지배하는 상업 은행에서 발생하는 지대의 주요 원천은 중앙은행의 대출과 관련이 있었다. 실제 할인율(중앙은행이 상업은행과 정부 소유 은행에게 대출하는 비율)이 종종 마이너스였기 때문에, 중앙은행은 재할인 기능을 통해서 은행과 대출자들에게 보조금을 지급하고 있었다(Montinola 2012). 토지-산업-금융 가문 대기업들의 우위와 중앙은행의 약한 감독 능력으로 중앙은행 대출이 심각하게 남용되어 결국 은행이 파산하게 되었다. 중요한 은행 파산 사례들은 일부 중요한 양상들을 보여주는데, 관련 가족 기업을 지원하기 위한 은행 대출 제공, 은행 소유자들의 남용 행위를 감독하는 중앙은행의 약한 능력, 강력한 사적 이익집단에 의해 포획된 법원 같은 것들이다(Hutchcroft 1998: 95~101).

지주와 다변화된 가족 대기업의 강력한 권력은 국가의 약화와 함께 조세의 정치·경제에 반영되었다. 부유한 엘리트에 의한 포획이 없는 상황에서는 높은 소득 불평등은 누진세와 이전으로 이어져야 한다. 그러나 필리핀에서는 한계 소득 세율은 높았지만 납부율이 낮았다. 법인세법은 특별 면제 조항으로 가득했다(Haggard 1990b: 228). 소득 구간별 세금 부담에 관한 연구는 필리핀 세금 체계의 역누진적인 성격을 밝혀주었다. 1960년 연간 소득이 500페소 이하인 가족은 소득에서 간접적으로 내는 세금이 차지하는 비중이 23%였던 반면, 연간 5,000에서 1만 페소 사이의 소득을 올리는 가족은 소득에서 세금이 차지하는 비중이 15% 미만이었다. 고소득 집단에서 탈세는 극히 광범위하게 일어났는데, 어떤 항목도 정확성이 의심스럽지 않은 것이 없었다. "고소득 집단의 잠재적 납세자들은 세금 징수원에게 뇌물을 제공하거나, 의회에 있는 후견인에게 선거운동 기부금을 제공함으로써 중과세에서 쉽게 벗어날 수 있었다(Wurfel 1988: 56)".

필리핀은 경제 발전에 대한 어떤 분명한 비전도 없었고, 약한 국가는 지대를 추구하는 강력한 과두적 이익집단들에 의해 계속 포획되었다. 신용 보조금뿐 아니라 수입 및 외환 통제는 포획된 민주주의였던 계엄령 이전 기간에 과두적 엘리트를 위한 지대의 중요 원천이었다. 지주 엘리트는 상업, 산업, 금융, 토지 등 더욱 다변화된 대기업으로 전환했다. 극도로 왜곡된 토지 분배와 더불어 기업 소유도 심하게 집중되었다. 1970년대 초반 50만 페소 이상의 자산을 가진 1,511개 기업 가운데 5%의 주식을 보유한 가족들이 자산의 60.7%를 지배했다. 상위 10%는 77.6%를 지배했다. 소득 상위 50개 기업은 1970년 상위 1,000개 기업 수입의 78%를 차지했다(Wurfel 1988, 55~6). 한국의 재벌과 타이완의 기업 집단과는 달리 대부분의 필리핀 주요 가족 대기업들은 상업 은행을 중심으로 자신의 기업을 집적시키고 계열사에 자금을 조달했다. 또한 소규모 집단 또는 개인들이 다수 기업과 은행에서 이사 자리를 겸직함으로써 대규모 기업들을 통제할 수 있었다. 이와 같은 방식으로 한 가족이 장막 뒤에 숨어서 다변화된 그룹을 만들어 낼 수 있었다(Kang 2002: 136).

약탈 정권과 실패한 수출 지향 산업화(1972~1986년)

계엄령 선포 이후 기업과 정부 관계의 성격에는 변화와 연속성이 모두 존재했다. 1972년 마르코스가 '모든 권력과 혜택을 전용해온 과두제로부터 국가를 구하기 위해' 계엄령을 선언했을 때, 일부 경제학자들은 이 조치의 권위주의적 성격에도 불구하고 환영했다. 초대 국가경제개발청의 청장이었던 경제학자 제라르도 P. 시카트Gerardo P. Sicat는 진보적인 '위로부터의 혁명'이라며 계엄령을 옹호했다. 계엄령은 과두제가 지배한 '거짓 민주주의'의 '사회적 암'을 억제할 것이라는 기대를 받았다. 로버트 스타우퍼Robert Stauffer는 계엄령 선포는 새롭고 좀 더 외부 지향적인 발전 전략의 전제 조건이라고 주장했다(Haggard 1990b). 계엄령 선포와 함께 국가와 전통적 과두제 간의 관계는 국가 위주로 이동했다. 계엄령 이전 시기의 포획된 민주주의는 약탈적 권위주의 정권으로 전환되었다. 그러나 마르코스의 반反과두제 개혁 선언에도 불구하고 과두적 경제 구조는 계엄령 정권하에서도 변하지 않았다. 마르코스의 측근들이 지배하는 많은 신규 대기업의 등장으로 과두제의 구성원만 변했을 뿐이었다. 가족 대기업들은 수입 대체 산업 부문뿐 아니라 새로 추진된 수출 지향 산업 부문에서도 계속 팽창했다. 국가 자원들은 마르코스 측근인 강력한 과두에 의해 약탈되었고, 약한 국가 관료제로서는 일관성 있는 개발 전략이 없었다(Hutchcroft 1991).

사실 시카트와 스타우퍼가 예상했던 것보다 계엄령 전후 사이에 경제 정책의 연속성은 더욱 컸던 것으로 밝혀졌다. 토지개혁은 주로 마르코스의 정적들(자세한 내용은 4장 참조)을 겨냥해 부분적으로 집행되었을 뿐 약속대로 실현되지 않았다. 수출 지향 산업화 전략이 계엄령 정권의 공식적인 경제 정책이었지만(Ofreneo 1984), 수출 지향 산업화는 일관성 있게 추진되지 못했다. 수출에 대한 강조와 촉진 방안이 새롭게 제시되었으나, 이와 동시에 수입 대체 산업체에 대한 보호도 지속되었다(de Dios and Hutchcroft 2003). 사실 1970년부터 1980년 사이 수입 제한 물량은 2배로 늘었다(World Bank 1993). 수입 대체 이익집단들은 강력하게 계엄령 정권을 지지했다 (Haggard 1990b). 특히 지주 자본가들에 비해 국가 자원에 더욱 의존할 수밖에 없었던 비지주 자본가들은 마르코스 정권과 밀접한 관계를 발전시켰으며, 수입 대체 산업에 대한 지속적인 보호를 옹호했다.

수출 지향 산업화의 도입은 대부분 세계은행과 IMF로부터의 압력의 결과였다. 수출 촉진에 대한 정부의 의지는 제한적이었고, 수출 가공 지대는 내부 지향적 경제 안에서 고립된 지역으로 남아 있었다. GDP 대비 총수출 비율은 1972년 13.1%에서 1980년 16.4%로 소폭 상승했을 뿐이었다. 더구나 실패한 수출 지향 산업화로 1980년대 초 국가 외채가 눈덩이처럼 증가했다. 수출 실적에 기초한 명확하고 일관된 기준이 부족한 수출 보조금은 이미 구축된 가족 대기업뿐 아니라 마르코스 측근들에게 제공되었다. 결국 비전통적인 수출 부문은 주요 가족 대기업이 추구하는 다각화의 또 다른 통로가 되었다(Hutchcroft 2011).

포획된 민주주의의 복귀와 자유주의 개혁들(1986년~현재)

경제 엘리트에 의한 정치 지배는 1986년 민주주의 전환 이후에도 지속되었다. 1987년 5월 총선으로 전통적 엘리트들이 복귀했다. 이전에 필리핀에서 실시된 선거 결과와 마찬가지로 하원 의원의 절반 또는 4분의 3이 지주였다(Riedinger 1995: 115). 상당수의 정치 가문들은 대농장 자산에 뿌리를 두고 있었고, 제9대 국회(1992~1995년) 구성원 중 58%가 농장 소유자였다. 농장 소유자의 비율은 제12대 국회(2001~2004년)에서 39%로 줄어들었지만, 마르코스 이후의 의원 대부분은 기업과 다방면에 걸쳐 이해관계를 공유하고 있었다. 대체로 의원 가운데 절반이 토지 개발과 부동산에 연루되어 있었다. 의원 가운데 3분의 1은 무역업, 4분의 1은 제조업, 4분의 1은 요식업과 여행 및 레저 사업을 했다. 기업과 이해관계가 없는 의원은 적었다. 전반적으로 마르코스 이후 의원들은 마르코스 이전 의원들보다 더 부유했다. 1962년과 1992년의 하원 의원의 사회·경제적 지위를 비교하면 상류층 출신 비율이 1962년 27.6%에서 1992년 44%로 증가했다. 반면 코로넬(2004b)에 따르면 같은 기간 중상위 계급의 비율(62.1%에서 49.2%)과 중하위 계급의 비율(10.3%에서 6.6%)은 줄어들었다.

민주화는 토지개혁을 포함하여 진보적인 사회·경제 개혁에 대한 대중의 요구를 불러일으켰다. 그러나 필리핀 경제를 지배한 대규모 지주들과 다각화한 가족 대기업들은 의회에 있는 친척과 친구를 통해 아무렇지 않게 정치적 영향력을 행사했다. 아키노 대통령(1986~1992년)은 '진짜' 농업 개혁을 수행하겠다고 공약했지만, 지주들이 지배하는 의회에서 1988년 제정된 종합농지개혁법은 농민들에게는 기대 이하였다. 새 법에 따라 토지 소유자의 보유 상한이 5헥타르로 설정되었지만, 예외 조항들이 존재했다. 이 법은 현금과 채권을 섞어 지주에게 완전한 시장 보상을 하도록 했으며, 10년에 걸쳐 시행될 예정이었다. 초기에 공공 토지와 대규모 민간 보유지가 포함될 예정이었지만, 프로그램이 끝날 때 대부분의 토지가 남겨져 있었다(Putzel 1992: 272~5; Riedinger 1995: 139~76).

경제 자유화 개혁은 종종 반과두제 개혁 표어와 함께 민주정부에 의해 시행되어 왔다. 그러나 여전히 과두제 가족 대기업들이 지배하는 필리핀 경제는 다수 분야에서 경쟁력이 부족했고 부패한 공모와 지대 추구를 촉진했다. 사실, 자유화 개혁은 1980년대 초반에 시작되었다. 1970년대가 끝날 무렵 수출 지향 산업화가 실패하고 후견주의가 범람하자, 세계은행과 IMF 는 무역과 금융 분야를 대규모로 자유화하라는 압력을 가했다. 세계은행이 1980년부터 시작한 일련의 구조조정 대출들을 위한 조건으로 점진적인 관세 인하와 양적 제한 완화를 도입했다. 마르코스 정권은 브레튼우즈Bretton Woods 기구들이 부과한 자유화 조치를 받아들어야만 했고, 아키노와 라모스의 민주정부도 계속해서 자유화를 시행했다.

보호주의 무역 정책은 1980년대와 1990년대에 상당히 자유화되었다. 실효보호율은 1985년 49%에서 1990년 29%로, 2004년 6%로 꾸준히 감소했다(Aldaba 2005). 1980년대 초반 금융 자유화는 점진적인 금리 자유화와 금융 조작의 범위에 대한 탈규제를 포함했다. 민주정부들에서 금융 분야는 더욱더 많이 개혁되었다. 자유화 개혁의 지지자들은 자유화가 자원 할당에서 효율성을 증대하고 과두제 지배를 개선할 것이라고 주장했지만, 실제 자유화 개혁 결과는 그다지 고무적이지 않았다. 필리핀 경제는 여전히 높은 불평등과 가난으로 고통받았고, 경제 성장은 이웃 동남아 국가들보다 낮았다. 2006년에 빈곤율은 전체 인구의 32.9%였고, 공식 빈곤선에 있는 가구는 26.9%였다(Canlas et al. 2009).

일련의 금융 개혁은 몇 개의 대형 상업 은행이 장기간 지배해온 은행 부문에서 경쟁을 증가시키는 데 실패했다. 라모스 정부는 약화된 중앙은행을 회복시켰다. 새 중앙은행인 필리핀 중앙은행이 1993년에 설립되었으나 감독 능력은 여전히 취약했다. 1990년대 초반의 개혁 중에는 신규 국내 은행을 위한 진입 규제 완화뿐만 아니라 외국 은행 진입에 대한 제한 완화도 포함되어 있었다. 그 결과 상업은행 수는 1993년 32개에서 1996년 47개로 확대되었다(Hutchcroft 1998: 218). 1993년까지 50%대에 머물렀던 5대 대형 상업 은행의 자산 비중이 1997년 약 37%로 감소했으나, 이 추세는 다시 역전되어 2000년에 50%대에 도달했다. 1990년대 후반 인수 합병은 집중도를 증가시켰고, 금융 부문의 독과점 구조는 변경되지 않았다(Milo 2002; Pasadilla and Milo 2005).

2000년의 일반은행법은 특히 강력한 자유화 개혁이었지만, 이러한 개혁은 규제받는 이들의 강력한 로비 때문에 필리핀에서 금융 부문의 과점적 구조를 변화시킬 수 없다는 것을 증명했을 뿐이다. 동아시아 금융위기로 신중한 규제의 중요성이 강조된 후에 새로운 법RA 8791의 제정과 함께 추가 개혁이 도입되었다. 이사, 임원, 주주 및 관련 이해 당사자들에 대한 대출 제한은 은행 이사들의 과반수 승인을 받도록 함으로써 강화되었다.

또한 새로운 법은 은행의 이사회에 2명의 사외 이사를 포함시키도록 했다. 그러나 소유 제한선이 20%에서 40%로 상승함으로써 느슨해졌다(Milo 2002). 40% 소유 제한이 단일 가족 대기업이나 대기업의 연합이 은행들을 지배하는 것을 방지하기에 충분한지에 대해서는 의문이 제기되었다. 한국의 은행 소유 제한이 9%, 타이완이 15%인 것과 대조되었다. 필리핀에서 가족 대기업은 일반적으로 자회사에 대출을 제공하는 상업 은행을 중심으로 구성되었다. 1986년 상위 10개 민간 은행 중 6개는 지주 자본가 가문들이 지배하고 있었다(Rivera 1994).

동아시아 금융위기 당시 일부 평론가들은 필리핀이 앞서 시행된 개혁으로 구축된 견고한 금융 시스템으로 인해 위기에서 탈출했다고 주장했다. 그러나 사실은 외국 투자자들에게 이 국가가 매력이 없어 자본 유입이 적었고, 이로 인해 이웃 국가들보다 필리핀은 외환 위기의 원인인 급격한 자본 유출에 덜 취약했다(Hicken 2008). 오늘날 필리핀에서 비효율적인 금융 부

문은 여전히 발전을 저해하는 약점 중 하나로 간주된다.[1]

필리핀에서 경제 관리구조의 주요 문제 중 하나는 취약한 과세와 누적되는 재정 적자인데, 이것은 가장 강력하고 부유한 가문들에게 이득을 안겨준다. 투자위원회에 등록된 가장 큰 규모의 세금 면제 프로젝트를 진행중인 10대 기업 중 7개는 필리핀에서 가장 잘 알려진 가족 대기업들이 소유, 관리, 경영하는 기업이다. 예를 들면 로페세스Lopezes, 아얄라Ayalas, 고콩웨이Gokongwei, 코후앙코Cojuangcos 등이다. 상위 10대 그룹 중 수출기업은 하나도 없고, 모두 소수의 행위자가 지배하는 독과점 시장에서 국내 소비자들에게 서비스를 제공한다. 부유한 기업들에게 큰 신세를 진 의회는 기업에게 부담을 주는 세제로 바꿀 수가 없었다. 오히려 1997년의 종합조세개혁법의 일부 조항들은 대기업과 고소득자들에게 상당한 면세를 허용했다. 이러한 구멍들은 세수 감소를 더욱 악화시켰다(Canlas et al. 2009: 61). 수출 지향산업화에 대한 투자를 촉진하기 위한 재정 인센티브 제도는 마르코스 시기부터 심각하게 남용되었다. 민주정부에서도 문제가 해결되지 않았을 뿐만 아니라 오히려 남용이 증가했다. 필리핀 탐사보도센터의 보고서에 의하면(Landingin 2006) 다양한 재정 인센티브법에 따라 부여된 세금과 관세 감면 규모가 증가했는데, 이는 정부 수입의 47.9%, 2003년 GDP의 7%에 달했다. 투자위원회에 의해 부여된 세금과 관세 면제의 최대 90%가 '잉여적'인 것으로 추산되었는데, 이것들이 대부분 수출 시장보다는 국내 고객에게 상품과 서비스를 판매하는 회사에 돌아갔기 때문이다. 전 경제기획부 장관 펠리

---

[1] 세계경제포럼의 금융 발전 보고서Financial Development Report 는 필리핀의 순위를 2010년 57개국 중 50위, 2011년에는 60개국 중 44위로 매긴 반면, 한국은 2010년과 2011년에 각각 24위, 18위로 순위를 매겼다. 타이완은 이 보고서에 포함되지 않았다. 2012년 세계은행의 사업환경보고서Doing Business report의 '신용 획득getting credit' 순위에서 필리핀은 183개국 중 126위를 기록한 반면 한국은 8위, 타이완은 67위였다.

페 메달라_{Felipe Medalla}는 1986년부터 1999년 사이에 세금과 관세에 대한 면제를 제한하려고 세 차례 시도했으나 모두 실패했다고 밝혔다. 필리핀 탐사보도센터 보고서가 공개된 직후인 2006년 7월 재정 인센티브 제도를 수정하기 위한 또 하나의 법안이 상원에 제출되었지만, 이 법안은 어떤 심의도 없이 2013년 2월까지 상원에 보류되어 있었다(필리핀 상원의회 홈페이지).

정부 독점 기업의 민영화는 진정한 경쟁이 부재한 가운데 독점적 지대의 민영화로 이어졌다. 또한 강력한 대기업들은 빈번하게 정부 로비를 통해 진입 규제 완화를 지연시키거나 제한하여 효율적인 경쟁에 재갈을 물렸다. 국영 기업의 민영화, 진입 규제 완화와 같은 자유화 개혁은 1980년 이후 여러 경제 분야에서 시행되었다. 그러나 규제 완화는 대부분의 경제 분야에서 경쟁적인 시장을 만들어내는 데 실패했다. 주요 서비스 분야뿐 아니라 국내 제조업 부문은 여전히 대부분 독과점 상태로 남아 있어서 높은 가격-비용 차를 낳고 있다. 전반적으로 지난 30년 동안 경제 자유화는 다각화한 가족 대기업의 부의 집중을 줄이지도, 시장 경쟁을 강화시키지도 못했다.

한국의 기업-정부 관계와 산업정책

지주 엘리트의 완전한 해체와 강력한 산업 자본가들의 부재는 한국이 국가 자율성을 누릴 수 있는 유리한 환경을 제공했다. 게다가 능력주의 관료제의 점진적 발전은 국가 자율성뿐 아니라 국가 능력을 더욱 강화시켰다. 따라서 한국은 발전국가를 건설할 수 있었고 강력한 경제 엘리트가 없었기 때문에 산업정책은 상대적으로 일관성 있었다. 그러나 박정희의 산업화 전략은 대기업에 유리했으며, 시간이 지나면서 경제 집중도가 높아졌다. 결과적으로 한국의 산업정책은 갈수록, 특히 1987년 민주화 이후 재벌에 의해 포획되기 쉬운 상태가 되었다. 한국 국가의 자율성은 1997년 동아시아 금융 위기의 여파로 복원되었고, 재벌에 대한 전면적인 개혁이 진행되었다. 그러나 재벌의 정치적 영향력과 경제적 지배는 최근 다시 주요 우려 사항이 되었다.

국가 자율성과 수입 대체 산업화에서 수출 지향 산업화로의 전환

필리핀과 달리 북한으로부터의 공산주의 위협뿐 아니라 농지 재분배에 대한 대중적 요구 때문에 한국의 지주 엘리트는 토지개혁 입법을 막을 수 없었다. 토지개혁의 평등화 효과는 한국 전쟁에 의해 더욱 강화되었는데, 전쟁으로 산업·상업적 자산들의 실질적인 소유권이 파괴되었기 때문이다. 지주 대부분은 토지를 잃었을 뿐 아니라 산업 자본가로 전환할 수 없었다. 가족 대기업이나 재벌이 점진적으로 형성되었지만, 그들의 정치적 영향력은 미약했다. 따라서 국가를 포획할 수 있는 강력한 경제 엘리트가 없었다.

한국의 산업정책은 1950년대에는 수입 대체에 초점이 맞추어져 있었는데, 수입 대체는 많은 재벌에게 자본 축적을 위한 초기 기반을 제공했다. 만성적인 국제 수지 악화에서 벗어나고 자급자족 국가 경제를 구축하고자 하는 이승만 대통령의 의지는 수입 대체 산업화 전략으로 이어졌다(Haggard 1990a). 한국 정부는 수입 제한과 고평가 환율을 유지했다. 외환 할당을 동반했던 수입 쿼터 할당은 상당한 지대를 수반했다. 수입 업자들은 횡재를 얻었고 번영했다. 한국의 일부 재벌은 이러한 지대에 힘입어 이 기간에 형성되었다. 그리고 미 군정이 점유했다가 이승만 정부에 이전된 과거 일본 소유 산업 자산들의 귀속재산vested property 매각, 구호 물품의 할당과 은행 대출에 대한 접근 등은 산업정책의 주요 도구들이었다(Woo 1991: 59). 귀속재산 매각은 정치적으로 연줄이 있는 사람들뿐 아니라 임시 공장 경영자들에게도 돌아갔다. 이승만 정부는 시장 가치 대비 25~30% 수준에서 자산의 가격을 정하고 새 소유자들에게 관대한 분납 계획을 허용했다. 이러한 귀속재산의 새로운 소유자들은 횡재의 대가로 이승만의 자유당에게 리베이트를 제공했다. 귀속재산은 여러 재벌에게 초기 기반을 제공했다(Lim 2003: 42). 결과적으로 새로운 산업 자본가 계급이 출현했으나, 많은 한국인들은 그들을 정부와 공모한 '불법 부당 이득자'로 부정적으로 보았다.

1960년대 한국의 수출 지향 산업 전략으로의 전환은 주로 외부 압력때문이었다. 이승만 정부 후반에 처음 초안된 첫 번째 경제 개발 5개년 계획(1962~1966년)은 단명한 장면 정부(1960~1961년)하에서 수정되었고, 1961년 박정희 군사 통치하에서 확정되었다. 이것은 수출 지향 산업정책 구상이 아니었고, 오히려 수입 대체 산업화 전략을 통한 '자립적 국가 경제'를 강조했다(Lie 1998: 55~6). 그러나 미국의 원조 감소와 정책 개혁에 대한 압력 증가로 박정희 대통령은 수출 촉진 전략으로 변경할 수밖에 없었다(Haggard 1990a: 69~70). 필리핀과 달리 약한 민간 부문은 수출 지향 산업화 전략으로의 전환에 저항하지 않았다. 1960년대 한국에서 수입 대체 기업과 재벌은 정치적 영향력이 크지 않았다. 정부와 기업들 간에 부패한 교환이 존재했지만, 한국 국가는 경제 정책을 수립하는 데 있어서 거의 완벽한 자율성을 누렸다. 수출 지향 산업화 전략에는 거시 수준과 미시 수준의 개혁이 포함되었는데, 이는 엘리트 포획의 가능성을 훨씬 감소시켰다. 거시경제 정책 수준에서 통화 평가 절하와 금리 개혁은 중요했다(Haggard 1990a: 70). 미시적 수준에서는 투자와 수출을 촉진하기 위한 다양한 개입 방안들이 고안되고 시행되었다. 정부는 상업 은행들을 국유화하고 한국은행을 정부 밑에 종속시켜 금융 시스템 통제를 강화했다. 정부는 주요 정책 도구로 신용 할당을 이용했다. 금리 개혁에도 불구하고 은행 금리는 여전히 시장 금리보다 훨씬 낮았고, 저평가된 은행 신용 할당은 상당한 지대를 생산했다. 특히 수출 융자에는 상당한 보조금이 지급되었다. 일반 대출 금리는 1965년 26%까지 올랐지만 수출 융자 금리는 6.5%로 유지되었다(Cho 1997).

또한 이 시기에 외국 자본도 한국 국가가 강화되는 데 도움을 주었다. 국내 자본 감소와 외국 원조 부족을 보완하기 위해 정부는 1965년 일본과 국교를 정상화하고 국영 은행들이 민간 부문의 해외 차입을 보증하도록 했다. 각각의 해외 대출은 정부로부터 승인을 받아 할당받아야 했고, 외채는 산업 정책 목표들을 지원하기 위해 선택적으로 사용되었다. 국내 신용뿐만 아니라 외채 보증을 수출 산업 기업에게 제공하여 정부는 민간 부문의 투자 리스크를 공유하면서 기업과 리스크 협력 관계를 형성했다(Lim 2003). 그러나 박정희 정부와 기업 간의 협력 관계는 동등하지는 않았다. 기업 부문은 권력을 행사하기에 너무 약했고, 정부의 지배적 지위는 확고했다.

외환 할당과 관련된 지대는 모두 제거되었지만, 국내 신용 할당과 외채와 관련된 지대는 상당했다(Cho 1997). 박정희 정권은 정치 기구를 유지하기 위해 정치자금을 필요로 했다. 저금리로 외채를 제공받은 수혜자는 박정희의 민주공화당에 10~15%의 수수료를 불법 정치 기부금으로 제공하는 것이 관행이 되었다(Woo 1991: 108). 군사 정권의 반부패 구호는 산업화와 경제 발전을 위해 기업 엘리트들과 협력 관계를 만드느라 급격히 약화되었음은 분명하다. 박정희 대통령뿐 아니라 후임 대통령들과 우호적인 관계를 유지하는 것은 사업 확장을 위한 왕도가 되었다. 현대의 정주영과 대우의 김우중은 박정희 대통령과 개인적으로 밀접한 관계를 유지하면서 광범위한 지원을 받았다(Moran 1999). 반면 주류 회사로서 1960년대 후반 한국의 가장 큰 대기업 중 하나였던 삼학은 사주가 1971년 대통령 선거에서 김대중을 지지했다는 이유로 불행에 직면했다. 선거가 끝난 뒤 삼학은 탈세로 유죄 판결을 받았고 파산을 강요받았다(Lie 1998: 90~1).

그러나 수입 대체 산업화와 수출 지향 산업화 전략 간의 지대 추구와 부패의 중요성은 상당한 차이가 있다(You 2012b). 수입 대체 정책하에서는 정부의 보호와 특혜가 기업의 수익성에 결정적인 영향을 미쳤다. 그러나 수출 지향 정책하에서 기업은 해외 시장에서 경쟁해야 했다. 비록 다양한 형태의 특혜와 보조금들이 해외 시장에서 경쟁할 수 있도록 제공되었지만, 생산성과 경쟁력이 갈수록 중요해졌다. 수출을 촉진하기 위해 정부는 후견주의적 기준보다 수출 실적에 기초한 특혜 제공으로 기업들을 통제했다. 예를 들어 단기 수출 신용 제도는 1960년 초반에 수출 신용장을 가진 자들에게는 대출을 자동 승인하도록 간소화되었다(Choi 1993). 박정희는 후견주의 자원들을 동원하기 위해 부패를 어느 정도까지는 묵인했으나, 그럼에도 불구하고 그는 일관된 산업정책을 공식화하고 시행하는 데 있어서 자율성을 유지했다.

■ 박정희의 재벌 중심 중화학공업 전략

박정희 정권이 민간 부문에 대해 국가 자율성을 유지하긴 했지만, 박정희는 산업화의 동력으로 대기업과 재벌을 선호했다. 그에게 근대화와 산업화는 일본을 모방하는 것을 의미했는데, 여기에는 전쟁 전 '자이바츠 zaibatsu' 또는 가족 대기업이 포함되었다. 그의 권위주의 정권 또는 유신 체제(1972~1979년)는 일본의 메이지 유신(1860년)을 모델로 했고, 공개적으로 메이지 유신 지도자들에 대한 존경을 나타냈다(Moran 1999). (한국의 재벌과 일본의 자이바츠가 한자 財閥을 쓰는 것과 마찬가지로, 한국의 유신 체제와 일본의 메이지 유신은 동일한 한자 維新을 공유한다.) 많은 재벌 그룹들은 1950년대에 형성되기 시작했다. 그 무렵 그들은 아직 대기업이 아니었고, 단지 가족 소유 기업으로서 일반적으로 경공업 생산에 종사했다(Lim 2012). 박정희 정권은 재벌이 수출 실적과 비공식적인 정치 기부금을 제공하는 경우에만 이승만 정권의 엽관주의하에서 성장하기 시작한 재벌 그룹들을 지원했다. 결과적으로 재벌이 급속도로 확장된 반면 중소기업 대부분은 은행 대출을 받아내기 어려워 암시장에 의존해야 했다.

1970년대 새로운 산업의 등장으로 재벌은 몸집을 키울 수 있었다. 초기의 수출 지향 산업이 노동 집약적인 경공업에 집중되었던 반면, 1970년대 초반 닉슨 대통령의 괌 독트린 발표 이후 산업 구조 개선과 일부 주한 미군의 철수로 새로운 절박한 과제가 대두되었다. 박정희 대통령은 무기를 자체 생산하려면 한국에서 중화학공업을 발전시켜야 한다고 결정했다(Lim 2012). 1970년대 중화학공업 드라이브는 재벌이 몸집을 불리는 데 더욱더 도움을 주었다. 박정희 대통령은 직접 주요 투자 사업들을 허가하고, 그것을 수행할 민간 사업자도 선택했다(Choi 1993). 높은 투자 리스크 때문에 주요 재벌 그룹들조차도 초기에는 중화학공업에 참여하는 것을 주저했지만, 중화학공업을 '특권이 보장된 부문'으로 만들어 주겠다는 박정희의 특별한 약속은 리스크를 줄여주었고, 재벌은 국가의 관대한 보조금과 보호하에서 번영할 수 있는 기회를 누렸다. 결과적으로 10대 재벌은 1970년대에 전체 경제보다 5~9배 빠르게 급속도로 성장했다. 특히 현대그룹은 전체 자산이 18배 증가했고, 대우그룹은 1971년과 1980년 사이에 48배 증가했다. 이 그룹들은 각각 연평균 38%와 53.7%의 성장률을 보여주었다(Kim 1997).

한국 국가는 초반에는 수출 지향 산업화와 중화학공업 등 산업정책을 만들고 구현하는 데 있어서 지휘하는 위치였지만, 정부와 재벌의 관계는 갈수록 상호 의존적으로 되어갔다. 박정희의 재벌 중심 산업화 전략은 재벌

로비의 결과가 아니라, 일본 산업화를 모방하고자 하는 박정희의 욕망과 중화학공업을 위한 대규모 고정 투자의 수요에서 출발했다. 박정희 대통령이 권력을 장악했을 때 국가 경제에서 초기 재벌의 비중은 작았고, 다른 개발도상국과 비교하면 1970년대 초반까지 경제 집중 수준은 여전히 상대적으로 낮았다(Jones and Sakong 1980: 261~9). 그러나 재벌이 성장하자 박정희와 이후의 정권들은 재벌들이 위기에 빠졌을 때 그들의 구제금융 요구를 수용했다. 이로써 '대마불사'의 논리가 성립되었다.

1972년 대기업들이 금융 부실의 위협에 직면했을 때,[2] 재벌의 로비 통로였던 전국경제인연합회는 박정희 대통령에게 재벌 구제를 청원했다. 박정희 대통령은 암시장 대출을 은행 대출로 전환시키는 경제 안정과 성장을 위한 긴급 명령을 발표했다. 이 대출은 암시장 대출이 동결되는 3년의 거치 기간이 지난 뒤 낮은 금리로 5년 동안 상환하는 조건이었다. 부채 비율이 높은 재벌을 구제하기 위한 긴급 명령은 소액 저축자들의 재산권을 무시하고 부담을 그들에게 전가시키는 것이었다. 채권자로 등록된 20만 9,896명 중 70%는 시장에서 100만 원 또는 2,890달러 미만의 자산을 가진 사채업자였다(Woo 1991: 109~15; Kim and Im 2001). 1972년 대기업 구제금융은 국가가 대기업들의 실패를 더 이상 감당할 수 없다는 신호를 보냈다.

박정희는 개별 기업들에 대한 통제를 단순화하기 위해 기업협회를 조직하도록 기업들에게 독려했다. 이러한 기업협회들은 국가 공무원이 이용할 수 있는 귀중하고 신뢰할 수 있는 정보들의 원천이었고, 이는 국가와 기업 간의 협력을 촉진했다(Evans 1995; Schneider and Maxfield 1997). 그들은 국

---

2 1969년 최초 부채 위기 이후 IMF의 압력 때문에 박정희 대통령은 강력한 안정화 정책을 구현해야 했다. 결과적으로 재벌은 이전만큼 쉽게 은행 대출을 받을 수 없었고 상당 부분은 이자가 높은 암시장에 의존해야만 했다.

가안보기금과 같은 공식적 자금뿐 아니라 비공식적인 정치자금도 모금했다. 예를 들어 전경련은 정치 기부금과 국가안보기금 기부금을 재벌들에게 할당했다(오대영·심상민 1995). 기업협회와 재벌은 시간이 지나면서 점점 더 강력해졌고, 고위 정부 관료들은 종종 기업 부설 연구소 또는 기업협회의 장으로 자리를 옮겼다(Perkins 2000). 한국의 발전국가는 능력주의 관료제와 수출 시장들이 제공한 규율 때문에 포획과 부패의 절망적인 단계로 타락하지는 않았다. 그러나 재벌 권력의 성장과 이로 인한 정부와 기업 간 공모는 점점 더 큰 문제가 되었다.

중화학공업 드라이브는 재벌의 과잉 투자를 초래하기도 했지만 철강, 조선, 기계, 전자, 자동차, 석유 화학과 같은 한국의 선도 산업들이 기반을 구축하는 데 도움이 되었다. 우대 정책 융자 덕분에 1976년부터 1978년 사이 전체 제조업 투자의 77% 이상이 중화학공업에 투여되었다. 1978년 말까지 중화학공업을 위한 다양한 정책 융자의 미불 잔고는 제조업 분야 전체 대출의 92.8%를 차지했다(Choi 1993). 박정희 정부는 1979년 4월 부채 위기에 직면하자 중화학공업 드라이브를 취소하고 포괄적인 안정화 프로그램을 채택했다(Lim 2012; Stern et al. 1995). 박정희 대통령이 발표한 물가 안정과 경제 자유화 조치는 발전국가의 쇠퇴를 알리는 것이었다.

정부의 개입 관행과 사적 이익집단들에 의한 간접 통제는 전두환 정부(1980~1987년)의 개혁에서도 지속되었다(Hahm 2003). 이 정부는 인플레이션을 억제하기 위해 거시경제 안정화 조치를 채택했다. 이로써 직접 가격 통제를 폐지하고 상업 은행을 민영화하는 경제 자유화가 시작되었다. 또한 미국 레이건 행정부의 압력으로 무역과 투자를 개방했다. 자유화 개혁 추진을 위한 가장 기본적인 방향은 민간 부분과 가격 제도가 자원 배분에서 큰 역할을 하는 경제로의 전환이었다(Kim 1997; Lim 2012). 또 다른 중요한 조치는 군사 쿠데타와 민주화 운동의 유혈 진압을 통해 권력을 장악한 전두환이 재벌에 단호한 조치를 취함으로써 대중적 지지를 얻으려 한 것이었다. 그는 처음에는 부정 축재의 혐의로 대기업들을 기소하려고 했지만, 곧 1961년 박정희가 했던 것과 똑같이 부패 혐의를 면제해주는 대신 재벌로부터 충성 서약을 받아들었다. 1980년 9월 전두환 정부는 기업 집중을 완화하기 위해 재벌들의 '유휴' 부동산 및 비주력 자회사 강제 매각, 대기업에 대한 엄격한 신용 통제 등 전면적 개혁을 선포했다. 이와 같은 맥락에서 독점 규제 및 공정 거래에 관한 법률이 1981년 4월 제정되었다. 자회사 간 상호 출자와 상호 보조를 통한 재벌 집중 방지에 특히 방점이 찍혀 있었다. 전두환은 공정거래법을 공정성 강화뿐 아니라 경제적 효율성 향상, 소비자 복지 증진, 소규모 생산자 보호 등을 위한 정치적 의지의 상징이라고 발표했다(Lim 2012; Moon 1994).

자유화 개혁과 공정거래법 시행에도 불구하고 전두환 대통령 재임 중에 경제 집중 감소는 약간 호전되었을 뿐이었다. 1981년부터 1988년까지 10대 재벌의 총자산 증가는 상당했다. 대우 3.3배, 삼성 4.8배, 금성 3.9배, 심지어 (전두환 정권과 원만하게 지내지 못했던) 현대도 실질 가치가 2.7배 증가했다(Kim 1997). 또한 전두환 정부의 금융 자유화도 진정한 자유화와는 거리가 멀었고, 재벌이 금융 분야에서 영향력을 확장할 수 있는 새로운 기회를 주었다. 상업 은행의 민영화로 금융 분야에서 정부 개입이 끝나지 않았고, 정부는 여전히 최고경영자 지명과 신용 할당에 대한 간접적인 통제를 통해 개입했다. 정부가 대출 집중 문제를 개선하기 위해 상업 은행들에게 중소기업에 대한 대출 비중을 높이라고 요청하는 사이, 비은행 금융기관이 재벌을 위한 대안적인 자금 조달원으로 등장했다. 개인이나 법인이 총주식의 8% 이상 소유하는 것을 제한하는 은행과 상업의 분리 원칙이 상업 은행에 엄격하게 적용된 반면, 비은행 금융기관에 대해서는 이러한 제한이 없었다. 게다가 비은행 금융기관에 대한 금융 감독도 소홀했다(Hahm 2003; Moon 1994).

■ 민주화와 재벌의 포획

1987년 민주화가 새로운 정치적 환경을 주조하면서 부의 집중을 낮추기를 원하는 대중의 요구와 재벌의 정치적 영향력이 서로 충돌했다. 국회에서 야당이 다수 의석을 보유한 소수 정부였던 노태우 정권(1988~1992년)은 강력한 반反대기업 노선을 선언하면서 재벌 독점에 대한 대중의 관심에 응답해야 했다. 정부는 대기업의 토지 소유를 제한하는 토지 소유의 '공개념' 도입을 선언했다. 또한 재벌과 부자들의 부동산 투기를 방지하기 위해 종합토지세 제도를 도입했다. 마지막으로 정부는 대기업으로의 신용 유입을 제한함으로써 기업 집중을 제한하고, 기업의 수평적 확장 범위를 제한하는 조치들을 추진했다(Moon 1994).

그러나 반反재벌 캠페인은 오래 지속되지 못했다. 강력한 재벌은 신중하지만 강력한 반대 공세를 추진했다. 금성과 전경련 회장이었던 구자경은 여당과 야당에게 공공연하게 정치 기부금을 선택적으로 제공함으로써 잠재적으로 보복할 수 있다고 정치인들에게 경고했다(Moon 1994). 공개적이고 대담한 반항의 한 사례로서 4대 재벌 중 하나인 대우의 김우중 회장은 1988년 대우 조선의 파산 위기에서 긴급 자금을 제공해 달라고 정부에 강요했다. 김우중이 요청하자 국회는 한국산업은행이 은행의 수권 자본을 늘릴 수 있도록 개정했고, 이것은 대우의 부채를 차환하는 데 사용되었다(Kim 1997: 196~7). 이 사건은 변화된 경제 정책 정치를 보여준다. 정부는 재벌 독점에 대해 늘어난 대중의 비판에 반응해야 했지만 재벌의 정치·경제적 영향력은 어떠한 진정한 개혁도 어렵게 했다. 심화된 후견주의 정치와 정치인의 재벌 기부금에 대한 의존은 재벌의 정치적 영향력을 더욱더 증가시켰다. 민주적 정치 과정은 광범위하게 재벌에 의해 포획되었고 한국은 '재벌 공화국'으로 불렸다(Kim 1997).

1990년대 초반 노태우 대통령은 여당과 두 야당을 합당하여 대보수 연합을 형성하는 데 성공한 후 경제 내각을 친기업 인사들로 교체했는데 이들은 사실상 친재벌 성향이었다. 새로운 경제 팀은 토지 소유의 '공개념' 철회, 부동산세 완화, 노동법 약화, '실명제' 금융 거래 제도의 연기 등 기업 부문에 힘을 실어주기 위한 일련의 조치를 발표했다. 노태우 정부는 재벌 개혁에 대한 말잔치와 경제 분산 정책을 완전히 포기하지 않았지만, 30대 재벌을 핵심 사업 분야로 전문화하려고 한 정책은 완전히 실패했다(Moon 1994; Kim 2003).

1990년 3당 합당 전까지 오랫동안 야당 지도자였던 김영삼 대통령(1993~1997년)의 당선으로 정권 초반 재벌에 의한 포획이 감소될 것이라는 새로운 희망을 불러일으켰다. 임기 첫해 '금융실명제' 도입을 포함하여 김영삼 대통령이 내놓은 반부패 개혁의 일부는 기업과 금융 분야에 대한 추가 개혁의 기대를 만들었다. 그러나 그의 정치적 기반은 보수적이었고 대통령 선거 당시 재벌의 기부금에 대한 과도한 의존으로 재벌 중심 경제에 대한 중요한 개혁을 추진하지 못했다. 그의 새로운 재벌 정책인 '업종별 전문화'는 노태우가 앞서 펼쳤던 '핵심 사업'에 의한 전문화 정책이 확대 구성된 형태였다. 그러나 비핵심 업종 진입에 대한 최소한의 제한은 곧 무너졌다. 삼성이 김영삼의 지역적 기반인 부산에 종합 승용차 공장을 세우기 위한 로비를 펼치자, 관료들의 반대에도 불구하고 그는 이를 승인했다(Kim 2003). 금융 개혁에 대한 시도 또한 철저히 실패했다. 그는 뒤늦게 1997년 1월 대통령금융개혁위원회를 설립했지만, 위원 30명 중 13명이 대기업 출신이었다. 이 위원회는 예상대로 포괄적인 개혁안을 만들어내는 데 실패했고, 위원회가 내놓은 일부 최소한의 제안들마저도 입법 과정에서 살아남지 못했다 (Kim 2003).

다양한 조치에도 불구하고 재벌에 의한 경제 집중은 1980년대와 1990년대 동안 더욱더 증가했다. 30대 재벌의 매출, 부가가치(재화 및 용역의 외부 구입액을 뺀 수익)와 자산은 1995년까지 전체 제조업에서 각각 45%, 41%, 50%를 차지했다(Cho 1997). 또한 재벌 중심 산업화는 소득 분배의 불평등을 가중시켰다. 소득의 지니계수는 1970년대에 재벌의 폭발적 성장과 함께 상승했다가, 1980년대에 다소 떨어졌으나 1990년대에 다시 상승했다. 불평등은 분명히 공식 소득 통계에 의한 지표보다 훨씬 더 빠르게 상승하고 있었다. 이정우(1991)에 의하면 1988년 공식 소득 통계에 기초한 지니계수가 33.6이었던 반면 토지로부터 얻은 자본 소득을 포함하면 38.6이었고 토지뿐 아니라 주식에서 얻은 자본 소득까지 포함하면 41.2였다.

경제 자유화와 정치 민주화로 정부의 통제가 약화되었지만 시장 기반 원칙이 여전히 약했고 대규모 파산을 막기 위한 정부의 보호에 기대는 경향이 강력하게 남아 있었다. 실패하기에는 너무 크고 영향력이 있다는 확신으로 재벌은 가능 손실액을 얕잡아 보고 부채 조달을 통해 사업을 공격적으로 확장해 나갔다. 상위 30대 재벌의 평균 채무 대 지분 자본 비율은 1997년에 무려 519%에 도달했다(Lim 2012). 금융 자유화가 불러온 중요한 결과 중 하나는 비은행 금융기관의 폭증이었는데 이들은 여러 재벌 그룹의 지배를 받고 있었다. 결과적으로 금융 자원의 할당은 더욱더 재벌 그룹의 통제 아래에 놓이게 되었다. 1980년 비은행 금융기관은 전체 예금의 29.1%와 전체 대출의 36.7%를 차지했지만, 1995년에는 전체 예금의 72.2%와 전체 대출의

63.5%로 상승했다. 무엇보다 김영삼 정부가 '세계화 정책'이라는 이름 아래 가속화한 규제 없는 금융과 자본 시장 자유화는 재벌에게 해외로부터 자금을 조달할 수 있는 새로운 기회를 더 제공했다. 단기 외채가 지속적으로 쌓이면서 한국 경제는 아시아 금융위기가 닥치자 손써볼 겨를도 없이 희생되었다(You 2010).

한보, 진로와 기아 등 일련의 재벌 그룹의 대규모 파산은 1997년에 발생했다. 이미 많은 부실 채권으로 고통받던 은행의 대차대조표는 더욱 악화되었다. 그러나 대규모 파산을 처리하기 위한 제도적 장치들은 총체적으로 부실했고, 정부는 '디폴트 보류'에 의한 문제를 악화시켜 한국 경제를 동아시아 금융위기 감염에 취약하게 했다(You 2010).

민주적 자율성 또는 포획?

김대중 대통령(1998~2002년)은 1997년 12월 금융위기의 와중에 선출되어 재벌의 지배를 약화시키기 위해 고안된 강력한 개혁 프로그램 추진에 최선을 다했다. 김대중 대통령의 재벌과 상대적으로 약한 연관 관계, 진보적인 그의 정치적 지지 기반, IMF와 미국으로부터의 외부적 압력, 그리고 위기의 심각성 등은 모두 그가 전면적 개혁을 추진하는 데 기여했다(Kim 2000b; Mo and Moon 2003). 재벌-국민이 위기의 원인이라고 주장한-의 지위 약화와 자유주의 정부와 노동조합, 시민사회단체 사이에 새롭게 형성된 개혁 연합은 모두 재벌에 의한 국가 포획을 막았고 '민주적 자율성'을 위한 공간을 제공했다. 김대중의 개혁 목표는 '민주적 시장 경제'의 건설, 즉 여전히 부분적으로 권위주의적인 정치 체제에서 완전한 민주주의로의 전환, 그리고 재벌에 의해 지배되는 독점적인 경제 체제에서 경쟁적인 시장 경제로

그림 7.2 GDP 대비 재벌 자산 비율

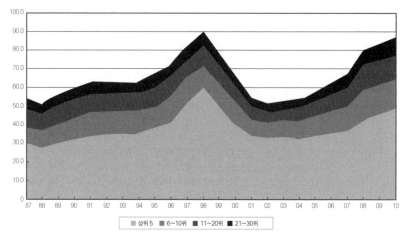

자료: 김상조(2011b).

의 이중 전환이었다(Kalinowski 2009).

김대중 정부는 포괄적인 개혁을 추구했는데, 여기에는 대외적인 자유화와 더불어 재벌의 기업 경영의 투명성과 책임성을 강화하기 위한 금융, 기업, 노동, 공공 부문의 국내 구조 개혁이 포함되어 있었다. 김대중 대통령은 정부-기업간 공모 또는 정실 자본주의의 종식을 선언했다. 금융 개혁은 예금 보험의 확대, 금융 감독 기능 강화, 국제 기준에 부합하는 금융기관을 만들기 위한 자산 관리 기준 강화 등을 포함하고 있었다. 김대중 정부의 개혁은 사회안전망을 확장하는 조치도 포함했다(예를 들어 실업 보험과 가난한 사람을 위한 공공 부조의 확장)(You 2010). 사실 이러한 많은 제도 개혁들은 구현되는 데 실패했던 이전의 개혁안들에서 나온 것이었다.

개혁은 시장 실패를 해결하고 기업과 금융 부문에서 시장 규율을 강화하는 방향으로 추진되었다(You 2010). 과거 정부의 접근 방식과는 달리 산업정책에서 경쟁 정책으로 강조점이 현저하게 변화되었다. 오늘날의 정부는 '정부 관료들의 지배'보다는 시장 기제에 점점 더 의존하게 되었다(Lim 2012). 위기의 후유증을 겪던 2년 동안 김대중 정부는 인상적인 결과들을 달성했다. 김대중 정부는 대규모 부실 채권을 정리하고, 도덕적 해이를 줄이고 기업 지배구조를 개선하며 경쟁을 촉진하기 위한 제도적 개혁을 도입했다. 금융 부문에 신중한 규제들을 도입하고 사회 안전망을 강화했다. 구조조정 과정에서 상위 30대 재벌 그룹 중 16개가 사라졌고, 시장 규율이 매우 강화되었으며 기업들의 자기 자본 비율 대비 부채가 크게 개선되었다. 특히 상위 재벌 그룹 중 하나였던 대우의 몰락은 '대마불사' 정책의 종말을 시장에 알리는 강력한 신호였다. 한국은 위기를 '민주적 (또는 경쟁적이고 투명한) 시장 경제'로 전환할 수 있는 기회로 효과적으로 이용했다(Lim 2011; You 2010).

전면적인 개혁은 적어도 몇 년 동안은 재벌 집중도를 낮추는 데 기여했다. 그림 7.2는 금융위기 이전에는 상위 30대 재벌의 GDP 비율 대비 자산이 점점 증가했으나 1998년 90%를 정점으로 2002년 52%로 급격히 감소했음을 보여준다. 그러나 이 추세는 이때 이후로 역전되어 다시 증가했고 2010년 88%에 도달했다. 재벌 집중의 부활은 재벌 개혁의 약화와 연관되어 있었다.

대부분 재벌들의 저항으로 인해 개혁 프로그램이 지속적으로 약화되었다. 가장 논쟁적인 문제는 상호 출자 제한이었는데, 이것은 재벌 가족들이 적은 지분을 보유하고도 모든 계열사를 통제하는 것을 방지하기 위해 고안된 것이었다. 그러나 친재벌 세력들은 이 규제가 투자 감소를 낳았다고 주장했다(You 2010). 결국 김대중 정부는 재벌의 소유 구조를 개선하는 데 실패했다. 소유와 경영의 분리 문제는 시간이 지날수록 악화되었다. 지배하는 가족들이 보유한 주식은 갈수록 감소했지만 계열사가 보유한 주식은 증가해 재벌 가족이 계속 지배할 수 있도록 해주었다. 뒤를 이은 노무현 정부(2003~2008년)는 계속해서 상호 출자 제한을 완화했다. 결국 이 규제는 공공연하게 친기업적이었던 이명박 정부(2008~2012년)에서 모두 해제되었다. 게다가 과거 재벌 기업의 CEO였던 이명박 대통령의 보수 정부는 부자와 대기업에 대한 세금 감면을 단행했고, 금융과 산업 자본의 분리를 약화시켰으며 재벌과 관련된 다른 규제들도 완화시켰다(You 2010). 보수적인 이명박 정부의 친재벌적인 입장은 이해가 가지만 진보적인 노무현 정부에서 재벌 개혁을 진전시키지 못했다는 것은 다소 역설적이다. 비평가들은 노무현 정부가 경제 정책에 있어서 재벌에 의한 포획으로부터 면역된 것은 아니었다고 주장했다(Kalinowski 2009).

계속되는 재벌의 지배력과 영향력은 포획과 관련해서 여전히 심각한 우려를 제기한다. 1997년 금융위기 여파로 인한 경제 개혁은 후견주의 정치 감소로 인한 정치 개혁과 함께 확실히 기업 지배구조 개선과 재벌 집중도의 일부 완화에 기여했고, 이로써 엘리트 포획의 심각한 위험을 감소시켰다. 그러나 일부 비평가들은 재벌의 재등장으로 국가 자율성이 훼손되었고, 한국은 이명박 정부하에서 '두 번째 재벌 공화국'에 들어섰다고 주장했다(Kalinowski 2009).

타이완의 기업-정부 관계와 산업정책

1949년부터 1953년까지의 대대적인 토지개혁으로 타이완에서는 국가 자율성과 평등한 경제 성장의 기반이 마련되었다. 지주 계급이 해체되어 정부에 강한 영향력을 행사할 수 있는 강력한 사적 이익집단이 없었다. 또한 국민당 정치 지도부는 본토에서 온 반면 기업가들이 대부분 원주민이었다는 점 역시 사적 이익집단들로부터 국가를 절연시키는 데 기여했다. 국가 자율성은 국민당의 개혁, 지역 수준에서의 후견주의 정치 부패 봉쇄, 능력주의 관료제의 점진적인 발전 등으로 더욱 강화되었다. 재벌과 대기업의 성장을 촉진했던 한국 정부와 달리 타이완 정부는 대기업 성장을 조장하지 않았고 중소기업 중심의 경제를 촉진했다. 민주화와 경제 정책 결정 과정의 정치화로 인해 국가 자율성은 잠시 침식되기도 했다. 그러나 타이완의 민주주의는 사적 이익집단들에 의한 포획을 상당히 피할 수 있었다.

권위주의적 국가 자율성과 산업정책

한국처럼 타이완의 수입 대체 산업화 전략은 상당 부분 외부의 압력에 의해 채택되었다. 심각한 국제 수지 위기로 1951년 국민당 정부는 복수 환율 제도와 함께 엄격한 수입 통제를 도입했다(Haggard 1990a:85). 공식 환율은 상당히 고평가되었다. 미국 달러를 교환하는 암시장에서 환율은 공식 환율보다 15~70% 높았고, 이것은 수입과 수입 대체 활동을 통한 횡재를 낳았다. 정부는 상품 범주를 기준으로 외환 할당량을 정했다. 수입 신청 물량은 사용가능한 외환의 양보다 몇 배 더 많았다. 예를 들어 당국은 1951년에서 1953년 사이 신청된 물량의 20%만을 허가했다(Wade 1990: 77~8).

타이완의 수입 대체 산업화는 국가 소유 부문 유지와 통화 보수주의 고수라는 두 가지 면에서 한국과 상당히 달랐다. 첫째, 타이완은 강력한 국가 소유 부문을 만드는 데 높은 우선순위로 두었다. 이러한 선택은 상당부분 정치와 이데올로기적 이유에서였다. 국민당 지도부는 사적 부문 성장이 필연적으로 원주민 타이완인들을 강화시키고, 이들이 정치적 목적을 위해 자신의 경제 권력을 사용할지 모른다고 두려워했다. 또한 무엇보다 국민당 지도부는 대규모 자본가에 대한 제재를 강화했는데, 거대 제조업자와 지주들의 기득 이익에 의한 민족주의 정부 포획이 본토에서의 주요 패배 원인 중 하나라고 믿었기 때문이다. 국민당은 미국 고문관들이 권장한 대로 구 일본인 소유 자산들을 사적 부문에 불하하지 않고 소유권을 보유함으로써 비공산권에서 가장 많은 국가 소유 부문을 만들었다(Evans 1995: 55;Haggard 1990a: 88;Wade 1990: 302). 국민당은 산업 발전의 핵심 도구로 국영기업들을 이용했다. 타이완의 국영 부문은 1950년대 총 산업 생산의 절반 이상을 차지했고, 1960년대에 다소 떨어졌지만 1970년대에 다시 증가했다(Evans 1995: 55). 둘째, 타이완은 한국과 달리 통화 보수주의를 고수했다(Kim and Im 2001). 본토에서 극심한 인플레이션으로 인한 최악의 정치적 결과로 국민당 엘리트들은 보수적인 거시경제 정책을 채택하라는 미국의 조언을 받아들였다. 국민당 정권은 산업계획 당국 같은 지출 부처들에 비해 중앙은행에 상대적으로 강한 권한을 주었다(Cheng 1993).

타이완의 수입 대체 산업화는 필리핀에서의 수입 대체 산업화와 달리 그것이 만들어 낸 기업가들에게 포획되지 않았다. 대신 국민당 정권은 점진적으로 타이완의 '온실 자본가들'을 엄격한 경쟁 시장에 노출시켰다. 국민당은 시간이 흐르면서 보호를 축소했고 '임대 피난처'의 생성을 허가하지 않았다. 강력하고 자율적인 국가는 강력한 관료 기구를 가능하게 했고, 국가는 민간 기업가들을 규율할 수 있었다(Evans 1995: 57). 장제스는 기술 관료들에게 실질적인 의사결정 권한과 새로운 정책 수단을 위임했다.

수입 대체 산업화의 포획의 부재가 부패의 부재를 뜻하지는 않았다. 수입과 외환 통제는 엄청난 양의 지대를 생산하기 때문에 지대 추구 기회들이 기업가와 관료 간의 부패한 교환을 만드는 것은 자연스럽다. 지역과 지방 수준에서 부패하기 쉬운 가장 공통적인 두 가지는 세금 책정, 면허와 인가 획득 과정이다(Cole 1967: 651~2). 그러나 다행히도 권위주의 정권과 경제 관료는 약한 민간 부분에 의한 포획에서 대부분 면역되었다. 지역 수준에서 는 부패가 확산되어 있었지만 중앙정부의 높은 수준에서는 상대적으로 부 패 관행이 드물었다. 지역 수준에서 후견주의 정치가 발전하면서 지역 과두 제는 종종 지역 파벌과 연계를 형성했다. 그러나 후견주의 정치를 지역수준 에 봉쇄한 것은 타이완이 한국과 필리핀에 비해 수입 대체 산업화 기간 동 안 중앙정부와 정치 엘리트가 지대 추구와 부패에 포함되지 않도록 잘 통제 할 수 있게 해주었다.

수입 대체의 고갈과 국제 수지 관련 문제들은 수입 대체 산업화에서 수 출 지향 산업화로 전환하도록 했다. 기술 관료들은 무역과 환율 통제가 부 패와 비효율성을 생성하고 국제 수지 문제를 만든다고 인정하면서 자유화 를 주장했다. 미국 고문관들도 1958년~1960년의 수출 지향 산업화 정책 개 혁에 중요한 역할을 했다(Gold 1986: 72; Haggard 1990a: 90~2). 1960년 투자 촉진법 제정으로 절정에 달했던 1958~1960년의 경제 개혁은 수출을 차별 했던 가격 왜곡을 감소시켰다. 타이완은행은 수출 융자 프로그램을 시작했 고, 기업들은 과거 수출 실적과 향후 계획을 바탕으로 신용 한도를 부여받 았다(Haggard 1990a: 94).

대기업과 재벌이 수출 지향 산업화의 주요 동력이었던 한국과 달리 타 이완에서는 수출 지향 산업화에서 중소기업이 더 지배적인 역할을 했다. 1980년대 초 한국에서는 10대 재벌이 전체 수출의 70%를 차지했지만, 타 이완에서는 중소기업이 1970년대 후반에서 1980년대 초반 절정에 도달했 을 때 전체 수출의 70%를 담당했다. 또한 타이완의 중소기업은 같은 기간 동안 전체 생산량의 약 70%를 수출했다(Wu 2004). 한국과 타이완 간의 산 업구조의 큰 차이점은 대기업에 대한 상이한 국가 정책에서 비롯되었다. 한국은 산업화를 위해 기업 그룹과의 동맹을 강화한 반면, 타이완은 국민당 정권의 반자본 정서와 경제 권력을 가진 원주민 타이완인의 정치적 잠재력에 대한 우려로 기업들과 거리를 유지했다. 타이완은 수출 지향 산업화 기간 동안 수출 금융 등 신용 할당에 대한 정부 개입을 계속했지만 개입 정도는 한국보다 적었다. 수출 금융은 배타적이지 않고 보편적(즉, 특정 산업 또는 기업에 집중되지 않았다)이었고 자동적(즉, 수출 선적 서류를 가진 어떤 회사에게든 확대되었다)이었다. 그러나 양여 신용concessional credit의 양은 한국보다 적었다(Cheng 1993; Shea 1994).

대기업들이 기업 그룹으로 발전하기 시작한 1970년대부터 국가는 점점 더 대기업을 경계했다. 법적 제한과 규제들이 대기업 발전을 억제하기 위해 부과되었다. 국민당 정권의 반 대기업 성향은 1970년대에 시작된 산업 개선 정책에도 불구하고 변하지 않았다. 정부 지원을 등에 업은 재벌에 의해 대부분의 중화학 산업이 추진된 한국과 달리 타이완은 발전 기금에서 정책 대출을 받은 중소기업들이 이러한 프로젝트들을 추진했다. '후방 통합'이라는 이름으로 국가는 의도적으로 원재료 산업에서 중소기업들을 강화했다. 이로 인해 대기업들은 수직적으로 통합된 대기업 집단이 되지 못했다. 이러한 제한은 기업 집단들의 크기에 영향을 미쳤다. 한국이나 일본과 비교하면 타이완의 선도 기업 집단들은 수직적으로 덜 통합되었고 크기도 훨씬 작았다(Wu 2004).

장징궈 총통은 명시적으로 중소기업에 대한 특별 대우를 승인했다. 정부는 1974년 중소기업 신용보증기금, 1976년 중소기업은행을 설립했다. 정치 지도자들은 중소기업이 대기업의 영향력을 상쇄할 수 있다고 생각했다(Cheng 1993; Wu 2005b: 191~3, 289). 또한 정부의 중소기업 우대 정책은 1970년대와 1980년대의 정보 산업 진흥에도 반영되었다. 어떤 희생에도 불구하고 산업 기술을 발전시키기 위해 노력을 쏟아부은 한국으로부터 영감을 받은 타이완 정부는 1973년에 산업기술연구소를 설립했다. 처음에는 타이완의 민간 부문은 반도체 산업에 거의 관심을 보이지 않았다. 1980년대 후반까지 산업기술연구소의 모든 장기 프로젝트는 국가에 의해 시작되었다. 연구소가 획득한 기술을 대기업에 직접 이전한 한국과 달리 타이완은 대기업보다 중소기업을 선호했다. 국가의 이러한 정책으로 중소 규모의 하이테크 기업들이 등장했다. 1980년에 정부는 신주Xinzhu 사이언스 파크를 조성했고, 이것은 타이완 하이테크 산업의 주요 기반이 되었다. 파크에 있는 기업들은 세금 감면부터 저금리 대출, 정부 투자까지 다양한 혜택들을 누렸다. 또한 정부는 미국의 벤처 캐피탈리즘 관행을 도입하여 재정적 혜택도 제공했다. 주요 전략은 미국 대학을 졸업한 중국 학생들을 기업 경영자로서 타이완에 초청하는 것이었다. 결과적으로 타이완은 한국과 일본의 하이테크 산업을 지배하는 수직적으로 통합된 대기업과 달리 수많은 소형 디자인 하우스와 제조업체들을 보유하게 되었다(Wu 2005b: 265~74).

일반적으로 타이완 국가와 민간 기업 사이의 관계는 한국 국가와 재벌 사이의 긴밀한 관계에 비교하면 소원했다. 타이완은 국가 또는 정당 소유의 기업에서 오랫동안 근무했던 고위 관료 가운데 상당수가 은퇴 후 공기업에 재입사하기는 하지만 일본이나 한국과 달리 공공 부문에서 사적 부문으로 '아마쿠다리(일방적인 지시)' 전통은 없었다. 정부와 기업의 공생 관계를 묵인하는 한국 공직자들과 달리 국민당 정권은 이러한 친밀한 상호작용을 공모로 의심했다. 경제 정책 기획자들은 대체로 민간 부문에 냉담한 자세를 유지했고, 정책 결정 과정에서 기업으로부터의 직접적인 개입은 최소한만 허가했다. 한 전직 재정 장관에 의하면 장징궈 대통령의 정부 관료들을 위한 엄격한 '십계명'에는 민간 기업인들이 포함된 사회적 모임에 참석한 공무원은 누구라도 정부 인사국에 보고하도록 되어 있다(Fields 1997; Wade 1990).

한국과 마찬가지로 타이완 민간 부문은 국가 조합주의적 기업협회의 연결망을 통해 강력하게 조직되었다. 경제 정책 입안자는 생산 능력에 대한 자료 수집, 산업 설문조사 실시, 기업 정보 유포, 과잉 생산 감축 협상, 정책 조언 요청 그리고 수출 쿼터 같은 정부 정책 계획의 이행을 위해 기업협회들을 이용했다. 그러나 타이완의 기업협회는 한국의 기업협회보다 권력이 훨씬 약했다. 그들은 1980년대 초까지 정책 결정에 중요한 조언을 제공하지 않았다. 그들은 주로 기업 부문의 동원과 통제를 위한 기제, 또는 정부가 기업에게 정책을 중계하는 채널로 기능했다(Chu 1994; Fields 1997; Gold 1986: 71).

조합주의적 정렬 뒤에서 후견주의 네트워크의 복잡한 그물망이 장기간에 걸쳐 발달했는데 특히 지역 수준에서 그러했다. 지역 파벌은 주로 지방 정부의 조달과 규제들에 의해 생성되는 경제적 지대들을 포획했다. 그들은 지역 과두제에서 대중교통, 신용조합, 농산물 담합, 건설, 공공 시설 그리고 불법적인 경제 활동 같은 경제적 지분을 확보했다. 국가 수준에서 지대는 주로 국가와 정당 소유의 기업들에서 발생했다. 그러나 일부 정치적으로 잘 연결된 본토 기업과 저명한 타이완 가문들은 국민당 중앙당 지도부와 긴밀한 인맥을 발전시켰다(Chu 1994).

국가 수준의 상대적으로 얇은 후견주의 네트워크는 지대 추구와 부패가 덜 만연되어 있음을 의미했다. 그러나 국가 수준의 선거가 점차 늘고 타이완화가 진행되면서 차이Tsai 가문 같은 일부 기업 엘리트들은 경제 정책 형성 과정에서 정치적 영향력을 확장하려고 시도했다. 애초 상인이었던 차이는 1957년 제10신용조합Tenth credit Co-op TCC의 경영을 맡게 되었다. 차이 가문은 1962년에 캐세이생명보험을 설립하고, 1970년대에 캐세이신용회사를 설립했다. 1980년대 초반 그들은 타이완에서 가장 부유한 가문 중 하나가 되었다. 1970년대 후반에 이 가문은 정치적 투자를 하기 시작했다. 그들은 국민당이 끊어준 입장권으로 입법원에 2명을 성공적으로 보냈고, 재정부에서 고위 관료들과 밀접한 인맥을 구축했다. 차이 가문 출신 입법원 의원은 1983년 재계 배경을 가진 다른 12명의 구성원들을 모아 '13명의 형제들'을 구성했다. 이 집단은 신용회사가 은행 관련 사업에 참여할 수 있도록 은행법 개정을 추진했지만, 개정안은 상원에 의해 봉쇄되었다. 1985년 부동산 시장의 침체와 캐세이플라스틱의 기업부채가 누적되면서 TCC가 붕괴되었다. 이때 TCC의 자금이 가족 소유 기업뿐만 아니라 부동산 투기에 불법적으로 전용되었다는 것이 드러났다. TCC와 캐세이플라스틱의 파산은 연쇄 반응을 촉발했고, 섬 전체의 금융위기를 초래했다. TCC 스캔들의 결과로 재정부에서 20명 가량의 고위 관료들이 징계를 받았고 장관 2명이 물러났다(Cheng 1993; Wu 2005b: 260~1). 차이 가문의 흥망성쇠는 정치와 정책 결정에 있어서 새로운 기업의 침투를 보여주지만 타이완 국가가 쉽게 포획되지 않았다는 것도 보여준다.

표 7.1 1983년 주요 부문에서 기업 집단 점유율(%)

	한국 50대 재벌	타이완 96대 그룹
광업	10.6	0.0
제조업	45.4	19.0
건설	66.0	5.6
운수와 창고	23.1	1.8

자료: Fei et al. (1979:41).

1983년 기업 집단의 매출 점유율 비교는 대기업에 의한 시장 집중도에 있어서 한국과 타이완 사이의 확연한 차이를 보여준다. 표 7.1을 보면 타이완의 상위 96개 기업 집단은 1983년에 제조업 부문 전체 매출 중 오직 19.0%를 차지했고, 대부분 중소기업인 비계열사들이 나머지 81%를 차지했다. 한국에서 상위 50대 재벌은 45.4%로 매우 높은 시장 집중도를 보였다. 건설 부문에서 기업 집단의 매출 점유율은 타이완에서는 5.6%인 반면 한국에서는 66%였다(Feenstra and Hamilton 2006: 55).

자유화, 민주화 그리고 국가 자율성에 제기된 도전

1980년대 중반에 시작된 경제 자유화와 정치적 민주화는 타이완에서 하향식 정부-기업 관계를 상당히 변화시켰다. 무역 및 금융 자유화와 규제 완화는 정부와의 관계에서 민간 부문을 강화시켰고, 기업 집단은 확대되었다. 민주화로 정책 결정 과정에서 기업의 영향력이 늘어났다.

무역과 금융 체제의 자유화 추진은 주로 타이완의 최고 무역 파트너인 미국으로부터 증가된 압력 때문이었다. 강제 수출 비율 요건, 국내 콘텐츠 요건, 수출 보조금처럼 타이완이 장기간 확립해온 보호무역 정책들은 점진적으로 폐지되었다. 중앙은행은 외환에 대한 통제를 완화하도록 압력을 받았고, 그 결과 1986~1988년 사이에 미국 달러 대비 신新대만달러 48% 절상되었다(Chu 1994). 금융 자유화는 금리 규제 완화, 자본 유출 자유화, 신규 금고와 민간 은행 개설 허용을 포함했다. 그러나 한국과 달리 타이완은 자본 유입까지 자유화하지는 않았다. 1990년대 내내 타이완의 중국중앙은행은 초국적 자본 유입을 감시하고 비상시 개입할 수 있는 능력을 유지했다(Wu 2007). 또한 타이완 정부는 TCC 스캔들 이후 민간 금융기관에 대한 건전성 규제를 강화했다(Cheng 1993). 그 결과 타이완은 1997년 동아시아 금융위기에서 한국보다 덜 취약했다. 타이완의 민간 부문은 한국의 민간 부문만큼 부채가 많지 않았다. 타이완의 보수적인 통화 정책, 국가와 대기업 사이의 개발 연합 또는 위험스러운 파트너십 부재 때문에 타이완의 대기업과 기업 집단들은 과다 차입에 의존한 위험한 투자에 나서지 않았다. 이 모든 요인들은 훗날 최초의 정권 교체로 인한 정치적 불확실성, 그 이후의 양안 관계 긴장에서는 역효과로 나타나긴 했지만, 타이완 경제가 동아시아 금융위기를 무사히 헤쳐 나가도록 도움을 주었다.

1990년 초 은행 부문이 민간에 개방되었을 때, 신규 은행 허가권을 신청한 열아홉 곳은 모두 대기업과 연합했는데 재무부는 네 곳만을 반려했다. 단일 기업 투자자의 비중은 5%로 제한되었고, 다각화한 기업 집단은 15%로 제한되었다(Chu 1994). 높은 승인 비율은 대자본의 집중을 피하려는 정책을 의미한다(Cheng 1993). 그러나 16개 신규 은행 설립은 과도한 경쟁과 공격적인 은행 영업으로 이어진 '오버 뱅킹' 문제를 낳았다. 따라서 이러한 결과는 은행의 자산 건전성을 악화시켰으며 시간이 지나면서 전통적으로 낮았던 타이완의 부실 대출 비율을 상승시켰다. 게다가 2004년 규모의 경제를 이룩하기 위해 국제적 경쟁 능력을 가진 금융기관을 설립할 필요성을 느낀 타이완 정부는 강제 합병을 추진했다(Wu 2007).

1980년대 후반 자유화되었던 통신 및 공공 서비스 같은 서비스 부문에 대한 민간 기업 진입으로 가족 소유 기업 집단들이 급속히 확장되었다. 자본 집약 부문을 발전시키기 위한 전통적 수단이었던 국영기업들은 첨단 기술 분야에 있어서는 점점 더 무력해졌다(Chu 1994). 1990년대 초 통신산업에 대한 규제 완화는 1996년 무선 통신 서비스의 민간 부문 개방과 함께 기업 집단 다각화를 위한 새로운 기회를 제공했다. 1996년 17개 컨소시엄이 8

표 7.2 1973~2002년 타이완 100대 기업 집단의 경제적 비중

	1973	1977	1981	1986	1990	1994	1998	2002
계열사 수	724	651	719	746	815	1,021	1,362	2,419
GDP 대비 매출(%)	32.4	28.8	28.6	29.4	39.2	41.5	54.3	85.4
총 고용 비율(%)	5.1	5.2	4.8	4.3	4.8	5.2	7.9	9.5

자료: Chung and Mahmood(2006; 2010).

개의 허가권을 따기 위한 경쟁에 총 42개의 신청서가 제출되었다. 17개 컨소시엄 대부분이 다각화한 가족 소유 그룹과 해외 파트너의 연합이었다. 교통통신부는 6개 신청자에게 8개 허가권을 부여했고, 신생 6개 통합 공급자들은 고객을 유치하기 위한 치열한 경쟁을 벌였다. 2000년까지 국가가 운영하는 청화텔레콤 이외에 타이완셀룰러, 파이스톤텔레콤, KG텔레콤 등 세 곳의 주요 공급자가 시장을 공유했다. 이들 민간 통신업체 세 곳은 모두 유명한 타이완 기업 집단이 소유했다. 이 세 통신업체는 2003년 파이스톤이 KG텔레콤을 합병하겠다고 발표하기 전까지 치열하게 경쟁했다.

금융과 통신산업의 자유화가 보여주듯이 자유화로 기업 집단은 다각화하고 사업을 확장할 수 있었다. 결과적으로 기업 집단의 경제적 비중은 증가했다. 표 7.2는 타이완에서 상위 100대 기업 집단의 경제적 비중이 증대되는 추세를 보여준다. GDP 대비 그룹 총매출 비중은 1986년까지 약 30% 수준이었지만, 2002년에는 85%에 이를 정도로 급속하게 증가했다.[3] 또한

---

3 경제적 비중에 대한 더 나은 지표는 매출보다는 국가 GDP에 대한 기업 집단의 총부가가치 비율이지만 부가가치에 대한 수치를 구할 수 없다. 또한 해외와 국내 매출의 이중 계산 가능성 때문에 기업 집단의 총 매출은 과대평가될 수 있다(Kawakami 2007).

기업 집단의 고용 비중도 1986년 4.3%에서 2002년 9.5%로 상승했다. 타이완 기업 집단이 규모를 확장하기는 했지만 한국 재벌 그룹들에 비하면 여전히 상대적으로 작았다. 무엇보다 에이서Acer를 제외하고는 거의 대부분의 타이완 그룹이 세계적 브랜드로 성장하지 못했다(Chung and Mahmood 2010).

타이완에서 기업 집단의 소유 구조는 한국의 재벌과 유사하다. 1988년에서 1998년 사이 가족 소유는 23%에서 4%로 감소했지만, 계열사 소유는 35%에서 53%로 상승했다(Chung and Mahmood 2010). 사실 그룹 계열사의 궁극적인 소유자 대부분은 가족에 의해 지배되는 개인 지주 회사와 투자 회사였다. 따라서 기업 집단의 피라미드 구조는 한국 재벌에서 볼 수 있는 것처럼 소액 주주를 수탈할 수 있는 기회를 지배 가족들에게 제공한다. 그러나 타이완 기업 집단의 경영과 지배구조는 한국 재벌과 다르다. 타이완에서 가족 지배 지주 회사 또는 투자 회사들이 전체 그룹의 의사결정과 경영에 반드시 참여하는 것은 아니다. 한국 재벌의 그룹 본부가 모든 그룹 계열사를 지배하는 것과 달리 타이완에서 상위 조직의 중요 기능은 계열사들의 주식 보유이다. 전체 그룹의 전체 계획은 사회적으로 연결된 일련의 최고 경영진들에게 의존하며, 상위 100대 그룹의 핵심부에서 가족 구성원이 차지하는 비율은 1981년 61%에서 1998년 53%로 줄어들었다(Chung and Mahmood 2010).

경제 자유화와 연이은 기업 집단의 확장으로 민간 부문의 정치적 영향력이 증대했다. 해외 이전과 외국인 투자 등 새롭게 이용 가능해진 선택권은 기업들이 국가에 맞설 수 있는 협상력을 더욱 강화시켰다(Chu 1994). 무엇보다 경제 자유화는 1987년 계엄령 해제와 함께 시작된 정치적 민주화를 동반했다. 선거 정치의 확대와 입법의 중요성이 증대되어 기업 엘리트에게 정치적 영향력을 매입할 수 있는 새로운 기회가 제공되었다. 장기간 지방 정치에서 성장했던 후견주의와 부패는 국가 정치로 확대되었다. 갑자기 정치인들이 가장 선호하는 후원자가 대기업이 되었다(Chu 1994). 정치 지도자들이 대기업에 대한 근본적인 불신을 품고 대기업의 확장을 억제하려고 했던 시대로부터 변화한 것이다. 1989년에서 1992년까지 대중적으로 선출된 입법원 구성원 101명 가운데 38명은 최소 하나의 기업 집단과 관련이 있다고 대중에게 알려졌다. 새로 설립되었지만 아직 기반이 튼튼하지 않은 기업들은 일반적으로 선출된 정치인들의 가장 열렬한 후원자였다. 반면 이미 정당 및 관료 지도자들과 후견주의 관계를 구축한 기존 기업 집단들은 덜 열렬한 후원자였다. 또한 지역을 기반으로 하는 기업 그룹은 지방 치안판사와 시장을 뽑는 선거에 큰 투자를 했다. 1989년 선출된 치안판사와 시장 24명 중 18명은 하나 또는 2개의 기업 집단으로부터 재정적 지원을 받았다(Chu 1994).

민주주의로의 전환 초기 국민당과 입법부 내에서 증가한 기업의 영향력은 경제 부처에 널리 퍼졌던 정책 방향들이 변환되는 데 영향을 미쳤다. 전통적인 통제 경제 사고방식은 좀 더 자유롭고 친기업적인 접근 방식으로 대체되었고, 수많은 규제 완화 조치와 함께 경제 자유화가 강력히 추진되었다. 입법원은 경제 관료, 당 관료, 그리고 입법자들 사이의 치열한 교섭이 벌어지는 각축장이 되었는데, 이들은 종종 기업의 특수한 이해관계를 위한 대리인처럼 행동했다. 경제 관료들은 중요한 경제와 금융 규제를 둘러싸고 치열한 투쟁에 몰두했다. 예를 들어 재정부가 과열된 주식 시장을 냉각시키기 위한 주식 거래세를 강화하려고 하자 의회 내의 증권 회사 측 대리인들로부터 세찬 반대에 부딪혔다. 당초 세율을 0.3%에서 1.5%로 인상할 것을 제안했던 장관은 당 중앙 사무국의 중재로 최종적으로 0.6%로 타협했다(Chu 1994). 또한 기업 엘리트와 의회의 증가하는 정치적 영향력은 국가 경제 관료들의 자율성을 침해했다. 반독점 법률들의 집행이 느슨해지자 비평가들은 느슨한 법 집행이 대기업들의 담합 행위를 사실상 합법화하거나 심지어 장려한다고 주장했다. 정부 공정거래위원회가 집계한 1992~1997년의 통계에 의하면 정부는 합병 2,093건을 승인한 반면 겨우 1건만 기각했고, 공모 행위는 49건을 승인하고 오직 7건만 기각했다(Kuo 2000).

그러나 돈 정치와 기업의 영향력에는 제약이 있었다. 모든 것을 감안할 때 경제 관료는 여전히 경제 정책들 뒤에서 통제하는 세력이었다. 규제 완화 개혁의 상당수는 단순히 민간 부문에게 양보하는 정책이 아니었으며, 오히려 경제 관료가 주도해서 시작된 것들이었다. 예를 들어 은행법이 은행 부문 규제 완화를 위해 개정되려 하자 재정부는 신규 은행 소유의 분산에 대한 규정을 준비했다. 이것은 단일 기업 투자자와 다각화한 기업 그룹의 보유를 각각 5%와 15%로 제한하도록 하면서 그대로 살아남았다. 입법자들에게 양보한 유일한 주요 사항은 최소 자본 요건을 200억 대만달러에서 100억 대만달러로 50% 감축시킨 것이다. 또한 공정거래법과 경제 관료에 의해 추진된 다른 중요한 경제 법안들 또한 1980년대 후반과 1990년 초반에 성공적으로 제정되었다(Chu 1994).

무엇보다 돈 정치와 증가하는 기업 영향력은 소위 '흑금 정치'에 대한 대중의 경각심을 불러일으켰다. 야당인 민진당은 흑금 정치에 연루된 국민당을 공격했고, 국민당은 선거에서 비난을 받으며 고전했다. 정치인들은 기업과의 관계를 노출하면 중산층 유권자들이 멀어진다는 점을 깨달았다. 또한 타이완 대기업의 로비 능력은 한국 재벌과 비교하면 그다지 강하지 않았다. 재계에는 정부의 계획을 면밀히 검토하고 새로운 정책 제안 또는 반대 제안을 제출하거나 민간 부문을 대신해서 정책 옹호자로서의 역할을 할 수 있는 독립적인 싱크 탱크가 없었다(Chu 1994). 이러한 모든 요소들은 민간 부문에 의한 국가 포획을 방지했고, 민주화 초기에 증가했던 돈 정치와 부패가 점진적으로 줄어들었다. 전반적으로 낮은 수준의 경제 집중도와 기업 집단의 약한 영향력 때문에 타이완의 포획에 대한 우려는 한국보다 낮은 것으로 보인다.

국가 자율성과 포획의 원인

세 국가에서 기업-국가 관계와 경제 정책의 역사는 필리핀같이 약한 국가들은 과두 이익집단에 의한 포획에 취약하고, 따라서 일관된 경제 정책들을 형성하고 시행할 수 없다는 것을 보여주었다. 폴 허치크로프트(Paul D. Hutchcroft 1998:57)는 "필리핀은 약탈 국가의 압도적인 권력이 아니라 오히려 약탈 과두의 압도적인 권력에 시달렸다"고 언급했다. 다시 말해 "과두는 국가에 의해 약탈을 당한 것이 아니라 약탈자 자체였다." 계엄 이전의 과두적 민주주의 또는 포획된 민주주의의 기본적 특징들은 마르코스 이후 시대에도 크게 변화하지 않았다. 반면 한국과 타이완은 사적 이익집단으로부터 광범위하게 자율성을 유지했고, 일관된 경제 정책을 설계하고 시행할 수 있었다. 필리핀과 달리 한국과 타이완은 수입 대체 산업가들로부터의 큰 저항 없이 수입 대체 산업화에서 수출 지향 산업화로 빠르게 전환할 수 있었고, 수출 실적의 객관적인 기준에 따라 보상함으로써 민간 기업에게 수출 지향 산업에 투자하도록 독려했다. 그러나 한국 국가는 점점 자율성을 잃었고, 특히 1987년 민주주의 전환 이후 강력한 재벌에 의해 포획되었다. 한국 국가는 1997년 동아시아 금융위기를 겪으며 자율성을 회복하고 재벌과 금융 부문에 대해 전면적인 개혁을 단행했다. 그러나 재벌은 최근 몇 년 동안 영향력을 회복했고, 재벌의 포획은 여전히 지속되는 우려 사항이다. 반면 타

표 7.3 가족에 의한 지배는 얼마나 집중되었나?

국가	가족당 평균 기업수	1996년 가족 지배 기업들의 상장기업 총자산 지배 비율(%)			
		1위 가문	상위 5대 가문	상위 10대 가문	상위 15대 가문
홍콩	2.36	6.5	26.2	32.1	34.4
인도네시아	4.09	16.6	40.7	57.7	61.7
일본	1.04	0.5	1.8	2.4	2.8
한국	2.07	11.4	29.7	36.8	38.4
말레이시아	1.97	7.4	17.3	24.8	28.3
필리핀	2.68	17.1	42.8	52.5	55.1
싱가포르	1.26	6.4	19.5	26.6	29.9
타이완	1.17	4.0	14.5	18.4	20.1
타이	1.68	9.4	32.2	46.2	53.3

자료: Claessens et al. (2000).

이완은 민주주의 전환 이후에도 광범위하게 포획을 피했다.

세 국가 사이에 포획에서 취약성의 수준에 차이가 생긴 이유는 무엇인가? 필자는 높은 소득 불평등과 부의 집중은 엘리트 포획을 초래했다고 주장했다. 세 국가 간 포획의 다른 수준은 다른 수준의 소득 불평등 또는 부의 집중에서 초래되었음이 틀림없을 것이다. 필자는 더 나아가 필리핀에서 토지개혁 실패로 인한 높은 불평등은 강력한 사적 이익집단에 의한 국가 포획으로 이어진 반면 한국과 타이완에서 성공적인 토지개혁으로 인한 낮은 수준의 불평등은 국가 자율성에 유리한 조건을 제공했다고 주장했다. 또한 필자는 한국이 선택한 재벌 중심 산업화 전략은 시간이 지나면서 재벌 권력의 증가로 이어졌고, 이는 다시 포획을 증가시켰다고 지적했다. 필자는 포획이 불평등을 강화한다고 인정했다. 포획이 없으면 민주주의는 높은 불평등을 유지할 수 없는데, 중위 투표자와 인구의 많은 비중을 차지하는 빈자들이 재분배를 요구하기 때문이다. 그러나 포획은 엘리트가 재분배를 최소화하고 국가로부터 더 많은 지대를 얻을 수 있게 했고, 따라서 높은 불평등이 유지되었다.

소득 불평등과 경제 집중에 관한 데이터는 필자의 주장을 뒷받침한다. 필자가 3장에서 제시했듯이(그림 3.5 참조) 필리핀은 한국, 타이완보다 훨씬 높은 소득 불평등 수준을 유지하고 있다. 가족 대기업에 의한 경제 집중도 또한 필리핀이 가장 높았고, 그 다음이 한국이며, 타이완이 가장 낮다는 증거가 있다. 클래센스 등(Claessens et al. 2000)의 동아시아 기업들에 대한 연구에 따르면 1996년 상위 10대 가문이 상장기업 자산 가운데 지배한 총가치는 필리핀은 52.5%인 반면, 한국은 36.8%, 타이완은 18.4%였다. 이 측정치는 경제 집중도를 나타낸다. 표 7.7이 보여주듯 필리핀은 동아시아에서 가장 집중된 경제였으며 타이완은 가장 덜 집중된 부류에 속했다.

그러나 양방향 인과관계가 있을 수 있기 때문에 세 국가의 역사적 경험에서 불평등이 포획을 일으켰다기보다는 포획이 불평등을 일으켰을 가능성에 대해서도 검토해야 한다. 필자는 이미 4장에서 토지개혁과 관련해서 이 문제를 언급했다. 필리핀에서 양방향 인과관계는 끊임없이 작동한 것으로 보인다. 높은 불평등과 강력한 토지 엘리트의 존재는 국가 포획과 토지개혁 실패로 이어진다. 토지개혁 실패는 높은 불평등이 유지되도록 하고, 이것은 다시 토지 과두에 의한 계속적인 국가 포획으로 이어진다. 한국과 타이완에서는 외부 공산주의의 위협이 지주 계급의 영향을 약화시켰고 전면적인 토지개혁으로 이어졌다. 토지개혁은 영구적으로 토지 엘리트를 분해했고 상대적으로 평등한 부와 소득의 분배를 만들었으며, 이는 결국 국가 자율성을 위한 공간을 열어주었다. 따라서 외부 요소들은 토지개혁의 성공과 실패에 일차적 책임이 있었다. 이것은 다른 수준의 불평등을 생산했으며 이는 다시 국가 자율성 또는 포획으로 이어졌다.

그러므로 결정적인 질문은 한국의 재벌 중심 산업화 정책 대 타이완의 중소기업 중심 정책에 관한 것이다. 국가가 재벌에 의해 포획되었기 때문에 한국에서 재벌 호혜적 정책이 도입되었는가? 아니면 자율적인 한국 국가에 의해 이 정책이 선택되었으나 재벌의 성장과 증가하는 권력이 이후 국가 포획으로 이어졌는가? 보여지는 증거들은 전자보다는 후자의 설명과 더욱 일치한다. 자율적인 한국 국가가 재벌을 성장시키기로 선택했으나 재벌의 성장과 경제 집중도의 증가는 시간이 지나면서 국가 포획으로 이어졌다.

한국에서 박정희 대통령의 재벌 호의적 산업화 전략은 재벌 로비의 결과물이 아니라 오히려 일본 산업화를 모방하려는 박정희 대통령 자신의 열망에 기반을 두고 있다. 박정희 대통령의 중화학공업 드라이브는 중화학공업에 대한 대규모 고정 투자가 필요했기 때문에 재벌에 대한 호혜의 필요성이 더욱 커졌다. 박정희가 정권을 잡았을 때 국가 경제에서 재벌이 차지하는 비중은 작았고, 박정희 정권의 경제 정책 형성과 시행은 처음에는 자율적이었다. 많은 재벌이 1950년대에 설립되기 시작했으나, 그들은 아직 대기업이 아니라 가족 소유 기업에 속했다(Lim 2012). 1970년대에 한국의 경제 집중도가 빠르게 높아지긴 했지만, 이때까지만 해도 상대적인 경제 집중도는 여전히 낮았다(Jones and Sakong 1980: 261~9). 따라서 박정희 대통령이 재벌 호혜적 전략을 선택한 것은 포획에 의한 것이 아니라 박정희 대통령 자신의 선호에 의한 것이었다. 그러나 재벌의 성장은 시간이 지나면서 필연적으로 그들의 정치적 영향력을 증가시켰고 한국은 1997년 금융위기 때까지 그들에 의해 점점 더 포획되었다.

반면 타이완의 장제스와 장징궈는 마음속에 반 대기업에 대한 확신을 품었고, 대기업 발전을 억제하면서 국영기업과 중소기업을 성장시켰다. 그러나 민주주의 전환 초기 국민당 지도부는 기업으로부터 재정적 기부를 추구했을 뿐만 아니라 기업 지도자의 직접적인 정치 관여를 촉진했다. 이런 행위들은 정책 결정 과정에서 기업의 영향력에 대한 경고음과 '금권 정치' 증가에 대한 비판을 동시에 키웠다. 국민당은 기업가들을 국회의원 후보자로 공천했고 입법부는 기업 영향력으로부터 독립을 천명했다. 타이완의 대기업 집단들은 한국만큼 강력하지 않았다. 따라서 타이완 국가는 포획에 덜 취약했다.

또한 필자는 후견주의 정치와 엽관주의 관료제가 프로그램적 정치와 능력주의 관료제보다 포획되는 경향이 훨씬 강하다고 주장했다. 역사적 증거는 이 주장을 뒷받침한다. 고도로 후견주의적인 필리핀의 정치는 대통령을 포함해 대규모 선거운동 기부자들의 지대 추구 요구에 취약한 정치인들을 양산했다. 과거 마르코스 측근으로서 에스트라다 대통령 선거운동에 가장 많은 기부금을 낸 사람 중 하나인 루시오 탄Lucio Tan은 정책 과정이 기업에 의해 포획된 한 사례이다. 그는 국제 항공 서비스를 독점하는 필리핀항공의 소유권을 획득했다(Austria 2002). 에스트라다 대통령은 그의 호의에 보답하기 위해 국제 항공 서비스 자유화를 보류하고 더 나아가 일부 유리한 국제 노선을 외국 항공사와의 경쟁으로부터 방어해주었다. 또한 에스트라다는 대규모 탈세 사건에서 탄을 사면했고, 최종적으로 탄은 가장 큰 상업은행인 필리핀국립은행을 민영화할 때 과반수 지배권을 획득했다(Bello et al. 2004: 243~53). 따라서 마르코스하에서 번영했던 루시오 탄은 에스트라다 대통령 때에도 측근으로서 특권을 누릴 수 있었고, 그의 기업 집단은 에스트라다 몰락 이후에도 지속적으로 번성했다. 이 사례는 에스트라다 같은 후견주의 정치인들은 대기업에 의해 포획되는 경향이 있음을 보여준다.

반면, 한국과 타이완은 능력주의 관료제를 수립했을 뿐만 아니라 프로그램적 정치를 상당한 수준으로 발전시켰다. 따라서 한국과 타이완 국가는 지금으로부터 앞선 상당 기간 동안 사적 이익집단들의 포획에 덜 취약했다. 그러나 두 국가는 민주주의 전환 초기에 후견주의와 돈 정치 증가를 경험했고, 상당한 정도의 포획을 경험했다. 필리핀과 달리 두 국가는 전통적인 능력주의 관료제와 프로그램적 정치의 발전 때문에 국가 자율성을 다시 회복할 수 있었다. 타이완에서 국민당 지도부는 돈 정치가 대중으로부터 격렬한 비판을 받자 재빨리 대기업과의 거리를 두었다. 한국에서는 타이완보다 재벌의 영향력이 더 컸지만, 금융위기 여파로 인한 정치 리더십의 변화가 민주적 국가 자율성을 만들었다. 자유주의적 야당으로의 정권 교체는 프로그램적 정치의 발전을 의미했다. 재벌 개혁에 대한 대중 요구는 재벌의 지위 약화를 초래했다. 그리고 새로운 정치적 리더십은 전임자들에 비해 덜 후견주의적이었다. 비록 한국에서 재벌에 의한 포획이 지속적인 우려 사항이지만, 프로그램적 정치와 능력주의 관료제는 필리핀과 비교하면 포획의 정도를 확실히 낮출 것이다. 그러나 이와 동시에 한국의 개혁은 보수주의적인 이명박 정부에서 정체되고 부분적으로 역전되었다. 이것은 대부분 강력한 재벌로부터의 저항 때문이다. 한국은 재벌에 의한 높은 경제 집중 때문에 타이완보다 엘리트 포획에 더 취약하다.

기업 지배구조와 부패에 대한 국가 포획의 영향

세 국가에서 상이한 수준의 포획의 결과는 무엇이었을까? 역사적 서술에서 우리는 강력한 엘리트에 의한 국가 포획이 비일관적인 경제 정책으로 이어지는 것을 보았다. 이것은 소득 불평등과 경제 집중의 지속, 과점적 시장 구조와 빈약한 기업 지배구조를 야기했다. 이것은 또한 민간 부문의 만연한 부패와 지대 추구를 낳았는데, 크기에 상관없이 모든 기업이 여기에 해당되었다. 국가 포획이 필리핀에서 가장 심했고 한국이 다음이었기 때문에 이런 결과들은 필리핀에서 가장 눈에 띄었고, 그 다음이 한국이었으며 타이완에서 가장 적게 관찰되었다.

경제 집중도와 국가 포획의 중요한 결과는 필리핀에 존재하는 과점적 시장 구조에서 찾을 수 있다. 세 국가는 모두 1980년대에 경제 자유화에 착수했는데, 목표 중 하나는 해외와 국내 경쟁으로부터의 보호를 모두 제거하여 시장 경쟁을 촉진하는 것이었다. 그러나 무역 및 금융 자유화, 민영화, 규제 완화와 같은 자유화 개혁들이 반드시 시장 경쟁을 강화한 것은 아니었다. 필리핀에서 민영화는 종종 정부 독점을 민간 독점으로 교체했고, 규제 완화는 경쟁을 강화하는 데 실패했다. 가족 대기업은 그들의 독점을 보호하기 위해 영향력을 행사할 수 있었다. 알다바(Aldaba 2008)에 따르면 실제로 전체 제조업 부문에서 4개 기업의 집중도가 1988년 71%에서 1994년 74%로 증가했고, 1998년에는 81%로 더욱 증가했다. 이 같은 수치는 1981년 38%에서 1991년 31%로 감소한 타이완과 대조된다(Bhattacharya and Chen 2009). 타이완에서 경제 자유화는 경쟁을 증가시킨 반면 필리핀에서는 그렇지 못했다. 한국에서 1998년 4대 기업의 비중은 화학산업 32%, 섬유 57%, 기계 68%, 전자 69%, 자동차 70%에 달했다(Alakent and Lee 2010). 따라서 한국의 4대 기업 평균 집중도는 타이완보다 훨씬 더 높았다. 한국의 높은 산업 집중도와 재벌에 의한 포획은 여러 주요 제조업 부문에서 과점적 시장 구조를 상당한 정도로 온존시키고 있었던 것으로 보인다. 그러나 한국 시장은 필리핀보다는 더 경쟁적인데, 필리핀은 1998년에 제조업 분야의 90%가 70~100%의 높은 집중도를 보였다(Aldaba 2008).

표 7.4 2007/2010년 CG Watch의 기업 지배구조 순위와 점수

	2007년		2010년	
	순위	점수	순위	점수
싱가포르	2	65	1	67
홍콩	1	67	2	65
일본	5	52	3	57
타이완	4	54	4	55
타이	8	47	4	55
말레이시아	6	49	6	52
인도	3	56	7	49
중국	9	45	7	49
한국	6	49	9	45
인도네시아	11	37	10	40
필리핀	10	41	11	37

자료: CG Watch(2007; 2010).

이것은 경쟁을 강화하려는 자유화의 효과가 경제 집중도와 독점적 시장 행위자들이 규제기관에 영향을 미치고 포획할 수 있는 능력에 따라 달라진다는 것을 시사한다. 이는 또한 혁신 지대innovation rents에 비해 독점적 지대monopoly rents의 중요성이 필리핀에서 극히 높고, 한국에서도 여전히 상당하지만 타이완에서는 상대적으로 미미하다는 것을 나타낸다. 삼성, 현대, LG와 같은 한국 재벌들은 국제 시장에서 경쟁력을 입증한 반면 여전히 국내 소비자들로부터는 상당한 독점적 지대를 얻을 수 있다. 필리핀과 한국의 과점적 시장 구조는 지속적으로 상당한 지대를 가족 대기업에게 제공하는 것으로

보인다.

필리핀과 한국에서 고도의 경제 집중과 포획은 투명한 기업 지배구조 발전을 방해하고 있다. 표 7.4는 2007년과 2010년 11개 아시아 국가에 대해 CG 워치가 평가한 기업 지배구조 순위와 점수를 보여준다. 타이완은 11개국 중 4위로 상대적으로 좋은 순위를 유지하고 있다. 필리핀은 가장 낮은 순위인데 2007년 10위, 2010년 11위였다. 한국은 2007년 중간 그룹인 6위였으나 2009년 9위로 악화되었다. 한국은 금융위기 이후 개혁으로 기업 지배구조와 금융 부문에서 투명성이 상당히 개선되었지만, 기업 지배구조는 재벌 친화적인 이명박 정부에서 상당히 악화되었고 앞선 두 자유주의적 정부에서의 진전을 상당 부분 상쇄했다(CG Watch 2010;World Economic Forum 2011). 한국의 취약한 기업 지배구조는 정치·경제의 미래에 심각한 우려들을 제기한다.

카니와 차일드(Carney and Child 2013)는 1996~2008년 동아시아 기업들의 소유와 지배의 변화에 관한 연구에서 불투명한 기업 지배구조의 문제를 명확하게 보여주었다. 불투명한 소유 수단들의 만연도가 필리핀에서 매우 높고 필리핀, 한국에서 가족에 의해 지배되는 상장기업 비율이 1996년부터 2008년 사이 증가했다는 것을 알아냈다. 그들은 2008년 말까지 금융과 비금융기관을 포함하여 양국의 200대 대기업의 시가 총액에 대한 데이터를 조사했다. 신탁 계정, 차명 계정, 지주 회사 등을 앞세워 최대 주주를 식별할 수 없는 회사 비중이 필리핀은 42.7%로, 조사 대상이었던 9개 동아시아 국가 중에서 가장 높았다. 해당 비율이 한국은 20.5%였고 타이완은 17.7%였다. 따라서 필리핀 기업들의 소유 구조가 가장 불투명했다.

카니와 차일드(2013)는 또한 이들 국가에서 상장 기업들의 지배구조

변화를 살펴보았다.[4] 필리핀의 가족 지배 기업 비율은 1996년 44.6%에서 2008년 76.5%로 상승했다. 한국은 이 비율이 1996년 26.3%에서 2008년 35.8%로 증가한 반면 타이완은 1996년 48.2%에서 2008년 4.7%로 줄어들었다. 타이완에서는 같은 기간에 지분이 널리 분산된 기업들의 비율이 26.2%에서 75.1%로 증가했다. 이 연구에서 최대 주주를 확인할 수 없던 필리핀 기업들이 40%가 넘는다는 것을 고려하면, 필리핀에서 가족 지배 회사 비율은 최소한 76.5%보다 높을 것이다. 그들의 분석은 엘리트 가족의 지배가 필리핀 경제에서 계속되고 있으며 증가하고 있다는 것을 보여준다. 또한 한국 경제에서도 가족 지배 대기업들의 지배력이 증가하고 있는 반면 타이완 경제에서는 감소하고 있음을 보여준다.

　　마침내 국가 포획은 규모에 상관없이 기업들 사이에서 부패와 지대 추구의 만연성을 증가시킨다. 가장 큰 대기업들은 연줄과 합법적 수단을 통해 상당한 영향력을 행사할 수 있기 때문에 작은 규모의 기업들보다 불법적 수단들을 적게 사용해도 된다. 그러나 가장 강력한 이익집단이 그들의 이익을 위해 실질적으로 법과 규칙에 영향을 미칠 수 있을 때, 그들보다 힘이 약한 행위자들은 부패에 더욱 의존해야만 한다. 마리 델라 라마(Marie dela Rama 2012)는 기업 지배구조와 부패의 민족 지학적 연구에서 필리핀 기업가들이 직면한 윤리적 딜레마에 대해 설명했다. 그녀는 민간 부문 면접자의 인터뷰 발언을 예로 인용했다.

4 카니와 차일드(2013)는 의결권의 10%와 20%라는 2개의 컷-오프 수준에서 궁극적인 기업 지배를 검토했다. 필자는 20% 컷-오프 수준을 기반으로 한 그들의 결과를 제시한다. 만약 가족이 의결권의 20% 이상을 지배하고 다른 사람이 가족보다 더 많이 지배할 수 없다면 그 회사는 가족 지배로 간주된다.

……독점과 이익을 뜯어내기 위해 정부에 기대는 것은 바로 지대 추구 엘리트의 지배와 조작을 당하는 약한 국가이다. 지대를 추구하는 문화는 정치인을 포획할 것이고, 의사결정을 포획할 것이다.(민간 부문 6)

부패는 공공 부문뿐만 아니라 민간 부문에도 만연해 있다. 민간 기업과 사업을 하려면 리베이트를 제공해야 한다. 모두는 아니지만 많은 사람들이 그렇다. 예를 들어 '내가 사업을 하고 있는 부문'은 복점duopoly되어 있다. 규제 당국들은 '감독하기 위한' 적합한 규제를 하지 않는다. 그들은 구매를 빌미로 당신에게 리베이트를 요구할 것이다. 심지어 은행 경영진은 대출 대가로 리베이트를 요청한다. 상황이 이렇다.(민간 부문 5)

엘리트 포획의 징후 중 하나는 기업들의 악습을 규제하는 규칙의 집행이 약한 것이다. 이것은 필리핀에서는 중앙은행의 약한 감독권으로 가장 명백하게 드러났다. 약한 중앙은행이 은행 제도를 정화하려고 시도했지만, 은행 간 담합 관행을 중단시키거나 균질하고 일관적인 방식으로 법적 제재를 가할 수 없었다. 중앙은행의 감독자들은 종종 '감독자가 피감독자에 의해 소송을 당하는 방식'으로 민간 은행들로부터 소송의 위협을 받았다(Hutchcroft 1998: 202~3). 의회는 의심스러운 예금 거래에 대한 감독자의 조사를 매우 어렵게 하고 이미 엄격한 은행 비밀법을 더욱 강화함으로써 새로운 중앙은행인 필리핀중앙은행의 감독 능력을 약화시켰다. 마닐라 주재 전미국 대사에 의하면 필리핀의 은행 비밀법은 '전 세계가 투명성을 향해 나아가고 있는 추세에서 세계적으로 가장 엄격한 것'이었고, 투명한 지배구조와 반부패 기제를 거스르는 중요한 장애물로 여겨졌다(Swinnen and Ubac 2012). 만연한 악습과 느슨한 기소는 은행 부문에만 국한된 것이 아니었다.

60년이 넘는 마닐라의 주식 거래 역사상 가족 대기업들이 빈번하게 사적 정보를 거래한다는 증거가 있었지만 내부 거래 또는 가격 조작 혐의로 기소를 당한 개인은 단 한 명도 없었다(Roche 2005: 228~9). 따라서 문제는 단순히 기업 부패의 만연이 아니라 부패 기업가에 대한 느슨한 기소에 있다고 할 수 있다.

한국에서 증가한 재벌 집중과 기업 지배구조의 불투명성은 엄청난 기업 부패를 낳았다. 한보철강 사건이 대표적인 사례이다. 1992년 김영삼에게 제공한 대선 자금 600억 원(약 7,600만 달러)을 포함해 한국의 가장 유력한 정치인들에게 천문학적인 정치자금을 퍼부었던 한보의 설립자 정태수 회장은 그의 제국이 몰락하기 전까지 은행 대출 5조 7,000억 원(약 67억 달러)을 확보할 수 있었다(You 2010). 2002년 불법 대선 자금 수사는 흥미로운 양상을 보여주었다. 재벌 그룹들이 보수주의 야당 후보인 이회창에게 제공한 불법 자금이 자유주의 여당 후보인 노무현에게 제공한 자금보다 훨씬 더 많았던 것이다. 예를 들어 삼성그룹은 이회창 후보에게 340억 원(약 3,400만 달러)을 제공했는데, 이는 노무현 후보에게 제공한 30억 원(약 300만 달러)보다 10배 많은 액수이다. 이것은 분명히 재벌 그룹이 대통령 선거에서 영향력을 미치고 있었다는 것을 보여준다(Mo 2009).

또한 대부분의 재벌 그룹은 명백히 불법적인 방법을 포함한 정교한 로비 프로그램들을 통해 영향력을 행사한다. 가장 큰 재벌 그룹인 삼성그룹은 이 방면에서 가장 정교하다고 평가받는다. 2005년에 국가정보원이 녹음한 오디오 테이프가 공개되었는데, 주요 일간지인 중앙일보의 회장이면서 삼성 이건희 회장의 처남이 여러 정치인과 검사들에게 뇌물로 제공할 자금의 액수에 대해 논의하는 내용이 담겨 있었다. 그러나 검찰은 테이프가 불법 도청의 결과물이라는 이유로 명백한 부패의 증거를 무시했다. 2007년에는 삼성의 전 사내 변호사가 현금으로 가득 찬 봉투들을 정기적으로 정부 관료들과 검찰들에게 주었다고 고백하면서, 이 그룹의 대규모 비자금에 대해 내부고발을 했다. 이 사건을 조사하기 위해 특별검사가 임명되었지만 조사는 철저하지 않았고, 법원은 가장 규모가 큰 재벌에게 관대했다(You 2010). 법원은 부패한 정치인과 관료에게 엄격하게 선고하는 경향이 있었지만, 부패한 기업 경영자에게는 징역형을 거의 선고하지 않았다.

재벌에 의한 포획은 행정부, 입법부, 사법부를 포함해 다양한 수위에서 작동하는 것으로 보인다. 경제 관료, 특히 고위층 경제 관료는 친재벌 정책을 옹호하는 경향이 있다. 2005년에는 삼성이 위반하고 있었던 재벌 계열 금융 회사들의 지분 보유 규제를 효과적으로 강제하기 위한 제도 마련을 책임진 관료가 삼성에 고용된 로펌이 제출한 의견을 바탕으로 법안 초안을 작성한 사실이 밝혀졌다. 또한 재벌은 일부 언론 매체를 직접 소유하고 광고 지출을 통해 대중매체에 영향력을 행사함으로써 정치적 영향력을 만들어 낸다(You 2010).

타이완은 기업 집중과 포획이 상대적으로 낮지만, 기업 부패가 전혀 없는 것은 아니었다. 민주화 이후 기업 집단들은 상당한 규모의 선거운동 자금으로 상당한 금액을 제공하면서 의원들과의 연줄을 구축하기 위해 노력했다. 지역에 기반을 둔 기업 집단들은 지역 치안 판사와 시장 선거에 많은 투자를 했다(Chu 1994). 이런 대기업 가운데 일부는 언론 부분에 더 투자했다. 이러한 투자는 선거 기간에 정치적 목적을 위해 사용될 수 있었다(Kuo 2000). 악명 높은 사례 가운데 하나로 상위 기업 집단이 '지갑 권력'을 행사함으로써 한때 입법원 재정위원회에서 다수의 지배를 누렸던 것으로 알려졌다(Tien and Chu 1996).

확실히 타이완에서 경제 정책 결정은 더욱 정치화되었고, 기업의 정치적 영향력은 증가했다. 돈벌이가 될 가능성이 높은 사업 기회를 주는 다양한 정책 결정에서 기업 로비와 리베이트는 중요한 역할을 한다. 예를 들어 2004년 은행 민영화 및 대형화 과정에서 주요 금융 지주 회사들은 우위를 점하기 위해 의원들을 동원하고 대통령 비서실의 고위 관료들, 심지어 대통령 일가와의 연줄을 동원했다. 불법적인 영향력 행사, 리베이트와 뒷거래를 포함한 일련의 스캔들이 폭로되었다(Wu 2007). 그러나 삼성 비자금 스캔들에서 본 것처럼 기업이 체계적인 로비를 통해 전체 국가 기구를 포획하고 다양한 정부 부처의 핵심 관료들에게 뇌물을 제공하려는 시도는 없었다. 타이완의 기업 부패 범위와 빈도는 대체로 한국, 필리핀보다 적은 것으로 여겨진다.

8장

일반화를 위한
국가 간 증거

앞에서 비교역사적 분석을 통해 각국의 상이한 수준의 불평등이 어떻게 선거 후견주의, 관료 엽관주의, 엘리트 포획에 영향을 미쳤는지를 살펴보았다. 제2차 세계대전 이후 독립 초기 비슷한 조건들을 공유했던 동아시아 3개국의 상이한 역사적 경험들은 필자의 이론적 주장, 그리고 가설들에 기초한 이론을 뒷받침하는 설득력 있는 증거를 제공했다. 그러나 이러한 결과들이 세 국가에 대한 연구를 넘어 일반화가 가능한지에 대해서는 여전히 확실치 않다. 동아시아 맥락에 국한된 어떤 관찰되지 않은 요인들이 있을 가능성을 배제할 수 없기 때문이다.

국가 간 양적 연구는 인과관계의 방향과 메커니즘 발굴에서는 단점이 있지만, 세계의 많은 국가들로부터 수집된 데이터를 이용함으로써 더 일반화된 결과물을 내놓는 효율적인 방법이 될 수 있다. 부패에 대한 신뢰할 수 있는 종단 분석 데이터가 부족해 양적 분석 능력이 제한적이기는 하지만, 적절한 도구변수를 사용하면 내생성 문제를 해결하는 데 도움이 된다. 최근 상당수 국가들의 후견주의와 엽관주의에 관해 작성된 데이터들을 이용할 수 있게 되었는데, 이 데이터들이 (비록 대상 국가 수가 더 적긴 하지만) 포획에 관한 데이터와 결합되면서 인과관계 메커니즘에 대한 일부 기초적인 연구가 가능해졌다.

부패의 원인에 대한 국가 간 분석이 많이 있지만, 자료와 방법론에 따라 분석 결과가 서로 다른 경우가 많다. 특히 국가 간 부패 측정의 신뢰도와 정확도는 논쟁의 대상이 되어왔다. 따라서 3장에서 일부 논의된 것처럼 부패에 관한 다양한 데이터들의 장단점과 함께 부패 측정을 둘러싼 문제들을 이해하는 것이 중요하다. 초창기와 최근의 부패인식지수와 부패통제지수 간의 높은 상관관계, 그리고 3장에서 논의했던 국제국가위험가이드$_{ICRG}$ 지수에 대한 신뢰성 때문에 필자는 패널 데이터 분석을 실시하지 않았다. 부패에 관한 어떤 측정치도 완벽하지는 않기 때문에 필자는 부패인식도와 부패경험도를 포함해 가능한 다양한 데이터를 사용했다. 내생성 문제는 도구변수를 사용함으로써 해결했다.

다양한 양적 분석의 결과는 이 책의 주요 가설과 인과관계 메커니즘 가설을 모두 지지하는 실질적인 증거를 제공한다. 따라서 이 장은 앞의 장들을 보완하는 동시에 일반화를 위한 강력한 논거를 구축할 것이다.

데이터

필자는 민주주의 수준에 따른 국가 간 부패와 불평등 양상을 분석할 때 예테보리대학교의 정부품질연구소$_{QoG}$ 축적한 대규모 데이터 세트에 의존했다(Teorell et al. 2011). QoG 표준 데이터 세트는 정치적, 경제적, 사회적, 지리적 변수들을 포함해 정부의 품질에 관한 광범위한 지표들이 담긴 데이터를 제공한다. 필자는 2002년경의 크로스 섹션 데이터를 사용했다. 또한 이 데이터에 더하여 또 다른 자료들에 있는 부패, 불평등 그리고 도구변수에 대한 일부 데이터를 추가하여 보완했다.

필자는 부패 측정치로 부패인식지수$_{CPI}$, 부패통제지수$_{CCI}$, 국제국가위험가이드$_{ICRG}$, 국제투명성기구의 GCB, 세계경제포럼의 연례 경영자 설문조사 등을 사용했다. 이 데이터 세트 가운데 2002년 이후 몇 년은 일부 주요 변수에 관한 데이터를 사용할 수 없기 때문에 필자는 단일 연도 데이터 대신 2002년부터 2006년 사이 5년간의 CPI와 CCI의 평균값을 사용했다. 대부분의 국가에서 부패 수준은 5년 동안 거의 변하지 않았고 (2002년 CPI와 2006년 CPI 간 상관관계는 0.96이고, CCI는 0.94이다), 단기간 변동은 실제 변화보다 더 큰 측정 오류를 포함하고 있을 수 있으므로 평균을 내는 것이 측정 오류를 줄이는 데 도움을 줄 것이다. CPI는 0(가장 부패)과 10(가장 덜 부패) 사이에 분포하는데, 값이 더 높으면 직관적으로 낮은 수준의 부패를 나타낸다. CPI는 평균이 0, 표준편차가 1인데, 값이 높으면 부패 통제를 잘했고 부패 수준이 낮다는 것을 나타낸다.

다음으로 필자는 정부 품질에 대한 ICRG 지표(ICRG_QoG)를 사용했는데, 이것은 '부패', '법과 질서', '관료 품질'에 대한 ICRG 변수 평균값으로서 0부터 1까지 표시된다. 값이 높으면 정부의 품질이 높다는 뜻이다. QoG 데이터 세트는 세부 구성 변수들에 대한 데이터는 제공하지 않는데, PRS 그룹이 이 데이터는 유료 구매자에게만 제공하기 때문이다.[1] 또한 필자는 사

---

[1] 세부 구성 변수는 www.countrydata.com에서 구입할 수 있다. 법과 질서는 국민의 법 준수뿐 아니라 사법 체제의 공정성과 능력을 측정한다. 관료 품질은 정부 서비스에서 정책이 급격하게 변경되거나 중단되는 일 없이 통치할 수 있는 힘과 전문성을 측정한다. 높은 품질의 관료제는 정치적 압력으로부터 어느 정도 자율적이고 채용과 훈련에 있어서 확립된 제도를 가지고 있을 가능성이 높다(QoG Standard Dataset Codebook 2011).

소한 관료 부패 측정치로 국제투명성기구의 세계부패척도 조사GCB_Bribery의 뇌물 경험에 관한 데이터를 사용했다. 세계부패척도 조사는 지난 한 해 동안 가족 구성원이 공무원에게 뇌물을 준 적이 있다고 답한 응답자 비율로 2004년부터 2010/2011년까지 각국에서 실시된 설문조사의 평균이다. 정치 부패와 기업 부패를 측정하기 위해 필자는 세계경제포럼의 연례 경영자 설문조사 데이터를 사용했다. 이 설문조사는 정부 정책 결정 과정에서 변칙적인 보상의 정도, 불법 정치 기부금의 만연도, 합법 정치 기부금의 정책적 결과 등 세 가지를 질문한다. 필자는 정치 부패를 나타내기 위해 이 응답의 평균값을 사용한다. 이 설문은 2002년, 2003년, 2004년, 2006년에 실시되었다. 기업 부패는 다른 국가들과 비교해 해당 국가의 기업들에게서 보이는 기업 윤리의 평균 평가치로 나타내는데, 2003년과 2006년의 평균을 냈다. 정치와 기업 부패에 대한 응답치는 0(세계에서 가장 최악)에서 7(세계에서 가장 최고) 사이이다.

부패 측정의 어려움뿐만 아니라 두 가지 핵심 설명변수인 민주주의와 경제 불평등의 개념화와 측정과 관련해서도 여러 가지 문제들이 있다.[2] 부패에 대한 민주주의와 불평등의 영향을 확실하게 확인하기 위해 필자는 민주주의와 경제 불평등에 대한 몇 가지 측정치들을 사용했다. 이분법적 변수(민주주의 대 독재)로 민주주의를 측정하기 위해 필자는 호세 안토니오 체이붑 등(Jose Antonio Cheibub et al 2010)이 만든 데이터를 사용했다.[3] 필자도 민

---

[2] 민주주의의 개념화와 측정의 문제와 관련해서는 뭉크와 베르쿠일렌(Munck and Verkuilen 2002) 참조. 불평등의 개념화와 측정의 문제와 관련해서는 데이닝거와 스케이어(Deininger and Squire 1996) 참조.

[3] 1로 규정되면 민주주의, 그렇지 않으면 0으로 규정된다. "행정부와 입법부가 대중적 선거에 의해 직접적 또는 간접적으로 선출되고, 복수 정당이 허용되며, 정권 외부에 사실상 여러 정당들이 존재하고, 입법부에 다수 정당이 있으며, 현직 기득권의 강화(예를 들어 하원의 비헌법적 해산 또는 다가오는 선거를 연기함으로써 현직의 임기 연장)가 없는 정권은 민주주의로 간주된다(QoG Standard Dataset Codebook 2011)."

주주의의 세 가지 범주 측정을 만들었다: 자유 민주주의, 비자유 선거 민주주의, 독재. 자유 민주주의는 프리덤 하우스가 '자유' 상태로 구분한 국가들이다.[4] 비자유 선거 민주주의는 입법부가 다수의 당으로 구성되어 있으며, 여러 정당들이 정치 제도에 관한 백 등(Beck et al. 2001)의 데이터베이스에 기초한 행정부 선거를 위해 경쟁하지만,[5] 프리덤 하우스가 '자유'국가로 분류하지 않은 국가들이다. 독재는 비자유 선거 민주주의에 미치지 못하는 국가들이다. 연속변수로서 민주주의를 측정하기 위해 필자는 폴리티4 합계점수(Marshall and Jaggers 2002)와 프리덤 하우스의 정치 권리 점수를 사용했다.[6] 폴리티 합계점수는 -10(강력한 독재)과 +10(강력한 민주주의) 사이에서 매겨진다. 필자는 높은 점수가 더 자유로운 사회를 대표할 수 있도록 프리덤 하우스의 점수(0에서 7 사이)를 변환했다. 또한 필자는 0(가장 독재)에서 100(가장 자유)의 범위에서 매겨지는 프리덤 하우스의 언론자유지수를 사용했다.[7] 마지막으로 필자는 트레이스먼(Treisman 2007)이 만든 데이터의 '선

---

4 프리덤 하우스는 정치적 권리와 시민적 자유의 점수 평균에 따라 국가들을 '자유', '부분적 자유', '자유 없음'으로 구분한다. '자유' 국가들은 평균 점수가 1에서 2.5 사이여야 한다. 정치적 권리와 시민 자유 점수는 모두 1(가장 자유)에서 7(가장 덜 자유) 사이이다.

5 백 등(2001)이 구축한 정치 제도 데이터베이스에서 정치적 경합성의 입법 지수와 정치적 경합성의 행정 지수가 모두 최소한 6을 기록한 국가들이 선거 민주주의로 정의된다.

6 "정치적 권리는 합법적 선거에서 다른 대안에 대해 자유롭게 투표할 수 있는 권리, 공직을 위한 경쟁, 정당과 정치조직 참여, 공공정책에 결정적인 영향을 미치고 유권자에 책임지는 대표자를 선출하는 것을 포함하여 사람들이 정치과정에 자유롭게 참여할 수 있도록 하는 것이다(QoG Standard Dataset Codebook 2011)."

7 언론자유지수는 세(네)구성 요소 등급을 추가하여 계산되었다: 법률과 규칙, 정치적 압력과 통제, 경제적 영향(그리고 억압 조치). 2000년까지 '억압조치'는 지수의 4대 요소였지만, 2001년 이후 '정치적 압력'과 '경제적 영향' 범주 내의 억압들은 정보의 내용에 대한 실질적인 정치적 또는 경제적 억압의 사례로 취급됐다(QoG Standard Dataset Codebook 2011). 원래 점수는 0(가장 자유)에서 100(가장 덜 자유) 사이에서 매겨지지만 필자는 높은 점수가 더 많은 언론의 자유를 나타내도록 하기 위해 점수를 변환하였다.

거 민주주의 기간'을 사용했다. 이 변수는 벡 등(2001)에 의해 분류된 것처럼 2000년을 기준으로 어떤 국가가 1930년 이래로 중단 없이 선거 민주주의를 준수해온 연수年數를 나타낸다.[8]

소득 불평등 측정치로 필자는 텍사스대학교 불평등 프로젝트가 제공하는 '추정 가계 소득 격차'를 주로 사용했다(Galbraith and Kum 2004; Galbraith 2009). 갈브레이스와 쿰(Galbraith and Kum 2004)은 방정식을 사용해 총소득 불평등에 대한 지니계수를 측정했는데, 이 방정식을 통해 다이닝거와 스콰이어(Deininger and Squire 1996)의 고품질 데이터 세트에 있는 소득 지니계수가 제조업 임금 불평등 측정치로 회귀된다. 그들은 이 측정치를 통해 국가 간, 국가 내 통시적 비교를 더 잘할 수 있다고 주장한다. 또한 필자는 유엔대학교가 편찬한 세계 소득 불평등 데이터베이스에 나오는 소득 불평등 지니계수를 사용했다. 지니계수는 이론적으로 0(소득이 완전히 동등하게 분포)에서부터 100(사회의 총소득이 오직 한 사람 또는 한 가구에 귀속됨)까지 다양하다.[9]

인과관계 메커니즘에 대한 하위 가설을 검증하기 위해 필자는 정치 후견주의와 관료제에서의 후견주의, 그리고 민간 부문에 의한 국가 포획에 관한 국가 간 측정치들이 필요했다. 최근까지 후견주의에 대한 연구는 신뢰할 수 있는 국가 간 데이터가 부족해 제약이 있었다. 다행히 필자는 키트셸

---

8 선거 민주주의에 대한 트레이스만(2007)의 정의는 필자의 것과 다소 차이가 있다. 그는 벡 등(2001)의 선거 경합성의 집행 지수Executive Index of Electoral Competitiveness가 6 또는 그 이상이면 선거 민주주의로 정의한다(QoG Standard Dataset Codebook 2011). 따라서 그는 선거 민주주의 정의에 있어서 선거 경합성의 입법 지수 Legislative Index of Electoral Competitiveness는 고려하지 않았다.

9 소득 불평등에 대한 지니계수는 총소득, 순소득과 같이 서로 다른 소득의 정의에 기초할 수 있다. 따라서 국가 간 비교는 신중하게 수행되어야만 한다. 추정가구격차에 대한 UTIP 데이터는 총소득에 기초한 반면 UNU-WIDER 데이터는 다양한 소득과 인구 개념에 기초하고 있다.

트(Herbert Kitschelt 2013)의 민주적 책임성과 연계에 관한 새로운 데이터 세트를 확보할 수 있었는데, 이것은 88개국의 후견주의와 프로그램적 정치의 다양한 양상에 대한 전문가 설문조사에 기초를 두고 있다. 이 설문조사는 2008년과 2009년에 실시되었는데, 싱어(2009)를 포함한 듀크 민주주의 프로젝트 구성원들은 이 데이터를 이용해 몇 가지 보고서들을 제출했다.[10] 관료제에서 엽관주의 대 능력주의에 관해 이용 가능한 국가 간 데이터 세트는 두 개가 존재한다. 라우치와 에반스(2000)는 35개 개발도상국의 관료제에 관한 데이터를 만들었다. 최근 정부품질연구소는 전문가들을 대상으로 하는 웹 설문조사를 기초로 105개국의 관료제에 관한 새로운 데이터 세트를 만들었다(Teorell et al. 2011). 필자는 그들의 관료제전문화지수를 사용했는데, 이 지수의 범위는 1에서 7 사이로 값이 높을수록 관료제가 더욱 전문화되고 공공 행정이 덜 정치화되었다는 것을 나타낸다.[11] 국가 포획에 관해서는 현재 이용 가능한 국가 간 데이터는 헬맨 등(Hellman et al 2000)이 만든 22개 전환 경제에 대한 데이터만 존재한다. 그들의 '포획경제지수'는 기업들의 얼마나 많은 사업이 법을 매개로 한 의회 투표의 판매, 사적 이익집단들을 위한 대통령령, 법원 판결 거래, 사적 이해 당사자들의 불법 정치 기부 등에 의해 영향을 받는지에 대한 1999년 기업 환경과 기업 실적 조사 데이터에 기초하고 있다.

---

10 민주적 책임성과 연계 프로젝트Democratic Accountability and Linkages Project의 전체 데이터 세트는 2013년 6월까지는 발표되지 않았지만, 곧 발표될 예정이다.

11 테오렐 등(Teorell et al 2011)의 전문화 지수는 다음의 네 가지 질문에 기초하고 있다: 공공 부문의 직원을 채용할 때, 지원자들의 기술과 능력이 채용을 결정하는가? 공공 부문의 직원을 채용할 때 지원자들의 정치적 연줄이 채용을 결정하는가? 최고 정치 지도자가 고위 공무원을 채용하고 해고하는가? 고위 공무원들이 공공 부문에 소속된 사람들 중에서 채용되는가?

도구변수

필자는 회귀분석으로 보통 최소제곱법ordinary least squares · OLS 회귀를 채택했다. 그런 다음 측정오차뿐 아니라 불평등과 부패의 관계에서 역逆인과관계 문제를 해소하기 위해(Gupta et al. 2002; Li et al. 2000) 도구변수 회귀를 사용했다. 구체적으로 말해, OLS 회귀는 역인과관계 때문에 불평등의 영향을 과대평가할 수 있다. 따라서 필자는 불평등과 강하게 연관되어 있지만, 부패와는 직접적으로 연관되어 있지 않고 불평등을 통해 간접적으로 연관되어 있는 일부 도구변수들이 필요했다. 더구나 경제 발전은 부패의 영향을 받는다고 알려져 있기 때문에(Mauro 1995; Kaufmann and Kraay 2002), OLS 회귀는 부패 통제에 대한 경제 발전의 영향을 과대평가할 수 있다. 불평등과 경제 발전이 서로 관련되어 있기 때문에 경제 발전 효과의 과대평가는 불평등 효과의 과소평가로 이어질 수 있다. 따라서 경제 발전 지표로써 1인당 소득 또한 계측될 필요가 있다.

또 다른 문제는 소득 불평등의 커다란 측정오차이다. 이것은 소득 불평등이 총소득에 비해 제대로 집계되지 않기 때문인 것으로 알려져 있다. 만약 측정오차가 독립변수 또는 관측되지 않은 설명변수와 연관되어 있지 않다면 독립변수의 측정오차는 추산된 OLS 효과가 0을 향해 왜곡된다. 이것을 감쇠 편향이라고 부른다(Wooldridge 2000: 294~6). 1인당 소득에 대한 상대적으로 정확한 측정과 소득 불평등에 대한 부정확한 측정은 1인당 소득에 대한 OLS-추산 효과의 과대평가와 불평등에 대한 OLS-추산 효과의 과소평가를 낳을 수 있다. 도구변수는 불평등의 측정오차에 의해 발생하는 편향을 완화하는 데 도움이 될 수 있다.

필자는 불평등을 위해 두 가지 도구를 사용했다. 첫째, 필자와 카그램

(You and Khagram 2005)연구를 따라서 불평등을 위한 도구로써 '성숙 코호트 크기'를 사용했다. 히긴스와 윌리엄슨(Higgins and Williamson 1999)은 '성숙 코호트 크기(15~69세 인구에 대비 40~59세 인구의 비율)'가 국가 간이나 미국 내부에서 모두 불평등의 강력한 예측인자임을 보여준다. '뚱뚱한 코호트'는 낮은 보상을 얻는 경향이 있기 때문에 이처럼 뚱뚱한 코호트가 나이-소득 곡선의 상단에 있을 때(또는 성숙 코호트가 뚱뚱할 때) 소득 불평등은 감소한다. 뚱뚱한 코호트가 늙거나 젊은 성인들이라면 소득 불평등은 증대된다. 이에 더해 필자는 이스털리(Easterly 2007)처럼 '설탕 대비 밀 비율'을 불평등에 대한 또다른 도구로 사용한다. 엥거만과 소콜로프(Engerman and Sokoloff 1997)는 사탕수수 대 밀에 대한 토지의 외생적 적합성과 같은 부존 자원이 미국에서 불평등에 대한 핵심 결정 요인이라고 주장했다. 이스털리(2007)는 [(1+밀에 적합한 경작지 비율)/(1+사탕수수에 적합한 경작지 비율)]의 로그로 정의된 설탕에 대한 밀의 비율은 국가 간 불평등의 강력한 예측인자임을 보여주었다. 이러한 도구변수들에 대한 데이터는 필자와 카그램(2005), 이스털리(2007)로부터 채택되었다.

필자는 1인당 소득을 위한 도구로 '적도로부터 거리(위도의 절댓값으로 계산된)'와 '말라리아 유행 지수'를 사용한다. 적도로부터 거리는 경제 발전 수준과 강력한 상관관계가 있지만, 위도는 부패와 직접적으로 관련이 없는 것으로 보인다.[12] 갤럽과 삭스(Gallup and Sachs 2000)는 말라리아 유행률이 경제 발전의 강력한 결정 요인이지만, 말라리아는 매우 지리 특정적이고 경제 발전의 영향을 극히 적게 받는다는 것을 보여주었다.

---

[12] 트레이스만(Treisman 2007)은 경제 발전을 위한 도구로 '적도로부터 거리'를 사용했다.

국가 간 증거

부패 수준에 체계적인 차이들이 있는지 확인하기 위해 불평등의 세 수준(저, 중, 고)에 걸쳐 있는 정치 체제의 세 유형(자유 민주주의, 비자유 선거 민주주의, 독재)을 비교하는 것부터 시작해보자. 표 8.1은 평균 CPI(부패인식지수, 2002년~2006년 평균) 또는 부패로부터 얼마나 자유로운지에 대한 인식 대비 정치 체제 유형과 소득 불평등(모두 2002년 또는 이용 가능한 가장 가까운 연도)을 보여준다. 여기에서 소득 불평등 측정은 추정 가구 소득 불평등(지니계수에서)에 관한 텍사스대학교의 불평등 프로젝트(UTIP) 데이터에서 가져온 것으로, 불평등이 높고 낮은 국가들은 지니계수가 적어도 표준편차의 절반에 해당하거나 평균보다 높은 국가들이다. 높은 CPI 값은 낮은 부패 수준을 나타낸다는 것을 기억하라. 각 항의 국가들에 대한 숫자는 괄호 안에 있다.

68개 자유 민주주의에 대한 CPI 평균(5.47)은 37개 독재 평균(3.27)뿐 아니라 56개 비자유 선거 민주주의 평균(2.73)보다 훨씬 높다. 그러나 비자유 선거 민주주의가 독재보다 약간 더 부패했다고 인식되었다는 점은 주목할 만하다. 아마도 완전한 민주화가 이루어지지 않은 상태에서 선거의 도입은 부패인식도를 줄이기보다는 증가시키는 것 같다. 어쨌든 부패에 대한 민주주의의 영향력은 불평등 수준에 따라 달라지는 것으로 보인다. 낮은 불평등 국가 중 자유 민주주의(CPI 평균=6.84)는 비자유 선거 민주주의(CPI 평균=4.24)와 독재(CPI 평균=3.63)보다 훨씬 덜 부패했다. 따라서 자유 민주주의는 낮은 불평등 국가 사이에서 큰 차이를 만드는 것으로 보인다. 낮은 불평

표 8.1 소득 불평등과 정권 유형에 따른 CPI

정권 유형 불평등	자유 CPI(N)	선거 CPI(N)	독재 CPI(N)	모름 CPI(N)	전체 CPI(N)
낮음 (지니 < 41.5)	6.84 (30)	4.24 (6)	3.63 (2)	4 (1)	6.21 (39)
중간 (지니 41.5~48.2)	4.63 (23)	2.6 (26)	3.07 (12)	– 	3.46 (61)
높음 (지니 > 48.2)	2.98 (8)	2.64 (16)	3.87 (14)	2.1 (1)	3.14 (39)
모름 (지니 없음)	5.19 (7)	2.19 (8)	2.53 (9)	5.82 (3)	3.48 (27)
전체	5.47 (68)	2.73 (56)	3.27 (37)	4.71 (5)	4.03 (166)

등 수준에서 비자유 선거 민주주의의 영향력은 불확실하다.[13]

불평등이 중간인 국가 가운데 자유민주주의(CPI 평균=4.63)는 비자유 선거 민주주의(CPI 평균=2.60)와 독재(CPI 평균=3.07)보다 현저하게 덜 부패했으나, 비자유 선거 민주주의는 독재보다 약간 더 부패했다. 자유 민주주의는 불평등이 중간인 국가에서 부패를 통제하는 데 상당히 긍정적인 영향을 미쳤지만, 비자유 선거 민주주의는 약간 부정적인 영향을 미친 것으로 보인다.

높은 불평등 국가들 가운데 자유 민주주의(CPI 평균=2.98)와 비자유 선거 민주주의(CPI 평균=2.64)는 독재(CPI 평균=3.87)보다 약간 덜 부패했다.

---

13 비록 낮은 불평등 국가 중에서 선거 민주주의(N=6)가 독재(N=2) 보다 평균적으로 다소 덜 부패했지만, 샘플 크기가 작기 때문에 이것에 대해 확신할 수 없다.

높은 불평등 국가에서는 민주주의가 부패 통제에 부정적인 영향을 미치는 것으로 보인다. 표 8.1은 부패 통제에 대한 민주주의의 영향이 불평등 수준에 따라 달라지는데, 불평등이 낮은 수준에서는 긍정적이고 크지만 불평등이 높은 수준에서는 약간 부정적이라는 것을 보여준다. 특히 비자유 선거 민주주의는 중간과 높은 불평등 국가에서 높은 부패와 관련되어 있다. 전반적인 패턴은 부패 감소에 대한 민주주의 영향이 불평등 수준과 부정적으로 연관되어 있다는 주요 가설(H1)과 일치한다.

다른 방식으로 표를 읽을 수도 있다. 불평등이 낮은 39개국의 CPI 평균(6.21)은 불평등이 중간인 61개국(3.46)보다 훨씬 높고, 중간 불평등 국가들은 불평등이 높은 39개국(3.14)보다 약간 높다. 따라서 소득 불평등이 낮은 수준의 국가는 현저하게 덜 부패했다고 인식되는 경향이 있다. 그러나 불평등과 부패 사이의 상관관계는 정치 체제 유형에 따라 달라지는 것으로 보인다. 자유 민주주의 국가들 내에서 CPI 평균은 낮은 소득 불평등에서는 6.84, 중간 불평등에서는 4.63, 높은 불평등에서는 2.98이다. 따라서 자유 민주주의에서 높은 불평등은 높은 부패와 현저하게 연관되어 있다. 비자유 선거 민주주의 국가들 내에서 낮은 소득 불평등 국가의 CPI 평균은 4.24, 중간 불평등 국가는 2.60, 높은 불평등 국가는 2.64였다. 따라서 비자유 선거 민주주의 국가 중에서 높거나 중간 불평등은 차이를 만들지 않고, 낮은 불평등만이 낮은 부패와 관련이 있는 것으로 보인다. 독재에서는 낮은 불평등 국가들의 CPI 평균(3.63)이 중간 불평등 국가(3.07), 높은 불평등 국가(3.87)와 큰 차이가 없었다. 따라서 불평등은 독재국가에서는 부패와 어떠한 관계도 보이지 않는다. 전반적인 패턴은 높은 불평등은 자유 민주주의 국가에서 높은 부패와 강력하게 관련되는 경향이 있고, 비자유 선거 민주주의 국가에서는 약하게 관련되지만, 독재국가에서 불평등은 아무런 문제가 되지 않는다는 가설2(H2)와 일치한다.

가장 직접적인 경험적 분석을 수행하면 비슷한 결과가 도출된다. 표 8.2 는 민주주의를 측정하는 다양한 방법을 사용함으로써 민주주의, 소득 불평 등(UTIP가 측정한 지니계수), 그리고 경제 발전 수준(헤스턴 등(2009)의 1인당 GDP의 자연적 로그)에 대한 부패 OLS 회귀의 결과를 보여준다. 이 표는 CPI에 대해 소득 불평등이 상당히 부정적이고 경제 발전이 상당히 긍정적 이라는 것을 보여주지만, 민주주의 효과의 중요성은 민주주의의 척도에 달 려 있다는 것을 보여준다. 소득 불평등과 경제 발전이 설명될 때 체이법 등 (Cheibub et al 2010)의 이분법적 변수로서 민주주의 측정(민주주의 또는 독재), 그리고 연속변수로서 폴리티4 합계점수(-10부터 +10까지)는 통계적으로는 큰 의미가 없다. 그러나 민주주의의 3개 범주 측정(자유 민주주의=2, 비자유 선거 민주주의=1, 독재=0), 프리덤 하우스의 정치 권리 점수(1에서 7)와 언론 자유지수(1에서 100), 선거 민주주의 연속 기간(0에서 70)은 높은 CPI(인식된 부패의 낮은 수준)와 상당히 연관되어 있으며 소득 불평등과 경제 발전을 제 어한다. 필자가 민주주의와 소득 불평등 사이의 상호작용 항목을 추가했을 때, 이 항목은 민주주의 측정과 관계없이 상당히 부정적이었다. 이것은 낮 은 불평등 수준에서 민주주의가 부패로부터의 자유와 더욱 강력하게 연결 된다는 것을 보여주며, 이는 주요 가설(H1)과 일치한다. 또한 이것은 민주 주의에서(또는 더욱 민주주의적인 국가 또는 더욱 성숙한 민주주 국가에서) 불 평등이 부패와 더욱 강하게 연관되어 있음을 나타낸다. 특히 세로 4열은 자 유 민주주의에서 부패에 대한 불평등의 영향이 비자유 선거 민주주의보다 높고, 비자유 선거 민주주의는 독재보다 더 높다는 가설2(H2)를 뒷받침하 는 직접적인 증거를 제공한다. 민주주의와 1인당 소득 사이의 상호작용 항 목 또한 중요하다. 부패 통제에 대한 민주주의 영향력은 더 평등한 국가뿐

표 8.2 다양한 민주주의 측정을 사용했을 때 CPI에 대한 민주주의와 소득 불평등의 효과

민주주의 측정	유사 민주주의		자유/선거 민주주의		정치 형태	점수
	(1)	(2)	(3)	(4)	(5)	(6)
민주주의	0.0169 (0.2385)	-3.7123 (2.4286)	0.2921* (0.1598)	-1.9011 (1.7241)	0.0142 (0.0195)	-0.1426*** (0.1656)
소득 불평등	-0.0857*** (0.0186)	-0.0205 (0.0275)	-0.0790*** (0.0177)	0.0257 (0.0256)	-0.0801*** (0.0193)	-0.0312* (0.0185)
민주주의 ×불평등		-0.0600* (0.0345)		-0.0561** (0.0231)		-0.0064** (0.0027)
1인당 소득	1.1399*** (0.0987)	0.7626*** (0.1388)	1.1138*** (0.0989)	0.5041*** (0.1392)	1.0970*** (0.0977)	0.9296*** (0.1154)
민주주의 ×소득		0.7542*** (0.2111)		0.5380*** (0.1189)		0.0516*** (0.0136)
상수	-2.0156 (1.2879)	-1.9372 (1.2322)	-2.4390* (1.2704)	-2.0872 (1.4464)	-1.9459 (1.2800)	-2.9244** (1.0559)
N	137	137	135	135	129	129
R-squared	0.6316	0.6827	0.6475	0.7152	0.6205	0.6732

민주주의 측정	프리덤 하우스 정치적 권리		프리덤 하우스 언론 자유		선거 민주주의 기간	
	(7)	(8)	(9)	(10)	(11)	(12)
민주주의	0.1481** (0.0616)	-1.0860* (0.6215)	0.0222*** (0.0056)	-0.0848 (0.0587)	0.0345*** (0.0061)	-0.0137 (0.0655)
소득 불평등	-0.0735*** (0.0172)	0.0121 (0.0287)	-0.0617*** (0.0159)	0.0369 (0.0409)	-0.0601*** (0.0146)	0.0006 (0.0148)
민주주의 ×불평등		-0.0153* (0.0085)		-0.0014* (0.0008)		-0.0027*** (0.0006)
1인당 소득	1.0494*** (0.1024)	0.1497 (0.2138)	0.9737*** (0.1043)	0.0616 (0.2383)	0.8596*** (0.1069)	0.6721*** (0.0961)
민주주의 ×소득		0.2154*** (0.0453)		0.0185*** (0.0041)		0.0160*** (0.0050)
상수	-2.3015 (1.1980)	0.7195 (2.2114)	-2.8276** (1.1441)	0.7494 (2.7160)	-1.3861 (1.2178)	-2.2999** (1.1387)
N	137	137	137	137	135	135
R-squared	0.6462	0.6793	0.6718	0.7130	0.7226	0.7976

참고: 강한 표준오차들은 괄호 안에 표시. *, **, ***는 각각 10%, 5%, 1% 수준에서의 중요성. 이후 표에서도 이 상황이 적용됨.

아니라 더 부유한 국가에서도 더 높은 것으로 보인다.

이러한 결과들은 사용된 부패 측정치들이 바뀌면 확고해진다. 표 8.3
은 표 8.2의 11번과 12번 열(주요 독립변수로서 선거 민주주의가 연속된 기간과
UTIP의 추정가구소득불평등과 함께)과 같은 패턴을 보여주는데, 종속변수로
서 다양한 부패 측정치(부패통제지수, ICRG-QoG, GCB_Bribery, 정치 부패와
기업 부패)를 사용하고 있다. 성숙한 민주주의, 평등한 국가들, 부유한 국가
들은 부패 측정치와 상관없이 상당히 덜 부패했다. 유일한 예외는 민주주의
지속 기간이 정치부패인식도와 주요하게 연관되지 않는다는 것이다. 이러
한 결과들은 특히 민주주의 국가에서 불평등이 정치 부패, 관료 부패, 기업
부패를 증가시킨다는 하위 가설(H1.1~H1.3)에 대한 부분적인 증거를 제공
한다. 게다가 선거 민주주의의 나이와 소득 불평등 사이의 상호작용 항목은
국제투명성기구의 글로벌 바로미터 조사의 뇌물 경험GCB_Bribery을 제외하
고 대부분의 부패 측정에서 현저하게 부정적이다.[14] 이것은 민주주의 지속
기간의 효과가 소득 불평등의 수준에 따라 달라진다는 것을 나타낸다. 특
히 민주주의의 긴 지속 기간의 효과는 낮은 소득 불평등 수준(지니<41.7)에
서는 정치 부패로부터의 자유인식도에 긍정적인 것으로 판명되었지만, 불
평등이 높아지면 부정적으로 된다. 따라서 다른 부패 유형들뿐 아니라 정치
부패인식도는 불평등이 낮은 민주주의 국가에서는 시간이 지나면서 줄어
드는 경향이 있으나, 불평등이 높은 국가에서는 모든 유형들이 시간이 지나
면서 증가하는 경향이 있다. 또한 민주주의 나이와 1인당 소득 사이의 상호
작용 항목은 부패통제지수, 정부 품질의 ICRG 지수에 대해 유의미하지만,

---

14 뇌물의 회귀(회귀 3과 8)에서 계수의 기호는 다른 회귀 결과와 반대인데, 다른 부패 측정치들과 달리 뇌물
의 높은 값이 부패의 높은 수준을 나타내기 때문이다.

표 8.3 다양한 부패 측정치들을 사용한 OLS 회귀

	CCI	ICRG	뇌물	정치적	기업
부패 측정	(1)	(2)	(3)	(4)	(5)
민주주의 기간	0.0146*** (0.0026)	0.0025*** (0.0006)	-0.0107*** (0.0033)	0.0049 (0.0042)	0.0141*** (0.0027)
소득 불평등	-0.0298*** (0.0080)	-0.0078*** (0.0014)	0.0539*** (0.0092)	-0.0234* (0.0125)	-0.0227*** (0.0084)
1인당 소득	0.4231*** (0.0550)	0.0863*** (0.0100)	-0.4947*** (0.0675)	0.3353*** (0.0997)	0.3504*** (0.0574)
상수	-2.6398*** (0.6917)	0.0604 (0.1179)	4.8116*** (0.8164)	1.9770* (1.1753)	1.8622*** (0.6858)
N	140	119	97	113	113
R-squared	0.7084	0.7145	0.7904	0.3488	0.6733
상호작용 효과 고려	(6)	(7)	(8)	(9)	(10)
민주주의 기간	-0.0170 (0.0441)	-0.0082 (0.0083)	0.0110 (0.0556)	0.0598 (0.0505)	0.0468 (0.0317)
소득 불평등	-0.0115 (0.0076)	-0.0044** (0.0012)	0.0512*** (0.0113)	0.0265* (0.0161)	0.0062 (0.0090)
민주주의 ×불평등	-0.0007* (0.0004)	-0.0001 (0.0001)	0.0000 (0.0005)	-0.0025*** (0.0005)	-0.0014*** (0.0003)
1인당 소득	0.3553*** (0.0549)	0.0654*** (0.0109)	-0.4721*** (0.0693)	0.2387** (0.0959)	0.2955*** (0.0545)
민주주의×소득	0.0063* (0.0031)	0.0015** (0.0007)	-0.0023 (0.0043)	0.0046 (0.0038)	0.0026 (0.0024)
상수	-2.8070*** (0.6662)	0.1038 (0.1145)	4.7218*** (0.8769)	0.7182 (1.2826)	1.1266* (0.6086)
N	140	119	97	113	113
R-squeard	0.7453	0.7529	0.7920	0.5244	0.7367

GCB 뇌물 경험, 정치 부패, 기업 부패에 대해서는 의미가 없다는 것에 유의해야 한다.

지금까지 OLS 회귀 결과들은 민주주의는 낮은 부패와 강력하게 연관되고, 불평등은 높은 부패와 강력하게 연관됨을 보여주었다. 그들은 민주주의와 부패에 대한 다양한 측정을 사용함으로써 증명했다. 역인과관계와 측정오차에 대한 문제를 해결하기 위해 필자는 앞서 언급한 바와 같이 불평등과 경제 발전을 위한 도구변수를 채택했다. 표 8.4는 OLS 회귀 결과와 비교한 도구변수 회귀 결과를 보여주는데, 민주주의 측정으로 선거 민주주의가 연속된 기간을, 종속변수로 CPI를 사용했다. 소득 불평등은 두 가지 측정치(UTIP 및 UNUWIDER)가 사용되었는데, 이것들은 '성숙한 코호트 크기'와 '밀-설탕 비율'로 계량되었다. 1인당 소득은 '적도로부터의 거리(위도의 절댓값)'와 '말라리아지수'로 측정되었다. 모든 도구변수 회귀는 과잉 동일시 테스트를 통과했는데, 이는 이러한 도구변수들이 두 번째 단계 회귀의 오차 항과 관련이 없다는 가설을 우리가 기각할 수 없다는 것을 뜻한다.

　　도구변수 회귀 결과는 소득 불평등이 부패와 뚜렷하고 강하게 연관되어 있다는 앞선 연구 결과와 방향이 일치한다. 그러나 1인당 소득은 부패의 예측인자로서의 의미를 상실한다. OLS 회귀와 도구변수 회귀 결과를 비교하면 불평등에 대한 계수는 OLS 회귀보다 도구변수 회귀에 의한 것이 크기가 더 크지만, 1인당 소득에 대한 계수는 도구변수 회귀에서 나온 것이 더 작다는 것을 보여준다. UTIP 총소득 불평등 척도를 사용했을 때, 불평등 계수는 OLS 회귀(모델 1)가 -0.0601, 도구변수 회귀(모델 2)는 -0.2901이었다. 비록 OLS 회귀(모델 1)로부터의 1인당 소득에 대한 계수가 크고(0.8596) 매우 뚜렷하긴 했지만, 도구변수 회귀(모델 2)로부터는 사실상 0(-0.0840)이 되었다. 도구변수 회귀는 UTIP 소득 지니에서 1 표준편차(6.7)가 증가하면 CPI에서 0.86 표준편차(1.94)가 감소되는 반면 1인당 소득의 효과는 0이라는 것을 보여준다.[15] 불평등의 UNU-WIDER 척도에서 불평등에 대한 계수는 OLS 회귀(-0.0326, 모델 5)보다 도구변수 회귀(-0.1014, 모델 6)에서 크기가 훨씬 더 크다. 그러나 1인당 소득 계수는 도구변수 회귀(0.3196)가 OLS 회귀(0.8461)보다 훨씬 작다.[16] 이러한 결과들은 OLS 회귀가 역인과관계 때문에 경제 발전의 영향을 과대평가했고, 측정 오류 때문에 불평등의 영향을 과소평가 했다는 것을 보여준다. 또한 도구변수 결과들은 인과관계가 경제 저발전에서 부패로 이어지는 것이 아니라, 전적으로 부패로부터 경제 저발전으로 이어진다는 카우프만과 크라이(2002)의 연구 결과와 맞아떨어진다. 민주주의에 대한 계수 또한 OLS 회귀보다 도구변수 회귀에서 약간 더 높다는 점에 유의해야 한다.

또한 상호작용 항에 대한 OLS 회귀와 도구변수 회귀 측정의 비교는 흥미로운 패턴을 보여준다. 민주주의와 불평등 간의 상호작용 항에 대한 계수는 도구변수를 사용했을 때 크기가 더 커지지만, 민주주의와 소득 간의 상호작용 항에 대한 계수는 도구변수를 사용했을 때 더 작아진다. 불평등의 UTIP 척도가 사용된 경우 민주주의와 불평등 간의 상호작용 항에 대한 계수는 OLS 회귀(모델 3에서 -0.0027)보다 도구변수 회귀(모델 4에서 -0.0046)에서 크기가 더 크다. 그러나 민주주의와 1인당 소득 간의 상호작용 항에 대한 계수는 OLS 회귀(모델 3에서 0.0160)보다 도구변수 회귀(모델 4에서 -0.0060)가 더 작다. 도구변수 회귀에 있어서 민주주의와 불평등 간의 상호

---

15 정확하게 말하자면, 도구변수 회귀(모델 2)는 1인당 GDP의 자연 로그에서 1 표준편차(1.2)의 증가는 CPI에서 통계적으로 무의미한 0.04 표준편차(0.1) 감소와 연관되어 있다는 것을 나타낸다.

16 도구변수 회귀(모델 6)에 의하면 WIDER 소득 지니에서 1 표준편차(10.2) 증가는 CPI에서 0.47 표준편차 (1.03) 감소와 연관되어 있는 반면, 1인당 GDP의 자연 로그에서 1 표준편차(1.2) 증가는 CPI에서 통계적으로 무의미한 0.16 표준편차(0.38) 감소와 관련되어 있다.

표 8.4 다양한 도구변수를 사용했을 때 CPI에 대한 민주주의와 소득 불평등의 효과

불평등 측정	UTIP 추산 소득 지니(2002)			
	(1) OLS	(2) IV	(3) OLS	(4) IV
민주주의 기간	0.0345*** (0.0061)	0.0405*** (0.0125)	-0.0137 (0.0655)	0.2840 (0.2569)
소득 불평등	-0.0601*** (0.0146)	-0.2901*** (0.0818)	0.0006 (0.0148)	-0.1165 (0.1018)
민주주의×불평등			-0.0027*** (0.0006)	-0.0046 (0.0029)
1인당 소득	0.8596*** (0.1069)	-0.0840 (0.3749)	0.6721*** (0.0961)	0.2976 (0.2988)
민주주의×소득			0.0160*** (0.0050)	-0.0060 (0.0154)
상수	-1.3861 (1.2178)	16.7450*** (6.2146)	-2.2999** (1.1387)	5.8783 (6.6508)
N	135	95	135	95
R-squared	0.7226	0.4852	0.7865	0.7001
Over-id test p-value		0.7958		0.9223

불평등 측정	UNU-WIDER 소득 지니(2002)			
	(5) OLS	(6) IV	(7) OLS	(8) IV
민주주의 기간	0.0441*** (0.0066)	0.0558*** (0.0084)	-0.1142 (0.0612)	0.0175 (0.1251)
소득 불평등	-0.0326*** (0.0108)	-0.1014*** (0.0231)	0.0053 (0.0118)	-0.0101 (0.0240)
민주주의×불평등			-0.0012** (0.0005)	-0.0019** (0.0009)
1인당 소득	0.8461*** (0.1325)	0.3196 (0.2168)	0.6207*** (0.1177)	0.4657*** (0.1439)
민주주의×소득			0.0204*** (0.0049)	0.0105 (0.0103)
상수	-2.8749** (1.3064)	4.2154* (2.4671)	-2.2691* (1.1727)	-0.4912 (1.6639)
N	141	110	141	110
R-squared	0.7649	0.7014	0.8200	0.8164
Over-id test p-value		0.8754		0.4064

참고: 소득 불평등은 '성숙한 코호트 크기'와 '밀-설탕 비율'로 계량되었다. 1인당 소득은 "적도로부터의 거리"(위도의 절댓값)와 '말라리아지수'로 계량되었다. 상호작용 항들은 민주주의 나이와 이러한 도구들 사이의 상호작용 항들로부터 계량되었다.

작용 항은 10% 수준에서 p값이 미미하긴 하지만 0.119로 유의미에 가깝다. 이것은 민주주의 나이가 10년 추가되면 UTIP 지니 30의 불평등 수준이 낮은 국가에서 CPI 평균이 0.9 증가하는 것과 연관됨을 나타내지만, 민주주의 나이는 UTIP 지니 50의 불평등 수준이 높은 국가에서는 CPI에 아무런 영향을 미치지 못했다.[17] 불평등의 WIDER 척도를 사용했을 때, 도구변수 회귀에서 민주주의와 불평등 간의 상호작용 항에서 계수(모델 8에서 -0.0019)는 OLS 회귀(모델 7에서 -0.0012)보다 크기가 더 크다. 그러나 도구변수 회귀에서 민주주의와 1인당 소득 간의 상호작용 항에 대한 계수(모델 8에서 0.0105)는 OLS 회귀(모델 7에서 0.0204)보다 작다. 도구변수 회귀분석에서 민주주의와 1인당 소득 간의 상호작용 항이 유의미성을 잃게 되지만 민주주의와 불평등 간의 상호작용 항은 유의미성이 매우 높다. 따라서 도구변수 회귀는 부패 통제에 대한 민주주의 영향이 경제 발전 수준에 영향을 받지는 않지만, 불평등 수준에 상당히 영향을 받는다는 것을 나타낸다.

다음으로 필자는 현존하는 문헌에서 확인되는 부패의 다양한 원인을 통제함으로써 일련의 견고성 검사들을 수행했다. 이런 테스트의 결과는 민주주의의 지속성과 소득 불평등의 유의미성이 도입된 어떤 통제에도 통과한다는 것을 보여준다. 이는 CPI 또는 GCB_Bribery가 종속변수로 사용되는지에 대한 질문의 답이 참이라는 것을 나타낸다. 그러나 이러한 많은 인과 요소는 민주주의 지속 기간, 소득 불평등, 경제 발전이 설명될 때에는 부패에 대해 별다른 의미가 없는 것으로 판명되었다. 예를 들어 대통령제와 내각제, 선거제도(다수제 대 비례대표제, 폐쇄명부식 대 개방명부식, 선거구 크기)

---

17 UTIP 지니는 146개 샘플 국가를 상대로 하며 평균 44.9에 표준편차 6.7이다. 최소는 28.96이고 최대는 64.25이다.

표 8.5 후견주의의 OLS 회귀와 도구변수회귀

	(1)	(2) IV	(3)	(4) IV	(5)	(6)	(7)
빈곤 (하루 2달러 미만)					-0.0070 (0.0026)***		
중등 학교 진학률						-0.0024 (0.0027)	
도시 인구 백분율(%)							-0.0016 (0.0043)
민주주의 기간	-0.0078 (0.0024)***	-0.0067 (0.0046)	-0.0125 (.0356)	0.0825 (0.1253)	0.0055 (0.0033)	-0.0074 (0.0023)***	-0.0074 (0.0023)***
소득 불평등	0.0412 (0.0105)***	0.1095 (0.0325)***	0.0093 (0.0112)	0.0602 (0.0522)	0.0226 (0.0076)***	0.0419 (0.0104)***	0.0439 (0.0107)***
민주주의×불평등			0.0010 (.0003)***	0.0000 (.0012)			
1인당 소득	-0.2127 (0.0712)***	0.0264 (0.1706)	-0.1787 (0.0763)**	-0.0306 (0.1829)	-0.4389 (0.1064)***	-0.1390 (0.0876)	-0.1739 (0.0937)*
민주주의×소득			-0.0034 (0.0027)	-0.0089 (.0087)			
상수	3.3502 (0.9594)***	-1.7922 (2.6536)	4.3537 (0.9686)***	0.7743 (3.6787)	6.1224 (1.0836)***	2.8414 (0.9086)***	2.9706 (1.0126)***
N	70	70	70	70	54	78	78
R-squared	0.6788	0.4405	0.7398	0.6750	0.4250	0.6627	0.6601

의 다양한 기준들은 민주주의 지속 기간, 소득 불평등, 경제 발전이 설명될 때 무의미한 것으로 판명되었다.[18] 흥미롭게도 '의회에서 여성 비율'은 민주주의 지속 기간, 불평등, 1인당 소득이 고려되었을 때도 유의미했다.[19] 경제 자유는 부패로부터의 자유(높은 CPI)와 연관되었고 새로운 사업을 시작할 때 필요한 절차의 수와 시간은 부패로부터의 자유와 부정적으로 연관(낮은 CPI)되었다. 그러나 새로운 사업 시작 비용은 유의미하지 않았다.[20] 무역 개방도와 언어-분할은 민주주의 지속 기간, 소득 불평등, 경제 발전이 설명될 때 중요하지 않았다.[21]

다음으로 불평등이 민주적 책임성 기제를 방해하는 것을 통해 인과 기제에 대한 3가지 하위 가설(MH1~MH3)을 검증하도록 하겠다. 필자는 불평등이 선거에서 후견주의를 증가시켜 정치 부패를, 관료 채용에서 엽관주의를 증가시켜 관료 부패를, 민간 영역에 의한 국가포획을 증가시켜 기업 부패를 증가시킴으로써 반부패 개혁의 어려움을 가중시키고 비효율성을 증가시켰다고 주장했다.

후견주의에 대한 메커니즘 가설을 더욱더 엄밀하게 검증하기 위해 필자

---

18 정권 유형(대통령제, 의회에서 선출되는 대통령제 또는 내각책임제), 평균 지역구 크기, 다수 또는 비례대표제(하원을 위한), 폐쇄형 명부제(또는 비례대표를 위한 개방형 명부제) 등은 QoG 표준 데이터 세트에서 계산된 백 등의 정치 제도 데이터 베이스에서 사용되었다.

19 IPU 데이터와 세계개발지표 데이터에서 '의회의 여성'은 모두 유의미했다.

20 프레이저 연구소Fraser Institute의 '세계의 경제 자유 지수'와 헤리티지 재단Heritage Foundation의 '사업 자유 지수'는 모두 유의미했다. 새로운 사업을 시작하기 위해 필요한 절차의 수, 시간, 비용에 대한 데이터는 드장코브 등(Djankov et al.)으로부터 나온 것이다(2002).

21 필자는 무역 개방도의 세 가지 측정치를 검토했다: 펜 세계 표Penn World Table(버전 6.3)의 GDP 대비 총 무역 비율, 세계개발지표 데이터의 수치들, 헤리티지 재단의 무역 자유도. 무역 개방에 관한 모든 측정치는 무의미했다.

표 8.6 부패에 대한 불평등과 후견주의의 영향

종속변수	부패 인식도 지수				정치적		부패	
	(1)	(2)	(3)	(4)	(5)	(6)	(7)	(8)
후견주의		-1.3292 (0.2844) ***		-0.9440 (0.3112) ***		-0.5748 (0.1586) ***		-0.3390 (0.1816)*
민주주의 기간	0.0391 (0.0079) ***	0.0267 (0.0082) ***	-0.0185 (0.0867)	-0.0250 (0.0845)	0.0178 (0.0038) ***	0.0127 (0.0040) ***	0.0345 (0.0499)	0.0305 (0.0504)
소득 불평등	-0.0849 (0.0226) ***	-0.0289 (0.0240)	-0.0072 (0.0278)	0.0036 (0.0315)	-0.0592 (0.0131) ***	-0.0361 (0.0131) ***	-0.0090 (0.0166)	-0.0062 (0.0177)
민주주의 ×불평등			-0.0023 (0.0008) ***	-0.0014 (0.0008)*			-0.0017 (0.0005) ***	-0.0013 (0.0005) **
1인당 소득	0.8899 (0.2210) ***	0.6806 (0.1868) ***	0.7354 (0.2423) ***	0.6175 (0.2245) ***	0.0462 (0.1095)	-0.0533 (0.1001)	0.0211 (0.1182)	-0.0285 (0.1190)
민주주의 ×소득			0.0151 (0.0069) **	0.0112 (0.0066)*			0.0049 (0.0040)	0.0036 (0.0039)
상수	-0.9356 (2.5497)	2.8857 (2.1707)	-2.6674 (2.9221)	0.9469 (2.8286)	5.5557 (1.3369) ***	7.3227 (1.2266) ***	3.7391 (1.5085) **	5.1378 (1.6818) ***
N	78	78	78	78	79	79	79	79
R-suared	0.7828	0.8352	0.8314	0.8523	0.5709	0.6326	0.6571	0.6743

는 우선 불평등이 후견주의에 인과적 영향을 미치는지를 검증했다. 표 8.5
는 그 결과를 보여준다. OLS 회귀와 도구변수 회귀(열 1,2)는 모두 불평등이
후견주의에 매우 큰 영향을 미친다는 것을 보여주지만, 경제 발전(1인당 소
득)은 도구변수 회귀에서 유의미성을 상실한다. 필자가 상호작용 항(열 3)을
도입했을 때 민주주의 지속 기간과 불평등 간의 상호작용 항은 매우 유의미

하지만, 민주주의와 1인당 소득 간의 상호작용은 유의미하지 않았다. 이것은 민주주의 지속 기간과 상관없이 경제 발전이 후견주의에 독립적으로 영향을 미치지만, 후견주의에 대한 민주주의 나이의 영향력은 경제 발전이 아니라 소득 불평등에 따라 달라진다는 것을 의미한다. 상호작용 항이 포함된 도구변수 회귀는 커다란 표준오차 때문에 무의미한 계수들만 만들어낸다. 필자는 또한 빈곤(하루 2달러 미만의 금액으로 살고 있는 인구 백분율), 교육 (중등 학교 진학률), 도시화(도시 인구 백분율)가 후견주의 수준에 영향을 미치는 요소로 제시되었다는 점을 고려하면서 이들을 통제했다.[22] 이 모든 요인들은 후견주의와 높은 단순 상관관계를 보인다. 그러나 표 8.5에서 볼 수 있듯이 민주주의, 불평등, 경제 발전이 설명될 때 오직 빈곤만이 유의미성을 유지한다. 그러나 소득 불평등은 통제되는 요인에 관계없이 후견주의에 대해 높은 유의미성을 유지한다. 특히 소득 불평등은 빈곤과 1인당 소득이 모두 통제되었음에도 불구하고 후견주의와 상당한 연관관계가 있다.[23] 민주주의 지속 기간은 여전히 교육 또는 도시화가 통제되었을 때 유의미하지만 빈곤이 포함되면 유의미성을 잃는다. 또한 1인당 소득은 교육이 통제되었을 때 유의미성을 잃는다. 전반적으로 표 8.5에서 제시된 결과는 후견주의에 대한 불평등의 강력한 인과적 영향을 보여준다.

다음으로 필자는 부패에 대한 불평등의 영향이 후견주의를 통해 진행되는지 여부를 검증했다. 표 8.6은 후견주의가 포함되었을 때 CPI의 OLS 회

---

[22] 도시 인구와 하루 2달러 미만의 금액으로 살고 있는 인구에 대한 자료는 세계은행의 세계개발지표 데이터이며, 중등 학교 진학률은 유네스코의 데이터이다. 이러한 데이터들은 QoG 데이터 세트에서도 편집되었다.

[23] 빈곤(하루 2달러 미만의 금액으로 살고 있는 인구)과 경제 발전(1인당 GDP의 자연 로그)은 r=0.85에서 서로 강력한 상관관계가 있다.

귀에서 불평등에 대한 계수와 정치 부패가 어떻게 변화하는지 보여준다. 후견주의는 CPI와 '정치 부패'에 대해 유의미하고, 이는 싱어(2009)와도 일치함에 유의하라. 불평등에 대한 계수는 후견주의가 적용되었을 때 크기가 작아지고(1열 -0.0849에서 2열 -0.0289로; 5열 0.0592에서 6열 -0.0361로), 유의미성이 줄어든다. 민주주의와 불평등 사이의 상호작용 항에 대한 계수 역시 후견주의가 포함되면 크기가 작아지고(3열에서 4열로, 7열에서 8열로) 유의미성이 줄어든다. 불평등이 후견주의에 대해 강력한 인과적 영향을 가진다는 점을 고려하면, 이러한 결과는 CPI와 정치 부패에 대한 불평등의 영향이 후견주의를 통해 적어도 부분적으로 작용한다는 것을 나타낸다.

필자는 능력주의 관료제를 통해 다음과 같은 인과 메커니즘에 관한 가설을 검증했다. 불평등은 후견주의를 통해 엽관주의를 증가시키고 엽관주의는 관료 부패를 증가시킨다. 표 8.7은 소득 불평등이 '전문 관료제' (Dahlström et al. 2012의 데이터) 또는 엽관주의 부재와 상당히 부정적으로 연관관계가 있다는 것을 보여준다. 이것은 다시 전반적으로 낮은 부패$_{CPI}$ 및 관료 부패(지난 한 해 동안 공무원에게 뇌물은 준 가족 구성원을 가진 응답자의 비율)와 강력하게 연관관계가 있다. 1열부터 2열까지 불평등에 대한 계수의 감소는 엽관주의에 대한 불평등의 영향이 후견주의를 통해 부분적으로 작용한다는 것을 보여준다. 더구나 후견주의와 엽관주의를 통해 (3열부터 5, 6, 8열까지) CPI와 GCB_Bribery에 대한 불평등의 영향이 미친다는 몇 가지 증거가 있다. 불행하게도 표 8.7에서 제시된 모델에 대한 도구변수 회귀는 큰 표준오차 때문에 무의미한 계수들만 생산했다. 필자는 여기에서 내생성 문제를 완전히 해결하지 못했지만, OLS 회귀의 전반적인 패턴은 관료제에서 엽관주의에 대한 두 번째 메커니즘 가설을 뒷받침한다.

'포획경제지수'에 대한 데이터는 22개 전환 경제에 관한 것만 사용가능

표 8.7 관료제와 부패에 대한 불평등의 영향

종속변수	직업적		부패인식도			GCB-Bribery		
	(1)	(2)	(3)	(4)	(5)	(6)	(7)	(8)
직업적 관료제					0.8880 (0.2546) ***			-0.3924 (0.1378) ***
엽관주의		-1.2923 (0.2412) ***		-3.0727 (0.3362) ***	-1.9251 (0.4253) ***		1.2115 (0.2133) ***	0.7054 (0.2508) ***
불평등	-0.0551 (0.0242) **	0.0494 (0.0384)	-0.2444 (0.0583) ***	0.0042 (0.0416)	-0.0397 (0.0318)	0.1057 (0.0247) ***	0.0079 (0.0223)	0.0266 (0.0158)
상수	6.5424 (0.9389) ***	5.7182 (1.0876) ***	15.5136 (2.3474) ***	13.5542 (1.2281) ***	8.4765 (1.9536) ***	-2.4581 (0.9835) **	-1.6989 (0.6188) ***	0.5793 (1.1204)
N	39	39	39	39	39	39	39	39
R-squared	0.0959	0.4595	0.3489	0.7293	0.8082	0.3230	0.6210	0.6968

하기 때문에 포획을 통해 메커니즘 가설을 엄격하게 검증할 수 없다. 표 8.8
은 불평등이 전환 국가에서 포획과 유의미하게 연관되어 있지만, 1인당 소
득은 그렇지 않다(1열)는 증거를 보여준다. 포획과 불평등은 모두 CPI 및
'기업 부패'와 유의미한 상관관계에 있지만, 불평등이 도입되면 포획은 더
이상 CPI와 '기업 부패'에 대해 유의미하지 않다. 따라서 우리는 CPI와 기업
부패에 대한 불평등의 영향이 포획을 통해 부분적으로 작용한다고 결론내
릴 수 없다. 무엇보다 작은 샘플 크기와 샘플의 대표성 부족으로 어떤 형태
로든 결론을 내릴 수 없다. 그러나 데이터는 여전히 불평등이 엘리트 포획
의 위험을 유의미하게 증가시킨다는 것을 보여준다.
　　마지막으로, 민주주의 지속 기간으로 불평등과 부패 간의 상관관계를

표 8.8 포획과 부패에 대한 불평등의 영향

종속변수	포획	부패인식도			기업부패		
	(1)	(2)	(3)	(4)	(5)	(6)	(7)
포획		-0.0485 (0.0205) **		-0.0187 (0.0174)	-0.0206 (0.0099)*		-0.0057 (0.0115)
불평등	0.7174 (0.2420) ***		-0.955 (0.0186) ***	-0.0830 (0.0218) ***		-0.0334 (0.0113) ***	-0.0285 (0.0130) **
1인당 소득	0.8139 (5.3 997)						
상수	-13.6538 (54.1748)	4.4483 (0.5746) ***	6.9238 (0.7873) ***	6.8379 (0.7719) ***	4.2709 (0.2047) ***	5.0357 (0.3746) ***	4.9801 (0.3729) ***
N	22	21	21	21	20		
R-squared	0.2674	0.2063	0.4308	0.4541	0.2384	0.3821	0.3921

비교했을 때 필자는 불평등과 부패가 악순환과 선순환에서 모두 서로를 강화한다는 강력한 증거를 발견했다. 그림 8.1은 선거 민주주의 나이로 소득불평등(X축 지니)과 부패(Y축 CPI)의 네 가지 개별 산포도 그림을 보여준다. 첫 번째 상자의 국가들(기간=0)은 독재이다. 두 번째 상자는 선거민주주의가 10년 이하이다. 세 번째 상자(기간=2)는 11년부터 30년 사이이다. 네 번째 상자(기간=3)는 30년 이상이다.

독재국가에서는 불평등과 부패 간의 유의미한 상관관계가 없다. 선거민주주의 국가에서는 불평등과 부패 간의 상관관계가 민주주의 나이가 많아질수록 더 강해지는 경향이 있다. 오래된 민주주의에 대한 산포도에서 적합선은 더 가팔라진다. 특히 30년 이상 선거 민주주의 국가들은 왼쪽 상단

그림 8.1 민주주의 지속 기간에 의한 불평등과 부패의 연관성

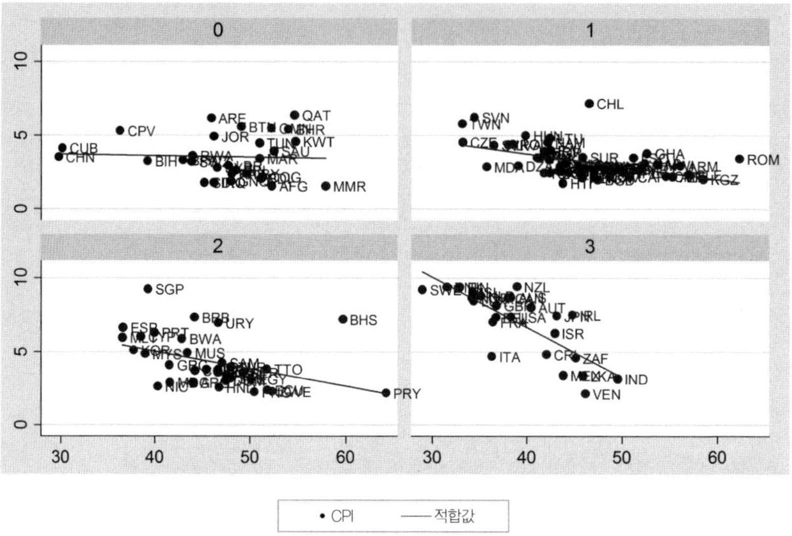

참고: 선거 민주주의 지속 기간 변수는 독재가 0, 연속적인 선거 민주주의 최대 10년이 1, 11년부터 30년 사이가 2, 30년 이상이 3의 값을 갖는다. 각각의 상자는 산포도를 나타내는데, X축은 2002년 UTIP 데이터에서 추출한 추산 가계 소득 격차, Y축은 2002~2006년 평균 CPI이다.

(낮은 불평등과 낮은 부패) 또는 오른쪽 하단 (높은 불평등과 높은 부패)을 향한 선으로 집중되는 경향이 있다. 이것은 민주주의 나이가 증가하면서 낮은 불평등과 낮은 부패의 선순환 또는 높은 불평등과 높은 부패의 악순환이라는 두 가지 평형 중 하나로 수렴한다는 이론을 뒷받침하는 것으로 보인다.

필자가 민주주의 지속 기간을 통해 불평등과 후견주의 간의 상관관계를 비교했을 때에도 비슷한 패턴이 나타났다. 그림 8.2는 선거 민주주의 나이에 따른 X축 소득 불평등과 Y축 후견주의의 네 가지 개별 산포도를 보여준다. 이 그림은 불평등이 낮은 국가만이 장기적으로 후견주의가 줄어드는 경향이 있다는 것을 강력하게 보여준다.

요약하자면 필자는 앞에 제시한 다양한 양적 분석을 통해 부패 감소에

그림 8.2 민주주의 지속 기간에 따른 불평등과 엽관주의의 연관성

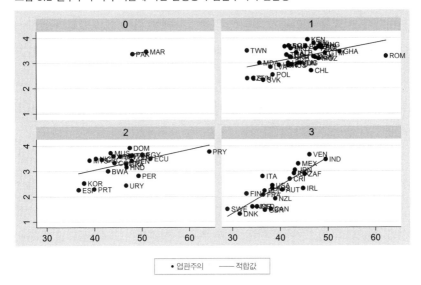

● 엽관주의   ── 적합값

대한 민주주의의 인과적 효과가 불평등과 함께 감소한다는 주요 가설(H1)을 뒷받침하는 설득력 있는 국가 간 증거를 제공하는 동시에 도구변수를 사용하여 내생성 문제를 성공적으로 해결했다. 민주주의 나이는 부패 통제에 있어서 유의미하지만, 부패 통제에 대한 민주주의 경험의 효과는 불평등 수준에 따라 달라진다.

또한 필자는 자유 민주주의에서 부패에 대한 불평등의 영향이 비자유 선거 민주주의보다 높고, 이것은 다시 독재보다 높다는 연관 가설(H2)을 뒷받침하는 증거를 제공했다. 이에 더해 민주주의에서 불평등과 부패가 악순환과 선순환으로 서로 상호 강화한다는 증거를 찾았다.

흥미롭게도 부패에 대한 불평등 영향과 민주주의와 불평등 간의 상호 영향 모두 OLS 회귀에서보다 도구변수 회귀에서 훨씬 더 큰 것으로 추산되었다. 그러나 경제 발전의 효과와 민주주의와 경제 발전 간의 상호 영향

은 모두 도구변수 회귀에서는 무의미한 반면 OLS 회귀에서는 강력하게 유의미했다. 이것은 역인과관계 때문에 부패 통제에 대한 경제 발전의 영향이 OLS 회귀에서 과대평가되었거나, 불평등의 큰 측정오차로 인해 OLS 회귀에서 불평등의 영향이 과소평가되었다는 것을 나타낸다. 또한 이것은 부패 통제에 있어서 민주주의 영향이 경제 발전 수준보다는 경제 불평등 정도에 따라 달라진다는 것을 의미한다.

불평등이 부패에 영향을 미치는 인과 메커니즘에 관련해서 필자는 높은 불평등은 후견주의 지속성을 유발하고, 이것은 다시 높은 정치 부패와 연관된다는 강력한 증거를 발견했다. 또한 불평등이 관료제에서 엽관주의 만연성과 연관되어 있고, 이로 인해 관료 부패와 연관된다는 증거를 발견했다. 그리고 적어도 22개 전환 경제의 샘플 안에서 불평등은 포획과 기업 부패와 연관된다는 일부 부분적인 증거를 발견했다.

9장

결론

>·<

오래전부터 부패와 불평등이 관련되어 있다는 연구가 있었지만 이 둘을 연결하는 메커니즘은 완전히 이해되지 못했었다(Chong and Gradstein 2007; Johnston 1989). 이전의 경험적 연구들은 즉, '부패로부터 불평등으로'(Gupta et al. 2002; Li et al. 2000; Rothstein 2011)와 '불평등으로부터 부패로'의 상호 인과 영향을 제시했다. 이 책의 초점은 후자에 있다. 필자는 특히 민주주의 에서 왜, 어떻게 경제 불평등이 부패를 증가시키는 경향이 있는가를 설명하고자 했다. 그리고 경제 불평등이 정치와 경제 엘리트로 하여금 후견주의, 엽관주의, 포획에 의존하려고 하는 유인을 증가시킨다고 주장했다. 또한 매우 불평등한 사회에서는 대규모 빈곤 인구가 정치인과 후견주의적 교환을 하려는 경향이 있다고 주장했다. 이러한 주장들은 동아시아 3개국 비교역사적 분석과 내생성 문제를 해결한 국가 간 양적 분석을 통해 뒷받침되었다. 이 장에서는 주요 연구 결과들을 요약하고, 정책적 함의를 논의하면서 비교정치학과 정치경제학 문헌들에 미치는 이론적이고 경험적인 함의를 부각시킬 것이다.

주요 발견들

필자는 독립 시기 비슷한 조건을 가진 한국, 타이완, 필리핀, 동아시아 3개국의 비교역사적 분석을 수행했다. 이 세 국가에서 토지개혁의 성공과 실패는 서로 다른 불평등 수준을 만들어 냈다. 무엇보다 필자는 토지개혁이 주로 외부의 공산주의 위협과 미국의 압력과 같은 외생적 요인에 의해 결정되었다는 것을 보여줌으로써 내생적 문제를 해결했다. 토지개혁의 성공(한국과 타이완)과 실패(필리핀)로 인한 불평등 수준의 차이가 이들 국가에서 부패에 심대한 영향을 미쳤다는 것을 발견했다.

필리핀은 토지개혁의 실패로 높은 불평등이 그대로 남았고 이로 인해 후견주의, 관료 부패, 정책 결정 및 집행 과정에서의 포획이 지속되었다. 이런 문제들은 민주주의 초기와 마르코스 이후 민주화 시기 후기에 극명했다. 권위주의적인 선거들은 민주주의적인 선거에 비해 덜 후견적이지 않았고, 마르코스 이후 민주주의 개혁에 대한 필리핀인들의 기대는 실망에 직면했다. 후견주의 경쟁이 심화되면서 공무원의 능력주의 채용은 엽관주의적 지명으로 대체되었다. 후견주의 정치인들은 툭하면 부패를 청산하겠다고 약속했지만 개혁 조치들은 무기력했다. 필리핀의 부패 공무원들은 기소되는 일이 거의 없었고, 모든 정당에 후견주의 관행이 만연해 있어서 유권자들은 투표로써 부패한 정치인들을 거의 응징할 수 없었다. 필리핀은 강력한 토지-산업-금융 가족 대기업에 의해 포획되어 일관된 산업정책을 수립하고 집행할 수 없었으며, 이는 다시 민간과 공공 부문에서 부패를 양산했다. 상존하는 후견주의와 포획은 모든 필리핀 정부의 반부패 노력들을 제약했고, 부패 등급은 1990년대 후반 이래로 지속적으로 악화되었다.

반면, 한국과 타이완에서의 전면적인 토지개혁은 상대적으로 평등한 사회를 조성했고, 이는 후견주의, 엽관주의, 엘리트 포획을 제한하기에 유리한 조건을 만들었다. 교육의 확대는 능력주의에 대한 압력을 증가시켰고, 정치와 경제 엘리트가 분리되고 교육받은 도시 지역 중산층이 증가하면서 절대빈곤이 상대적으로 감소해 후견주의가 다소 제한되었다. 능력주의 관료제의 점진적인 발전은 관료 부패 감소를 가져왔다. 매표와 같은 후견주의 관행이 민주주의 통치 초기에 만연하긴 했지만, 시간이 지나면서 프로그램적 경쟁이 점차 발달했다. 한국과 타이완에서 권위주의(또는 형식적 민주주의) 기간과 민주주의 기간 동안에 모두 부패 통제가 일부 진전했다.

한국의 후견주의는 필리핀보다 덜 만연했고 프로그램적 정치는 형식적 민주주의 초기와 권위주의 선거 시기에 모두 도시 지역에서 어느 정도 발달했다. 장기간 권위주의를 경험했던 타이완에서 후견주의는 국가 수준의 선거가 부재했기 때문에 주로 지역 수준으로 제한되었다. 그러나 1980년대 후반부터 1990년대 초반의 민주화 전환 직후 한국과 타이완에서 모두 후견주의와 매표가 심화되었다. 특히 타이완에서 국가 차원의 후견주의가 확대되면서 '흑금' 정치 또는 부유한 기업가와 조직범죄가 정치 시스템에 유입 되었다. 그러나 필리핀과 달리 한국과 타이완은 모두 매표 행위에 대한 기소가 엄격하게 이루어졌고 선거에서 유권자들이 부패한 정치인을 응징하여 후견주의를 억제할 수 있었다. 양국에서 후견주의 감소는 프로그램적 정당의 단계적인 발전과 강화를 가져왔다.

한국과 타이완은 모두 토지개혁 이후 영향력 있는 경제 엘리트가 없는 상태에서 높은 국가 자율성을 누렸지만, 한국에서는 이어진 재벌 집중 산업화로 경제 집중도가 높아지고 강력한 기업 이익집단에 의해 정책이 포획되었다. 이것은 역사적으로 타이완보다 높은 한국의 부패 수준을 설명해준다. 동아시아 금융위기의 여파로 한국은 투명성을 높이고 담합관행을 막기 위해 전면적인 기업 및 금융 개혁을 시행할 수 있었다. 일시적으로 개혁은 정부와 재벌 간의 공모를 깨고 기업 지배구조를 개선했지만, 최근 기업 지배구조뿐만 아니라 부패 등급이 다시 악화되기 시작했다.

8장의 국가 간 분석은 일반화를 위한 증거를 제공하면서 비교역사적 분석을 보완한다. 이것은 경제 발전과 다른 부패 원인들을 통제하면 민주주의 국가에서 불평등이 부패와 유의미하게 연관되어 있음을 보여준다. 불평등과 부패 간의 부분적 상관관계는 높은 불평등과 높은 부패의 악순환과 낮은 불평등과 낮은 부패의 선순환을 의미하는 것으로 민주주의가 성숙해짐에 따라 이런 상호작용이 더 강력해진다는 것을 보여준다. 도구변수 회귀 결과는 OLS 회귀에 비해 부패에 대한 불평등의 효과, 민주주의와 불평등의 상호작용 효과가 매우 강력함을 보여주는데, 도구변수를 사용하면 경제 발전의 영향과 경제 발전과 민주주의 상호작용은 작아지거나 거의 무의미해지기 때문이다. 이런 결과들은 민주주의 지속 기간을 통제한 후에도 부패의 민주적 통제에 대한 효율성이 경제 발전 수준보다 불평등 수준에 달려 있음을 보여준다. 게다가 불평등에서 부패로 가는 인과 경로에 관한 국가 간 증거가 상당히 존재한다. 불평등은 후견주의, 엽관주의, 포획과 유의미하게 연관되어 있고, 이는 다시 정치·관료·기업 부패와 각각 유의미하게 연관되어 있다.

부패 연구에 대한 공헌

이 책의 이론적 구조, 방법론과 경험적 연구 결과는 부패 연구에 있어서 중요한 함의를 가진다.

첫째, 이 책은 좋은 제도는 경제 번영의 파생물이며, 정책은 경제 성장을 독려하는데 초점을 맞추어야 한다는 관점을 반박한다. 이런 관점에 의하면 국가가 충분히 부유해지면 부패는 감소한다. 그러나 필자가 수행한 세 국가에 대한 국가 간 양적 분석과 비교 역사 분석은 불평등이 1인당 소득으로 측정된 경제 발전의 수준보다 부패에 더 중요하고 현저한 영향을 미친다는 것을 나타낸다. 또한 민주주의 제도의 효과는 경제 발전보다 불평등의 영향을 많이 받는다. 한국에 비해 부유했지만 훨씬 불평등했던 1950~1960년대 필리핀 민주주의는 한국 민주주의보다 잘 기능하지 않았다. 특히, 도구변수 회귀 결과는 OLS 회귀가 부패에 대한 경제 발전 효과를 과대평가한다는 것을 보여준다. 과대평가는 누락된 변수 편중과 결부된 역 인과관계에서 비롯된 것일 수 있다. 이것은 부패에 대한 대부분의 국가 간 연구에서 부패가 경제 발전을 방해하는 것으로 나타나지만, 일반적으로 불평등은 누락되어 있기 때문에 발생한다. 심지어 불평등이 포함되었을 때에도 불평등에 관한 큰 측정오차 때문에 불평등의 영향은 정확하게 포착되지 않고, 이에 따라 경제 발전이 과대평가되었다(Husted 1999; Paldam 2002; You and Khagram 2005). 또한 부국에 대한 호감 때문에 부패인식도의 국가 간 측정에서 체계적 편중이 있을 수 있고, 이것은 소득 효과의 과대평가를 낳을 것이다. 따라서 경제 발전이 부패의 가장 중요한 결정 요소라는 믿음에 대해 의문이 제기되어야 하며, 좀 더 정밀한 연구가 필요하다. 카우프만과 크라이(2002)가 주장했듯이 경제 발전은 부패 통제의 원인이라기보다는 결과물이다.

둘째, 이 책은 후견주의와 포획 문제를 체계적으로 연결함으로써 부패를 이해하는 데 기여한다. 최근 후견주의에 관한 문헌이 급증하고 후견주의가 대부분 선거 동원의 부패 형태로 간주되기 시작했지만, 국가 간 연구나 비교연구에서 후견주의와 부패를 연결하려는 시도는 많지 않았다(Singer 2009). 필자는 부패를 이해하고 억제하는 데 있어서 대리인(정치인과 관료)의 역선택 문제는 대리 손실 문제 못지않게 중요하다고 강조했다. 그리고 후견주의가 정치인과 관료 모두의 역선택으로 이어질 것이고, 이것은 이어서 정치인과 관료 부패의 형태로 대리 손실을 증가시킬 것이라고 주장했다. 이를 뒷받침하기 위해 불평등이 후견주의를 증가시키고, 후견주의가 엽관주의를 증가시키며, 후견주의와 엽관주의가 정치와 관료 부패를 증가시킨다는 국가 간 증거를 제시했다. 세 국가의 역사적 경험들은 이러한 메커니즘에 대한 더욱 많은 증거를 제공한다.

일부 연구에서 포획은 부패의 주요 양상으로 해석되었고(Hellman et al. 2000) 일부 학자들(Acemoglu and Robinson 2008)에 의해 '포획된 민주주의' 개념이 제안되었지만 포획을 동반한 부패에서 민주적 차이를 대해 설명하려는 체계적 시도는 없었다. 필자는 주인-대리인-고객 모델을 사용하여 엘리트 포획이 불평등한 민주주의에서 주요한 위협이라고 주장했는데, 이 모델에서 고객(부유한 엘리트)은 부패를 일으키고 대리인(정치인과 관료)을 포획한다. 데이터의 제약 때문에 국가 간 증거는 빈약하게 제시했지만, 세 국가의 비교역사 분석은 이 메커니즘에 대한 신빙성 있는 증거를 제공한다. 필리핀에서 높은 불평등은 지속적인 엘리트 포획으로 이어졌다. 한국과 타이완은 토지개혁을 통해서 불평등 문제를 우선적으로 해결함으로써 엘리트 포획을 축소할 수 있었다. 그러나 한국의 경우 수십 년 동안의 경제 집중도 증가로 재벌에 의한 국가 포획의 위험이 증가되었다.

셋째, 이 책은 부패 연구를 위해서 비교역사 분석이 어떻게 이용될 수 있는지를 상세하게 보여주었다. 필자는 밀의 차이법을 기반으로 부패, 민주주의, 불평등 이외에 유사한 특성들을 공유하는 '가장 비슷한' 세 국가의 구조적 비교를 사용했다. 또한 주요 종속변수와 독립변수의 변화 순서를 판별하기 위해서 세 국가의 역사적 경험 과정을 추적했다. 세 국가에 대한 구조적 비교와 과정 추적을 하면서 필자는 정치인, 유권자, 기업가가 선거 동원, 투표 행위, 지대 추구 활동과 관련하여 어떻게 행동했으며, 불평등이 어떻게 그들에게 동기를 부여했는지에 대해 특별한 관심을 기울였다. 이런 방법론들을 결합함으로써 필자는 불평등으로부터 부패로의 인과 방향과 불평등과 부패를 연결하는 여러 인과 메커니즘을 확인할 수 있었다. 이와 관련하여 이 책은 비교역사 조사를 사용하는 분야의 여러 학자들에게 영감을 줄 수 있다.

신생 민주주의에 대한 정책적 함의

불평등이 민주주의에서 후견주의와 포획을 억제하는 데 불리한 환경을 조성하지만, 필자의 연구는 불평등이 높을 때에도 의미 있는 재분배와 반부패 개혁의 시행이 불가능하지는 않다는 것을 보여준다. 권위주의 타이완뿐 아니라 민주주의 한국은 독립 이후 초기에 광범위한 토지개혁을 실행했다. 북한으로부터의 공산주의 위협과 같은 외부 요소는 남한의 토지개혁 입법에 중요한 역할을 했을 뿐만 아니라 국내 정치에도 중요한 역할을 했다. 또한 한국은 재벌 집중도가 높았을 때 재벌 기업 지배구조와 금융 부문의 전면적인 개혁을 단행했다. 개혁의 실행은 국제적 압력과 급박한 위기로부터 지원을 받았지만, 야당으로의 권력 이양, 새로운 정부와 시민사회단체 간의 개혁 연합의 형성 또한 중요한 역할을 했다.

발전하는 세계에서 부패를 통제하기 위해 고군분투하고 있는 신생 민주주의 국가에게 필자의 연구 결과물은 두 가지 포괄적인 정책적 시사점을 제공한다. 성공적으로 반부패 개혁을 하기 위해서는 부패 자체에 대한 공격뿐 아니라 경제 불평등에 대한 관심이 필요하다. 또한 반부패를 위해서는 대리 손실의 문제에 대한 협소한 초점에서 벗어나 부패를 더욱 명백한 부패로 이어지게 하는 '부드러운' 형태의 부패 행위에 주의를 기울일 필요가 있다고 제안한다. 엘리트 포획, 매표와 관료제에서 엽관주의 지명과 같은 후견주의 행동 등이 그것이다. 무엇보다 효과적인 반부패 개혁은 재분배에 대한 지지를 증가시켜 불평등을 완화하는 데 도움을 줄 것이다(Rothstein 2011; Svallfors 2012). 따라서 부패를 억제하고 불평등을 줄이면 불평등과 부패의 악순환이 깨지고 상호간 선순환이 강화될 것이다. 이 책에서 연구된 세 국가 사례들을 요약하면서 정책적 시사점에 대해 논의해보도록 하자.

첫째, 반부패 개혁을 위해서는 불평등에 대한 관심이 필요하다는 것이 분명해졌다. 이 책은 불평등이 부패에 영향을 미치고, 특히 민주주의에서 불평등과 부패는 상호 강화한다는 국가 간 증가와 역사적 증거를 제시했다. 높은 불평등과 높은 부패의 악순환에서 탈출하여, 효율적인 재분배 조치를 시행하고 적절히 공공재를 분배했을 때 가난한 사람의 소득과 복지에 직접적으로 영향을 미칠 뿐 아니라 부패에도 영향을 미치기 때문에 개발도상국가에서 유익한 효과를 거두었다. 선진국과 개도국을 막론하고 많은 국가에서 증가하고 있는 불평등은 성장의 낙수 효과가 불평등과 빈곤 문제에 대처하는 데 실패하고 있음을 보여준다. 따라서 정부들은 최근의 불평등 추세를 사전 예방하고 이에 대응한 정책 추진에 우선순위를 두어야 한다.

이같은 재분배 어젠다에 대해 제기된 비판 중 하나는 재분배 정책은 큰 국가와 연결되며 정부가 클수록 더욱 부패하는 경향이 있다는 것이다. 그러나 경험적 연구들은 정부가 더 크다고 해서 부패 수준이 더 높지는 않다는 것을 보여준다(Gerring and Thacker 2005; Friedman et al. 2000; La Porta et al. 1999). 실제로 스칸디나비아 반도의 국가들은 정부가 크지만 세계에서 불평등과 부패 수준이 가장 낮다. 이들 국가에서 실질적인 반부패 개혁이 복지국가 발전보다 앞섰을 수도 있지만(Rothstein 2011: 111~18), 적어도 불평등과 빈곤을 성공적으로 줄인 보편적 복지국가들은 후견주의, 엽관주의, 포획을 제약하는 유리한 환경을 제공했고, 이어서 더욱더 부패를 줄이고 낮은 수준의 부패를 유지하고 있다.

특히 이런 점에서 필리핀은 불평등과 빈곤을 완화하기 위한 강력한 정책이 필요하다. 아키노 3세 대통령이 2012~2016년에 '좋은 거버넌스와 반부패GACC 계획'을 펼치겠다고 발표하자 일부 NGO들은 그의 계획이 부패를 억제하면 빈곤이 줄어들 것이라는 단순한 아이디어에서 출발했기 때문에 "사회 불평등 문제와 많은 필리핀인들이 정치와 경제에서 소외되어 있다(CenPEG 2012)"라는 문제에 충분한 관심을 기울이지 못했다고 우려를 나타냈다. 반부패가 부분적으로 빈곤을 줄이는 데 기여할 수는 있지만 반부패 대책은 반反빈곤 대책을 대체하지 못한다. 반부패 노력은 반反불평등과 반빈곤 프로그램에 의해 보완되어야 한다. 물론 한국과 타이완에서도 증가하는 불평등에 대한 대처가 필요하다.

반부패 전략의 한 측면으로서 불평등 해소의 중요성은 부패 통제에 대한 좀 더 자유주의적인 접근이라는 함의를 지니고 있다. 부패 연구자 중 일부는 정치인과 관료의 역선택 문제와 부유한 엘리트에 의한 국가 포획 문제를 무시하고 부패 문제의 초점을 대리 손실로 협소하게 맞추는 경향이 있었다. 공무원의 부패 유인에 대한 협소한 관점은 신자유주의적 반부패 정책 처방으로 이어진다. "부패를 줄이기를 원한다면 정부를 줄여라(Becker 1995)". 따라서 규제 완화, 민영화, 관료 재량 축소가 처방으로 자주 제시되었다. 그러나 이러한 처방들이 항상 성공했다는 증거는 없다. 많은 개발 경제 및 전환 경제에서 만연한 부패로 가득 찬 민영화 과정이 드러났다(Bello et al. 2004; Black et al. 2000; Hellman et al. 2000). 심지어 미국에서도 최고경영자CEO의 이익을 주주와 일치시킨다고 간주된 최고경영자에 대한 천문학적 보상은 소득 불평등을 증가시킬 뿐 아니라 기업 부패를 자극했다(You and Khagram 2005).

둘째, 반부패 노력은 대리 손실 문제에 대한 협소한 관점을 넘어서 엘리트 포획과 후견주의, 엽관주의를 억제하기 위한 폭넓고 다양한 접근들을 포괄해야 한다. 필자의 이론이 제공하는 한 가지 통찰은 불평등과 부패 간의 관계가 결정론적인 것이 아니라 불평등이 엘리트로 하여금 포획, 후견주의, 엽관주의에 의존하도록 하는 유인을 증가시킨다는 것이다. 따라서 이러한 유인들을 변경한다면 불평등과 부패 사이의 관계를 변화시킬 수 있다는 것이 필자가 제시한 이론의 함의이다.

이런 점에서 반부패 개혁을 하려면 정책 과정에서의 엘리트 포획 문제에 대처해야 하는데, 이를 위해서는 정부의 투명성이 더욱 필요하다. 자유 언론과 시민사회의 역할은 입법과 행정 과정에서 강력한 행위자의 과도한 영향력을 모니터링하고 노출하는 데 있어서 특히 중요하다. 독립적인 싱크탱크를 포함한 NGO는 이미 존재하거나 제안된 정책이 특정 이익집단과 일반적 대중에게 가져다주는 비용과 편익의 영향을 분석하는 데 있어서 중요한 역할을 한다. 특권을 가진 자들을 위한 독점과 불법적 지대를 보호하는 모든 정책이 공개되어야 한다. 정책 결정과 정책 집행 과정에 대한 효율적인 모니터링을 위해서는 시민사회의 공공 정보 무료 접근은 필수조건이다. 기업 지배구조와 기업 부패에 대한 모니터링도 중요하다. 따라서 투명성을 위한 필수조건은 공공 부문뿐만 아니라 민간 부문 특히 대기업들에게도 엄격하게 적용되어야 한다.

특히 필리핀은 엘리트에 의한 국가 포획을 억제하기 위한 강력한 노력들이 필요하다. 아키노 3세의 GACC 계획에는 대중이 접근할 수 있는 디지털화된 정부 데이터베이스, 특히 예산 관련 정보의 통합, NGO의 사회적 감시 같은 개혁 조치들이 포함되었지만, 비평가들은 "주요 제약과 조건들을 삭제한 정보 자유법이 통과되어 내부 고발자의 행위와 증인 보호 프로그램을 강화하고, 반왕조 법안을 지원"하지 않는다면 개혁에 대한 노력이 효과가 없을 것이라고 주장한다(CenPEG 2012).

한국에서는 금융위기 이후 만들어진 일부 개혁이 기업 친화적인 이명박 정부때 역전되었다. 특히 발전 저하 우려 때문에 기업 지배구조가 거대 재벌에 의한 경제 집중으로 겹치면서 악화되었다. 한국뿐 아니라 필리핀의 정실 자본주의에 대한 데이비드 강(2002)의 우려는 여전히 유효한 것으로 보인다. 이런 점에서 대선에서 '경제 민주화'를 위해 싸우겠다고 약속한 박근혜 정부(2013~2018년)는 재벌의 기업 지배구조와 불공정거래 관행 문제들에 효율적으로 대처해야 한다.

후견주의 정치가 만연한다면 반부패 개혁은 효율적이지 못할 가능성이 높다. 후견주의 정치인은 반부패 조치를 강력하게 집행할 유인이 없고, 이런 정치인은 부유한 엘리트가 불법적으로 제공하는 사적 자원뿐 아니라 국가 자원의 유용에도 의존하는 경향이 있기 때문이다. 따라서 선거에서 매표와 같은 후견주의 관행에 재갈을 물리는 것이 중요하다. 매표 행위에 대한 엄격한 기소와 반(反)매표 교육 캠페인이 동시에 추진되어야 한다. 또한 프로그램적 정치를 발전시키는 것이 중요하다. 선거제도 개혁, 대중에게 정치

쟁점을 잘 알리기 위한 방안을 포함해 프로그램적 경쟁을 촉진하기 위한 다양한 조치가 필요하다. 선거운동 자금 규정의 엄격한 집행과 선거 기부금 및 지출의 투명성이 높아져야 하는 동시에 이러한 규정들이 합리적으로 만들어져야 한다. 그러나 선거 자금과 선거운동에 대한 과도한 규제는 부정과 부패를 통해 그것들을 회피하려는 다양한 시도를 유발하고, 엄격하고 공정한 집행을 불가능하게 만들 것이다. 결국, 정치인과 정당은 예상되는 이익(득표수)과 비용(기소 및 선출직 박탈의 위험성)에 따라 후견주의와 프로그램적 전략 중에서 선택을 할 것이다. 따라서 후견주의 경쟁의 예상 비용과 프로그램 경쟁의 예상 이익을 높이기 위한 조치가 함께 추구되어야 한다.

또한 매표와 같은 후견주의를 억제하는 것이 필리핀을 위한 중요한 어젠다이다. 집중적으로 유권자 교육 캠페인을 실시하고 매표에 대해 적극적으로 기소하는 것은 매표 전략의 비용을 증가시키는 데 있어서 중요할 것이다. 현재까지 시행되지 않고 있는 정치 기부금 공개와 선거운동 지출 한도에 대한 법률들을 엄격하게 시행해야 한다. 후견주의 경쟁을 부추기는 상원의원 선거제도도 개혁될 필요가 있다. 타이완 또한 농촌 지역의 매표 관행을 근절하기 위해 더 많은 노력을 쏟아야 한다. 지방선거의 중선거구 단기비이양식 투표제 선거제도의 개혁은 농촌 지역의 후견주의 경쟁을 줄일 수 있을 것이다.

무엇보다 성공적인 반부패 개혁은 무엇보다도 공무원 조직에서 엽관주의 채용의 제거와 능력 중심의 전문적인 관료제 구축일 것이다. 반부패 기관과 NGO들은 활동범위를 중앙과 지방 정부의 채용과 승진에 대한 감시와 조사까지 확장해야 한다. 부패 행위 빈도보다 엽관주의 채용의 만연성은 조사하기가 더 쉽기 때문에, 엽관주의에 대한 감시는 관료 부패에 맞서 싸우는데 있어 성공 가능성을 높인다.

필리핀은 중앙정부와 지방 정부의 기관들에서 엽관주의를 억제하고 공무원 시험을 정상화하기 위한 엄격한 노력이 필요하다. 공무원 인사위원회를 강화하고, 경력 고위 공무원CES 자격을 가진 사람만이 해당 자리에 임명되도록 제도를 정비해야 한다. 언론과 시민단체 역할 또한 중요하다.

이상의 두 가지 광의적 접근법은 포괄적인 반부패 전략을 설계하려는 정책가와 활동가들, 특히 신생 민주주의에서 활동하는 이들에게 도움을 줄 수 있다. 많은 국가에서 새로운 반부패 기구의 수립과 다양한 반부패 입법이 비효율적이었던 것으로 판명되었다. 결국 이 책의 연구 결과는 불평등과 빈곤이 적절하게 해결되지 않고 후견주의, 엽관주의, 포획을 직접 겨냥한 효과적인 조치들이 없다면 반부패 개혁에 대한 협소한 접근은 쓸모없다는 것을 보여준다.

비교정치학과 정치경제학 문헌에 대한 함의

이 책의 연구 결과는 부패 연구에 기여할 뿐 아니라 비교정치학과 정치경제학의 일부 중요 주제에 대해 폭넓은 이론적, 경험적 함의를 가진다.

첫째, 부패는 불평등이 경제 발전에 악영향을 미치는 중요한 통로일 가능성이 높다(You and Khagram 2005). 많은 국가 간 양적 연구와 일부 비교역사 연구들은 경제 성장에 대한 불평등의 부정적인 영향을 발견했다(Alesina and Rodrik 1994; Benabou 1996; Deininger and Squire 1998; Easterly 2007; Engerman and Sokoloff 1997; Perotti 1996; Persson and Tabelini 1994). 높은 불평등에서 낮은 성장으로의 인과 경로에 대한 다양한 설명들이 제시되어 왔으며, 이 중에는 재분배 정치, 정치 불안정, 인적 자본과 제도에 대한 투자 등이 있다(World Bank 2006). 이스털 리(2007)는 불평등이 '낮은 제도적 질'을 통해 저발전과 높은 부패로 이어진다는 일부 증거를 보여주었다. 이 책은 부패가 투자와 성장을 방해한다는 것을 감안하면 불평등으로부터 부패와 저발전으로 이러지는 인과 경로를 지지한다(Lambsdorff 2005; Mauro 1995).

특히 이 책의 연구 결과는 한국과 타이완의 발전국가의 기원에 대한 새로운 관점을 제시했다. 발전국가 문헌들은 자율성을 유지하는 가운데, 일관성 있는 산업정책을 설계하고 집행한 능력 있고 전문성 있는 관료들의 역할을 강조해 왔다. 그러나 대체로 이 문헌들은 무엇때문에 이들 국가가 능력주의 관료제를 가진 발전국가를 건설할 수 있었는지에 대해 설명하는데 성공하지 못했다. 이 책은 한국과 타이완에서 능력주의 관료제 발전을 촉진하는 데 있어서 토지개혁이 중요했으며 토지개혁은 발전국가 수립에 있어서 매우 중요한 요인이라는 것을 보여준다. 제2차 세계대전 이후 일본도 미 점령군에 의해 실시된 토지개혁으로부터 수혜를 입었다는 것 역시 단순한 우연은 아닐 것이다. 또한 필자의 연구 결과는 이전의 연구들이 주장했던 것처럼 한국의 발전국가가 박정희 대통령에 의해 하룻밤에 만들어진 것이 아니라, 그 기반이 훨씬 이전에 진행된 토지개혁으로 만들어졌음을 보여준다(You 2012b).

둘째, 포획과 후견주의는 민주주의 국가에서 이 재분배에 미치는 불평등의 부정적인 효과와 불평등의 지속성에 대해 설명해 준다. 멜처-리처드(Meltzer-Richard 1981) 모델은 중위 투표 이론을 기반으로 민주주의 국가에서 시장 소득의 높은 불평등은 높은 재분배로 이어질 것이라고 예측한다. 그러나 산업화된 민주국가에서는 높은 수준의 시장 소득 불평등이 높은 수준의 재분배와 연관되지 않는다(Iversen and Soskice 2006). 따라서 이 문제는 포획과 후견주의에 대한 불평등의 영향에 의해 설명되어야 하는데, 포획과 후견주의는 모두 재분배를 훼손하기 때문이다. 포획된 민주주주 국가에서는 정책 과정이 부유한 엘리트에 의해 포획되어 있기 때문에 재분배에 대한 빈자와 중위층 유권자들의 요구가 정부 정책에 반영되지 않을 것이다 (Acemoglu and Robinson 2008). 후견주의 정치에서는 가난한 사람들의 이익을 대표할 수 있는 프로그램적 정당이 발전할 수 없고, 가난한 유권자들은 "그들을 가난하게 하는" 후견주의 정치인들이 지배하는 왜곡된 제도를 지지한다(Diaz-Cayeros et al. 2011: 4). 따라서 시장 소득의 높은 불평등은 시간이 지나도 불평등을 낮출 수 있는 높은 재분배로 이어지지 않는다. 이것은 멜처-리처드(1981) 모델과 반대로 여러 민주국가에서 발견되는 불평등과 부패 간의 상호 강화 관계와 불평등의 지속성을 설명해준다(Acemoglu and Robinson 2008; You and Khagram 2005).

셋째, 불평등과 부패의 상호 강화 관계는 "불평등-부패-낮은 신뢰"의 덫으로 확장될 수 있다(Rothstein 2011; Uslaner 2008; You 2012a). 우슬러너(Uslaner 2008)는 높은 불평등은 낮은 신뢰와 높은 부패로 이어지고, 이어서 더욱 불평등해진다고 주장한 반면, 로스스타인(Rothstein 2011)은 인과관계의 사슬이 부패로부터 사회적 신뢰, 재분배, 불평등으로 이어진다고 주장했다. 필자의 연구는 불평등과 부패가 사회적 신뢰를 침식하지만, 사회적 신뢰가 불평등과 부패에 대해 상호 인과 영향을 미칠 수도 있음을 보여준다(You 2012a). 세 가지 변수 간의 정확한 인과관계를 파악하기는 매우 어렵긴 하지만, 불평등, 부패, 낮은 사회적 신뢰는 악순환 속에서 서로를 강화하는 것으로 보인다. 사회적 신뢰가 집단행동의 문제를 극복하고 거래비용을 낮춘다는 점을 고려한다면 불평등, 부패, 사회적 신뢰와 다양한 인적 개발 지표 간의 관계에 대해 보다 많은 연구가 필요하다.

넷째, 이 책은 통합적인 접근법으로 정치 발전과 경제 발전을 설명하려고 하는 최근의 정치경제학 문헌을 보충한다. 특히 이 책의 연구 결과는 정치발전과 경제 발전을 함께 해석하는 애쓰모글루와 로빈슨(2008)의 '포획된 민주주의', 애쓰모글루 등(2011)의 엽관주의 정치 이론, 노스 등(North et al. 2009)의 정치와 경제 발전에 대한 '제한된 접근 질서'와 '개방된 접근 질서'의 분석틀의 연장선에 있다. 애쓰모글루와 로빈슨(2008)의 포획된 민주주의에 의하면 대중의 합법적 정치 권력은 엘리트의 사실상의 정치 권력에 의해 상쇄된다. 엘리트에 의한 투자는 사실상의 정치 권력에서 부패를 만든다. 애쓰모글루 등(2011)이 분석한 엽관주의 정치에서는 관료들이 낮은 세금을 설정해 부자들을 지원할 뿐 아니라 관료들 스스로에게 지대를 제공한다. 이들의 모델은 엽관주의 정치에서 부자-관료 연합은 높은 수준의 소득 불평등이 발생시킬 가능성이 더 높다는 것을 보여준다. 필자의 경험적 연구 결과는 현실 세계에서 이러한 모델들이 실제로 일어날 수 있음을 보여준다.

노스 등(2009)은 '제한 접근 질서'에서는 가치 있는 권리와 활동에 대한 접근이 폭력의 잠재력을 보유한 일부 특권층에 제한되고, 이런 특권들은 지대를 창출한다고 주장했다. 지배 연합은 강력한 집단과 개인 간 지대의 분배에 의해 유지된다. '개방 접근 질서'에서는 정치·경제적 권리와 조직적 활동에 대한 접근이 모두에게 열려 있고, 정치와 경제의 영역에서 펼쳐지는 개방적 경쟁은 발전의 원동력이다. 또한 그들은 '이중 균형이론'을 통해 대부분의 사회가 개방 접근 정체$_{polity}$와 개방 접근 경제를 동시에 가지거나 제한 접근 정체와 제한 접근 경제를 동시에 가지게 되는 경향이 있다고 주장한다. 따라서 제한 접근 경제에 개방 접근 정체가 도입되면 그 사회는 정치와 경제 모두가 개방 접근 질서로 전환될 수도 있지만, 개방 접근 정체가 제한 접근 정체로 후퇴(권위주의로의 역전)하거나 공식적으로는 개방 접근 정체이지만 사실상은 제한 접근 정체처럼 기능할 수도 있다.

이 책의 연구 결과를 이중 균형이론을 가지고 해석하면, 후견주의와 포획은 형식적인 개방 접근 정체 또는 민주주의를 특권 및 이에 관련된 지대가 유지되는 사실상의 제한 접근 정체처럼 기능하게 만들 수 있다. 후견주의는 가난한 유권자에게 일부 지대를 배분하지만, 가난한 사람들에 대한 이런 개별적 혜택의 대가는 사실상의 제한 접근 정체가 유지되도록 함으로써 결국 그들을 계속 가난 속에 가두어 두는 제한 접근 경제를 유지하는 데 도움을 주는 것이다. 포획은 부유한 엘리트가 특권에 기반한 지대를 보존하고 늘릴 수 있게 해준다. 세 국가에 대한 비교는 한국과 타이완은 개방 접근 질서로 전환해 온 반면, 필리핀은 제한 접근 질서에 묶여 있음을 보여준다(Montinola 2012; You 2012b). 토지-산업-금융 가족 대기업이 지배하는 필리핀의 제한 접근 경제는 만연한 후견주의와 엘리트 포획을 통해서 공식적인 개방 접근 정체가 제대로 기능하는 것을 제한한다. 경제 불평등은 후견주의와 포획을 촉진하고 증가시키며, 이는 정치 불평등을 유지시킨다.

그러나 필자의 연구 결과가 비관적인 방식으로 해석되어서는 안 된다는 것을 강조하고 싶다. 필자가 이 책에서 보여주었던 불평등과 부패 간의 연결에 대해 매우 비관적으로 해석할 수 있다. 불평등은 천천히 변화하며 되돌리기가 어렵다. 따라서 만약 우리가 부패에 영향을 미치기 위해서 불평등을 해결해야 한다면 오랜 시간이 걸릴 것이다. 그러나 많은 난관에도 불구하고 필자는 개혁적인 정부가 어떻게 부패뿐 아니라 경제 발전에 긍정적인 영향을 미치는 재분배를 밀고 나갈 기회들을 활용했는지를 보여주었다. 부패와 불평등을 연결된 것으로 보고 이를 해결하려고 시도한다면 오늘날 유행하는 작은 정부의 필요성을 강조하는 신자유주의적 접근법이 아닌 부패에 대한 다른 정치적 접근법이 시야에 들어올 것이다. 중요하게 강조하고 싶은 것은, 필자의 연구 결과가 높은 불평등과 높은 부패의 악순환 고리를 끊고 낮은 불평등과 낮은 부패의 균형점으로 이동하는 것이 가능하다는 것을 보여준다는 것이다.

| 참고문헌 |

권병탁 1984. 「농지개혁의 과정과 경제적 기여」 농업정책연구 11.1:191-207.

김경일 1999. 『공자를 죽여야 나라가 산다』 바다 출판사.

김경제 1991. 『혁명과 우상:김형욱 회고록』 전예원

김상조 2011b. 「한국 재벌의 경제력 집중: 성장 엔진 또는 민주주의의 위협?」 워킹 페이퍼, 한성대

김성호 2009. 「이승만과 농지개혁」 한국논단 9: 174-77.

김영모 1982. 『한국 지배층 연구』 일조각.

김일영 1995. 「농지개혁, 5.30 선거, 그리고 한국전쟁」 한국과 국제정치 21: 201-35.

김진배·박창래 1968. 「차관」 신동아 (12월호) 76-94.

김태우 2005. 「한국전쟁기 북한의 남한 점령지역 토지개혁」 역사비평 70: 243-73.

내무부 통계국 1954, 1957, 1964. 『대한민국통계연감』 내무부.

노태우 2011. 『노태우 회고록: 국가, 민주화, 나의 운명』 선뉴스 프레스, 1312.

대검찰청 1966-2009. 검찰연감. 대검찰청.

박경석 1967. 「대통령 국회의원 선거자금」 신동아(5월호): 202-14

박동서 1961. 『한국 관료제도의 역사적 전개』 한국연구도서관.

_____ 1966. 「신규채용과 승진: 인사행정상의 문제점」 사법행정 7.7: 9-11.

_____ 1980. 「Major Causes of Administrative Development in Korea」 행정논총 18.1: 103-11.

_____ 1998. 「고급 공무원의 성분 변화」 행정논총 30.1: 181-201

박석두 1987. 「농지개혁과 식민지 지주제의 해체: 경주 이씨가(李氏家)의 토지경영사례를 중심으로」 경제사학 11: 187-281.

박선화 1996. 「전씨 비자금 2차 공판: 어디에 얼마 썼나」 서울신문 4월16일자.

서용태 2007. 「대한민국 헌법 농지개혁 조항 입법화 과정과 귀결」 역사와 세계 31: 105-42.

서중석 2008. 『대한민국 선거이야기 : 1948 제헌선거에서 2007 대선까지』 역사비평사.

손대선 2010. 「행안부 행정고시 개편안, 성난 민심에 결국 제동」 뉴시스, 9월9일자.

신병식 1997. 「제1공화국 토지개혁의 정치경제」 한국정치학회보 31.3:25-46.

심지연·김민전 2006. 『한국정치제도의 진화 경로 : 선거, 정당, 정치자금 제도』 백산서당.

안용식 1978. 「한국 고급공무원의 모빌리티에 관한 연구」 연세대 박사학위논문.

_____ 2001. 『한국관료 연구』 대영문화사.

오대영·심상민 1995.『한국의 지하경제』미래사

오성배 2004.「사립대학 팽창과정 탐색: 해방 후 농지개혁기를 중심으로」KEDI 학술마당 KD 2004-31-03-03: 1-20

이강선 2000.「조선왕조 관료채용제도에 관한 연구」한국행정사학지 9: 21-38.

이문영 1966.「공무원 부패 이십년사」사상계 14.3: 159-70.

이웅희·김진현 1964.「정치자금」신동아 9월호 108-33.

이정우 1991.「한국의 부, 자본이득과 소득불평등」경제논집 30.3: 327-62.

이한빈 1996.『이한빈 회고록: 일하며 생각하며』조선일보사

장상환 1984, 1985.「농지개혁 과정에 관한 실증적 연구: 충남 근흥면의 실태조사를 중심으로, 상,하」경제사학 8(1984): 195-272; 9(1985): 13-90.

정병준 2003.「한국 농지개혁 재검토: 완료시점, 추진동력, 성격」역사비평 65: 117-57.

주경일·김미나 2006.『한국 관료제 인사 행정 체제의 이해』경세원

총무처 1977-1995.『총무처 연보』한국 총무처.

한국혁명재판사 편찬위원회 1962.『한국혁명재판사』한국혁명재판사 편찬위원회.

함힌희 1991.「해방 이후의 농지개혁과 궁삼면 농민의 사회경제적 지위 및 그 변화」한국문화인류학 23: 21-62.

홍성찬 2001.「농지개혁 전후의 대지주 동향」홍성찬 편, 농지개혁 연구. 연세대 출판사

홍성철 2010.「유명환 장관 딸 특채파문 전모」일요신문 2010년9월6일자.

Abueva, Jose Veloso 1965.「Social Backgrounds and Recruitment of Legislators and Administrators in the Philippines」Philippine Journal of Public Administration 9.1: 10-29.

_____ 1970.「Administrative Culture and Behavior and Middle Civil Servants in the Philippines」 in Edward W. Weidner (ed.), Development Administration in Asia. Durham, NC: Duke University Press, 132-86.

Acemoglu, Daron and J. Robinson 2008.「Persistence of Power, Elites, and Institutions」 American Economic Review 98.1: 267-93.

Acemoglu, Daron, Davide Ticchi and Andrea Vindigni 2011.「Emergence and Persistence of Inefficient States」Journal of the European Economic Association 9.2: 177-208.

Ades, Alberto and Rafael Di Tella 1999.「Rents, Competition and Corruption」 American Economic Review 89: 982-94.

Adsera, A., Carles Boix and Mark Payne 2003.「Are You Being Served? Political Accountability and the Quality of Government」Journal of Law, Economics & Organization 19.2: 445-90.

Alakent, Ekin and Seung-Hyun Lee 2010.「Do Institutionalized Traditions Matter During Crisis? Employee Downsizing in Korean Manufacturing Organizations」 Journal of Management Studies 47.3: 509-32.

Aldaba, Rafaelita M. 2005. 「The Impact of Market Reforms on Competition, Structure and Performance of the Philippine Economy」 Philippine Institute for Development Studies Discussion Paper Series No. 2005 - 24.

Aldaba, Rafaelita M. 2008. 「Assessing Competition in Philippine Markets」 Philippine Institute for Development Studies Discussion Paper Series No. 2008 - 23.

Alesina, Alberto F. and Dani Rodrik. 1994. 「Distributive Politics and Economic Growth」 Quarterly Journal of Economics 109: 465 - 90.

Alt, J. E. and D. D. Lassen 2003. 「The Political Economy of Institutions and Corruption in American States」 Journal of Theoretical Politics 15.3: 341 - 65.

Amsden, A. 1989. 「Asia''s Next Giant: South Korea and Late Industrialization」 New York: Oxford University Press.

Apergis, Nicholas, James E. Payne and Oguzhan C. Dincer 2010. 「The Relationship between Corruption and Income Inequality in U.S. States: Evidence from a Panel Cointegration and Error Correction Model」 Public Choice 145: 125-35.

Asian Development Bank (ADB) 2005. 「Country Governance Assessment: Philippines」 Manila, Philippines: Asian Development Bank.

Austria, Myrna S. 2002. 「The State of Competition and Market Structure of the Philippine Air Transport Industry.」 in Erlinda M. Medalla (ed.), Toward a National Competition Policy for the Philippines. Makati, Philippines: Philippine Institute for Development Studies, 189 - 252.

Bäck, Hanna and Axel Hadenius 2008. 「Democracy and State Capacity: Exploring a J-Shaped Relationship」 Governance 21.1: 1 - 24.

Balgos, Cecile C. A. 1998. "Ombudsman,"in Sheila Coronel (ed.), 『Pork and Other Perks: Corruption and Governance in the Philippines』 Quezon City, Philippines: Philippine Center for Investigative Journalism, 244 - 71.

Ban, Sung Hwan, Pal Yong Moon and Dwight H. Perkins 1980. 『Rural Development: Studies in the Modernization of the Republic of Korea,』 1945 - 1975. Cambridge, MA: Harvard University Press.

Banfield, Edward C. 1958. 『The Moral Basis of a Backward Society. Chicago, IL: Free Press』

Bardhan, Pranab 2005. 『Scarcity, Conflicts, and Cooperation: Essays in the Political and Institutional Economics of Development』 Cambridge, MA: The MIT Press.

Barro, R. J. and J.W. Lee 2001. 「International Data on Educational Attainment: Updates and Implications」 Oxford Economic Papers New Series 53.3: 541-63.

Baum, Jeeyang Rhee 2011. 『Responsive Democracy: Increasing State Accountability in East Asia』 Ann Arbor, MI: University of Michigan Press.

Beck, T., G. Clarke, A. Groff, P. Keefer and P. Walsh 2001. 「New Tools in Comparative Political Economy: The Database of Political Institutions」 World Bank Economic Review 15.1: 165-76.

Becker, Gary S. 1995. 「If You Want to Cut Corruption, Cut Government」 Business Week 3454: 26.

Bello, Walden, David Kinley and Elaine Elinson 1982. 『Development Debacle: The World Bank in the Philippines』 San Francisco, CA: Institute for Food and Development Policy; Oakland, CA: Philippine Solidarity Network.

Bello, Walden, Herbert Docena, Marissa de Guzman and Marylou Malig 2004. 『The Anti-Development State: The Political Economy of Permanent Crisis in the Philippines』 Diliman, Quezon City, Philippines: University of the Philippines.

Benabou, Ronald 1996. 「Inequality and Growth」 NBER Macroeconomics Annual 11: 11 – 92.

Bentzen, Jeanet Sinding 2012. 「How Bad is Corruption? Cross-Country Evidence of the Impact of Corruption on Economic Prosperity」 Review of Development Economics 16.1: 167 – 84.

Bhattacharya, Mita and Jong-Rong Chen 2009. 「Market Dynamics and Dichotomy: Evidence from Taiwanese Manufacturing」 Applied Economics 41.17: 2169 – 79.

Black, Bernard, Reinier Kraakman and Anna Tarassova 2000. 「Russian Privatization and Corporate Governance: What Went Wrong?」 Stanford Law Review 52: 1731 – 808.

Bloom, D. E., P. H. Craig and P. N. Malaney 2001. 『Study of Rural Asia: Volume 4. The Quality of Life in Rural Asia』 Oxford; New York: Oxford University Press.

Bosco, Joseph 1994. 「Faction Versus Ideology: Mobilization Strategies in Taiwan"s Elections」 The China Quarterly 137: 28 – 62.

Botero, Juan, Alejandro Ponce and Andrei Shleifer 2012. 「Education and the Quality of Government」 NBER Working Paper No. 18119. Available at www.nber.org/ papers/w18119.

Brunetti, A. and B. Weder 2003. 「A Free Press is Bad News for Corruption」 Journal of Public Economics 87.7 – 8: 1801 – 24.

Brusco, V., M. Nazareno and S. C. Stokes 2004. 「Vote Buying in Argentina」 Latin American Research Review 39.2: 66 – 88.

Calvo, Ernesto and Maria Victoria Murillo 2004. 「Who Delivers? Partisan Clients in the Argentine Electoral Market」 American Journal of Political Science 48.4: 742 – 57.

Campos, José Edgardo and Hilton L. Root 1996. 『The Key to the Asian Miracle: Making Shared Growth Credible』 Washington, DC: Brookings Institution.

Canlas, D., M. E. Khan and J. Zhuang 2009. 「Critical Constraints to Growth and Poverty Reduction,」 in D. Canlas, M. E. Khan and J. Zhuang (eds.), Diagnosing the Philippine Economy: Toward Inclusive Growth. London; New York: Anthem Press; and Manila, Philippines: Asian Development Bank, 33 – 97.

Carey, J. M. and M. S. Shugart 1995. 「Incentives to Cultivate a Personal Vote: A Rank Ordering of Electoral Formulas」 Electoral Studies 14.4: 417 – 39.

Carney, Richard W. and Travers Barclay Child 2013. 「Changes to the Ownership and Control of East Asian Corporations between 1996 and 2008: The Primacy of Politics」 Journal of Financial Economics 107.2: 494-513.

CenPEG 2012. 「Nowhere to Go: Will Aquino"s Anti-Corruption Reform Work?」 Policy Study,

Publication, and Advocacy (PSPA) Issue Analysis No. 2 Center for People Empowerment in Governance, Philippines.

CG Watch 2007, 2010. 「CG Watch: Corporate Governance in Asia」 CLSA Asia-Pacific Markets. Available at: www.acga-asia.org.

Chanco, Mario P. 1961. 『The Anatomy of Corruption』 Manila, Philippines: Manor News Corporation.

Chang, Eric C. C. and Miriam A. Golden 2007. 「Electoral Systems, District Magnitude and Corruption」 British Journal of Political Science 37: 115‒37.

Chang, Eric C. C., Miriam A. Golden and Seth J. Hill 2010. 「Legislative Malfeasance and Political Accountability」 World Politics 62.2: 177.

Charron, Nicholas and Victor Lapuente 2010. 「Does Democracy Produce Quality of Government?」 European Journal of Political Research 49.4: 443-70.

Cheibub, Jose Antonio, Jennifer Gandhi and James Raymond Vreeland 2010. 「Democracy and Dictatorship Revisited」 Public Choice 143.1‒2: 67‒101.

Chen, Ming-Tong 2012. 「Taiwan in 2011: Focus on Crucial Presidential Election」 Asian Survey 52.1: 72‒80.

Cheng, Chen 1961. 『Land Reform in Taiwan』 Taipei, Taiwan: China Pub. Co.

Cheng, Tun-jen 1993. 「Guarding the Commanding Heights: The State as Banker in Taiwan,」 in Stephan Haggard, C. H. Lee and S. Maxfield (eds.), The Politics of Finance in Developing Countries (Ithaca, NY: Cornell University Press), 55‒92.

Cheng, Tun-Jen, Stephan Haggard and David Kang 1998. 「Institutions and Growth in Korea and Taiwan: The Bureaucracy」 Journal of Development Studies 34.6: 87‒111.

Chin, Ko-lin 2003. 『Heijin: Organized Crime, Business, and Politics in Taiwan』 Armonk, NY: M. E. Sharpe.

Cho, Yoon Je 1997. 「Government Intervention, Rent Distribution, and Industrialization of Korea,」 in Masahiko Aoki, H. K. Kim and M. Okuno-Fujiwara (eds.), The Role of Government in East Asian Economic Development: Comparative Institutional Analysis (New York: Oxford University Press), 208‒32.

Choi, Byung-Sun 1993. 「Financial Policy and Big Business in Korea: The Perils of Financial Regulation,」 in Stephan Haggard, C. H. Lee and S. Maxfield (eds.), The Politics of Finance in Developing Countries (Ithaca, NY: Cornell University Press), 23-54.

Chong, Alberto and Mark Gradstein 2007. 「Inequality and Institutions」 Review of Economics and Statistics 89.3: 454-65.

Chu, Yun-han 1994. 「The Realignment of Business-Government Relations and Regime Transition in Taiwan,」 in Andrew MacIntyre (ed.), Business and Government in Industrialising Asia. Ithaca, NY: Cornell University Press, 113-41.

Chung, Chi-Nien and Ishtiaq P. Mahmood 2006. 「Taiwanese Business Groups: Steady Growth in Institutional Transition,」 in Sea-Jin Chang (ed.), Business Groups in East Asia: Financial Crisis,

Restructuring and New Growth. Oxford University Press, 70-93.

Chung, Chi-Nien and Ishtiaq P. Mahmood 2010. 「Business Groups in Taiwan」 in Asli M. Colpan, Takashi Hikino and James R. Lincoln (eds.), The Oxford Handbook of Business Groups. Oxford University Press (online version).

Claessens, Stijn, Simeon Djankov and Larry H. P. Lang 2000. 「The Separation of Ownership and Control in East Asian Corporations」 Journal of Financial Economics 58: 81 – 112.

Clark, C. 2000. 「Democracy, Bureaucracy, and State Capacity in Taiwan」 International Journal of Public Administration 23.10: 1833 – 53.

Clifford, Mark L. 1998. 『Troubled Tiger: Businessmen, Bureaucrats, and Generals in South Korea』 Armonk, NY: M. E. Sharpe.

Cole, A. 1967. 「Political Roles of Taiwanese Enterprisers」 Asian Survey 7: 645-54.

Copper, J. F. 2009. 「The Devolution of Taiwan"s Democracy during the Chen Shui-bian Era」 Journal of Contemporary China 18.60: 463-78.

Coronel, Sheila S. (ed.) 1998. 『Pork and Other Perks: Corruption and Governance in the Philippines』 Quezon City, Philippines: Philippine Center for Investigative Journalism.

_____ 2004a. 「Born to Rule: Dynasty」 in Sheila S. Coronel, B. B. Cruz, L. Rimban and Y. T. Chua 2004. The Rulemakers: How the Wealthy and Well-Born Dominate Congress. Quezon City, Philippines: Philippine Center for Investigative Journalism, 44-117.

_____ 2004b. 「Houses of Privilege」 in Sheila S. Coronel, B. B. Cruz, L. Rimban and Y. T. Chua 2004. The Rulemakers: How the Wealthy and Well-Born Dominate Congress. Quezon City, Philippines: Philippine Center for Investigative Journalism, 3-43.

_____ 2007. 「The Seven Ms of Dynasty Building」 Philippines Center for Investigative Journalism. Available at http://pcij.org/stories/the-seven-ms-of-dynasty-building/.

Coronel, Sheila S., B. B. Cruz, L. Rimban and Y. T. Chua 2004. 『The Rulemakers: How the Wealthy and Well-Born Dominate Congress』 Quezon City, Philippines: Philippine Center for Investigative Journalism.

Corpuz, Onofre D. 1957. 『The Bureaucracy in the Philippines』 Quezon City, Philippines: University of the Philippines.

Crowther, William 1986. 「Philippine Authoritarianism and the International Economy」 Comparative Politics 18.3: 339-56.

Cullinane, Michael 1993. 「Patron as Client: Warlord Politics and the Duranos of Danao」 in Alfred W. McCoy (ed.), An Anarchy of Families: State and Family in the Philippines. Madison, WI: University of Wisconsin, Center for Southeast Asian Studies, in cooperation with Ateneo de Manila University Press, 163 – 242.

Cumings, Bruce 1984. 「The Origins and Development of the Northeast Asian Political Economy: Industrial Sectors, Product Cycles and Political Consequences」 International Organization 38.1: 1 – 40.

_____ 2005. 『Korea''s Place in the Sun: A Modern History』 New York: Norton (updated edn).

Dahlström, Carl, Jan Teorell and Victor Lapuente 2012. 「The Merit of Meritocratization: Politics, Bureaucracy, and the Institutional Deterrents of Corruption」 Political Research Quarterly 65.3: 658-70.

de Castro, Isagani 1998. 「Campaign Kitty,」 in Sheila S. Coronel (ed.), Pork and Other Perks: Corruption and Governance in the Philippines. Quezon City, Philippines: Philippine Center for Investigative Journalism, 216-43.

de Dios, Emmanuel S. and Paul D. Hutchcroft 2003. 「Political Economy,」 in A. M. Balisacan and Hal Hill (eds.), The Philippine Economy: Development, Policies, and Challenges (Oxford; New York: Oxford University Press), 45-75.

de la Torre, Visitacion R. 1986. 『History of the Philippine Civil Service』 Quezon City, Philippines: New Day Publishers.

Debs, Alexandre and Gretchen Helmket 2010. 「Inequality under Democracy: Explaining the Left Decade in Latin America」 Quarterly Journal of Political Science 5.3: 209-41.

Deininger, Klaus and Lyn Squire 1996. 「A New Data Set Measuring Income Inequality」 World Bank Economic Review 10: 565-91.

_____ 1998. 「New Ways of Looking at Old Issues: Inequality and Growth」 Journal of Development Economics 57.2: 259-87.

dela Rama, Marie 2012. 「Corporate Governance and Corruption: Ethical Dilemmas of Asian Business Groups」 Journal of Business Ethics 109.4: 501-19.

Diaz-Cayeros, Alberto, Federico Estévez and Beatriz Magaloni 2011. 『Strategies of Vote Buying: Democracy, Clientelism and Poverty Relief in Mexico』 Unpublished book manuscript.

Dincer, Oguzhan C. and Burak Gunalp 2012. 「Corruption and Income Inequality in the United States」 Contemporary Economic Policy 30.2: 283-92.

Djankov, S., A. Shleifer, F. Lopez-de-Silanes and R. La Porta 2002. 「The Regulation of Entry」 Quarterly Journal of Economics 117: 1-37.

Donchev, Dilyan and Gergely Ujhelyi 2009. 「What Do Corruption Indices Measure?」 Available at SSRN: http://ssrn.com/abstract=1124066 or http://dx.doi.org/ 10.2139 /ssrn.1124066.

Doner, Richard F., Bryan K. Ritchie and Dan Slater 2005. 「Systemic Vulnerability and the Origins of Developmental States: Northeast and Southeast Asia in Comparative Perspective」 International Organization 59.Spring: 327-61.

Doronila, A. 1992. 『The State, Economic Transformation, and Political Change in the Philippines, 1946-1972』 Singapore: Oxford University Press.

Easterly, W. 2007. 「Inequality Does Cause Underdevelopment: Insights from a New Instrument」 Journal of Development Economics 84: 755-76.

Eichengreen, Barry 2010. 『The Korean Economy: Coping with Maturity』 Unpublished book manuscript.

Engerman, Stanley L. and Kenneth L. Sokoloff. 1997. 「Factor Endowments, Institutions, and Differential Paths of Growth among New World Economies: A View from Economic Historians of the United States」 in Stephen Haber (ed.), How Latin America Fell Behind. Stanford, CA: Stanford University Press, 260 – 304.

Evans, Peter 1995. 『Embedded Autonomy: States and Industrial Transformation』 Princeton, NJ: Princeton University Press.

Evans, Peter and James Rauch 1999. 「Bureaucracy and Growth: A Cross-National Analysis of the Effects of "Weberian" State Structures on Economic Growth」 American Sociological Review 64: 748-65.

Examination Yuan 1984. 『The Chinese Civil Service Examination System: A Historical Review』 Examination Yuan Secretariat, Republic of China.

Feenstra, Robert C. and Gary G. Hamilton 2006. 『Emergent Economies, Divergent Paths: Economic Organization and International Trade in South Korea and Taiwan』 New York: Cambridge University Press.

Fei, J. C. H., G. Ranis and S. W. Y. Kuo 1979. 『Growth with Equity: The Taiwan Case』 Washington, DC: IBRD/World Bank.

Fell, Dafydd 2005a. 「Political and Media Liberalization and Political Corruption in Taiwan」 China Quarterly 184: 875 – 93.

_____ 2005b. 『Party Politics in Taiwan: Party Change and the Democratic Evolution of Taiwan』 1991 – 2004. London and New York: Routledge.

_____ 2006. 「Democratisation of Candidate Selection in Taiwanese Political Parties」 Journal of Electoral Studies 13.2: 167-98.

Fields, Karl 1997. 「Strong States and Business Organization in Korea and Taiwan」 in S. Maxfield and B. R. Schneider (eds.), Business and the State in Developing Countries. Ithaca,NY: Cornell University Press, 122-51.

Fogel, Kathy 2006. 「Oligarchic Family Control, Social Economic Outcomes, and the Quality of Government」 Journal of International Business Studies 37.5: 603 – 22.

Francisco, Gregorio A. Jr. 1960. 「Career Development of Filipino Higher Civil Servants」 Philippine Journal of Public Administration 4.1: 1 – 18.

Francisco, Gregorio A. Jr. and Raul P. de Guzman 1963. 「The 50 – -50 Agreement」 in Raul P. de Guzman (ed.), Patterns in Decision Making: Case Studies in Philippine Public Administration (Manila, Philippines: Graduate School of Public Administration, University of the Philippines), 93-102.

Frankema, E. H. P. 2006. 『The Colonial Origins of Inequality: The Causes and Consequences of Land Distribution』 Unpublished manuscript.

Friedman, Eric, Daniel Kaufmann, Pablo Zoido-Lobaton and Simon Johnson 2000. 「Dodging the

Grabbing Hand: The Determinants of Unofficial Activity in 69 Countries」 Journal of Public Economics 76: 459-93.

Fukuyama, F. 1995. 『Trust: The Social Virtues and the Creation of Prosperity』New York: Free Press.

Galbraith, James 2009. 「Inequality, Unemployment and Growth: New Measures for Old Controversies」 Journal of Economic Inequality 7: 189-206.

Galbraith, James and Hyunsub Kum 2004. 「Estimating the Inequality of Household Incomes: A Statistical Approach to the Creation of a Dense and Consistent Global Data Set」 UTIP Working Paper No. 22. Available at http://utip.gov.utexas.edu/papers/utip 22rv5.pdf.

Gallin, Bernard 1961. 「Hsin Hsing: A Taiwanese Agricultural Village」 Ph.D. thesis, Cornell University.

Gallup, John L. and Jeffrey D. Sachs 2000. 「The Economic Burden of Malaria」 American Journal of Tropical Medicine and Hygiene 64: 85-96.

Gandhi, Jennifer and Ellen Lust-Okar 2009. 「Elections under Authoritarianism」 Annual Review of Political Science 12: 403-22.

Gayn, Mark 1954. 「What Price Rhee? Profile of a Despot」 Nation March 13: 214-17.

Geddes, Barbara 1994. 『Politician''s Dilemma: Building State Capacity in Latin America』 Berkeley, CA: University of California Press.

Gerring, John 2007. 『Case Study Research: Principles and Practices』 New York: Cambridge University Press.

Gerring, John and Strom C. Thacker 2005. 「Do Neoliberal Policies Deter Political Corruption?」 International Organization 59.1: 233-54.

_____ 2004. 「Political Institutions and Corruption: The Role of Unitarism and Parliamentarism」 British Journal of Political Science 34.2: 295 – 330.

Glaeser, E. L. and R. E. Saks 2006. 「Corruption in America」 Journal of Public Economics 90.6-7: 1053-72.

Gold, Thomas B. 1986. 『State and Society in the Taiwan Miracle』 Armonk, NY: M. E. Sharpe.

Gupta, Sanjeev, Hamid R. Davoodi and Rosa Alonso-Terme 2002. 「Does Corruption Affect Income Inequality and Poverty?」 Economics of Governance 3: 23-45.

Ha, Yong-Chool and Myung-koo Kang 2011. 「Creating a Capable Bureaucracy with Loyalists: The Internal Dynamics of the South Korean Developmental State, 1948 – -1979」 Comparative Political Studies 44.1: 78 – 108.

Haggard, S., W. Lim and E. Kim (eds.) 2003. 『Economic Crisis and Corporate Restructuring in Korea』 Cambridge University Press.

Haggard, Stephan 1990a. 『Pathways from the Periphery: The Newly Industrializing Countries in the International System』 Ithaca, NY: Cornell University Press.

_____ 1990b. 「The Political Economy of the Philippine Debt Crisis,」 in J. M. Nelson (ed.), Economic Crisis and Policy Choice: The Politics of Adjustment in the Third World. Princeton, NJ:

Princeton University Press, 215-55.

_____ 1994. 「Business, Politics and Policy in Northeast and Southeast Asia」 in Andrew MacIntyre (ed.), Business and Government in Industrialising Asia. Ithaca, NY: Cornell University Press, 268-301.

Haggard, Stephan and Robert R. Kaufman 2008. 『Development, Democracy, and Welfare States: Latin America, East Asia, and Eastern Europe』 Princeton University Press.

Hahm, Joon-ho 2003. 「The Government, the Chaebol and Financial Institutions before the Economic Crisis」 in S. Haggard, W. Lim and E. Kim (eds.), Economic Crisis and Corporate Restructuring in Korea. Cambridge University Press, 79-101.

Halkos, George Emm and Nickolaos G. Tzeremes 2010. 「Corruption and Economic Efficiency: Panel Data Evidence」 Global Economic Review 39.4: 441-54.

Han, Sungjoo 1974. 『The Failure of Democracy in South Korea』 Berkeley, CA: University of California Press.

Hayden, Joseph Ralston 1942. 『Philippines: A Study in National Development』 New York: Macmillan Co.

Hazri, Herizal 2006. 「Taiwan Legislative Election 2004: Report of International Observation Mission」 Bangkok, Thailand: Asian Network for Free Elections (ANFREL). Available at: http://anfrel.org/download/2004_taiwan.pdf.

Heady, Ferrel 1957. 「The Philippine Administrative System: Fusion of East and West」 in William J. Siffin (ed.), Toward a Comparative Study of Public Administration (Bloomington, IN: Indiana University Press), 253-77.

Heidenheimer, A. J. 1963. 「Comparative Party Finance: Notes on Practices and Toward a Theory」 Journal of Politics 25.4: 790-811.

Hellman, Joel S., Daniel Kaufmann and Geraint Jones 2000. 「Seize the State, Seize the Day: State Capture, Corruption, and Influence in Transition」 World Bank Policy Research Working Paper No. 2444. Washington,DC: World Bank.

Hellmann, Olli 2011. 『Political Parties and Electoral Strategy: The Development of Party Organization in East Asia』 New York: Palgrave Macmillan.

Henderson, Gregory 1968. 『Korea: The Politics of the Vortex』 Cambridge, MA: Harvard University Press.

Heston, A., B. Aten and R. Summers 2009. 『Penn World Table Version 6.3』 Center for International Comparisons of Production, Income, and Prices at the University of Pennsylvania (CICUP). Available at: https://pwt.sas.upenn.edu/php site/pwt index.php.

Hicken, Allen 2007. 「How Do Rules and Institutions Encourage Vote Buying?」 in Frederic C. Schaffer (ed.), Elections for Sale: The Causes and Consequences of Vote Buying (Boulder, CL: Lynne Rienner Publishers, Inc.), 47-60.

_____ 2008. 「Politics of Economic Recovery in Thailand and the Philippines」 in Andrew

MacIntyre, T. J. Pempel and John Ravenhill (eds.), Crisis as Catalyst: Asia''s Dynamic Political Economy. Ithaca,NY: CornellUniversity Press, 206 – 30.

_____ 2011. 「Clientelism」 Annual Review of Political Science 14: 289 – -310.

Higgins, Matthew and Jeffrey G. Williamson 1999. 「Explaining Inequality the World Round: Cohort Size, Kuznets Curves, and Openness」 NBER Working Paper 7224. Cambridge, MA: National Bureau of Economic Research.

Ho, Samuel P. S. 1978. 『Economic Development of Taiwan, 1860-1970』 New Haven, CT: Yale University Press.

_____ 1987. 「Economics, Economic Bureaucracy, and Taiwan''s Economic Development」 Pacific Affairs 60.2: 226 – 47.

Hodder, R. 2009. 「Political Interference in the Philippine Civil Service」 Environment and Planning C: Government & Policy 27.5: 766 – 82.

Hollyer, James R. and Leonard Wantchekon 2012. 「Corruption in Autocracies」 Available at SSRN: http://ssrn.com/abstract=1861464.

Huntington, Samuel P. 1968. 『Political Order in Changing Societies』 New Haven, CT: Yale University Press.

Husted, Bryan W. 1999. 「Wealth, Culture, and Corruption」 Journal of International Business Studies 30: 339-60.

Hutchcroft, Paul D. 1991. 「Oligarchs and Cronies in the Philippine State: The Politics of Patrimonial Plunder」 World Politics 43:3: 414 – 50.

_____ 1994. 「Booty Capitalism: Business–Government Relations in the Philippines,」 in Andrew MacIntyre (ed.), Business and Government in Industrialising Asia. Ithaca, NY: Cornell University Press, 216 – 43.

_____ 1998. 『Booty Capitalism: The Politics of Banking in the Philippines』 Ithaca, NY: Cornell University Press.

_____ 2011. 「Reflections on a Reverse Image: South Korea under Park Chung Hee and the Philippines under Ferdinand Marcos,」 in Byung-Kook Kim and Ezra F. Vogel (eds.), The Park Chung Hee Era: The Transformation of South Korea (Cambridge, MA: Harvard University Press), 542 – 72.

Iversen, Torben and David Soskice 2006. 「Electoral Systems and the Politics of Coalitions: Why Some Democracies Redistribute More than Others」 American Political Science Review 100.2: 165-81.

Iwasaki, Mum and Taku Suzuki 2007. 「Transition strategy, Corporate Exploitation, and State Capture: An Empirical Analysis of the Former Soviet States」 Communist and Post-Communist Studies 40.4: 393-422.

Jacobs, J. Bruce 2008. 『Local Politics in Rural Taiwan under Dictatorship and Democracy』 Norwalk, CT: EastBridge.

Johnson, C. 1987. 「Institutions and Economic Performance in South Korea and Taiwan,」 in F. Deyo (ed.), The Political Economy of the New Asian Industrialism. Ithaca, NY: Cornell University Press, 136-56.

Johnson, Noel D., Courtney L. LaFountain and Steven Yamarik 2011. 「Corruption is Bad for Growth (Even in the United States)」 Public Choice 147: 377-93.

Johnston, Michael 1989. 「Corruption, Inequality, and Change,」 in P.Ward (ed.), Corruption, Development and Inequality (London and New York: Routledge), 13 – 37.

_____ 2008. 「Japan, Korea, the Philippines, China: Four Syndromes of Corruption」 Crime, Law and Social Change 49.3: 205-23.

Jones, Leroy and Il Sakong 1980. 『Government, Business, and Entrepreneurship in Economic Development: The Korean Case』 Cambridge, MA: Harvard University Press.

Kalinowski, Thomas 2009. 「The Politics of Market Reforms: Korea''s Path from Chaebol Republic to Market Democracy and Back」 Contemporary Politics 15.3: 287 – 304.

Kang, David C. 2002. 『Crony Capitalism: Corruption and Development in South Korea and the Philippines』 Cambridge University Press.

_____ 2003. 「Regional Politics and Democratic Consolidation,」 in Samuel S. Kim (ed.), Korea''s Democratization. Cambridge University Press, 161-80.

Kasuya, Yuko 2009. 『Presidential Bandwagon: Parties and Party Systems in the Philippines』 Pasig City, Philippines: Anvil Pub.

Kaufmann, Daniel and Aart Kraay 2002. 「Growth without Governance」 World Bank Policy Research Working Paper No. 2928.

Kaufmann, Daniel., A. Kraay and M. Mastruzzi 2010. 「The Worldwide Governance Indicators: Methodology and Analytical Issues」 World Bank Policy Research Working Paper No. 5430. Washington, DC: World Bank.

Kawakami, Momoko 2007. 「The Rise of Taiwanese Family-Owned Business Groups in the Telecommunications Industry,」 in Alex E. Fern'andez Jilberto and Barbara Hogenboom (eds.), Big Business and Economic Development: Conglomerates and Economic Groups in Developing Countries and Transition Economies under Globalisation. London; New York: Routledge, 86 – 108.

Kawanaka, Takeshi 2007. 「Who Eats the Most?: Quantitative Analysis of Pork Barrel Distributions in the Philippines」 Institute of Developing Economies Discussion Paper No. 126. Available at: https://ir.ide.go.jp/dspace/bitstream/ 2344/633/3/ARRIDE

_Discussion_No.126_kawanaka.pdf.

Keefer, P. and R. Vlaicu 2008. 「Democracy, Credibility and Clientelism」 Journal of Law, Economics & Organization 24.2: 371 – -406.

Keefer, Philip 2007. 「Clientelism, Credibility, and the Policy Choices of Young Democracies」 American Journal of Political Science 51.4: 804 – 21.

Keefer, Philip and Stephen Knack 1997. 「Why Don''t Poor Countries Catch up? A Cross-National Test of an Institutional Explanation」 Economic Inquiry 35.3: 590－602.

Kerr, George H. 1965. 『Formosa Betrayed』 Boston, MA: Houghton Mifflin.

Khan, Mushtaq H. 2000. 「Rents, Efficiency and Growth,」 in Mushtaq H. Khan and Kwame Sundaram Jomo (eds.), Rents, Rent－Seeking and Economic Development: Theory and Evidence in Asia. Cambridge University Press, 21-69.

_____ 2006. 「Determinants of Corruption in Developing Countries: The Limits of Conventional Economic Analysis,」 in Susan Rose-Ackerman (ed.), International Handbook on the Economics of Corruption. Cheltenham, UK;Northampton, MA: Edward Elgar Publishing, 216-44.

Kim, Byung-Kook 1987. 「Bringing and Managing Socioeconomic Change: The State in Korea and Mexico」 Ph.D. dissertation, Harvard University, Cambridge, MA.

_____ 2000a. 「Party Politics in South Korea''s Democracy: The Crisis of Success,」 in Larry Jay Diamond and Byung-Kook Kim (eds.), Consolidating Democracy in South Korea. Boulder, CO: Lynne Rienner Publishers, 53－85.

_____ 2003. 「The Politics of Chaebol Reform, 1980－1997.」 in S. Haggard, W. Lim and E. Kim (eds.), Economic Crisis and Corporate Restructuring in Korea. Cambridge University Press, 53-78.

_____ 2011a. 「The Leviathan: Economic Bureaucracy under Park,」 in Kim Byung-Kook and Ezra F. Vogel (eds.), The Park Chung Hee Era: The Transformation of South Korea. Cambridge, MA: Harvard University Press, 200－32.

Kim, Byung-Kook and Hyug-Baeg Im 2001. 「Crony Capitalism in South Korea, Thailand and Taiwan: Myth and Reality」 Journal of East Asian Studies 1.2: 5－52.

Kim, Eun Mee 1997. 『Big Business, Strong State: Collusion and Conflict in South Korean Development, 1960－－1990』 Albany, NY: State University of New York Press.

_____ 2000b. 「Reforming the Chaebols,」 in Larry Diamond and Doh Chull Shin (eds.), Institutional Reform and Democratic Consolidation in Korea. Stanford, CA: Hoover Institution Press, 171-98.

Kim, HeeMin, Jun Young Choi and Jinman Cho 2008. 「Changing Cleavage Structure in New Democracies: An Empirical Analysis of Political Cleavages in Korea」 Electoral Studies 27.1: 136－50.

Kim, Joungwon A. 1975. 『Divided Korea: The Politics of Development, 1945－1972』 Cambridge, MA: East Asian Research Center, Harvard University.

Kim, Wonik 2010. 「Does Class Matter? Social Cleavages in South Korea''s Electoral Politics in the Era of Neoliberalism」 Review of Political Economy 22.4: 589-616.

King, Russell 1977. 『Land Reform: A World Survey』 Boulder, CO: Westview Press.

Kitschelt, Herbert 2000. 「Linkages between Citizens and Politicians in Democratic Polities」 Comparative Political Studies 33. Aug－Sept: 845-79.

_____ 2007. 「The Demise of Clientelism in Affluent Capitalist Societies」 in Herbert Kitschelt and Steven Wilkinson (eds.), Patrons, Clients and Policies: Patterns of Democratic Accountability and Political Competition. Cambridge, UK: New York: Cambridge University Press, 298 – 321.

_____ 2013. Dataset of the Democratic Accountability and Linkages Project (DALP). Duke University. Available at: https://web.duke.edu/democracy/ index.html.

Kitschelt, Herbert and Steven Wilkinson (eds.) 2007. 『Patrons, Clients, and Policies: Patterns of Democratic Accountability and Political Competition』 New York: Cambridge University Press.

_____ 2007. 「Citizen-Politician Linkages: An Introduction」 in Herbert Kitschelt and Steven Wilkinson (eds.), Patrons, Clients and Policies: Patterns of Democratic Accountability and Political Competition. New York: Cambridge University Press, 298 – 321.

Klitgaard, Robert 1988. 『Controlling Corruption』 Berkeley, CA: University of California Press.

Knack S. 2006. 『Measuring Corruption in Eastern Europe and Central Asia: A Critique of the Cross-Country Indicators』 Washington, DC: World Bank.

Koo, Hagen 2007. 「The Korean Stratification System: Continuity and Change」 in H. R. Kim and B. Song (eds.), Modern Korean Society: Its Development and Prospect. Berkeley, CA: Institute of East Asian Studies, 36 – 62.

Kunicová, J. and S. Rose-Ackerman 2005. 「Electoral Rules and Constitutional Structure as Constraints on Corruption」 British Journal of Political Science 35: 573 – 606.

Kuo, Cheng-Tian 2000. 「TWN''s Distorted Democracy in Comparative Perspective」 Journal of Asian and African Studies 35.1: 85 – 111.

Kuo, Jeng-liang Julian. 1995. 「The Reach of the Party-State: Organizing Local Politics in Taiwan」 Ph.D. dissertation, Department of Political Science, Yale University.

Kwon, Hyeok Yong 2008. 「A Dynamic Analysis of Partisan Voting: The Issue Salience Effect of Unemployment in South Korea」 Electoral Studies 27.3: 518 – 32.

La Porta, Rafael, Andrei Schleifer, Florencio Lopez-de-Silanes and Robert W. Vishny 1999. 「The Quality of Government」 Journal of Law, Economics and Organization 15: 222 – 79.

Lamba, S. K. and J. S. Tomar. 1986. 『Impact of Land Reforms on Rural Development: A Critical Appraisal of India, Republic of China and Some Other Selected Countries』 New Dehli, India: Agricole Publishing Academy.

Lambsdorff, J. G. 2005. 「Causes and Consequences of Corruption: What do we Know from a Cross-section of Countries?」 Working Paper. University of Passau.

_____ 2006. 「Measuring Corruption: The Validity and Precision of Subjective Indicators (CPI)」 in C. Sampford, A. Shacklock, C. Connors and F. Galtung (eds.), Measuring Corruption. Aldershot, UK: Burlington, VT: Ashgate, 101-30.

Lande, C. H. 1965. 『Leaders, Factions, and Parties: The Structure of Philippine Politics』 New Haven,

CT: Yale University Press.

Landingin, Roel R. 2006. 「Incentives for the Rich Harm the Poor」 Philippine Center for Investigative Journalism. Available at: http://pcij.org/stories/incentives-for- the-rich -harm-the-poor/.

Lederman, D., N. V. Loayza and R. R. Soares 2005. 「Accountability and Corruption: Political Institutions Matter」 Economics and Politics 17.1: 1 – 35.

Lee, Hahn-Been 1968. Korea: Time, Change, and Administration. Honolulu:East-West Center Press.

Lee, Jae-Hyung 2006. 「Business Corruption, Public Sector Corruption and Growth Rate: Time Series Analysis Using Korean Data」 Applied Economics Letters 13: 881-5.

Lee, Sam Youl and Kwangho Jung 2010. 「Public Service Ethics and Anticorruption Efforts in South Korea,」 in Evan M. Berman, M. Jae Moon and Heungsuk Choi (eds.), Public Administration in East Asia: Mainland China, Japan, South Korea, and Taiwan. Boca Raton, FL: CRC Press, 401 – 26.

Lee, T. H. 1971. 『Intersectoral Capital Flows in the Economic Development of Taiwan, 1895 – 1960』 Ithaca, NY: Cornell University Press.

Lee, Young Jo 1990. 「Legitimation, Accumulation, and Exclusionary Authoritarianism: Political Economy of Rapid Industrialization in South Korea and Brazil」 Ph.D. thesis, Harvard University.

Leff, Nathaniel 1964. 「Economic Development through Bureaucratic Corruption」 American Behavioral Scientist 8.3: 8 – 14.

Li, Hongyi, Heng-fu Zou and Lixin C. Xu 2000. 「Corruption, Income Distribution, and Growth」 Economics and Politics 12: 155 – 82.

Lie, John 1998. 『Han Unbound: The Political Economy of South Korea』 Stanford, CA: Stanford University Press.

Lim, Wonhyuk 2003. 「The Emergence of the Chaebol and the Origins of the Chaebol Problem,」 in S. Haggard,W. Lim and E. Kim (eds.), Economic Crisis and Corporate Restructuring in Korea. Cambridge University Press, 35 – 52.

_____ 2011. 「Joint Discovery and Upgrading of Comparative Advantage: Lessons from Korea"s Development Experience,」 in Shahrokh Fardoust, Yongbeom Kim and Claudia Sepúlveda (eds.), Postcrisis Growth and Development: A Development Agenda for the G-20. Washington DC: World Bank, 173 – 226.

_____ 2012. 「Chaebol and Industrial Policy in Korea」 Asian Economic Policy Review 7: 69 – 86.

Lin, Chia-lung 1998. 「Paths to Democracy:Taiwan in Comparative Perspective」 Ph.D. dissertation, New Haven, CT: Department of Political Science, Yale University.

Lucas, Robert E. Jr. 1993. 「Making a Miracle」 Econometrica 61.2: 251-72.

Luedde-Neurath, R. 1988. 「State Intervention and Export-Oriented Development in South Korea,」 in Gordon White (ed.), Developmental States in East Asia. London: MacMillan.

MacIntyre, Andrew (ed.) 1994. 『Business and Government in Industrialising Asia』 Ithaca, NY: Cornell

University Press.

Magaloni, Beatriz 2006. 『Voting for Autocracy: Hegemonic Party Survival and its Demise in Mexico』 Cambridge University Press.

Mahoney, James 2003a. 「Strategies of Causal Assessment in Comparative Historical Analysis」 in James Mahoney and Dietrich Rueschemeyer (eds.), Comparative Historical Analysis in the Social Sciences. Cambridge University Press, 337 - 72.

Mahoney, James and Dietrich Rueschemeyer 2003b. 「Comparative-Historical Analysis: Achievements and Agendas」 in James Mahoney and Dietrich Rueschemeyer (eds.), Comparative Historical Analysis in the Social Sciences. Cambridge University Press, 3 - 40.

Mangahas, Joel V. and Jose O. Tiu Sonco II 2011. 「Civil Service System in the Philippines」 in Evan M. Berman (ed.), Public Administration in Southeast Asia: Thailand, Philippines, Malaysia, Hong Kong, and Macao. Boca Raton, FL: CRC Press, 421 - 57.

Mangahas, Malou 2010a. 「Poll Expense Reports of Erap, Arroyo, Wanna-Be Presidents Shot Full of Holes」 Available at: http://pcij.org/stories/poll-expense- reports-of -erap-arroyo- wanna-be-presidents-shot-full-of-holes/.

Mangahas, Mahar 2010b. 「Transparent Accountable Governance: The 2009 SWS Surveys on Corruption」 Available at www.sws.org.ph.

Manow, P. 2005. 「Politische Korruption und politischer Wettbewerb: Probleme der quantitativen Analyse (Political Corruption and Political Competition: Problems of Quantitative Analysis)」 Dimensionen politischer Korruption, Sonderheft der Politischen Vierteljahresschrift (Dimensions of Political Corruption, Special Issue of Political Quarterly). Wiesbaden: VS Verlag für Sozialwissenschaften (VS Publisher of Social Sciences.

Manzetti, Luigi and Carole J. Wilson 2007. 「Why Do Corrupt Governments Maintain Public Support?」 Comparative Political Studies 40.8: 949 - 70.

Marcos, Ferdinand E. 1974. 『The Democratic Revolution in the Philippines』 Englewood Cliffs, NJ: Prentice-Hall International.

Markussen, Thomas 2011. 「Inequality and Political Clientelism: Evidence from South India」 Journal of Development Studies 47.11: 1721 - 38.

Marshall, M. G. and K. Jaggers 2002. 「Polity IV Project: Political Regime Characteristics and Transitions, 1800 - 2002: Dataset Users Manual」 University of Maryland.

Mason, Edward S., David C. Cole, Donald R. Snodgrass, Dwight H. Perkins, Il Sakong, Kwang Suk Kim, Leroy Jones, Mahn Je Kim and Noel F. McGinn 1980. 『The Economic and Social Modernization of the Republic of Korea』 Cambridge, MA: Harvard University Press.

Mauro, Paolo 1995. 「Corruption and Growth」 Quarterly Journal of Economics 110: 681-712.

McGinn, Noel F., Donald R. Snodgrass, Shin-bok Kim, Quee-young Kim and Yung-bong Kim 1980. 『Education and Development in Korea』 Cambridge, MA: Council on East Asian Studies, Harvard University.

McHale, Thomas R. 1959. 「An Econecological Approach to Economic Development」 Ph.D. dissertation, Harvard University.

Medalla, Erlinda M. 1998. 「Trade and Industrial Policy Beyond 2000: An Assessment of the Philippine Economy」 Philippine Institute for Development Studies Discussion Paper Series No. 98 – 105.

Meltzer, Allan H. and Scott F. Richard 1981. 「A Rational Theory of the Size of Government」 Journal of Political Economy 89: 914 – 27.

Mendoza, Ronald U., David Yap, Edsel L. Beja and Victor Soriano Venida 2012. 「An Empirical Analysis of Political Dynasties in the 15th Philippine Congress」 Available at SSRN: http://ssrn.com/abstract=1969605.

Meskill, Johanna M. M. (ed.) 1963. 『The Chinese Civil Service: Career Open to Talent?』 Boston, MA: Heath.

Milne, R. S. 1968. 「Political Finance in Southeast Asia with Particular Reference to the Philippines and Malaysia」 Pacific Affairs 41.4: 491 – 510.

Milo, Melanie S. 2002. 「Analysis of the State of Competition and Market Structure of the Banking and Insurance Sectors.」 in Erlinda M. Medalla (ed), Toward a National Competition Policy for the Philippines. Makati, Philippines: Philippine Institute for Development Studies, 254-306.

Ministry of Justice (法務部), 1952 – 1985 (various years), 『犯罪狀況及其分析(Crime Situation and Its Analysis)』法務部 (Ministry of Justice), Republic of China.

_____ 1986 – 2011 (various years). 『法務統計年報(Annual Report of Legal Affairs Statistics)』法務部(Ministry of Justice), Republic of China.

Ministry of Justice Investigation Bueau (MJIB) 2011. 『Anti-Corruption Yearbook』 Taipei, Taiwan: Ministry of Justice Investigation Bureau, Republic of China.

Minns, John 2001. 「Of Miracles and Models: The Rise and Decline of the Developmental State in South Korea」 Third World Quarterly 22.6: 1025 – 43.

Mitchell, C. Clyde 1949. 「Land Reform in South Korea」 Pacific Affairs 22.2(June): 144-54.

Mitton, Todd 2008. 「Institutions and Concentration」 Journal of Development Economics 86.2: 367 – 94.

Mo, Jongryn 2009. 「How Does Democracy Reduce Money Politics?: Competition versus the Rule of Law.」 in Jongryn Mo and David Brady (eds.), The Rule of Law in South Korea. Stanford, CA: Hoover Institution Press, 83 – 116.

Mo, Jongryn and Chung-in Moon 2003. 「Business-Government Relations under Kim Dae-jung.」 in S. Haggard, W. Lim and E. Kim (eds.), Economic Crisis and Corporate Restructuring in Korea. Cambridge University Press, 127 – 49.

Mo, P. H. 2001. 「Corruption and Economic Growth」 Journal of Comparative Economics 29.1: 66-79.

Mojares, Resil B. 1993. 「The Dream Goes On and On: Three Generations of the Osmenas, 1906-1990.」 in Alfred W. McCoy (ed.), An Anarchy of Families: State and Family in the Philippines.

Madison, WI: University of Wisconsin, Center for Southeast Asian Studies, in cooperation with Ateneo de Manila University Press, 311-46.

Monsod, Toby C. 2008/2009. 「The Philippine Bureaucracy: Incentive Structures and Implications for Performance」 HDN Discussion Paper Series. PHDR 4.

Montinola, G. and R. Jackman 2002. 「Sources of Corruption: a Cross-Country Study」 British Journal of Political Science 32: 147 – 70.

Montinola, Gabriella 1999. 「Politicians, Parties, and the Persistence of Weak States: Lessons from the Philippines」 Development and Change 30: 739 – 74.

_____ 2012. 「Change and Continuity in a Limited Access Order: The Philippines,」 in Douglas C. North, John Wallis, Steven Webb and Barry Weingast (eds.), In the Shadow of Violence: Politics, Economics, and the Problems of Development. Cambridge University Press, 149 – 97.

Moon, Chung-in 1994. 「Changing Patterns of Business-Government Relations in South Korea,」 in Andrew MacIntyre (ed.), Business and Government in Industrialising Asia. Ithaca, NY: Cornell University Press, 142 – 66.

Moon, Woojin 2005. 「Decomposition of Regional Voting in South Korea: Ideological Conflicts and Regional Interests」 Party Politics 11.5: 579-99.

Moran, Jon 1999. 「Patterns of Corruption and Development in East Asia」 Third World Quarterly 20.3: 569 – 87.

Munck, Gerardo L. and Jay Verkuilen 2002. 「Conceptualizing and Measuring Democracy: Evaluating Alternative Indices」 Comparative Political Studies 35.1: 5-34.

Nemoto, Kuniaki 2009. 「Committing to the Party: The Costs of Governance in East Asian Democracies」 Ph.D. thesis, University of California, San Diego.

Nielson, Daniel L. and Matthew S. Shugart 1999. 「Constitutional Change in Colombia: Policy Adjustment through Institutional Reform」 Comparative Political Studies 32.3: 313 – 51.

North, Douglass C., John J. Wallis and Barry R. Weingast 2009. 『Violence and Social Orders: A Conceptual Framework for Interpreting Recorded Human History』 New York: Cambridge University Press.

Oberdorfer, Don 2002. 『The Two Koreas: A Contemporary History』 New York: Basic Books (revised and updated edn).

Ofreneo, Rene 1984. 「Contradictions in Export-Led Industrialization: The Philippine Experience」 Journal of Contemporary Asia 14.4: 485 – 95.

Paldam, M. 2001. 「Corruption and Religion: Adding to the Economic Model」 Kyklos 54: 383 – 413.

_____ 2002. 「The Cross-Country Pattern of Corruption: Economics, Culture, and the Seesaw Dynamics」 European Journal of Political Economy 18: 215 – 40.

Palmier, Leslie 1985. 『The Control of Bureaucratic Corruption: Case Studies in Asia』 New Delhi: Allied Publishers.

Panizza, U. 2001. 「Electoral Rules, Political Systems, and Institutional Quality」 Economics and Politics 13.3: 311-42.

Park, Bae-Gyoon 2003. 「Territorialized Party Politics and the Politics of Local Economic Development: State-Led Industrialization and Political Regionalism in South Korea」 Political Geography 22.8: 811-39.

Park, Cheol Hee 2008. 「A Comparative Institutional Analysis of Korean and Japanese Clientelism」 Asian Journal of Political Science 16.2: 111 – 29.

Parreno, Earl 1998. 「Pork,」 in Sheila Coronel (ed.), 『Pork andOther Perks: Corruption and Governance in the Philippines』 Quezon City, Philippines: Philippine Center for Investigative Journalism, 32 – 55.

Pasadilla, Gloria and Melanie S. Milo. 2005. 「Effect of Liberalization on Banking Competition」 Philippine Institute for Development Studies Discussion Paper Series No. 2005 – 03.

Pellegrini, L. and R. Gerlagh 2004. 「Corruption"s Effect on Growth and Its Transmission Channels」 Kyklos 57.3: 429 – 56.

Pera't Pulitika (PAP) 2008. 「Developing Baseline Data on Campaign Spending in the Philippines (Pilot Test: 2007 National and Local Elections」 August 27, 2008.

Perkins, Dwight 2000. 「Law, Family Ties, and the East Asian Way of Business,」 in Lawrence E. Harrison and Samuel P. Huntington (eds.), Culture Matters: How Values Shape Human Progress. New York: Basic Books, 232 – 43.

Perotti, Roberto 1996. 「Growth, Income Distribution, and Demoracy: What the Data Say」 Journal of Economic Growth 1: 149 – 88.

Persson, T., G. Tabellini and F. Trebbi 2003. 「Electoral Rules and Corruption」 Journal of the European Economic Association 1.4: 958 – 89.

Persson, Torsten and Guido Tabellini 1994. 「"Is Inequality Harmful for Growth?"" American Economic Review 84: 600 – 21.

Powelson, John P. and Richard Stock 1990. 『The Peasant Betrayed: Agriculture and Land Reform in the Third World』 Washington, DC: Cato Institute.

Power, John H. and Gerardo P. Sicat 1971. 『The Philippines: Industrialization and Trade Policies』 New York: Oxford University Press.

Putzel, James 1992. 『A Captive Land: The Politics of Agrarian Reform in the Philippines』 London: Catholic Institute for International Relations.

Pye, Lucian W. with Mary W. Pye 1985. 『Asian Power and Politics: The Cultural Dimensions of Authority』 Cambridge, MA: Belknap Press.

Quah, Jon S. T. 1999. 「Comparing Anti-Corruption Measures in Asian Countries」 CAS Research Paper Series No. 13. National University of Singapore.

_____ 2003. 『Curbing Corruption in Asia: A Comparative Study of Six Countries』 Singapore: Eastern Universities Press.

_____ 2011. 『Curbing Corruption in Asian Countries: An Impossible Dream?』 Bingley, UK: Emerald Group.

Quimpo, Nathan Gilbert 2009. 「The Philippines: Predatory Regime, Growing Authoritarian Features」 Pacific Review 22:3: 335 – 53.

Quirino, Carlos and Laverne Y. Peralta 1986. 『Ramon Durano: The Story of the Foremost Filipino Philanthropist』 Danao: Ramon Durano Foundation.

Ramseyer, J. M. and F. M. Rosenbluth 1993. 『Japan''s Political Marketplace』 Cambridge, MA: Harvard University Press.

Rauch, James E. and Peter Evans 2000. 「Bureaucratic Structure and Bureaucratic Performance in Less Developed Countries」 Journal of Public Economics 75.1: 49-71.

Reinikka, Ritva and Jakob Svensson 2003. 「Using Micro-Surveys to Measure and Explain Corruption」 World Development 34.2: 359 – 70.

Reyes, Vincente 2012. 「Can Public Financing Overcome Corruption? A View from the Philippines,」 in Jonathan Mendilow (ed.), Money, Corruption, and Political Competition in Established and Emerging Democracies. Lanham, MD: Lexington Books, 145 – 68.

Riedinger, J. M. 1995. 『Agrarian Reform in the Philippines: Democratic Transitions and Redistributive Reform』 Stanford, CA: Stanford University Press.

Rigger, Shelley 1994. 「Machine Politics in the New Taiwan: Institutional Reform and Electoral Strategy in the Republic of China on Taiwan」 Ph.D. dissertation, Cambridge, MA: Department of Government, Harvard University.

_____ 1999. 『Politics in Taiwan: Voting for Democracy』 London: Routledge.

Rivera, Temario C. 1994. 『Landlords and Capitalists: Class, Family, and State in Philippine Manufacturing』 Diliman, Quezon City, Philippines: U. P. Center for Integrative and Development Studies and University of the Philippines Press.

Robinson, James and Thierry Verdier 2013. 「The Political Economy of Clientelism」 Scandinavian Journal of Economics 115.2: 260 – 91.

Roche, Julian 2005. 『Corporate Governance in Asia』 London and New York: Routledge.

Rodrik, Dani 1995. 「Getting Interventions Right: How South Korea and Taiwan Grew Rich」 Economic Policy 20: 55 – 107.

Rose-Ackerman, Susan 1978. 『Corruption: A Study in Political Economy』 London; New York: Academic Press.

_____ 1999. 『Corruption and Government: Causes, Consequences and Reform』 Cambridge University Press.

_____ 2008. 「Corruption,」 in C. K. Rowley and F. G. Schneider (eds.), Readings in Public Choice and Constitutional Political Economy. New York: Springer, 551-66.

Rothstein, Bo 2011. 『The Quality of Government: Corruption, Social Trust, and Inequality in

International Perspective』 University of Chicago Press.

Roy, Denny 2003. 『Taiwan: A Political History』 Ithaca, NY: Cornell University Press.

Rueschemeyer, D. and J. D. Stephens 1997. 「Comparing Historical Sequences – A Powerful Tool for Causal Analysis」 Comparative Social Research 16: 55-72.

Schaffer, Frederic Charles 2007. 「How Effective is Voter Education?」 in F. C.

Schaffer (ed.), 『Elections for Sale: The Causes and Consequences of Vote Buying』 Boulder, CO: Lynne Rienner Publishers, 161 – 79.

Schneider, Ben Ross and Sylvia Maxfield 1997. 「Business, the State, and Economic Performance in Developing Countries,」 in S. Maxfield and B. R. Schneider (eds.), Business and the State in Developing Countries. Ithaca, NY: Cornell University Press, 3-35.

Schopf, James C. 2004. 「Corruption and Democratization in the Republic of Korea: The End of Political Bank Robbery」 Ph.D. dissertation, University of California, San Diego.

Scott, James C. 1972. 『Comparative Political Corruption』 Englewood Cliffs, NJ: Prentice-Hall.

Seligson, Mitchell A. 2006. 「The Measurement and Impact of Corruption Victimization: Survey Evidence from Latin America」 World Development 34.2: 381 – 404.

Seong, Kyoung-Ryung 2008. 「Strategic Regionalism and Realignment of Regional Electoral Coalitions: Emergence of a Conservative Government in the 2007 Presidential Election」 Korean Journal of Sociology 42.8: 1 – 26.

Shea, Jia-Dong 1994. 「Taiwan: Development and Structural Change of the Financial System,」 in Hugh T. Patrick and Yung Chul Park (eds.), The Financial Development of Japan, Korea, and Taiwan: Growth, Repression, and Liberalization. New York: Oxford University Press, 222 – 87.

Shiau, Chyuan-Jenq 1996. 「Elections and the Changing State-Business Relationship,」 in Hung-mao Tien (ed.), Taiwan''s Electoral Politics and Democratic Transition: Riding the Third Wave. New York: M. E. Sharpe, 213 – 25.

Simbulan, D. 2005 [1965]. 『The Modern Principalia: The Historical Evolution of the Philippine Ruling Oligarchy』 Quezon City, Philippines: University of the Philippines Press.

Singer, Matthew 2009. 「Buying Voters with Dirty Money: The Relationship between Clientelism and Corruption」 Paper prepared for the American Political Science Association Annual Meeting. Toronto, September 3 – 6, 2009.

Simth, Theodore Reynolds 1970. 『East Asian Agrarian Reform: Japan, Republic of Korea, Taiwan, and the Philippines』 Hartford, CT: John C. Lincoln Institute.

Social Weather Stations 2008. 「The 2008 SWS survey review」 Available at www.sws.org.ph/.

Solt, Frederick 2008. 「Economic Inequality and Democratic Political Engagement」 American Journal of Political Science 52.1: 48-60.

Stauffer, R. B. 1966. 「Philippine Legislators and their Changing Universe」 Journal of Politics 28.3: 556 – 97.

Steinberg, David I. and Myung Shin 2006. 「Tensions in South Korean Political Parties in Transition: From Entourage to Ideology?」 Asian Survey 46.4: 517-37.

Stern, Joseph J., Dwight Perkins, Ji-Hong Kim and Jung-ho Yoo 1995. 『Industrialization and the State: The Korean Heavy and Chemical Industry Drive』 Cambridge, MA: Harvard Institute for International Development.

Stokes, Susan 2007. 「Political Clientelism.」 in Carles Boix and Susan Stokes (eds.), The Oxford Handbook of Comparative Politics. Oxford University Press, 604-27.

Strauss, Julia C. 1994. 「Symbol and Reflection of the Reconstituting State: The Examination Yuan in the 1930s」 Modern China 20.2(Apr): 211 - 38.

Su, Tsai-Tsu 2010. 「Civil Service Reforms in Taiwan.」 in Evan M. Berman, M. Jae Moon and Heungsuk Choi (eds.), Public Administration in East Asia: Mainland China, Japan, South Korea, and Taiwan. Boca Raton, FL: CRC Press, 609-26.

Sung, Hung-En 2004. 「Democracy and Political Corruption: A Cross-National Comparison」 Crime, Law, and Social Change 41.2: 179 - 94.

Svallfors, Stefan 2012. 「Does Government Quality Matter? Egalitarianism and Attitudes to Taxes and Welfare Policies in Europe」 Department of Sociology Working Paper. Umeå, Sweden: Umeå University.

Svensson, J. 2005. 「Eight Questions about Corruption」 Journal of Economic Perspectives 19.3: 19 - 42.

Swinnen, Lucy and Michael Lim Ubac 2012. 「Philippine Bank Secrecy Laws Strictest in the World」 Manila/Philippine Daily Inquirer/Asia News Network, February 18, 2012.

Tai, Hung Chao 1974. 『Land Reform and Politics: A Comparative Analysis』 Berkeley, CA: University of California Press.

Tan, Quingshan 2000. 「Democratization and Bureaucratic Restructuring in Taiwan」 Studies in Comparative International Development 35.2: 48 - 64.

Taylor, C. L. and D. Jodice 1983. 『World Handbook of Political and Social Indicators』 New Haven, CT: Yale University Press (3rd edn).

Taylor, Jay 2009. 『The Generalissimo: Chiang Kai-shek and the Struggle for Modern China』 Cambridge, MA: Belknap Press of Harvard University Press.

Teehankee, Julio C. 2007. 「And the Clans Play on」 Philippine Center for Investigative Journalism. Available at: http://pcij.org/stories/and-the-clansplay-on/.

_____ 2009. 「Citizen-Party Linkages in the Philippines: Failure to Connect?」 in Friedrich Ebert Stiftung (ed.), Reforming the Philippine Political Party System: Ideas and Initiatives, Debates and Dynamics. Pasig City, Metro Manila, Philippines: Friedrich Ebert Stiftung.

_____ 2010. 「Image, Issues, and Machinery: Presidential Campaigns in Post- 1986 Philippines,」 in Yuko Kasuya and Nathan Gilbert Quimpo (eds.), The Politics of Change in the Philippines. Pasig City, the Philippines: Anvil.

Teorell, Jan, Marcus Samanni, Sören Holmberg and Bo Rothstein 2011. 「The QoG Standard Dataset version 6Apr11」 University of Gothenburg: The Quality of Government Institute. Available at: www.qog.pol.gu.se.

Thompson, M. R. 1995. 『The Anti-Marcos Struggle: Personalistic Rule and Democratic Transition in the Philippines』 New Haven, CT: Yale University Press.

Tien, Hung-mao 1989. 『The Great Transition: Political and Social Change in the Republic of China』 Stanford, CA: Hoover Institution Press, Stanford University.

Tien, Hung-mao and Yun-han Chu 1996. 「Building Democracy in Taiwan」 China Quarterly 148: 1141 - 70.

Transparency International. 「Corruption Perceptions Index (CPI) and Global Barometer Survey」 Available at: www.transparency.org/.

Treisman, D. 2007. 「What Have We Learned about the Causes of Corruption from Ten Years of Cross-national Empirical Research?」 Annual Review of Political Science 10: 211-44.

Tuazon, Bobby 2008. 「Kleptocracy: Using Corruption for Political Power and Private Gain」 Quezon City, Philippines: Center for People Empowerment in Governance, University of the Philippines.

Ufere, Nnaoke, Richard Boland and Sheri Perelli 2012. 「Merchants of Corruption: How Entrepreneurs Manufacture and Supply Bribes」 World Development 40.12: 2440 - 53.

Uslaner, Eric and Bo Rothstein 2012. 「Mass Education, State-Building and Equality: Searching for the Roots of Corruption」 QoG Working Paper Series 2012: 5. Quality of Government Institute, University of Gothenburg.

Uslaner, Eric M. 2008. 『Corruption, Inequality, and the Rule of Law: The Bulging Pocket Makes the Easy Life』 Cambridge; New York: Cambridge University Press.

Vanhanen, T. 2003. 『Democratization: A Comparative Analysis of 170 Countries』 London: Routledge.

Wade, Robert 1990. 『Governing the Market: Economic Theory and the Role of Government in East Asian Industrialization』 Princeton University Press.

Wang, Chin-Shou 2004a. 「Democratization and the Breakdown of Clientelism in Taiwan, 1987 - 2001」 Ph.D. Thesis, University of North Carolina at Chapel Hill.

Wang, Chin-Shou and Charles Kurzman 2007. 「Dilemmas of Electoral Clientelism: Taiwan, 1993」 International Political Science Review 28.2: 225 - 45.

Wang, Chin-Shou (王金壽)2004b. 「瓦解中的地方派系: 以屏東爲例(Collapsing Local Factions: The Case of Pingtung)」 臺灣社會學 (Taiwanese Sociology) 7: 177 - 207.

Wang, Yi-ting 2012a. 「South Korea.」 in Herbert Kitschelt and Yi-ting Wang (eds.), Research and Dialogue on Programmatic Parties and Party Systems: Case Study Reports. Durham, NC: Duke University, 158 - 91.

_____ 2012b. 「Taiwan.」 in Herbert Kitschelt and Yi-ting Wang (eds.), Research and Dialogue on Programmatic Parties and Party Systems: Case Study Reports. Durham, NC: Duke University, 192-224.

Wedeman, Andrew 1997. 「Looters, Rent-Scrapers, and Dividend Collectors: Corruption and Growth in Zaire, SouthKorea, and the Philippines」 Journal of Developing Areas 31(Summer): 457-78.

_____ 2012. 『Double Paradox: Rapid Growth and Rising Corruption in China』 Ithaca, NY: Cornell University Press.

Wei, S. J. 2000. 「How Taxing is Corruption on International Investors?」 Review of Economics and Statistics 82.1: 1-11.

Weitz-Shapiro, Rebecca 2012. 「What Wins Votes: Why Some Politicians Opt Out of Clientelism」 American Journal of Political Science 56.3: 568-83.

Wong, Kevin Tze Wai 2010. 「"The Emergence of Class Cleavage in Taiwan in the Twenty-First Century: The Impact of Cross-Strait Economic Integration."" Issues & Studies 46.2: 127-72.

Woo, Jung-en 1991. 『Race to the Swift: State and Finance in Korean Industrialization』 New York: Columbia University Press.

Woo-Cumings, Meredith 1995. 「The Korean Bureacratic State: Historical Legacies and Comparative Perspectives.」 in James Cotton (ed.), Politics and Policy in the New Korean State: From Roh Tae-Woo to Kim Young-Sam. New York: St. Martin"s Press, 141-69.

Wooldridge, Jeffrey M. 2000. 『Introductory Econometrics: A Modern Approach』 Cincinnati, OH: South-Western College Publishing.

World Bank 1987. 『World Development Report 1987』 New York: Oxford University Press.

_____ 1993. 『The East Asian Miracle: Economic Growth and Public Policy』 New York: Oxford University Press.

_____ 2006. 『World Development Report 2006: Equity and Development』 New York: Oxford University Press.

_____ 2012. 『Doing Business in a More Transparent World: Comparing Regulation for Domestic Firms in 183 Economies』 Washington, DC: World Bank.

World Economic Forum 2001-2012. Global Competitiveness Report.

_____ 2011. 『Financial Development Report』

World Institute for Development Economics Research of the United Nations University (UNU-WIDER). World Income Inequality Database (WIID), version 2.0C.

Wu, Chung-li 2001. 「The Transformation of the Kuomintang"s Candidate Selection System」 Party Politics 7.1: 103.

Wu, Nai-teh 1987. 「The Politics of a Regime Patronage System: Mobilization and Control within an Authoritarian Regime」 Ph.D. dissertation, Chicago, IL: Department of Political Science, University of Chicago.

Wu, Xun 2005a. 「Corporate Governance and Corruption: A Cross-Country Analysis」 Governance 18.2: 151-70.

Wu, Yiping and Jiangnan Zhu 2011. 「Corruption, Anti-Corruption, and Inter-County Income Disparity in China」 Social Science Journal 48.3: 435-48.

Wu, Yongping 2004. 「Rethinking the Taiwanese Developmental State」 China Quarterly 77: 1 - 114.

_____ 2005b. 『A Political Explanation of Economic Growth: State Survival, Bureaucratic Politics, and Private Enterprises in the Making of Taiwan's Economy, 1950 - 1985』 Cambridge, MA: Harvard University Asia Center.

Wu, Yu-Shan 2007. 「Taiwan''s Developmental State」 Asian Survey 47:977-1001.

Wurfel, David 1988. 『Filipino Politics: Development and Decay』 Ithaca, NY : Cornell University Press.

Yang, Martin M. C. 1970. 『Socio-Economic Results of Land Reform in Taiwan』 Honolulu: East-West Center Press.

You, Jong-Il 2010. 「Political Economy of Economic Reform in South Korea」 Working paper.

_____ 1998. 「Income Distribution and Growth in East Asia」 Journal of Development Studies 34.6: 37 - 65.

You, Jong-sung 2006. 「A Comparative Study of Corruption, Inequality, and Social Trust」 Ph.D. dissertation, Harvard University.

_____ 2009. 「Is South Korea Succeeding in Controlling Corruption?」 Paper prepared for the American Political Science Association Annual Meeting. Toronto, September 3-6, 2009.

_____ 2012a. 「Social Trust: Fairness Matters More Than Homogeneity」 Political Psychology 33.5: 701 - 21.

_____ 2012b. 「Transition from a Limited Access Order to an Open Access Order: The Case of South Korea」 in Douglas C. North, John Wallis, Steven Webb and Barry Weingast (eds.), In the Shadow of Violence: Politics, Economics, and the Problems of Development. Cambridge University Press, 293-327.

_____ 2017 (Forthcoming). 「Demystifying the Park Chung-Hee Myth: The Critical Role of Land Reform in the Evolution of Korea's Developmental State」 Journal of Contemporary Asia.

You, Jong-sung and Sanjeev Khagram 2005. 「A Comparative Study of Inequality and Corruption」 American Sociological Review 70.1: 136 - 57.

You, Jong-sung and Youn Min Park. 2017 (Forthcoming). 「The Legacies of State Corporatism in Korea: Regulatory Capture in the Sewol Ferry Tragedy」 Journal of East Asian Studies.

Zak, P. J. and S. Knack 2001. 「Trust and Growth」 Economic Journal 111.470: 295-321.

Zakaria, Fareed 1994. 「Culture Is Destiny: A Conversation with Lee Kuan Yew」 Foreign Affairs 73.2: 109 - 26.

Ziblatt, D. 2009. 「Shaping Democratic Practice and the Causes of Electoral Fraud: The Case of Nineteenth-Century Germany」 American Political Science Review 103.1: 1 - 21.

| 찾아보기 |